普通高等院校经济管理类"十四五"应用型精品教材

【连锁(特许)经营管理系列】

门店管理实务

STORE MANAGEMENT PRACTICE

第3版

主　编　陈方丽　林瑜彬
副主编　戴佩慧　林莲华　吕　卫　卢盛若　王金旺
参　编　黄睿坚　杨再春　王锦良　胡宜瓯　周胜芳

机械工业出版社
CHINA MACHINE PRESS

本书主要介绍门店店长日常管理所需的知识和技能，根据店长日常管理中的实际工作需要，以工作项目为导向，分为门店员工角色认知、门店形象管理、门店员工管理、门店顾客管理、门店商品管理、门店销售管理、门店财务管理、门店安全管理和连锁门店运营管理九大项目，各项目又分解为多个子项目，并对其进行了详细阐述，内容综合全面、翔实，对学生毕业后从事门店管理工作具有较大的指导作用。

本书是紧跟门店管理的最新动态及要求进行编写的，体例新颖、编排独特、内容精练、深入浅出、信息量大、启发性强。特别是书中大量的案例和知识链接及富有启发性、全面性的项目训练，既能使学生轻松愉快地掌握门店管理的相关知识，又能让学生在实践中增强门店管理的实战能力和技巧。本书的编委由多位相关专业的教师和企业专家组成，他们具有丰富的企业工作经验，校企合作编写使本书的内容更具有专业性和权威性。

本书可作为本科院校和高职高专院校连锁经营管理专业、市场营销专业及其他经济管理类专业的教材。

图书在版编目（CIP）数据

门店管理实务 / 陈方丽，林瑜彬主编 . —3 版 . —北京：机械工业出版社，2023.10（2024.11 重印）

普通高等院校经济管理类"十四五"应用型精品教材 . 连锁（特许）经营管理系列

ISBN 978-7-111-73685-1

Ⅰ. ①门⋯ Ⅱ. ①陈⋯ ②林⋯ Ⅲ. ①商店 – 商业管理 – 高等学校 – 教材 Ⅳ. ① F717

中国国家版本馆 CIP 数据核字（2023）第 152497 号

机械工业出版社（北京市百万庄大街 22 号　邮政编码 100037）
策划编辑：施琳琳　　　　　　　责任编辑：施琳琳
责任校对：张昕妍　陈　越　　　责任印制：邓　博
北京盛通数码印刷有限公司印刷
2024 年 11 月第 3 版第 2 次印刷
185mm×260mm・18.25 印张・407 千字
标准书号：ISBN 978-7-111-73685-1
定价：49.00 元

电话服务　　　　　　　　网络服务
客服电话：010-88361066　　机　工　官　网：www.cmpbook.com
　　　　　010-88379833　　机　工　官　博：weibo.com/cmp1952
　　　　　010-68326294　　金　书　网：www.golden-book.com
封底无防伪标均为盗版　　　机工教育服务网：www.cmpedu.com

PREFACE 前言

党的二十大报告指出要"建设现代化产业体系。坚持把发展经济的着力点放在实体经济上"。随着新零售和数字经济的蓬勃发展,线下实体门店的运营变得日益艰难。门店能否健康运营、持续盈利是直接关系连锁经营体系能否在市场竞争中站稳脚跟的重要问题。因此,加强对门店的管理变得日益重要。同时,随着社会经济的发展,人们的生活水平日益提高,消费者购物已不再是单纯进行消费,而是通过轻松愉快的购物过程来满足心理上的享受,进而取得身心的满足和精神上的给养。作为门店的员工,最大化地满足消费者的需求是他们的价值体现,这就对从事门店管理的工作人员提出了更高的要求,因此学习如何有效地进行门店管理,更好地满足消费者的需求,成为门店工作人员的当务之急。

"门店管理实务"是一门实践性非常强的应用型课程,因此在"门店管理实务"的教学中,不仅需要学生加强对门店管理理论知识的学习,更重要的是加强对门店管理实际操作技能的训练。基于以上考虑,我们于2012年和2016年分别编写了本书的第1版和第2版,目的是通过门店管理所涉及的各项任务对学生进行系统和强化训练,让学生在完成具体任务的过程中学会门店管理需要掌握的知识,掌握门店管理职业岗位要求的技术和能力,以提升学生今后从事门店管理工作的综合能力。随着连锁经营管理的进一步发展,我们结合该业态最新的发展趋势,对本教材进行了第3版修订。修订后的教材具有以下特点。

(1)本教材在第1版和第2版的基础上结合连锁经营与门店管理发展的最新趋势,对原教材的所有案例和知识链接进行了全面更新、修订,全部采用最新的案例和知识链接,同时也更新了一些过时的知识点,增加了一些全新的知识点,让读者能够接触到连锁经营和门店管理的最新发展趋势与动态,掌握门店管理的前沿知识。

(2)本教材在第3版修订时与开展连锁门店运营的相关企业进行了合作,共同编写了这本校企合作教材,更具有实际操作性和务实性。相关企业在本教材的编写过程中提供了多个企业真实案例,同时也对整本教材的修订编写工作提出了宝贵的意见和建议,提高了本教材的编写质量和水平。

（3）本教材根据门店日常管理中的实际工作需要，以工作任务过程为导向，分为门店员工角色认知、门店形象管理、门店员工管理、门店顾客管理、门店商品管理、门店销售管理、门店财务管理、门店安全管理和连锁门店运营管理九大项目，各项目又分解为多个子项目，并对其进行了详细的阐述，内容综合全面、翔实，对学生毕业后从事门店管理工作具有非常大的指导作用。

（4）本教材紧跟门店管理的最新动态及要求进行编写，体例新颖、编排独特、内容精练、深入浅出、信息量大、启发性强。特别是书中大量的案例和知识链接及富有启发性、全面性的项目训练（包括"训一训"和"练一练"），既能使学生轻松愉快地掌握门店管理的相关知识，又能让学生在实践中增强门店管理的实战能力和技巧，改变了传统教材重理论、轻实践的弊端。

（5）本教材创新性地在每个项目中设置了"门店管理工具箱"专栏，吸纳了完成各项门店管理任务时常用的一些表格和操作规范等，进一步增强了本教材的实践性和实用性。

（6）本教材安排了"引例"专栏，每个案例都配有分析提示，使学生带着相关问题及思考开始每个项目的学习。每个项目都配有知识链接、案例概览、门店管理工具箱、项目小结和项目训练等专栏，使本教材更具有实用性、综合性、针对性、科学性和操作性。

（7）本教材的编委由多个相关专业的教师和企业专家组成，并且很多编者具有丰富的企业实战工作经验，校企合作编写使本教材的编写内容更具专业性、务实性和权威性。

（8）为方便教师教学，本书还配有电子教案和课件。

本教材由浙江省温州科技职业学院陈方丽、林瑜彬主编，具体编写分工为：陈方丽教授编写项目1、项目2，戴佩慧讲师编写项目3，林瑜彬讲师编写项目4、项目6，卢盛若讲师编写项目5，林莲华讲师编写项目7，王金旺讲师编写项目8，吕卫讲师编写项目9，浙江一鸣食品股份有限公司黄睿坚先生参与了本教材多个项目的多个案例的编写工作，并对本教材的修订工作提出了宝贵的意见和建议。

在教材编写中，我们参考了大量国内外专家学者的研究成果及相关文献，并得到机械工业出版社的大力支持，在此一并表示衷心感谢！

由于编者水平有限，书中难免存在不足或欠妥之处，敬请各位专家、同人和广大读者不吝赐教。

编　者

2023年9月

SUGGESTIONS 教学建议

教学目的

"门店管理实务"是一门实践性非常强的应用型课程,因此在"门店管理实务"的教学中,不仅需要学生加强对门店管理理论知识的学习,更重要的是加强对门店管理实际操作技能的训练和培养。

教学基本要求

教学内容

建议教师在教学过程中既要讲透相关基础理论知识,又要重视各个项目里的技能训练,使学生既能全面掌握门店管理的基础理论知识,又能有效掌握门店管理的规范和技巧,二者不可偏废。

教学方法

建议教师在讲授基础理论知识时多运用当地学生熟悉的案例穿插进行讲授,这样有利于学生对相关知识点的理解和掌握,同时利用知识链接有效拓展学生的知识面,开阔他们的视野。在进行项目训练时,建议让学生组成团队进行实训操作,既能有效提高实训效果,又能培养学生的团队合作精神,如可让学生组队考察当地比较知名的单体店,对门店管理模式进行分析等,有效锻炼他们的实践操作和动手能力。

教学手段

建议全部采用PPT多媒体教学,也可增加一些经典的视频教学,增强学生的学习兴趣。同时,可邀请当地知名门店的店长等相关专业人士来校开设讲座或带领学生到当地实体门店进行参观等,增强学生对门店管理工作的实战体验。

课程评价

建议采用过程考核和结果考核相结合的方式进行课程评价。过程考核主要包括平时的课业成绩、上课发言情况和出勤情况等。结果考核主要是指期末的考核,期末考核可采用期末书面考试或提交有关门店管理综合实训报告的方式进行。

师资队伍

由于门店管理工作涉及多个专业领域,如市场营销、人力资源管理、财务管理、物流管理等,各个项目的专业性较强,单一专业老师任教的教学效果并不太好。因此,我们建议该课程实行"联合授课制",即让相关专业的教师教授相应的项目,这样更具有专业性和权威性。

教学内容及学时安排

项 目	标 题	建议课时	
		营销类专业	非营销类专业
项目1	门店员工角色认知	3	2
项目2	门店形象管理	6	4
项目3	门店员工管理	6	4
项目4	门店顾客管理	9	6
项目5	门店商品管理	6	4
项目6	门店销售管理	9	6
项目7	门店财务管理	6	4
项目8	门店安全管理	3	2
项目9	连锁门店运营管理	6	4
合 计		54	36

说明:在教学课时方面,建议开设一个学期,根据各个专业的不同,可每周开设2~3个课时。当然,也可根据各专业的实际需要进行相应的调整。

CONTENTS 目 录

前言
教学建议

项目1 门店员工角色认知 /1

子项目1.1 店长角色认知 /2
子项目1.2 店长助理角色认知 /9
子项目1.3 营业员角色认知 /10
子项目1.4 收银员角色认知 /13
门店管理工具箱 /15
项目小结 /18
项目训练 /18

项目2 门店形象管理 /21

子项目2.1 门店布局设计 /22
子项目2.2 门店商品陈列 /30
子项目2.3 门店氛围营造 /34
子项目2.4 门店卫生清洁 /38
门店管理工具箱 /40
项目小结 /42
项目训练 /42

项目3 门店员工管理 /45

子项目3.1 门店员工招聘 /46
子项目3.2 门店员工培训 /53
子项目3.3 门店员工考核 /61
子项目3.4 门店员工激励 /67

门店管理工具箱 /73
项目小结 /78
项目训练 /78

项目4 门店顾客管理 /82

子项目4.1 门店顾客开发管理 /83
子项目4.2 门店顾客服务管理 /100
子项目4.3 门店顾客抱怨处理 /113
门店管理工具箱 /121
项目小结 /123
项目训练 /123

项目5 门店商品管理 /129

子项目5.1 商品采购管理 /129
子项目5.2 商品收货管理 /136
子项目5.3 商品盘点管理 /139
子项目5.4 商品库存管理 /142
子项目5.5 商品退换管理 /145
门店管理工具箱 /147
项目小结 /149
项目训练 /150

项目6 门店销售管理 /152

子项目6.1 制订门店销售计划 /152
子项目6.2 门店商品价格管理 /158
子项目6.3 门店商品促销管理 /168

子项目 6.4　提升门店销售管理绩效　/187

门店管理工具箱　/192

项目小结　/195

项目训练　/195

项目 7　门店财务管理　/200

子项目 7.1　门店财务基础知识　/200

子项目 7.2　门店现金费用管理　/206

子项目 7.3　门店成本费用控制管理　/210

子项目 7.4　门店收银作业流程　/216

门店管理工具箱　/218

项目小结　/220

项目训练　/221

项目 8　门店安全管理　/223

子项目 8.1　安全消防管理　/224

子项目 8.2　作业设备管理　/230

子项目 8.3　紧急事件管理　/234

门店管理工具箱　/243

项目小结　/248

项目训练　/248

项目 9　连锁门店运营管理　/252

子项目 9.1　连锁门店的概念和类型　/252

子项目 9.2　直营连锁门店运营管理　/259

子项目 9.3　特许连锁门店运营管理　/269

子项目 9.4　自由连锁门店运营管理　/274

门店管理工具箱　/277

项目小结　/279

项目训练　/280

参考文献　/283

PROJECT 1 项目 1

门店员工角色认知

能力目标

通过完成本项目的教学，学生应具备以下基本能力：
1. 通过对店长角色认知相关知识的学习，能准确定位店长的角色
2. 通过对店长助理角色认知相关知识的学习，能准确定位店长助理的角色
3. 通过对营业员角色认知相关知识的学习，能准确定位营业员的角色
4. 通过对收银员角色认知相关知识的学习，能准确定位收银员的角色

知识目标

1. 掌握店长角色认知的相关知识
2. 掌握店长助理角色认知的相关知识
3. 掌握营业员角色认知的相关知识
4. 掌握收银员角色认知的相关知识

引例 1-1　金拱门的店长培育

也许你不知道金拱门，但你肯定知道麦当劳。2017 年 10 月 12 日，麦当劳（中国）有限公司正式更名为金拱门（中国）有限公司。一直以来，麦当劳金色跳跃的双抛物线标志被称为"Golden Arches"，在中国被称作"金拱门"，早已是麦当劳的代名词。金拱门崛起的背后是无数店长的努力，优秀的店长是培养出来的。2017 年正式更名后，金拱门就一直在我国招聘管理层人才。近几年，金拱门招聘、培养了大量的门店店长，让我们来看看金拱门招聘门店店长的标准有哪些。

(1) 健康良好的身体素质。

(2) 和谐融洽的人际关系。

(3) 随店成长的责任心。

(4) 基础的双语口语能力。

有人会问："为什么金拱门不考查店长的工作能力或工作技能呢？"麦当劳创始人雷·克洛克曾这样说过：三观端正、工匠精神才是一名好员工的评判标准，技能应该交给公司来培

育。"三观端正、工匠精神",这八个字成就了一个庞大有序、追求标准的国际餐饮连锁品牌的崛起与腾飞。

资料来源:"'金拱门'崛起背后,是无数店长的努力:优秀店长是培养出来的!",https://www.163.com/dy/article/FPDPHART0536184R.html。

【问题】 金拱门的店长培育对你有什么启示?应该如何培养一位优秀的店长?

子项目1.1 店长角色认知

1.1.1 店长角色定位

门店是零售企业的终端,是零售企业运营的基础环节,是为客户提供商品和服务的重要渠道之一,其经营状况直接决定了零售企业的经营业绩、竞争能力和服务水平。店长则是门店的灵魂和核心。一家店就像是一个家,店长就像是这个家的"家长"。家长要操心这个家的所有问题:人员、货品、卫生、陈列等方方面面都要照顾到,任何一个小的细节考虑不到,就有可能给后续工作带来不良的影响。

更多的企业则希望店长是一名优秀的"导演"。店面是一个表演的舞台,店堂内的硬件设施就是布景和道具,而公司一年四季不断变化的货品构成了故事的素材。店长要把这些素材组织成吸引人的故事,讲给每一位光顾的顾客听。故事讲得好不好,客人爱不爱听,全凭店长的组织、策划、安排和带动。

无论哪种说法,都表明了一个观点:店长是一家店的领导者,是门店的核心。作为一家门店的领导者、核心,店长不仅要协调和激励店员做好店内的营业工作,带领他们以团队精神塑造店铺特色,同时也要负责门店内的人员管理培训,以及同其他地区的商业伙伴建立良好的关系。此外,他还要将门店所在地域的情况和消费动态向总部反馈,以便总部及时了解市场情况,针对市场变化做出相应的调整。因此,店长又是企业文化信息传递的纽带,是企业销售政策的执行者和具体操作者,是企业产品的代言人。

店长只有认清自己的角色定位,才能明确自己的工作范围和职责,才能充分发挥自己的才能。店长角色主要有以下几种。

1. 门店的代表者

就门店而言,店长是门店的代表者,代表企业处理门店同顾客、社会有关部门的公共关系;就店员而言,店长是店员利益的代表者,是店员需求的代言人。门店内不论有多少导购人员,他们在不同的班别上下班,他们的服务表现有好有坏。但门店的整体经营业绩及门店形象都必须由店长负全责,所以店长对门店的营运必须了如指掌,这样才能在实际工作中做好安排与管理,发挥最大实效。

2. 经营目标的执行者

门店既要满足顾客的需求,又必须创造一定的经营利润。对于企业的一系列政策、经营标准、管理规范、经营目标,店长必须忠实执行。因此,店长必须善于运用所有资源,以达成兼顾顾客需求及公司利润的双重目标。即使店长对企业的某些决策尚存异议或有建设性意见，也应当通过正常的渠道向企业相关部门的领导提出，切不可在店员面前表现出对公司决策的不满情绪或无能为力的态度。所以，店长在门店中必须成为重要的中间管理者，这样才能强化门店的营运与管理，确保门店经营目标的实现。

3. 门店的指挥者

店长必须负起总指挥的责任，安排好各班次人员的服务工作，指示门店服务人员严格执行营运计划，将最好的商品和服务，运用合适的销售技巧，在门店以最佳的面貌展现出来，以刺激顾客的购买欲望，提升销售业绩，实现销售目标。

4. 店员士气的激励者

常言道：欲望是一股无形的巨大力量。店员工作热情的高低不容忽视，它将直接影响店员的工作质量。所以，店长应时时激励全店员工，保持高昂的工作热情，形成良好的工作状态，让全店员工人人具有强烈的使命感、责任心和进取心。

5. 店员的培训者

店员业务水平的高低直接关系到门店经营业绩的好坏。所以店长不仅要时时充实自己的实战经验及相关技能，更要不断对所属员工进行岗位培训，提升员工的整体素质，激励店员努力做好店内营运工作，为门店创造效益。

6. 各种关系的协调者

店长应具备处理各种矛盾和关系的耐心与技巧，如与顾客、员工、企业沟通等，解决和协调店内顾客与店员之间出现的各种问题，使门店的工作秩序保持顺畅。店长在上情下达、下情上传、内外沟通的过程中，应尽量注意运用技巧和方法，以协调好各种关系。

7. 营运与管理质量的控制者

为了保证门店的实际作业与企业的规范标准、营运计划和外部环境相统一，店长必须对门店的日常营运与管理业务进行有力的、实质性的控制。其控制的重点是人员控制、商品控制、现金控制、信息控制及环境控制等。

8. 工作成果的分析者

店长应具有计算与理解门店所统计的数值的能力，以便及时掌握门店的业绩，进行合理的目标管理。同时，店长应始终保持理性头脑，善于观察和收集与门店营运管理有关的情报，并进行有效分析及对可能发生的情况进行预见。

案例概览 1-1

从店员到店长，你 HOLD 住吗

陈惠丽的学历不高，高中毕业后上了两年技校，从技校毕业后一直没找到对口的工作，后来在机缘巧合下，到一家连锁门店做导购。因为她性格开朗活泼、学习努力，所以成长非常迅

速,业绩上升也很快。另外,她服务周到细致,很多顾客成了她的常客。

由于工作表现突出,一年后,陈惠丽顺利地被提升为门店店长。陈惠丽心想这回终于可以轻松一点了,店长好歹也是个门店的管理者,有什么事交给下面的人去干就好了。于是她就把工作重心放在管理上了,每天及时给店员分配任务,时刻监督店员干活,她认为只要店员都努力干活了,门店的生意自然就不会差。可让陈惠丽措手不及的事情发生了,没几天下来,门店就出现了一大堆问题:当顾客找不到要买的商品时才发现是断货了;总部向她要门店销售分析,她给不出来;总部要求做市场调研,她不知道从何入手……整个门店变得非常混乱,上级管理部门对此很不满意。

资料来源:"店长案例:做店员是老手,带门店不知从何入手?",http://www.360doc.com/concent/15/1208/05/22998480_518666098.shtml。

【问题】 为什么陈惠丽从店员变成店长之后出了这么多问题?该如何完成店员到店长角色的转变?

1.1.2 店长的工作职责

(1) 忠于职守,维护公司及门店的统一形象,以身作则,严格遵守公司及门店的一切制度,日常工作中无条件地接受上级的督导。

(2) 了解品牌的经营方针,依据品牌的特色和风格执行销售策略,及时宣传、吸纳、归档会员。

(3) 负责管理店面的日常工作,对店员的日常工作表现进行考核与监督,及时向部门经理反映店员动态并对店员进行培训,以及与店员进行思想上的沟通。

(4) 负责准确无误地盘点、对账、制作账簿、交接商品。

(5) 负责货架、库存及订货管理,保证货品的充足、存货的准确及订单的及时完成。

(6) 负责执行总部下达的销售计划和促销计划。

(7) 负责执行总部下达的商品价格变动计划。

(8) 掌握门店的销售动态,向总部建议新商品的引进和滞销品的淘汰。

(9) 掌握门店中各种设备的维护保养知识。

(10) 妥善处理顾客投诉和服务工作中发生的各种矛盾。

(11) 监督门店内外的清洁卫生情况,负责保卫、防火等作业管理。

(12) 监督门店商品的损耗管理,把握商品损耗尺度。

(13) 了解周围品牌的商品及其销售情况,登记并提供每天的销量及客流量资料。

(14) 定时按要求提供周围品牌在外界的公关推广活动。

(15) 激发导购的工作热情,调节店内购物氛围。

(16) 协助部门经理处理与改善店面运作的问题。

(17) 协助部门经理与所在门店或外界的沟通和协调。

1.1.3 店长的工作流程

1. 营业前

（1）开启电器及照明设备。每天提前 15 分钟到店，进店后依次开启电器及照明设备，检查音响、灯光等是否控制适当。

（2）带领店员打扫店面卫生。要注意入口处、地面、玻璃、收银台和卫生间等是否已清理干净。

（3）召开晨会。

1）检查店员仪容仪表。

2）检查店员出勤情况。

3）公布与传达公司政策及当天的营业活动。

4）分析前日营业情况，检讨工作表现。

5）培训新店员，交流成功售卖技巧。

6）鼓舞店员士气，激发工作热情。

（4）清点货品。

1）特价商品是否已陈列齐全。

2）特卖商品 POP 是否已悬挂。

3）商品是否已做好陈列。

4）购物袋是否已摆放就位。

5）督导收银台营业前的准备工作情况。

（5）核对前日营业报表，传送公司。

2. 营业中

（1）随时检查店员仪容仪表、整理工服、佩戴工牌。

（2）督导收银作业，掌握销售情况。

（3）检查商品陈列是否规范，标签填写是否清楚、是否对位。

（4）备齐包装盒、包装袋，以便随时使用。

（5）维护门店、库房的环境整洁及产品整齐。

（6）及时更换、撤增促销特卖展示。

（7）注意形迹可疑人员，防止货物丢失和意外事故的发生。

（8）及时主动协助顾客解决消费过程中遇到的问题。

（9）收集市场信息，做好销售分析。

（10）整理公司公文及通知，做好促销活动开展前的准备工作和结束后的收尾工作。

3. 营业后

（1）核对账物，填写好当日营业报表。

（2）总结当天销售情况，核实是否已完成当天的销售目标，分析存在的问题并提出相应的解决办法，不断提升销售业绩。

（3）制作销售统计报表、订货单以备次日通知配送中心补货。

（4）督导收银员清机、结账及缴款，统计每日营业额并进行分析与呈报。

（5）核对并妥善保管营业款，留好备用金。

（6）整理顾客档案并做好归档工作。

（7）检查电器设备（如音响、空调、照明灯及招牌灯等）是否关闭，消除火灾隐患。

（8）检查门窗是否关好，店内是否还有其他人员。

（9）填写店长工作日志，总结当日的工作情况。

1.1.4 店长应具备的素质

店长是一个具有特殊性质的管理者，作为门店营业活动的全面负责人，既要处理店内诸多具体繁杂的事务，又要实现各种营业目标，对门店的所有者负责。因此，店长必须具有以下素质。

1. 身体素质

店长最好是年富力强者，必须身体健壮，能承受由长期、满负荷工作带来的压力。

2. 心理素质

（1）积极主动。对于任何事情都积极主动地去面对，无论何时都主动迎接挑战，积极解决问题。

（2）忍耐力强。店内营业活动并不总是一帆风顺的，甚至大多时候是辛苦和枯燥的。店长必须有足够的忍耐力去引导整个团队渡过一个又一个难关。

（3）乐观开朗。乐观开朗的笑容总会像阳光一样，既照亮自己也照亮别人，店长良好的情绪会像春天的微风，使整个门店的氛围焕然一新。

（4）包容力强。每个人都有失败和犯错误的时候，店长要包容下属的过错，真心关怀和激励店员，陪伴其一起成长。

3. 职业素质

（1）做店员的好榜样。身体力行，以身作则，用行动树立在店员中的影响力。

（2）赢得店员的尊敬与信任。设身处地为店员着想，真心关怀店员的工作和生活。

（3）善于与店员沟通交流，改善工作方法。留意店员的工作情绪，发号施令时注意细节和技巧。

（4）经常自我反省。日常工作事务繁多，身为店长应该时刻反省自己，发现缺点并设法改正。

1.1.5 店长应具备的能力

（1）经营管理能力。不断找问题，防患于未然，加强管理，使店铺整体运营更趋合理；有计划地组织人力、物力、财力，合理调配时间，整合资源，提高效率；整理和分析信息资料与数据，并在实践中运用，以扬长避短，查漏补缺。

（2）组织领导能力。组织领导能力是指店长为了有效地实现经营目标，灵活地运用各种方法，把各种资源合理地组织和有效地协调起来的能力，包括协调关系的能力和善于用人的能力等。组织领导能力是店长的知识、素质等基础条件的外在综合表现，具体体现在有效、合理地组织下级上，调动店员的积极性，共同完成公司确定的目标。

（3）培训辅导能力。培训辅导能力是指店长能拓展下级的视野，使人尽其才，提高业绩的指导能力。店长用已有的规范管理并培育下级，传授可行的方法、步骤和技能，使员工在其职、尽其责、胜其任。同时要查漏补缺，帮助下级尽快改正错误并对他们进行培训，使其迅速成长。

（4）专业技术能力。店长应掌握所经营商品的性能特点、安装要求、技术参数、简单维护等知识，对服务型企业而言，店长的专业技术则更多地体现在服务的流程性和规范性方面。总之，店长应具有经营门店的必备技巧和使顾客满意，以及快速、正确地分析、解决问题的能力。

（5）自我提升能力。不断学习和更新专业知识，不断成长，完善自我。

（6）诚信的职业道德，作为榜样和承担责任的能力。具有良好的操守和高尚的道德，有凝聚力、向心力，在店员中起到上行下效的作用；一店之长是整个门店团队的领导，遇事要不推诿，勇于承担。

案例概览 1-2

朱亮的烦恼

朱亮是一家门店的店长，在他的带领下，去年其所在的门店取得了优秀的业绩，综合考评成绩在公司所有门店中名列前茅。正当朱亮满怀雄心壮志，计划今年再攀业绩高峰的时候，却被公司调到了最困难的门店。该门店的地理位置和商圈环境都不是很好，尽管朱亮和团队努力工作，倾尽所能，付出了很多，但整体业绩依然不是很理想。

作为店长的朱亮也知道自己要有信心，要不断激励团队，团队成员有一点点的进步，朱亮都会充分鼓励和表扬，给他们信心。但是效果依然不明显，业绩也没有明显的提升。于是朱亮也开始怀疑：是不是我们真的不够优秀，是不是我们真的做得不够好？

随后朱亮的工作压力也越来越大。尽管知道是糟糕的客观环境制约了门店的发展，但一再的努力却看不到进步，让朱亮有点迷茫了，甚至开始自问：在这个行业中和这样的平台上我是不是不够优秀，不适合做零售业？他萌生了逃避和离开的念头。

资料来源："新任店长被派到业绩很差的店铺该怎么办？"，http://blog.sina.com.cn/s/blog_139b9dbc30102vngl.html。

【问题】 如果你是朱亮，你会怎么解决当下的问题？

1.1.6 店长的任职资格

（1）大专及以上学历。

（2）3年以上门店相关工作经验。

（3）接受过市场营销、门店管理技能、财务知识、产品知识等方面的培训。

（4）对市场营销工作有比较深刻的认知；有良好的市场判断能力和开拓能力；有极强的组织管理能力；能够熟练操作办公软件。

（5）正直、坦诚、成熟、豁达、自信；具有饱满的工作热情，良好的团队合作精神，较强的观察力和应变能力。

知识链接

金牌店长十大标准

标准一：要有过硬的专业技能。门店的经营管理涉及方方面面，作为店长要懂店员培训、投诉接待、陈列更新、POP 广告制作、产品的周转、存货的盘点、销售活动的推行等，因此必须具备过硬的专业技能。

标准二：要有发散的思维能力。店长不仅要会为人处世，还要善于思考。优秀的店长应该能够清楚地表明自己的想法，有强烈的信息观念，善于运用和捕捉信息，注意提高信息的数量和质量，以促进管理工作的高质高效。

标准三：要有高度的敬业精神。店长必须在店员中树立起一个良好的榜样。店长必须以身作则，保持高度的敬业精神，这种精神将在潜移默化中传导给下属，从而提高整个团队的敬业度。

标准四：要有持久的竞争意识。店长必须有忧患意识和竞争意识，必须清醒地认识到入职竞争、岗位竞争、管理竞争、客源竞争、效益竞争是无处不在的，只有树立高度的竞争意识、进取意识，产生竞争感、危机感、紧迫感、压力感，才能不断提升，不断进步，才不会被激烈而残酷的市场竞争淘汰。

标准五：要有强烈的团队意识。西方有句谚语：由一头狮子率领的一群羊，可以打败由一只羊率领的一群狮子。但凡成功的管理者，其员工都具有优良的团队意识，而具有优良团队意识的企业，大都有一个卓越的领导者。因此，店长的团队意识，对团队士气起着决定作用，要培养店员强大的团队意识，店长自身先要具备强烈的团队意识。

标准六：要有超前的创新意识。创新是企业生存的原动力，是管理的灵魂。店长要善于进行计划创新和组织创新，要不断接受新事物、新观念，善于创新进取，才能取得不断发展。

标准七：要有长远的学习计划。在门店的经营管理过程中常常会出现新问题，遇到新情况，面临新困难。因此，店长应该制订符合自身的长远的学习计划，不断在工作中积累新经验，接受新思想，解决新问题，从而提高管理能力。

标准八：要有坚强的个人意志。要成为一名优秀店长，道路难免崎岖。店长的一项重要素质就是意志力和自信。一个称职的店长，一定要具备刚毅不凡、胆大心细、了解组织环境及通晓对手、掌握游戏规则的基本能力，还要有坚毅的勇气。

标准九：要有公正公平的态度。作为一名管理者，首先要信奉和笃信正确的做人标准及规范，从而保证不发生偏离和越轨行为。作为一名店长，必须秉公办事，出以公心，才能服众。

标准十：要有高效的沟通能力。对于店长而言，管理的核心就是管人，无论用什么办法、什么体系，沟通永远是第一位的。店长要学会沟通，应在日常工作中注意以下两个方面：一是忌言语伤人，要充分尊重、听取下属提的意见和建议；二是要善于用人，为店员营造一个和谐、融洽、友爱、互助的工作氛围。要学会为店员创造机会，创造条件，使店员充分体验到成就感，激发店员的工作热情，引导店员不断进步。

资料来源："优秀店长标准，你符合几条？"，https://www.jingzheng.com/?new_hy/id/2475.html。

【问题】 上述金牌店长十大标准，你符合几条？

引例1-2 店长该如何进行时间管理

S是浙江省某地级市一家大卖场的店长。该卖场经营面积不算大，占地五六千平方米，雄踞浙西这座地级市最大卖场地位达四年之久，直到前不久才被一家国内巨型连锁企业的大卖场超越。现在受外来大卖场的冲击，S店长的压力比以前大了许多。一直以来S店长总感觉自己的时间不够用，好像每天都有做不完的事情，看上去不仅卖场，甚至整个企业也都属她最忙似的。如今，她更是感到时间不够用了，虽然加班加点超长时间地工作，但还是有许多事情照顾不过来，经常贻误时机，渐渐造成了经营管理上的困难。为此，S店长感到非常苦恼，她在反省：是不是自己还不够努力，是不是自己的责任心还不够强，是不是自己的领导能力不行，才陷入了如今的困境？

资料来源："某店长的时间管理案例分析"，https://www.xuexila.com/time/213723.html。

【问题】 S店长在时间管理上出了什么问题？一名优秀的店长该如何进行时间管理？

子项目1.2 店长助理角色认知

1.2.1 店长助理角色定位

如果说店长是一家门店的"家长"，那么店长助理就是一家门店的"贤内助"。他要协助店长管理好门店的一切大小事务，维持门店的正常运营。

1.2.2 店长助理的工作职责

（1）忠于职守，维护公司及门店的统一形象，以身作则，严格遵守公司及门店的一切制度，日常工作中无条件接受上级的督导。

（2）在店长的领导下行使分管工作或接受授权认真处理店长不在时店内的事务。

（3）协助店长管理店面的日常工作，对店员的日常工作表现进行考核与监督，及时向部门经理反映店员动态并对店员进行培训，以及与店员进行思想上的沟通。

（4）协助店长准确无误地进行盘点、对账、制作账簿、交接商品。

（5）协助店长管理货架、库存及订货，保证货品的充足、存货的准确及订单的及时完成。

（6）协助店长执行总部下达的销售计划和促销计划。

（7）协助店长执行总部下达的商品价格变动计划。

（8）掌握门店的销售动态，向总部建议新商品的引进和滞销品的淘汰。

（9）掌握门店各种设备的维护保养知识。

（10）协助店长妥善处理顾客投诉和服务工作中发生的各种矛盾。

（11）协助店长监督门店内外的清洁卫生情况，负责保卫、防火等作业管理。

（12）协助店长监督门店商品的损耗管理，把握商品损耗尺度。

（13）协助店长了解周围品牌的商品及其销售情况，登记并提供每天的销量及客流量资料。

（14）协助店长定时按要求提供周围品牌在外界的公关推广活动。

（15）协助店长激发导购员的工作热情，调节店内购物氛围。

1.2.3　店长助理的任职资格

（1）高中及以上学历。

（2）接受过市场营销、门店管理技能、财务知识、产品知识等方面的培训。

（3）饱满的工作热情，良好的团队合作精神，较强的观察力和应变能力。

（4）掌握本岗位技能，熟知门店各岗位技能，熟悉店长的工作职责，协助店长做好工作。

引例1-3　替顾客垫钱

有一天，一位顾客挑选了一件348元的羽绒服，然后到收银台交款。过了一会儿，她面带遗憾地说："我还差20元钱，算啦。"看到顾客遗憾的表情，我想了想说："我替你垫上吧。"顾客瞪大眼睛说："你这么信任我吗？""信任！"我大声说。第二天，顾客专门来还钱。后来我们就成了朋友，她逛商场时，总喜欢到我这里聊天、买东西。信任你的顾客，顾客也会回报你。

资料来源："服装店长成功案例分享"，https://www.xuexila.com/success/chenggonganli/511765.html。

【问题】　你能信任你的顾客吗？

子项目1.3　营业员角色认知

1.3.1　营业员角色定位

营业员通常也叫导购员，一般是厂家或代理商派驻零售终端的销售人员，在销售商品的过程中扮演着非常重要的角色。

（1）商店或企业的代表。营业员面对面地直接与顾客沟通，他的一举一动、一言一行都在顾客的眼中，始终代表着商店的服务风格与精神面貌。

（2）信息的传播沟通者。营业员对商店的特卖、季节性优惠等促销活动应了如指掌，当顾客询问有关事项时，能及时热情地给予详细的解答。

（3）顾客的生活顾问。营业员要充分了解所售商品的特性、使用方法、用途、功能、价值，以及能给顾客带来的益处，为顾客提供最好的建议和帮助。

（4）服务大使。商店要有效地吸引消费者，不仅要依靠店面装修、陈列、折扣等手段，还要靠优质的服务来打动顾客。在当今社会激烈的市场竞争中，竞争优势将越来越多地来自无形服务，一系列微小的服务改善能有效地征服顾客，压倒竞争对手，每一位营业员必须时刻牢记自己的职责是为顾客提供服务。

（5）商店或企业与消费者之间的桥梁。营业员要把消费者的意见、建议与期望都及时地传达给商店或企业，以便制定更好的经营和服务策略，刺激制造商生产更好的产品，以满足消费者的需求。

案例概览 1-3

爱岗敬业得大单

S君在鸭鸭羽绒服专柜工作。有一天，有几位男士过来咨询羽绒服的款式、做工、用料等，他都一一耐心作答。对于该羽绒服的优缺点，S君进行了充分的介绍，最后他们竟然购买了 200 件，原来他们是本溪一家公司后勤部的采购人员。第二天，楼层经理当众对 S 君进行了表扬，夸 S 君爱岗敬业，而他也因此获得了一个大单。

资料来源："服装店长成功案例分享"，https://www.xuexila.com/success/chenggonganli/511765.html。

【问题】 作为一名营业员应该如何有效地提升自身的业绩？

1.3.2 营业员的工作职责

（1）忠于职守，维护公司及门店的统一形象，以身作则，严格遵守公司及门店的一切制度，日常工作中无条件接受上级的督导。

（2）负责回答顾客的各种询问。

（3）负责对顾客开展商品推介工作。

（4）负责所属区域商品的对客销售工作。

（5）掌握所属区域商品的名称、规格、用途和保质期等信息。

（6）负责所属区域商品标价工作。

（7）负责所属区域商品的陈列、整理工作。

（8）负责所属区域商品的安全工作。

（9）负责所属区域商品的验收工作。

📖 **案例概览 1-4**

这个门店人员合格吗

S君想出去旅游，于是走进了一家旅行社门店，迎接他的是一个声音甜美、长相漂亮的小姑娘，她穿着漂亮的工装，化了精致的淡妆。他们之间的对话如下。

门店人员：欢迎光临！先生，请问有什么可以帮到您？您想去哪里玩？

S君：三亚。

门店人员：出发时间？多少人？

S君：8月底吧，2个人。

门店人员：8月20日有一个团，5天，6 999元。

S君：给个行程单看看。

门店人员：好的，请稍等。

门店人员打印了一份行程单，把出发时间和价格写上，双手递给S君，然后就沉默不语。S君说要把行程单拿回去看。门店人员便拿出一张名片递给S君。

资料来源："从一个案例看旅游门店销售技巧和话术"，http://www.58how.com/index.php/hsdq/5226.html。

【问题】 该案例中的门店人员有何优缺点？

1.3.3 营业员的任职资格

（1）高中及以上学历。

（2）五官端正，形象较好，普通话标准。

（3）掌握顾客服务礼仪规范。

（4）掌握公司服务顾客的内容和措施。

（5）掌握门店商品分布情况、商品信息等相关知识。

（6）掌握门店商品标价的信息，正确标好价格。

（7）掌握商品陈列的原则、方法和技巧。

（8）接受过门店验收货品的专业培训。

📖 **案例概览 1-5**

A品牌和B品牌营业员的差别在哪里

有一天，S君去超市时路过一个商店，很喜欢一件短袖的颜色和款式，听到营业员说在搞促销活动，他试了常穿的尺码，很合身，于是就买下了这件A品牌的短袖。两个营业员很高兴地看着S君交钱后，将包装好的衣服给了S君，恭恭敬敬地说："谢谢您，欢迎下次再来！"

S君刚走出A品牌店两步，就被一个满脸堆笑的中年妇女叫住了，她说："先生，您买了一件漂亮的短袖，不配条裤子吗？"她的一句话提醒了S君，对呀，他刚好缺一条裤子。她紧接着说："我们家是B品牌，裤子有许多新款式，欢迎挑选。"

说着这位营业员就把S君带到了许多夏裤的面前,并且给S君推荐了好几种款式和颜色,S君最后买了一条浅黑色的裤子。

随后,她又对S君说:"您可以拿着付款单去领取一个小礼物,我带您去。"

S君走出了B品牌店的门,A品牌的两位营业员诧异地看着S君说:"我们家也有裤子呀!"

S君说:"你们没有给我介绍,而且我也没有看到呀,本来可以只用去一次收银台的,唉!"S君笑了笑,去交款了。

资料来源:"两个真实的销售案例,建议每位销售员都看一看!",https://www.sohu.com/a/107286357_423667。

【问题】 A品牌和B品牌营业员的差别在哪里?对你有什么启示?

引例1-4 收银台的一幕

S君是一家商场的收银员,一天,她和往常一样接待着来来往往的顾客。下午4点左右,在连续给五位顾客结完账后,一位女士递给她100元,她选购了一件50元的特价上衣,等待找零。因为那天是周六,加上商场有特卖活动,备用的零钱已经用完,S君抱歉地对她说:"对不起,请稍等一下,我去换零钱,马上就回来。"话音刚落,这位女顾客凶巴巴地说:"你没钱找还在这儿当什么收银员?你们是怎么搞的?"当时,在她后面有位等待刷卡的男士看到情况后,把卡收了起来,掏出零钱对S君说:"我这儿有50元,你先用吧,一会儿到我结账时再抵。"S君感激地说了声"谢谢"并接过钱,验证无误后,将50元找给了那位女顾客。可那位女顾客却拒绝接收这50元,只是用稍微缓和的语气对S君说:"你把钱退给我,我也刷卡。"S君微笑着说:"只要您能满意,选择什么样的付款方式都可以。"刷卡开票完成后,这位女顾客对S君说了一声"谢谢",虽然有点生硬,但S君却非常高兴。

资料来源:https://zhidao.baidu.com/question/91401225.html。

【问题】 你认为一名优秀的收银员应具备哪些素质?

子项目1.4 收银员角色认知

1.4.1 收银员角色定位

收银员指超市、商场、宾馆、酒店等经营场所为顾客结账的雇员,一般在收银台工作,并使用收银机辅助工作。本书所指的收银员则是在门店给顾客结账的雇员。

1.4.2 收银员的工作职责

(1)忠于职守,维护公司及门店的统一形象,以身作则,严格遵守公司及门店的一切制度,日常工作中无条件接受上级的督导。

(2)营业前认领备用金并清点确认。

(3)营业前调试好收银机,准备好其他备用品,并了解当日变价商品和特价商品。

（4）登记或扫描商品价格时，应报出每件商品的金额；登记或扫描结束时，应报出商品的总金额，并主动将结算小票置于购物袋中或双手递交给顾客。

（5）收银时要唱票"收您××钱"；找零时要唱票"找您××钱"。

（6）当顾客不多时，应替顾客做好商品装袋服务；当顾客很多时，应以尽快疏通顾客为主，加快收银速度。

（7）收银时要做到正确、快速，对顾客保持亲切友善的笑容，做到更好地接待顾客。

（8）耐心回答顾客的提问。

（9）记录和保管遗失的物品。

（10）发生顾客抱怨或由于收银有误顾客前来投诉交涉时，应通知店长或值班经理来处理，避免影响正常的收银工作。

（11）在非营业高峰期，听从店长的安排从事其他工作。

（12）营业结束后，按所收货款填写交款清单，现金、支票分开填写，本人签字后将货款交给核算员。

（13）经核算员按收银机的存根审核后，如长款要写报告，短款自赔。

（14）向有关部门提供销售信息及顾客信息等。

案例概览 1-6

奶茶店的灵魂人物，一名优秀的收银员应具备哪些能力

众所周知，现在大大小小的城市里都有一些奶茶店，面对不同的奶茶店我们要如何选择呢？这就事关奶茶店里一位极其重要的人物——收银员。当一位新顾客走进门店准备买饮品时，说明顾客已经开始认可你，但是他还不一定会购买，在买与不买之间，起到决定作用的就是收银员，收银员是连接顾客和奶茶的一个纽带。

那么，收银员哪几个方面的表现能让自己成为一个合格的灵魂人物呢？

一是给顾客的第一印象，要有亲和力和专业感。颜值高的收银员是加分项，但不是必选项。收银员的仪容仪表要整洁、舒适、干练，且看起来要有亲和力。

二是要熟悉店内的每一款产品。顾客进店想买一杯奶茶，但是没有偏好，需要收银员帮忙介绍，这时的介绍就不能是笼统的，收银员必须熟知每一款产品的优劣性、制作时间，以及根据店内实际情况给出一个大体的等待时间。另外还可介绍产品的甜度如何，配料有哪些，以及每一款产品的口感，当顾客说出自己的喜好时，要能够据此推荐合适的奶茶，比如更加爽口、酸甜适中、配料Q弹等。因此，收银员要熟知所有产品。

三是要会察言观色，懂营销。奶茶店里有时候会出现一些行色匆匆、赶时间的顾客，这时候收银员就要懂得察言观色，推荐一款口感好、制作不耗时的奶茶，而且推荐时一定站在顾客的角度，替顾客节省时间。如果遇到排长队、顾客不耐烦的情况，要及时发现并适时安抚，一定要尽量控制丢单率。

资料来源："奶茶店的灵魂人物，一名优秀的收银员应具备哪些能力？"，https://zhuanlan.zhihu.com/p/373822283。

【问题】 你认为奶茶店的收银员还需要注意其他什么问题？

1.4.3 收银员的任职资格

（1）高中及以上学历。
（2）五官端正，形象较好，普通话标准。
（3）接受过财务知识及收银知识工作技能等方面的培训。
（4）饱满的工作热情，良好的团队合作精神，较强的观察力和应变能力。
（5）掌握本岗位技能，熟知门店收银工作规范。

门店管理工具箱

工具 1-1：店长每日营业前检核表

类别	项目	检查结果	落实整改情况
人员	人员是否正常出勤		
	人员是否按公司规定准备营业		
	人员仪容、服装是否标准规范		
商品	商品陈列是否规范		
	一物一签是否对应		
	日日盘点是否操作规范		
	调价商品是否及时进行调整		
清洁	入口处是否清洁卫生		
	地面、玻璃、收银台是否清洁卫生		
	仓库是否清洁卫生		
	厕所是否清洁卫生		
其他	灯光是否按时开放		
	收银员是否准备妥当零钱		
	购物袋是否就位		
	网络通知、邮件是否接收		
	前一日营业额是否已发出		

工具 1-2：店长每日营业中检核表

类别	项目	检查结果	落实整改情况
商品	是否有缺品		
	特价商品是否正常执行		
	是否有残损商品陈列		
	商品上是否有浮灰		
	商品陈列是否规范、整齐、饱满		
	是否按照先进先出陈列		
	是否做到正面朝外陈列		

(续)

类别	项目	检查结果	落实整改情况
门店动态	通道是否畅通		
	商品是否需要整理		
	是否需要紧急补货		
	是否需要其他人员支援收银台		
	门店人员工作是否正常		
	收银台零钱是否充足		
	包装物、打印纸等是否充足		
	音响音质是否正常		
服务	是否使用文明用语、礼貌用语		
	是否妥善处理顾客异议或投诉		
	员工个人形象是否良好		
清洁	门店门前、室内地面是否清洁		
	仓库是否保持清洁、畅通		
POP	POP是否脱落、污损		
	POP张贴位置、方法是否合适		
	POP书写、大小尺寸是否正确		
设备	灯箱、照明灯运行是否正常		
	收银机运行是否正常		
	空调运行是否正常		
	其他设备运行是否正常		
其他	仓库商品堆放是否整齐		
	退调商品是否定点存放、登记造册		
	交接班是否正常		

工具1-3：店长每日营业后检核表

类别	项目	检查结果	落实整改情况
门店	是否仍有顾客滞留		
	灯箱是否关闭		
	照明灯是否关闭		
	空调是否关闭		
	收银机是否关闭		
	门店卫生是否清洁完毕		
	发票是否妥善保管		
	当日营业款是否及时上缴或安全存放		
	销售数据是否上传到总部并备份		
其他	是否仍有员工在门店滞留		
	布防情况是否上报总部		

工具1-4：检核不符合项目登记表

检核时间	不符合项目情况登记	整改措施	重新检核时间	整改完成情况

工具1-5：营业员仪表自检表

项目	要求	是否符合要求	
		是	否
头发	是否有头皮屑、是否干净		
	是否梳理整齐		
	染色是否自然		
	发型是否自然		
眼睛	是否充满血丝		
	是否看上去疲惫不堪		
	眼睫毛是否整齐		
	眼部妆容是否自然		
脸	是否清洁干净		
	化妆是否太浓		
耳朵	是否干净		
	是否佩戴夸张的耳环		
口	是否已刷牙		
	是否有口臭		
	口红是否太艳		
颈部	颈部四周是否清洁		
肩膀	是否有掉落的毛发或头皮屑		
手	指甲是否剪短		
	是否保持干净		
	是否佩戴夸张的戒指或手链		
工作服	是否保持清洁干净		
	衬衫是否洗烫过		
	裤线是否笔挺		
鞋子	是否干净明亮		
	后跟是否太高		

填表说明：请在"是"或"否"的方框内打"√"。

项目小结

门店是零售企业的终端，是零售企业运营的基础环节，是为客户提供商品或服务的主要渠道，其经营状况直接决定了零售企业的经营业绩、竞争能力和服务水平。店长是门店的灵魂和核心。一家店就像一个家，店长就像这个家的"家长"。家长要操心这个家的所有问题：人员、货品、卫生、陈列等方方面面都要照顾到，任何一个小的细节考虑不到，都有可能给工作带来不良的影响。如果说店长是一家门店的"家长"，那么店长助理就是一家门店的"贤内助"。他要协助店长管理好门店的一切大小事务，维持门店的正常运营。营业员通常也叫导购员，一般是厂家或代理商派驻零售终端的销售人员，在销售商品的过程中扮演着非常重要的角色。收银员指超市、商场、宾馆、酒店等经营场所为顾客结账的雇员，一般在收银台工作，并使用收银机辅助工作。除了明确店长、店长助理、营业员和收银员的角色定位外，还需掌握他们各自的工作职责和任职资格，以便选择合适的门店员工。

项目训练

【训一训】

实训内容	假如你是一家餐饮门店的老板，根据本项目所学内容，你将怎样选择合适的店长、店长助理、营业员和收银员？提交一份门店岗位设置可行性报告
实训目的	1. 掌握店长角色认知的相关知识并能应用于实践 2. 掌握店长助理角色认知的相关知识并能应用于实践 3. 掌握营业员角色认知的相关知识并能应用于实践 4. 掌握收银员角色认知的相关知识并能应用于实践
实训组织	1. 教师介绍本次实训目的及需要提交的成果 2. 上网搜集相关案例作为参考 3. 选择当地一家较正规的餐饮门店的岗位设置情况进行调研 4. 学生以小组为单位，讨论制定出可行性报告
实训环境	1. 网络资源 2. 大学城周围市场调研
实训成果	1. 写出岗位设置可行性报告 2. 做好PPT，各组在课堂上汇报 3. 教师评比考核，计入实训成绩

【练一练】

一、名词解释

1. 店长　　2. 店长助理　　3. 营业员　　4. 收银员

二、不定项选择题

1. 店长的心理素质包括（　　）。

A. 积极主动　　　　B. 忍耐力强　　　　C. 乐观开朗　　　　D. 包容力强
2. 店长应具备的职业素质包括（　　）。
A. 做店员的好榜样　　　　　　　　B. 赢得店员的尊敬与信任
C. 善于与店员沟通交流，改善工作方法　　D. 故步自封
3. （　　）是一家店的"贤内助"。
A. 店长　　　　B. 店长助理　　　　C. 营业员　　　　D. 收银员
4. 营业员的角色定位包括（　　）。
A. 商店或企业的代表　　　　　　　B. 信息的传播沟通者
C. 顾客的生活顾问　　　　　　　　D. 服务大使
5. 收银员的工作职责有（　　）。
A. 营业前认领备用金并清点确认　　B. 收银时要做到正确、快速
C. 耐心回答顾客的提问　　　　　　D. 记录和保管遗失的物品

三、判断题

1. 店长要能不断找问题，防患于未然，加强管理，使门店整体运营更趋合理；有计划地组织人力、物力、财力，合理调配时间，整合资源，提高效率；整理和分析信息资料与数据，并在实践中运用，以扬长避短，查漏补缺。（　　）
2. 店长要能拓展下级的视野，使人尽其才，提高业绩；用已有的规范管理并培育下级，传授可行的方法、步骤和技能，使店员在其职、尽其责、胜其任。同时要查漏补缺，帮助下级尽快改正错误并对他们进行培训，使其迅速成长。（　　）
3. 店长助理要掌握本岗位技能，熟知门店各岗位技能，熟悉店长的工作职责，协助店长做好工作。（　　）
4. 营业员可以夸大商品的功效以促进商品的销售。（　　）
5. 收银员只要管好收银工作就好，其他事情不用管。（　　）

四、思考题

1. 店长的角色主要有哪几种？
2. 店长应具备什么能力？
3. 店长助理需要具备什么任职资格？
4. 营业员的工作职责有哪些？
5. 收银员的任职资格有哪些？

五、案例分析

如何化解顾客内部的矛盾

　　一天中午，某服装商场的女裤专柜前来了三位顾客。走在前面的是一位老太太，后面跟着一对青年男女。男的戴一副眼镜，颇有知识分子风度。女的穿着时尚，显然是一位注重打扮的姑娘。从他们的交谈中听出，是婆婆想给未来的儿媳妇买条裤子。店堂推销员小杨面带微笑，热情地迎上去打招呼："欢迎光临，你们要看什么款式的裤子？"老太太回过头来，对这对青年男女说："这里货品多，款式新，你们仔细看看，挑称心的买。"推销员小杨指着挂在货架

上的各式裤子说:"我们这里的女裤来自全国各地,颜色多、品种多、款式多,请你们先看看,看中哪一条,我再拿出来给你们仔细看看。"

这时,三个人的目光一起投向挂在货架上的各种颜色、款式的裤子,认真查看起来,但都不作声。小杨观察后发现,老太太的目光总是停在200多元一条的裤子上,而姑娘却目不转睛地盯住了一条500多元的裤子。

这时,男青年一会儿望望裤子,一会儿又看看老太太和姑娘,脸上露出一些不安的神色。几分钟过去了,细心的小杨从他们的目光中了解到这三位顾客的心理活动。看来,老太太想节约一点,买条物美价廉的裤子送给未来的儿媳妇;而姑娘比较时髦,追求时尚,既然老太太要做人情,反正不用自己花钱,当然想买条高档的裤子。婆媳之间在挑选裤子上发生了矛盾,但两个人都不好意思先开口。男青年大概看出了双方的心思,既怕买了便宜的得罪女友,又怕买了高档的得罪母亲,感到左右为难,只好站在旁边催她们快点决定,要不再到别的商场看看。

从他们的交谈中得知,他们已经跑了十几家商店。小杨想,这个矛盾如果不及时处理好,不仅这个家庭会产生较大的矛盾,而且这笔生意也可能做不成,怎么办?小杨想了想,当即麻利地从货柜里拿出一条380元的米黄色裤子,先对这位姑娘说:"这条裤子是名牌,不仅样式新颖,而且质量也不错,这种颜色是今年的流行色,姑娘们穿上不仅显得高雅富丽、落落大方,而且更能突显年轻人的青春活力,许多人都竞相购买,现在只剩这几条了,你不妨试穿一下。那条500多元的裤子,虽然布料、质地要好一些,做工也比较考究,也是名牌,但样式老了一点,颜色深了一些,年轻姑娘穿就显得老气了点,恐怕不太合适。"接着,又对老太太说:"这条200多元的裤子,虽然价格便宜,显得比较经济实惠,但布料、质地要差一些,做工也不是很讲究,品牌也没有什么名气,一般穿穿还可以,但年轻人都喜欢追求时尚,讲究品牌,以显得自身比较有档次,这也是人之常情。"小杨的一番解释使现场气氛顿时活跃了起来,姑娘喜形于色,老太太眉开眼笑,男青年转忧为喜。三个人有说有笑地翻看着这条裤子,姑娘试穿后感到十分满意,老太太高高兴兴地付了钱,一家人有说有笑地离开了商场。

【问题】
1. 面对顾客的内部矛盾,店堂推销员小杨是怎样化解矛盾、促成这笔生意的?有什么奥妙?
2. 这个案例对你有何启示?

PROJECT 2　项目 2

门店形象管理

能力目标

通过完成本项目的教学,学生应具备以下基本能力:
1. 通过对门店布局设计方法的学习,能正确进行门店布局设计
2. 通过对门店商品陈列方法的学习,能正确进行门店商品陈列
3. 通过对门店氛围营造方法的学习,能正确进行门店氛围营造
4. 通过对门店卫生清洁方法的学习,能正确进行门店卫生清洁

知识目标

1. 掌握门店布局设计的方法
2. 掌握门店商品陈列的方法
3. 掌握门店氛围营造的方法
4. 掌握门店卫生清洁的方法

引例2-1　门店"五觉"系统打造

门店形象打造对其经营业绩影响很大,需要从以下五个方面加以重点关注。

(1) 视觉感受,吸引眼球。"眼球经济"时代,注意力成了稀缺资源,为吸引注意力,可以从几个方面入手:一是在设计和包装上新颖独特;二是在名称和文化上富有内涵;三是在核心技术上有科技含量;四是在颜色搭配上形成强有力的视觉冲击力;五是在终端陈列上形成系列化,占领有效终端;六是在促销方面适时转换促销受益对象。

(2) 听觉感受,激发心跳。营销中的购买行为往往在瞬间产生,有时听觉上的感受会让你自然而然产生购买欲望,如南方黑芝麻糊"一股浓香,一缕温暖"广告语及广告画面,无形中让你回想起儿时乡间的风味。

(3) 嗅觉感受,诱惑心动。消费者容易对视听的刺激习以为常,围绕嗅觉来开发出新的营销手段就很有可能成为一个引人注目的亮点。如面包店、咖啡店、鲜花店的香味都会刺激消费者的购买欲望。

（4）触觉感受，身临其境。触觉是人最直观的体验之一，通过让消费者亲手触摸、亲身体验等来使消费者身临其境，从而产生购买行为往往是一种有效的手段。如在购买服装过程中的试穿、购车前的试驾体验等，都能激发和加强消费者的购买欲望，进而促使购买行为的产生。

（5）味觉感受，产生行动。味觉感受主要是通过免费品尝而产生的，能够直接刺激消费者的味蕾。一般来说，通过味觉的感受很容易产生购买行为。

资料来源："专卖店形象管理——店面'5觉'系统打造"，https://www.sohu.com/a/114942557_477663。

【问题】 打造门店形象时还需要注意其他什么问题？

子项目2.1　门店布局设计

门店形象至关重要，它是顾客识别门店的标记，也是经营者招揽生意的手段之一。良好的门店形象很容易获得顾客的青睐，也会给他们留下美好的印象。门店形象是门店经营实力和水平的象征，会对顾客的心理产生巨大的影响。只有那些形象良好的门店才能获得顾客的信任，进而使他们进店消费。标准统一的门店招牌、明亮的橱窗、醒目的宣传海报、摆放整齐的商品，以及统一的着装、面带微笑的工作人员，是现代门店的标准形象。

2.1.1　店面外观设计

所谓店面外观，是指门店给人的整体感受，包括门店所处的位置、建筑体、门面、招牌和灯箱等。其中，门面和招牌是吸引目标顾客的重要环节，既可以体现门店的档次、品位，又可以体现门店的个性。在设计店面外观时，要选择合适的风格，尽量做到简洁、大方、稳重。

1. 门面设计

门面按风格来分，可以分为现代型和传统型。门面按开放程度来分，可以分为以下四种。

（1）封闭型。封闭型门面是指用陈列橱窗或茶色玻璃将临街的一面挡住，这样顾客入店后就可以安静地挑选，不受外界干扰。经营珠宝首饰、高级服装的专卖店多采用这种门面。封闭型门面可以强化门店的定位，给人以高贵、稳重之感。

（2）半封闭型。门店大小适中，多采用玻璃门，店内氛围温馨，玻璃明亮，顾客很容易看清店内摆设，从而被吸引入店。半封闭型门面主要适合商品种类较少，空间相对狭小的店铺。

（3）开放型。门店临街一面全部开放，没有橱窗，顾客随便出入。开放型门面适合流动性大的门店，如出售食品等日常用品的商店。

（4）自由型。只有一面或两面墙，商品充分暴露，顾客可以自由选购。自由型门面适合档次较低的服饰商品店，顾客多为不太富裕的人群。

在进行门面设计时，要根据所售商品的特点、定位等情况选择合适的门面类型。在选择好门面的类型后，还要注意门面的宽度。门面宽，就有开放感，顾客在这样的环境下购物会感到更开心。因此，原则上门面宜宽不宜窄，太窄容易使顾客感到压抑，减少购物的兴趣和在店内逗留的时间。

2. 店门设计

店门的作用是吸引人们的目光，让他们产生入店浏览的兴趣。至于如何进去，从哪里进去，则需要门店的引导。因此，在店面设计中，店门的设计是非常重要的。在进行店门设计时，要注意以下要点。

（1）店门位置选择要适当。店门的位置要根据客流情况而定。一般而言，大型商场可设在中央；小型商店空间狭小，为了不影响店内的实际使用面积和顾客的行走，多设在左侧或右侧。

（2）店门材料选择要适合。店门多使用轻盈、耐用、美观、富有现代感的铝合金材料。无边框的玻璃门属于豪华型店门，它透光性好，造型华丽，常用于高档的首饰店、时装店、化妆品店和电器店等。

知识链接

如何用全域大数据给门店选个好位置

门店位置的选择对于门店而言是非常重要的。有数据显示，传统线下零售业90%以上的销售额都是在店内完成的。门店位置选择合适与否会直接决定门店业绩的好坏，而且一旦开店，就涉及巨额的费用，在短时期内很难调整。

门店选址是个高成本、很复杂的工作。首先要了解消费者的规模、购买力、发展潜力等，这是门店运营的根本；其次要分析竞品的动向和应对持续上涨的租金压力等。尤其在当下，房地产租金上涨、人口快速流动、新兴的城市建设和交通网络，让选址的难度加大。

在数字经济蓬勃发展的今天，该如何利用全域大数据来选择一个合适的门店位置呢？

从大数据的视角分析，每一个经纬度点位代表一个地理位置，都由四层数据构成，并且层层深入。这四层数据由下到上划分：第一层是地理信息，即这个位置在哪里；第二层是POI信息，包括竞争分析、交通网络分析、基础设施分析等，即这个位置上的硬件设施情况；第三层是人口信息，包括人数、性别、年龄等，即这个位置上生活了哪些人；第四层是行为信息，这是最复杂也最依赖大数据分析能力的信息，通过数据分析这个位置上生活的人有没有购买意向、会购买多少、未来的趋势如何等。

如何获取这四层数据，并让它们浑然一体，支撑选址决策呢？从数据能力与技术实现的角度来看，需具备四种能力：一是线下数据获取能力；二是进行消费者画像的能力，并且画像数据足够大；三是数据的打通、加工能力；四是数据应用能力，满足开店选址的多场景需求。

资料来源："如何用全域大数据，给门店选个好位置？"，http://www.360doc.com/content/17/0908/07/14788_685420298.shtml。

【问题】还有哪些途径可以更加精准地进行门店选址？

3. 招牌设计

门店招牌，顾名思义，就是门店招揽顾客的牌号，也就是门店的名称，是用以识别门店、招揽生意的标志。门店的声誉、形象固然取决于它的历史、规模和服务质量等，然而同时也与门店招牌的名气大小关系密切。在繁华的商业区，顾客首先看到的是各式各样的门店招牌，通过这些招牌，他们可以找到自己的目标门店，高度概括门店经营内容和具有强烈艺术吸引力的招牌，会带给顾客强烈的视觉冲击力和心理影响，促使他们成为门店的光顾者。因此，除了考虑美感与创意外，还要考虑提供的信息是否足以吸引顾客。

(1) 招牌类型。常见的招牌类型分为以下几种。

1) 屋顶招牌。为了招揽顾客，位于大楼中层的店铺往往在屋顶竖立广告塔，以便宣传自己的门店。有些门店还与供应商合作，为主打商品打广告。

2) 标志杆招牌。位于公路或铁路两旁的门店往往用水泥杆或长钢管将招牌树立在门店门前，醒目、简洁地标明门店的名字和服务，以吸引过往的行人。

3) 栏架招牌。栏架招牌多安置在门店所在建筑物的正面，目的是向顾客传递地址、商品名、商标等信息。有条件的门店，还可以配合使用霓虹灯、投光灯等辅助设备，以便吸引行人的注意。

4) 壁上招牌。位于拐角处的门店可以在临街的一侧放置商品广告，或者标注店名和服务项目。由于临街的位置比较醒目，因此，招牌的效果往往很好。

(2) 招牌命名。在我国，随着商业日益繁荣，市场竞争日益激烈，门店招牌也就日益为经营者所重视。艺术化、立体化和广告化的门店招牌不断涌现；一些以标语口号、隶属关系和数字组合而成的店名也不少见。但一些新设计的门店招牌，尚未能注意招牌命名的心理功能。有的难以识别和记忆；有的与行业属性和主营商品不和谐；有的与经营规模或经营特色名实不符；有的还违背顾客心理，遭人反感，从而导致门店关门倒闭。

由此可见，门店招牌除了要注意在形式、用料、构图、造型、色彩等方面给顾客以良好的心灵感受外，还应在命名上多下功夫，力求言简意赅，清新不俗，易读易记，赋予美感，使之具有较强的吸引力，引发顾客的思维联想，达到理想的心理要求。

案例概览 2-1

餐饮店招牌设计类型

在同样的位置开餐饮店，有的人赚钱，有的人却赔钱。造成这个差异的因素有很多，其中餐饮店的招牌或许占据了很大因素。餐饮店招牌设计主要包括以下三种类型。

1. 创意类

创意类招牌是指设计新颖独特具有创意的招牌。目前国内大多数餐饮店招牌大都过于保守，缺乏创意。相反，国外就有很多有创意的设计。创意类招牌的奇特、花式设计能够定向吸引年轻消费者争相拍照，相当于免费给品牌做二次传播。

2. 流行类

流行类招牌是指利用流行元素如流行色彩等进行设计的招牌。就拿流行色蒂芙尼蓝（Tiffany Blue）为例，从最开始某珠宝品牌使用的颜色，再到餐饮界跟风流行，争先恐后地使用同类颜色。

3. 造景类

造景类招牌是指通过人工手段，利用环境条件和姿态、声音、光线、色彩等各种要素创作出来的招牌。说到餐饮店招牌造景，商场中10家餐厅里就有三四家使用这种类型，如江南意境风、暗恋桃花源、桂满陇、琵琶蛮、枚青、虫二酒肆等。

资料来源：“餐厅门头招牌设计案例分享”，https://ishare.ifeng.com/c/s/7xsntchavxP。

【问题】 你还知道其他的餐饮店招牌设计类型吗？

招牌命名的方法大致可以归纳为以下几种。

1）与经营特色或经营商品属性相联系的命名方法。这种方法通常能反映经营者的经营特色或主营商品的优良品质，使顾客易于识别门店的经营范围，并产生跃跃欲试的心理活动，从而达到招揽生意的目的。例如"一元饱"饭店，标榜的是经济实惠；"舒步皮鞋店"体现了主营商品皮鞋具有穿着舒适、便于行走的优良特质。

2）与服务精神或经营格言相联系的命名方法。这种方法通常能反映经营者文明经商、讲求信誉、全心全意为顾客服务的商业道德和服务精神，使顾客产生信任的心理感觉，如"薄利百货店""平价商场"等。"薄利""平价"的命名主要是为了迎合顾客购买东西时喜欢物美价廉这一心理，并寓意经营者遵循薄利、平价经营的宗旨。

3）引发联想，予人愉悦的命名方法。这种方法不直接叙写商品特色与服务项目，而是以富有诗意的名称引发人们的联想。

4）运用逆反，以贬寓褒的命名方法。天津"狗不理"包子店，其招牌看起来俗气乃至奇特，贬斥达到极点，但该店早已名扬四海。除了以质佳味美为取信之本外，这一运用逆反心理命名的招牌也为它插上了飞翔的翅膀。

5）以人命名，让顾客产生敬慕、兴趣和信任感。这种命名方法大体有两种情况：一是以有关历史名人来命名，如"陆羽茶叶店"，以古代茶圣的名字命名，反映出经营者熟知茶叶之道，具有丰富的茶叶经营经验，从而使顾客产生敬慕心理和浓厚兴趣；二是以经营者本人的名字命名，即以自己的人格来保证其质量，充满了敢于经受任何考验的自信心理，从而获得顾客的信任。

6）利用谐音，幽默风趣的命名方法。据载，浙江宁波有一家汤圆店，招牌竟是三幅画：一口水缸、一只鸭子和一条狗。原来这家汤圆店主人的名字叫江阿狗，招牌上的三幅画就是根据店主人名字的谐音而画的。由于阿狗手艺高超，招牌又新颖、形象，引来众多好奇的顾客，使该店远近闻名，经久不衰。"168"市场，祝您一路发财的市场；"发新社"理发店，借用"法新社"的谐音，告诉顾客该店可让您的头发焕然一新，也颇为风趣幽默。

综上可见，出色的招牌总能针对顾客的心理，用高度概括、语意相关和富于形象性的词汇命名,既能引人思考,又能激发人的丰富想象和联想,从而在人们的头脑里留下美好的、较长时间的记忆。顾客在好招牌的吸引下,往往不由自主地想进去看一看,假若碰上合心意的商品就会买下来,甚至成为常客,这就是招牌在经营中发挥了促销作用。因此,为了不落俗套,吸引顾客,我们怎能不注意招牌命名的方法并去刻意求新呢?

知识链接

门店招牌命名注意事项

给门店招牌命名时要注意以下事项。

一是店名要新颖,不落俗套,能迅速抓住消费者的眼球。门店命名必须新颖,才能引起消费者的兴趣,吸引他们光顾本店,如"一口鲜""大三元""狗不理"之类的门店名,都能使消费者产生好奇心和兴趣。

二是店名要简洁,易读易记。店名不能起得太复杂,尤其是不能用生僻字,否则消费者认不出来也读不出来,一般也就不太可能选择进店。而像"万客来""半分利""合口味"等店名,则明白简洁,易于传播。

三是店名必须与经营商品相吻合。门店命名要能反映经营者的经营特色,或者反映主营商品的优良品质,使消费者易于识别门店经营范围,从而产生购买欲望。比如"同仁堂"作为老字号中药店已家喻户晓,"堂"字已成为中药铺约定俗成的识别标志,人们一看到"同仁堂"或其他"堂"招牌,就知道这可能是卖中药的。

四是店名应给人以美感和艺术享受。好的店名要有文化底蕴,使消费者感到舒心惬意,如"楼外楼""陶陶居"之类的店名。

资料来源:"招牌名字大全",https://www.yw11.com/dianmingdaquan/20150512_10175.html。

【问题】 门店招牌命名还需要注意其他什么问题?

(3) 招牌设计。在设计招牌时,要注意招牌文字的设计。一是要与经营属性匹配。例如,经营化妆品的门店,店名多选用纤细、秀丽的字体,以体现女性的柔美;经营五金产品的门店,店名多选用方头、加粗的字体,以体现金属工具的坚韧。二是文字要简洁。文字要尽量简洁,立意要深,同时要易认、易记,让顾客一目了然。三是文字要易于辨认。美术字和书写字要大众化,中文和外文美术字的变形不要太花、太乱,书写字不要太潦草,否则,不但难以辨认,还难以制作。四是要便于使用。在选择字体、大小、凹凸、色彩、位置时,要考虑是否有助于店门的正常使用。

在设计招牌时,还要注意招牌色彩的选择,应和谐易记。在选择色系时,应以温馨、明亮、清晰、易记为原则。

最后,还要注意招牌的位置。招牌的位置高度要适宜,不宜过低,也不宜过高。过低会影响安全性,过高则无法进入行人的视野。还要注意提高招牌的可见度。横式招牌尽可能采用Ⅱ字形设计,以增强招揽效果;立式招牌和楼下的小招牌要做到让远处的顾客和在楼下行走的顾客都能够看到。

2.1.2 出入口设计

出入口的选择是决定门店客流量的关键要素之一。在设计门店的出入口时,要综合考虑营业面积、客流量、商品特点、所处地理位置及安全管理等因素,既要便于顾客出入,又要便于商店管理。

1. 出入口类型

(1)封闭型。封闭型设计的入口较小,临街的一面要用陈列橱窗或有色玻璃遮挡起来。这样,顾客进入门店后,就可以安静地挑选商品。封闭型出入口适合经营宝石、金银首饰等商品的高级商店。

(2)半开放型。半开放型设计的出入口稍小,从外面很容易看清店内的商品陈列。橱窗应倾斜放置,尽可能吸引顾客入店。半开放型出入口适合经营化妆品、服装、装饰品等商品的中等商店。

(3)全开放型。全开放型设计的出入口将临街的一面全部开放,顾客在街上便能很容易看到店内的商品陈列。门口没有任何阻碍物,顾客可以自由出入。全开放型出入口适合出售水果、蔬菜等大众化商品的商店。

(4)出入口分开型。出入口分开型分别安排出口和入口通道,顾客从入口处进入后,必须走完商店才能到出口处结账。这种安排虽然对顾客不是很方便,但却有利于商家管理,可以减少偷盗事件的发生。出入口分开型适合经营大众化商品的大中型超市。

2. 出入口设计要点

在进行出入口设计时,要注意以下五点。

(1)为了方便顾客进入门店,设计前应仔细观察行人的路线,选择顾客流量大、交通方便的一侧作为入口。

(2)好的出入口设计要能合理地使顾客从入口到出口,有序地走完全场,不留死角。

(3)出口应比入口窄一些,两者的比例以1∶3为最佳。

(4)面积较大的卖场应该将出口和入口分开,出口通道的宽度应大于1.5米。

(5)一般情况下,大型商店的出入口可以安排在中央。然而,对于小型商店而言,由于购物空间狭小,出入口如果安排在中央,会直接影响店内的实际使用面积和顾客的自由行走。因此,小型商店的出入口一般设在左侧或右侧。

> **知识链接**
>
> **门店出入口设计注意事项**
>
> 除以上五点外,门店出入口的设计还应注意以下两点。
>
> 第一,门店出入口的门槛应与街面持平,很多顾客都不愿光顾高于或低于街面的门店,顾客出入不便就会影响客源。从出入口要能清楚地看见门店的内部,商品的陈列要有强烈的吸引力,以便引起顾客的购买欲望。

第二，出入口的设计还要考虑当地的气温情况。一般情况下，应尽可能地避开季节变化的影响。此外，还要考虑太阳照射的问题。日光暴晒会引起商品变质、变色，影响商品的质量和销售量。

资料来源："介绍常见的几种店铺出入口的设计"，http://blog.sina.com.cn/s/blog_5d547f570101ghbv.html。

【问题】 门店出入口的设计还应注意什么问题？

2.1.3 通道设计

门店的顾客通道是指顾客在卖场内购物时行走的路线。通道设计的好坏会直接影响顾客购物的体验，进而影响门店的销售业绩。因此，门店的顾客通道设计也是非常重要的。一般而言，顾客通道可以分为直线通道和回型通道两大类。

1. 直线通道

直线通道也叫单向通道。这种通道的起点是卖场的入口，终点是店铺的收款台，顾客按照货架排列的方向单向购物。它的设计特点是商品陈列不重复，顾客不用回头就可以在最短的路线内完成购物行为。

2. 回型通道

回型通道又叫环形通道。这种通道的布局以流畅的圆形或椭圆形为主，按照从右到左的方向环绕整个门店，顾客可以依次浏览或购买商品。在实际应用中，回型通道又分为大回型和小回型两种类型。大回型通道适合营业面积在 1 600 米^2 以上的门店。顾客进入卖场后，沿一侧浏览完商品后再进入中间货位，它要求卖场一侧的货位一通到底，中间没有穿行的路口。小回型通道适合营业面积在 1 600 米^2 以下的门店。顾客进入卖场后，沿一侧前行，不必回头就可以进入中间货位。

在设计顾客通道时，要注意保持一定的宽度。一般来讲，营业面积在 600 米^2 以上的门店，卖场主通道的宽度要在 2 米以上，副通道的宽度为 1.2~1.5 米。最小的通道宽度不能低于 0.9 米，即两个成年人能够同向或逆向通过。

此外，还要注意不能留下死角。所谓死角，就是顾客不容易到达的地方，或者顾客必须折回才能到达其他货位。顾客光顾死角的次数明显少于其他地方，非常不利于商品销售。

2.1.4 橱窗设计

美观得体的橱窗设计能提高顾客的购买欲望，是影响门店业绩的主要因素之一。戴比尔斯进行的调查结果显示，80%成功出售的钻戒都是顾客直接从橱窗中挑选出来的，这足以证明橱窗的促销作用不容忽视。

一个设计巧妙的橱窗，可以在短短几秒钟内吸引行人的目光，说服顾客进店光顾。橱窗的直观展示效果，使它比电视媒体和平面媒体具有更强的说服力和真实感。其无声的导购语言、含蓄的导购方式，也是店铺中的其他营销手段无法替代的。

1. 橱窗的结构与种类

（1）橱窗的结构。橱窗的构成一般分为顶部、底部、背板、侧板及灯光。五个部分都具备的橱窗称为"密封式橱窗"。但并非所有的橱窗都具备五个部分，不少橱窗只有其中的某些部分，例如只有底部，这类橱窗称为"开放式橱窗"。

不同门店会采取不同种类的橱窗，但总体来说，橱窗的性质一般取决于所陈列货品的种类。以钻饰为例，橱窗陈设的高度必须以顾客平均水平视线为标准，陈设的位置尽量避免过低，否则会使顾客难以接近并细看货品。

（2）橱窗的种类。按门店中橱窗的位置来划分，可分为以下几种。

前向式橱窗——橱店面向街外，与店面方向一致。

对向式橱窗——橱窗平排相对伸展至门店入口或设于通向门店入口通道一边或两边体积较小的橱窗。

多面式橱窗——设于门店入口通道中央，顾客能从不同的入口看到货品。

2. 橱窗设计的方法

橱窗设计要遵循三个原则：一是以别出心裁的设计吸引顾客，切忌平面化，努力追求动感和文化艺术色彩；二是可通过一些生活化场景使顾客感到亲切自然，进而产生共鸣；三是努力给顾客留下深刻的印象，通过本店巧妙的橱窗展示，使顾客过目不忘，印入脑海。在遵循这三个原则的前提下，橱窗设计的方法有以下几项。

（1）精选商品，突出主题。在商店里，商品是顾客最关心的视觉对象。大多数顾客看橱窗的目的，往往是观赏、了解和评价橱窗的陈列商品，为选购商品收集有关资料，以便做出决定。因此，商店橱窗设计最重要的就是要充分展示商品，突出商品，把商品的主要优良品质或个性特征清晰地展示给顾客，给选购以方便感。

（2）塑造优美的整体形象。在橱窗陈列中，商品是第一位的，但仅是孤立的商品及随意的堆砌罗列，难以吸引顾客。因此要适应顾客的审美趋势，运用各种艺术处理手段，生动巧妙地布置橱窗。艺术构图与色彩的设计运用，是橱窗设计中举足轻重的环节。橱窗的艺术构思要努力体现一个单纯凝练、新颖独特的构图，橱窗的色彩要清新悦目、统一和谐。具有强烈艺术感染力的商店橱窗不仅可以美化商店，而且可以使顾客从中得到美的享受。

（3）启发顾客的联想。用以景抒情的艺术手法去体现主题，对陈列内容进行间接的描绘和渲染，使橱窗陈列具有耐人寻味的形象象征，使观赏者从寓意含蓄的艺术构思中，联想到美好愉快的意境，满足感情上的需要。

一般可从商品的名称、性能、产地、原料、用途、使用对象和使用季节等有关方面，挖掘其内在的联系，抓住最能描绘、渲染商品的某个方面进行丰富的想象，创造出诱人的意境。此外，为方便选购，吸引顾客，可布置儿童游乐场等设施，创造更佳的购物环境。

🔍 案例概览2-2

用极简橱窗风格营造高级感

简约风格以简单舒适为追求,给人以一种简约整洁的感受,越来越受到设计师及消费者的欢迎。那么,什么是简约风格的橱窗设计呢?简约风格的橱窗设计特色是将设计的元素、色彩、照明、原材料等简化到最少的程度,但对色彩、材料的质感要求很高。简约风格的橱窗设计往往能达到以少胜多、以简胜繁的效果,从内到外都透露着高级感,很多一线大品牌都喜欢用这种橱窗设计风格。

比如,爱马仕的橱窗设计,以大面积白色和其他各种颜色搭配在一起,形成干净空灵的空间。同时,黑色以线状分布点缀在白色的大背景下,给人一种简洁干脆却又十分时尚的视觉体验。

资料来源:"简约风格橱窗设计用极简橱窗风格营造满满高级感",https://www.cohim.com/article-event/activity/202004/2410/3459.html。

【问题】 你喜欢什么样的橱窗设计风格?

📖 引例2-2 看永辉的商品陈列如何让人爱不释手

作为国内超市行业的标杆,永辉超市在供应链、物流等方面一直是业界争相学习的对象。下面将带大家来看看永辉是如何在商品陈列方面做到让消费者爱不释手的。

据了解,永辉员工上货时必须用手拿取,禁止将整筐的果蔬直接倒在陈列位上。每家永辉超市都有几个出清区,即将品质差的商品折价出售,既减少了损耗,又满足了不同层次顾客的需求,这一做法对其整体的产品形象未带来丝毫的负面影响。

永辉超市的牙膏陈列成"埃菲尔铁塔"样式,这样的陈列获得消费者一片叫好也是情理之中的。永辉超市蔬菜区陈列方面,商品的新鲜感一览无余,而漂亮的包装不仅使商品卫生感加强,也提升了商品的档次。永辉超市水果区陈列方面,水果种类众多却不堆积如山,在量感和质感之间找到了完美的平衡。由于永辉生鲜量少、陈列精美,且理货员多,所以其蔬菜与水果被顾客翻乱的概率比其他超市低很多,生鲜损耗也自然大大降低。永辉超市肉类区陈列方面,肉类细致分割陈列于冷藏柜内,分类清晰、美观、整齐干净。永辉超市小家电区陈列方面,家电摆放整齐划一,让人有一种"舍不得买"的感觉。

为了追求商品陈列的艺术感和创意,永辉超市还举办了"美陈"大赛,让永辉超市心灵手巧的员工们有创意地陈列店里的商品。据了解,生鲜业务为永辉贡献了16%的毛利率,平均损耗只有4%,而这两项数据的行业平均值分别为6%和20%,可想而知,优秀的商品陈列对于永辉创造这些奇迹也提供了一定的帮助。

资料来源:"超市们赶紧看过来!看永辉商品陈列如何让人爱不释手",http://news.winshang.com/news-411859.html。

【问题】 永辉的商品陈列对你有何启发?

子项目2.2 门店商品陈列

商品陈列就是应用一定的方法和技巧,借助一定的工具,按照销售者的经营思想及要求有规律地摆放商品,集中向顾客展示,以方便顾客购买,提高销售效率。良好的商品陈列不仅可以刺激顾客购买,还能起到展示商品、节约空间、美化环境、提升商品和品牌形象等重要作用。据统计,70%的顾客表示卖场的商品陈列是吸引他们进店的重要因素之一。如能正确运用商品陈列技术,销售额可以在原有基础上提高10%。

2.2.1 商品陈列原则

1. 方便顾客观看

顾客走进商店后,一般都会无意识地环视陈列的商品,对货架上的商品获得一个初步的印象。因此,商品的摆放首先就应注意在高度方面与顾客进店后无意识的环视高度相适应。据瑞士塔乃尔教授研究发现,顾客进店后无意识的展望高度为0.7~1.7米,上下幅度为1米左右,同视线轴大约成30度角的商品是最容易被人们感受到的。因此,按照不同的视角、视线和距离,确定其合适的位置,尽量提高商品的能见度,使顾客对商品一览无遗,易于感受商品形象。

2. 方便顾客行动

布置营业柜台时,要避免出现"死胡同"现象,即顾客沿一个方向观看了一组柜台的商品后,必须折回来再观看一遍商品才能走到另一组柜台。这样会造成柜台内顾客人数增加,给来往的顾客留下拥挤忙乱等不方便的印象,减少购物兴趣。

为方便顾客行动,对品种繁多的商品实行分组陈列时,应按照顾客的购买习惯,并相对固定下来,以便他们寻找、选购。一般可将商品分成三大类进行陈列。

(1) 方便商品。如香烟、糖果、肥皂、调味品等,顾客对这类商品的购买要求主要是方便、快速成交,而不愿花较长时间进行比较研究。因此这类商品摆放的位置要明显,便于速购。如商店的底层、主要通道两旁、出入口附近、临街的窗口等最易速购的位置上,最能满足购买者的求速心理。有条件的话,这类商品的陈列应占有较大的陈列面积,把商品的花色品种应有尽有地摆放在方便的位置上。

(2) 选购商品。如时装、家具、自行车等这类商品,大多数人在购买时不仅注意研究商品的物理效用,还更多地权衡商品的心理效用,往往把商品的属性和自身的欲望综合加以反复考虑后,才能做出购买决定。因此应将这类商品摆放在店里较宽敞、光线较充足的位置,有些还可以敞开式或半敞开式售货,让顾客自由接近或触摸,甚至调试商品,并可以停留较长时间进行选购。

(3) 特殊商品。如空调、电冰箱、彩电、工艺精品、照相机之类的高档商品,选购的时间长,有些需要售后服务,顾客一般在购买前要反复思考,对商品、商标、商店都有选择,有明确目标后才行动,购买中愿意花费较多的时间评价和比较。这类商品可摆放在商店的最里面或顶层较僻静之处,设立专门的销售地点,环境布置应结合商品特征,显示出高雅、名贵或独特性,这样更能满足顾客的某些心理需要。

3. 方便顾客挑选

好的商品摆放应为顾客观察、触摸及选购商品提供最大便利。多数商品应采取裸露陈列，允许顾客自由接触、选择、试穿试用、亲口品尝，以便减少心理疑虑，降低购买风险，坚定购买信心。同时还要有价格、货号、产地、性能、规格、质量等级等的说明。对于季节性强的商品，应随季节的变化不断调整陈列方式和色调，尽量减少店内环境与自然环境的反差。这样不仅可以促进季节商品的销售，而且使顾客产生与自然环境和谐一致、愉悦顺畅的心理感受。这在时装、烹调产品上体现得尤为明显。

4. 清洁整齐、疏密有致

商品的陈列除了要井然有序，便于顾客挑选购买外，还必须清洁整齐。货物上如有灰尘必须随时清除，否则会使人"倒胃口"，影响顾客的购买情绪。另外，也要注意商品陈列与货架的疏密得体、错落有致。货架上商品的陈列必须丰满，随时填补货物销售后留出的空间，给人以丰富、充实的感觉，但也不能塞得严严实实，以免使人觉得沉闷、压抑。货架之间的通道应畅通，宽窄要合适。据分析，自由市场中 2/3 的购买决定是在通道里做出的。如果商品陈列合理，可以增加 10% 的冲动型购买。

> **知识链接**
>
> **超市商品陈列注意事项**
>
> 一要注意商品陈列的安全性。要保证商品陈列的稳定性，保证商品不易掉落，可适当使用盛装器皿、备品。要进行彻底的卫生管理，保持商品的清洁。
>
> 二要注意商品陈列的直观性。要注意商品陈列应方便顾客直观看到。一般情况下，人类的平均视角为 110~120 度，可视宽度范围为 1.5~2 米，若顾客在门店内步行购物时的视角为 60 度，可视范围为 1 米。另外，商品的分类也很重要，要按不同种类陈列以缩短顾客选择商品的时间。
>
> 三要注意商品陈列的便利性。要注意商品陈列应让顾客容易取、容易放，因为顾客在购买商品的时候，一般是先将商品拿到手中从各个角度进行确认，然后再决定是否购买。如果所陈列的商品不易取、不易放的话，也许就会丧失将商品销售出去的机会。
>
> 四要注意商品陈列的创新性。商品陈列要符合季节变化，不同形式的促销活动使卖场富于变化，不断创造出新颖的卖场布置才能吸引消费者。富有季节感的装饰，通过照明、音乐渲染购物氛围，演绎使用商品的实际生活场景，演示实际使用方法等都可以促进销售。
>
> 资料来源："超市商品陈列技巧之 7 大原则"，https://www.sohu.com/a/298026664_500431。
>
> 【问题】 超市商品陈列还有其他注意事项吗？

2.2.2 商品陈列方法

商品陈列应根据顾客的心理特征，讲求商品陈列艺术，使商品陈列做到醒目、便利、美观、实用。具体可采用以下方法。

1. 艺术陈列法

这是通过商品组合的艺术造型进行陈列的方法。各种商品都有其独特的审美特征，如有的款式新颖，有的造型独特，有的格调高雅，有的色泽鲜艳，有的包装精美，有的气味芬芳。在陈列中，应在保持商品独立美感的前提下，通过艺术造型，使各种商品巧妙布局，交相辉映，达到整体美的艺术效果。可以采用直线式、形象式、艺术字式、单双层式、多层式、均衡式、斜坡式等多种方式进行组合摆放，赋予商品陈列以高雅的艺术品位和强烈的艺术魅力，从而对顾客产生强大吸引力。

2. 连带陈列法

许多商品在使用上具有连带性，如牙膏和牙刷、剃须刀和刀片及剃须泡沫等。为引发顾客潜在的购买欲望，方便其购买相关商品，可采用连带陈列方式，把具有连带关系的商品相邻摆放，达到促进销售的目的。现在很多大型超市均采用了连带陈列法，促销效果较好。

案例概览 2-3

逛超市受到的启发

孙蓓在城里开了家小超市，主要经营日常用品。刚开始，她对商品的陈列并不是很上心，从来没有在商品陈列上下过什么心思，只勉强过得去。因此超市的生意一直不温不火。

直到有一天，她陪着一个老同学在城里的另一家超市购物后受到启发才开始改变。她看到老同学先是拿了一瓶啤酒，当他看见旁边摆着的开罐器时，就顺手又拿了一个开罐器。之后他往前走了两步，又看到了精致的玻璃杯，想起过两天要在家里请人吃饭，就又挑选了一组精致的玻璃杯及玻璃杯垫。

孙蓓看完后感到很不可思议，老同学原本只是要买瓶啤酒的，最终却还买了另外一大堆东西。这是为什么呢？难道是把相关联的商品都陈列在一起的缘故吗？她受到了启发，回到自己的小超市后也把相互之间有关联的商品陈列在一起。结果重新陈列后的商品，让人耳目一新，超市的生意比以前好了许多。

资料来源："关联陈列提高销售案例"，http://www.koduo.com/jingying/chenlie/31141.html。

【问题】 关联商品陈列要注意哪些问题？

3. 重点陈列法

现代商店经营的商品种类繁多，少则几千种，多则上万种，尤其是大型零售超市，品类多，每个品类又有许多单品。要使全部商品都引人注目是不可能的，可以选择顾客大量需要的商品为陈列重点，同时附带陈列一些次要的、周转缓慢的商品，使顾客在先对重点商品产生注意后，附带关注到大批次要商品。

4. 背景陈列法

背景陈列法就是将待销售的商品布置在主题环境或背景中的商品陈列方法。如情人节将巧克力、玫瑰花、水晶制品等陈列在一起；中秋节设立月饼专柜；圣诞节将松树、圣诞老人玩偶、各种小摆件陈列在同一卖场，效果都不错。

引例2-3 连锁门店的氛围如何营造

良好门店氛围的营造是一个系统工程，任何一个细节没有做好都会影响门店的整体形象。门店氛围的管理要从顾客感受出发，包括视觉、嗅觉、听觉、触觉等。为了带给顾客良好的体验，门店要从以上这几个方面进行精心设计和布置，打造出一个真正吸引顾客，能够让顾客愉悦放松的购物环境，从而提升门店的销售业绩。重点要做好以下几点。

一是门店氛围的烘托。可以在店内摆放一些绿色花卉植物，或者用一些彩色气球、丝带等装饰货架、天花板，给门店营造出一种清新的感觉。门店内装饰物品的摆放一定要注意色彩的搭配和整体感受，同时注意要与季节变化相匹配。门店氛围的烘托还需要店内工作人员展示良好的精神面貌，并保持门店的清洁卫生。同时，还可以播放一些舒缓的背景音乐等。

二是门店氛围的活跃。门店广告宣传和促销活动的信息发布有助于活跃门店气氛。促销活动常用的宣传道具包括商品的海报、花车卖架、纸架、易拉宝等，促销活动和道具的设计选择应注意与门店的整体风格保持基本一致。

三是用特价商品吸引眼球。利用热销商品进行特价销售可以吸引顾客。在特价商品的选择上，选择顾客认知度高的品牌商品或广受市场欢迎的热门商品作为特价商品可以很好地吸引顾客的注意力，营造业绩良好的门店氛围。在特价标识上，传达特价商品的种类与价格的文字或图案应该用强调性色彩来表现，同时也要保持标识色调的一致性，最好避免多于三种色彩。

资料来源："连锁门店的氛围如何营造?"，https://zhuanlan.zhihu.com/p/139074596。

【问题】 你还知道营造门店氛围的其他方法和技巧吗？

子项目2.3 门店氛围营造

门店销售就像一出戏，店面是表演的舞台，店长是导演，店内一年四季不断变化的货品加上热销的氛围，便构成了一幕幕吸引顾客的故事。因此，门店热销氛围的营造显得异常重要。门店热销氛围的营造可以从以下几个方面入手。

2.3.1 音乐与门店氛围

音乐是门店营造氛围以吸引顾客的工具之一。在门店中，适度的背景音乐可以调节顾客的情绪，活跃购物气氛，给购物环境增加生机，还可以缓解顾客紧张的心理。随着时间的不同，门店定时播放不同的背景音乐，不仅给顾客以轻松、愉快的感受，还会刺激顾客的购物兴趣。如刚开始营业的早晨播放欢快的迎宾乐曲，临打烊时，播放轻缓的送别曲；在气候变化时，播送音乐提示，为顾客提供服务。门店内有各种声音，并不是都会对营业环境产生积极影响，也会有一些噪声，如柜台前的嘈杂声、机械的声响，都可能使顾客感到厌烦，有些虽然可以采用消声、隔声设备消除，但也不能保证消除所有干扰声响。因此，可以采用背景音乐缓解噪声。

门店在播放背景音乐时要注意以下几点。

(1) 门店不是大卖场,不需要营造喧嚣的氛围来吸引顾客注意,也不需要像沿街叫卖一样大喊大叫。门店的音乐应该柔和得体,能够为顾客营造出温馨舒适的购物环境,使顾客能够安心选购。但现实中很多门店的背景音乐是店内工作人员完全根据自己的喜好确定的,这是非常不规范的,需要避免。

(2) 门店不要过多播放自己的广告。门店播放自己的广告要有所节制,如果一天到晚不间断播放自己的广告,会引起顾客的反感,并引起负面效应。

(3) 背景音乐不要太大声,要制造一种舒缓的气氛,过大的声音很可能是聒噪,要通过一种舒缓的气氛感染顾客。

(4) 门店的音乐不要时断时续、时大时小。门店的音乐应该有连贯性,要让消费者自然而然地把音乐当成店铺的一部分,而不是时刻感到音乐让人不舒服。

(5) 门店的音乐最好以曲为主。因为歌词抒发的只是人的情怀,而曲往往可以引起大部分人的共鸣。越是没有歌词的曲,给顾客的想象空间越大。同时,还要注意不要在门店中播放电台广播,因为广播的内容不受自己控制,同时也会破坏门店的氛围。

知识链接

服装店氛围营造技巧

第一,通过香味进行门店氛围营造。要对服装店经营的风格进行香味定位,找到一个属于自己店面的合适的味道,这样可以加深顾客的印象。

第二,要合理运用背景音乐进行门店氛围营造。要对店面的专属音乐风格进行定位,形成独特的门店风格。合理地进行服装风格分析,与相应的音乐风格相融合,这样有利于增加店面的销售额。用音乐营造氛围时,要注意以下几点:一是音乐的风格要与服装店的风格相近;二是音乐的数量要充足,在连续播放时不会使人感到重复;三是音乐的播放时段与播放音量要合理;四是音乐要能够迎合顾客的兴趣和格调。

资料来源:"时装店铺经营:店面氛围营造技巧/服装陈列,都是这样的!",https://www.sohu.com/a/302660100_720737。

【问题】 你还知道服装店氛围营造的其他技巧吗?

2.3.2 照明与门店氛围

照明对购物环境影响极大,合理而巧妙地运用照明设备营造购物环境是有效的手段之一。鲜明夺目、五光十色的明亮气氛,能调动起顾客的购买欲望。光线暗淡会显得沉闷压抑;而光线过强又会使顾客感到晕眩,使售货员视力和精神紧张,易出差错。店堂照明可分为自然照明、基本照明和特殊照明等。

1. 自然照明

自然照明是商场中的自然采光,通过天窗、侧窗获得户外光线,能够使顾客准确地识别商品的色泽，方便顾客挑选和比较商品。自然照明使顾客在心理上产生真切感与安全感，不至于因灯光的影响，使商品的色泽产生差异而购买到不如意的商品。因此，在采光方面，要尽可能地利用自然光源，如增加玻璃顶面、玻璃墙面的面积等。但自然光会受到季节、营业时间和气候的影响，不能满足商场内部照明的需要，因此要以人工制作的其他照明作为补充。

2. 基本照明

由于售货现场规模、建筑结构形式不同，自然采光所占比例不大，而随着照明技术的进步，人工采光灯光设计在售货现场设计中的地位日益重要。先进的灯光设计能够增加店容店貌的美观度，能够突出商品展示效果，从而吸引顾客参观选购，刺激顾客的购买欲望。

因此，在研究售货现场的灯光设计时，要以方便顾客选购、突显商品为主，灯具装置和灯光光源均要符合这一要求。可灵活采用不同的人工采光方式，如镶装暗射灯光，能使整个售货现场光线柔和；采用聚射灯光，可突显陈列的商品，从而使顾客在一个柔和、愉悦的氛围中挑选商品。

3. 特殊照明

特殊照明是为了突出部分商品的特性而布置的照明，目的是凸显商品的个性，更好地吸引顾客的注意力，激发顾客的购买兴趣。常用于金银首饰、珠宝玉器、手表挂件等贵重精密而又细巧的商品，这样做不仅有助于顾客仔细挑选、甄别质地，而且可以彰显商品的珠光宝气，给人以高贵稀有的心理感受。

课堂讨论： 谈谈你熟悉的超市的音乐和照明设置，说明其合理和不合理之处。

2.3.3 色彩与门店氛围

心理学实验证明，在感知事物、认识形象上，色彩起着重要的识别作用，并使人产生不同的心理感觉。为此，门店应该选择一种有代表性的颜色，用于营业场所内主色调、商场标志、建筑物装饰、包装袋、员工服饰等多方面，形成门店特有的色彩形象。

例如，北京王府井百货大楼选用的标准色是红色，体现着"一团火"，热情为顾客服务的企业精神。北京燕莎友谊商城则选用暗红色，体现了庄重、典雅、高贵的企业形象。北京蓝岛大厦识别色选用了与店名相联系的浅蓝色，体现温馨、耐心的企业服务质量。上海第一百货商店则选用绿色，体现着希望和成长的企业形象。

在色彩选择中，每一种色彩都使人产生一定的心理感觉，从而产生联想，有助于树立商场形象。一般而言，黄色、橙色能使人产生食欲，作为食品商场标准色效果较佳，绿色适用于蔬菜、水果类商品，紫色、黑色突出贵重高档的形象。对于儿童用品门店来说，橙色、粉色、蓝色、红色为主色调，能特别引起儿童的注意和兴趣。在炎热的夏季，商场以蓝、棕、紫等冷色调为主，会使顾客心理上有凉爽、舒适的感受。采用当期的流行色布置销售女士用品的场所，能够刺激顾客的购买欲望，增加销售额。

使用色彩还可以改变门店的视觉形象，弥补门店缺陷。如将天花板涂成浅蓝色，会给人一种高大的感觉，将商场营业场所墙壁两端的颜色涂得渐渐浅下去，会给人一种辽阔的感觉。一段时间变换一次商场的色彩，会使顾客产生一种新奇感。

> **知识链接**
>
> **门店形象设计原则**
>
> 要在众多的门店中脱颖而出，需要注意以下四个原则。
>
> 一是整体美观原则。门店形象设计最重要的就是要考虑整体效果，必须做到整齐划一、美观醒目和清洁卫生。除了要保证整体形象的一致和统一，更加要保证门店内产品和装饰的和谐统一。
>
> 二是货品丰富原则。丰富的货品可以让顾客有更多的选择余地，但是货品丰富也要讲究原则，不能把所有货品都杂乱无章地堆放在一起，要将不同品类和风格的货品加以区别地陈列，保证丰富的货品能够带来无限的购物遐想。
>
> 三是充分展示原则。主导产品在展示的过程中要做到充分展示，展示的产品要尽量做到平面和立体相结合，保证展示的全方位效果，并且在展示的过程中要根据产品销售的策略适当引入产品的文化元素，以产生品牌联想，引导消费需求。
>
> 四是新品优先原则。新品要陈列在门店的突出位置，充分利用厂家的广告资源，保证新品能够成为新的市场卖点加以推广，能够吸引消费者的眼球，提高销售量。
>
> 资料来源："门店形象管理重在维护"，https://www.unjs.com/ziliaoku/gl/71973.html。
>
> 【问题】 门店形象设计还需要注意什么？

引例2-4 ××门店卫生监督管理条例

1. 门头

（1）为保持门店卫生整洁，门店每月一次定期进行清洁。

（2）平时应不定期进行维护、清洁。

（3）要求门面无灰尘、无污渍、有亮度，字体不脱落、不模糊。

2. 地面

（1）地面由店长和助理安排值日卫生表，由专人天天拖洗、随时拖洗。

（2）地面无杂物、污渍，干净通畅。

（3）下雨天，要注意经常将地面拖干，防止顾客滑倒。

3. 货架道具

（1）货架道具螺钉、接口等必须紧固。

（2）爱护货架，小心利物将其刮破。

（3）货架道具应无灰尘、无污渍。

（4）玻璃上不要堆放重物。

4. 收银台

(1) 收银台上只准放置工作日用品，不准放置私物。
(2) 收银台每天擦洗，确保整洁。
(3) 收银台上物品放置须整洁有序，不得乱堆乱放。

5. 垃圾箱

(1) 垃圾箱要及时清理，由助理进行监督。
(2) 垃圾箱同样须天天清洗，保持干净。

6. 其他

(1) 店内其他物品不得随意乱堆乱放，须保持整洁形象。
(2) 试衣间内要保持整洁。
(3) 随手清洁。

资料来源："店面卫生管理监督条例"，https://zhidao.baidu.com/question/1770399541927188260.html。

【问题】 门店卫生管理还需要注意什么问题？

子项目 2.4 门店卫生清洁

不论是从重视顾客的感受上说，还是从关心员工的健康上讲，店长都有责任督促相关人员时刻保持店面周边及内部环境的清洁与卫生。门店工作人员有义务保持店内作业场所的整洁，遵守门店的卫生管理规定，服从企业管理人员的监督管理，配合清洁人员共同搞好门店卫生。这也是门店形象管理中必不可少的重要组成部分。

2.4.1 柜台卫生清洁

(1) 专柜经营者不得超高、超长摆放商品。
(2) 爱护店内的一切设施和设备，损坏者照价赔偿。
(3) 不得随地吐痰、乱扔杂物。
(4) 各专柜的经营人员必须保持自己铺位或柜台所辖区域的卫生。
(5) 经营人员不能在禁烟区内吸烟。
(6) 晚上清场时将铺位内的垃圾放到通道上，以便清理。

2.4.2 通道卫生清洁

(1) 公告栏由店长指定专人管理。店长应对急需张贴的通知、公告等文件资料内容进行检查、登记，不符合要求的不予张贴。员工应注意协助维护公告栏的整洁，不得拿取、损坏张贴的文件资料。
(2) 员工通道内的卡钟、卡座应挂放在指定位置，并保持卡座上的区域标志完好无损。
(3) 考勤卡应按区域划分，放于指定位置，并注意保持整洁。
(4) 用餐后应将垃圾倒在指定的垃圾桶内，不能倒入水池。

（5）茶渣等应倒在指定的垃圾桶内，不能倒入水池。

（6）当班时间不得在就餐区休息，吃食物。

2.4.3 玻璃门窗卫生清洁

清洁玻璃门窗要达到的标准是：玻璃面上无污痕、水渍；清洁后用无绒毛巾擦拭。具体清洁方法如下。

（1）先用刀片刮掉玻璃上的污痕。

（2）把浸有玻璃清洁液的毛巾握在手里，然后用适当的力量按在玻璃顶端，从上往下垂直洗抹，污渍较重的地方重点洗抹。

（3）用玻璃刮刮去玻璃表面的水分，一洗一刮连续进行，当玻璃刮接近地面时，可做横向移动。作业时，注意防止玻璃刮的金属部分刮花玻璃。

（4）用无绒毛巾抹去玻璃上的水珠。

（5）最后用地拖拖干地面上的污水。

（6）高空作业时，应两个人作业，系好安全带，戴好安全帽。

2.4.4 灯具卫生清洁

灯具清洁的目标是：清洁后的灯具无灰尘，灯具内无蚊虫，灯盖、灯罩明亮清洁。具体清洁方法如下。

（1）关闭电源，一手托起灯罩，一手拿螺丝刀，拧松灯罩的固定螺钉，取下灯罩。如果是清洁高空的灯具，则应架好梯子，人站在梯子上作业。但要注意安全，防止摔伤。

（2）取下灯罩后，先用湿抹布擦抹灯罩内外的污迹和虫子，再用干抹布擦干水分。

（3）将灯罩装上，并用螺丝刀拧紧螺钉，但不要用力过大，防止损坏灯罩。

（4）清洁灯管时，应先关闭电源，打开盖板，取下灯管，用抹布分别擦抹灯管及盖板，然后重新装好。

2.4.5 更衣室卫生清洁

（1）清洁地面。扫地，湿拖，擦抹墙角，清洁卫生死角。

（2）清洁员工衣柜的柜顶、柜身。

（3）打扫天花板，清洁空调出风口。

（4）清洁地脚线、装饰板、门、指示牌。

（5）清理烟灰缸。

（6）清倒垃圾，做好交接班工作。

2.4.6 门店外地面卫生清洁

门店外地面清洁要达到的标准是：地面无杂物、积水，无明显污渍、泥沙；果皮箱、垃圾箱外表无明显污迹，无垃圾附着；沙井、明沟内无积水、无杂物；距宣传牌、雕塑0.5米处目视无灰尘、污渍。为达到此标准，必须坚持做到以下几条。

（1）每天两次，用扫把、垃圾斗对室外地面进行彻底清扫，清扫地面上的果皮、纸屑、泥沙和烟头等杂物。

（2）每天营业时间内每隔半个小时至一个小时巡回清洁一次。

（3）发现污水、污渍、口痰，要在半小时内冲刷、清理干净。如地面粘有口香糖要用铲刀清除。

（4）果皮箱与垃圾桶每天上、下午各清倒一次，并用长柄刷子蘸水洗刷一次。

（5）沙井、明沟每天揭开铁板盖彻底清理一次。

（6）室外宣传牌、雕塑每天用湿毛巾擦拭一次。

（7）每月用水冲洗有污渍的地面、墙面一次。

门店管理工具箱

工具2-1：门店开发工作规范表

项目	规范内容
门店寻找	按公司预先确定的门店标准，通过门店设定标准寻找备选门店店址
商圈调查	在备选门店店址的商圈范围内、时间圈范围内对可能影响未来经营的各项因素进行全面调查，并预测销售额
投资评估	对备选门店进行投资预算和损益平衡分析，然后由公司的决策机构裁决
门店购租	商议门店的租赁或买断事宜，并申请有关营业证件
门店规划	按标准的卖场规划并结合实际情况进行门店设计，实施工程发包作业，同时加强进度管理和工程验收
营业条件准备	资金、人员、商品、设备、营业计划等各项经营要素的配合
业绩评估	开业一段时间后对门店的营业情况进行评估

工具2-2：门店店面形象要求规范表

项目	规范内容
招牌	明亮、干净，损坏灯管及时更换（每月一次）
门头、玻璃	玻璃光洁、明亮、无污渍（每日一次），展示台无杂物、无灰尘，并随时保持整洁，门框不褪色
墙壁	保持洁白、无痕迹，每半年刷新一次
地板	明亮、光洁、无脏物，每天清扫一次，随时保持清洁
商品	整洁、无灰尘
各种灯具、灯箱	明亮、无灰尘，每周清洁一次
收银台（计算机）	整齐、干净
装饰品、POP牌	无破损，无灰尘

工具 2-3：商品分类型陈列规范表

项　目	规范内容
纵向陈列和水平陈列	纵向陈列指同类商品从上到下陈列在一个或一组货架内，顾客能轻而易举地看清所有商品；水平陈列指把同类商品按水平方向陈列，顾客要看清全部商品需要往返好几次。因此，应尽量采用纵向陈列
廉价陈列和高档陈列	廉价陈列传达给顾客一种便宜的感觉，能够刺激顾客的购买欲望。但有些商品如高档服装、珠宝首饰等则需要给顾客高档的感觉，可以用豪华的货架和灯光处理的方法营造高档的感觉。可根据所售商品的档次定位选择合适的陈列方式
大型陈列和小型陈列	大型店面举行各类促销活动时使用的就是大型陈列，而像便利店每个货架层板上的陈列就是小型陈列，另外，百货商场或门店里设置的花车也是小型陈列
活动式陈列	有些商品可采用活动式陈列，如服装店，营业员选取其中一款作为制服穿在身上，这也是一种陈列方式，营业员本身就在生动形象地直接给商品做着一种引人注目的展示

工具 2-4：商品分结构陈列规范表

项　目	规范内容
分层陈列法	该法主要用于柜台或柜橱陈列，是指陈列时按柜台或柜橱已有的分层，依一定顺序摆放展示商品。分层摆放一般是根据商品本身的特点、售货操作的方便程度、顾客的视觉习惯及销售管理的具体要求而定的
组合陈列法	该法是按照顾客日常生活的某些习惯，组合成套陈列展示，往往给顾客以真实、熟悉和贴切的感觉。在具体购买时既可成套购买，也可单件购买。采用此种方法陈列的商品往往是在使用和消费上相互关联的商品，对顾客具有提醒和暗示作用，增加其购买和消费欲望
堆叠陈列法	该法是将商品自上而下罗列起来的陈列方法，一般用于商品本身装饰效果较差，又是大众化的普通商品。堆叠的作用是用数量突出商品的陈列效果，如一些书城就常用堆叠法来摆放畅销、热销图书
悬挂陈列法	该法主要用于服装或小型商品的陈列，指将商品展开并悬挂在一定或特制的支撑物上，使顾客能直接看到商品的全貌
几何陈列法	该法是指将商品以几何图形进行陈列的方法，一般适用于小商品。具体分为两大类。一是用于柜台内平摆的陈列装饰。它将精致的小商品摆放成不同的图形，形成近距离观赏的优美小环境。但对购买频率高的商品不宜采用此法，体积稍大的小商品也不适用此法，否则会给人以凌乱的感觉。二是用于柜橱、墙壁、橱窗上的立式陈列装饰，实质上是悬挂陈列的发展和变形。它是把小商品或顾客熟悉的小商品内包装固定在展示壁上，组成几何图形或文字。它主要考虑装饰中的远距离效果，这种装饰的目的多是单一的陈列，而非销售
叠钉折法	该法主要是用于纺织品等"软型"商品的一种陈列展示方法，指利用某些商品本身形体性不强的特点，将其折叠或摆放成各种形状，用大头钉和钉子固定在立式板面上

工具 2-5：商品分风格陈列规范表

项　目	规范内容
主题陈列	该法是给商品陈列设置一个主题。主题应该经常变换，以适应季节、节日或特殊事件的需要。它能营造一个独特的气氛，吸引顾客的注意，进而销售出商品。如春节、情人节、国庆节、圣诞节等节日的主题陈列
集中陈列	该法是把同一种商品集中摆放在一个地方，这种方法是商品陈列中最常用的一种方法，主要用于周转快的商品

(续)

项　　目	规范内容
整体陈列	该法是把整套商品完整地向顾客展示。如将全身服饰作为一个整体，用人体模特从头至脚完整地进行陈列展示。整体陈列能为顾客做出整体构思，方便顾客购买，故为顾客所接受，常用于服饰店
整齐陈列	该法是一种非常简洁的陈列方法，通常按照货架的尺寸，确定商品长、宽、高的数值，将商品按照一定层面整齐地堆放在一起，如饮料、罐装啤酒等常用这种陈列方法。另一些季节性商品、折扣商品，以及购买频率高、购买量大的商品也常用这种陈列方法
随机陈列	该法是指将商品随便堆放在固定货架上。它主要适用于陈列特价商品，能给顾客一种"特卖品即为便宜品"的印象，诱使他们产生购买冲动
岛式陈列	在门店入口处、中部或纵深部不设置中央陈列架，而配置特殊陈列用的展台。它可以使顾客从各个方向观看到陈列的商品，因此陈列效果较好。采用该法陈列的商品应该是色彩鲜艳、包装精美的特价品或新产品，这样才能发挥招揽作用
定位陈列	该法是指在门店中某些商品的陈列位置一经确定，相当一段时间内不会发生变化。如一些名牌商品需要采用定位陈列，以方便顾客尤其是老顾客购买
比较陈列	该法指将相同商品按照不同规格和数量予以分类，然后陈列在一起。它的目的是促使顾客更多地购买商品，利用不同规格包装商品之间价格上的差异来刺激顾客的购买欲望，从而做出购买决策

项目小结

　　店面形象至关重要，它是顾客识别门店的标记，也是经营者招揽生意的途径之一。良好的店面形象很容易获得顾客的青睐，给他们留下美好的印象。店面形象是门店经营实力和水平的象征，会对顾客的心理产生巨大的影响。只有那些形象良好的门店才能获得顾客的信任，进而使他们进店消费。门店形象包括门店布局设计、门店商品陈列、门店氛围营造和门店卫生清洁等方面。门店布局设计包括店面外观设计、出入口设计、通道设计、橱窗设计。门店商品陈列的原则是方便顾客观看，方便顾客行动，方便顾客挑选，清洁整齐、疏密有致。门店氛围的营造则主要从音乐、照明和色彩几个方面进行。适度的背景音乐可以调节顾客的情绪，活跃购物气氛，给购物环境增加生机，还可以缓解顾客紧张的心理。背景音乐的选择一定要结合门店的特点和顾客特征。基本照明光度一般应较强，以让顾客有兴奋的心情，特殊照明是为了突显商品的个性，应视具体的商品而定。一般而言，门店内部装饰的色彩以淡雅为宜。门店工作人员有义务保持店内作业场所的整洁，遵守门店的卫生管理规定，服从企业管理人员的监督管理，配合清洁人员共同搞好门店卫生。这也是门店形象管理必不可少的重要组成部分。

项目训练

【训一训】

实训内容	假如你想开一家以大学生为主要目标客群的服装店，根据本项目所学内容，就门店布局设计、门店商品陈列、店内氛围营造（包括背景音乐、色彩、照明）等方面做一份可行性报告

(续)

实训目的	1. 掌握门店布局设计的原理 2. 掌握门店商品陈列的技巧 3. 掌握门店氛围营造的方法
实训组织	1. 教师介绍本次实训目的及需要提交的成果 2. 上网搜集相关案例作为参考 3. 到当地大学城周围进行服装店情况的调研 4. 学生以小组为单位，讨论并制定出方案
实训环境	1. 网络资源 2. 大学城周围市场调研
实训成果	1. 写出分析报告 2. 做好PPT，各组在课堂上汇报 3. 教师评比考核，计入实训成绩

【练一练】

一、名词解释

1. 店面外观　2. 招牌　3. 顾客通道　4. 商品陈列

二、不定项选择题

1. 现代门店的标准形象包括（　　）。
   A. 标准统一的门店招牌　　　　　B. 明亮的橱窗
   C. 醒目的宣传海报　　　　　　　D. 摆放整齐的商品
2. 门面按风格来分，可以分为（　　）。
   A. 现代型　　　B. 传统型　　　C. 封闭型　　　D. 半封闭型
3. 招牌的类型有（　　）。
   A. 屋顶招牌　　B. 标志杆招牌　C. 栏架招牌　　D. 壁上招牌
4. 橱窗的种类有（　　）。
   A. 前向式橱窗　B. 对向式橱窗　C. 多面式橱窗　D. 后向式橱窗
5. 商品陈列时要注意（　　）。
   A. 方便顾客观看　　　　　　　　B. 方便顾客行动
   C. 方便顾客挑选　　　　　　　　D. 清洁整齐、疏密有致
6. 店堂照明可分为（　　）。
   A. 基本照明　　B. 自然照明　　C. 特殊照明　　D. 彩色照明

三、判断题

1. 出入口的选择是决定门店客流量的关键要素之一。（　　）
2. 商店内部除自然光源外，还应采用人工照明。（　　）

3. 门店卫生清洁不是门店形象的组成部分。（　　）

四、思考题

1. 门店布局设计包括哪些内容？
2. 招牌命名的方法有哪些？
3. 橱窗设计的方法有哪些？
4. 商品陈列的方法有哪些？
5. 柜台卫生清洁的要求有哪些？

五、案例分析

借鉴欧洲超市的设计方法

凡是接触过 SPAR 在世界各地的超市，尤其是其最近几年推出的新型超市的人士，无不对其高贵的格调和热闹的卖场气氛印象深刻。甚至从 SPAR 在世界各地统一宣传的电视广告片中也可以看出，SPAR 极为注重店面层次和品位的要求。在先进的 SPAR 卖场中，很多新颖独特的人性化服务设施，在寸土寸金的卖场中似乎有些不可理解，但实际上，正是这些看似有些冒险的举动为商家赢来了大批的忠实顾客，自然也带来了令人羡慕的收益。

在欧洲的某个 SPAR 店中，顾客能够见到一个分类回收生活废弃物的小玩具，当顾客将废弃纸板、瓶罐投入时，它能"吐出"相应金额的购物券或现金。旁边还有一棵"能说会吃"的大树，在接受儿童投入的废电池时可以开口说话，甚至陪儿童做游戏，还会根据投入废电池的数量"吐出"一定数量的奖券或礼品。在普通大众环保意识极强的欧洲，这种让孩子们在愉快的玩乐中参与环保实践，学习环保知识的设施，让年轻的父母由衷地感到欣喜。抓住了孩子们幼小的心，也就影响了妈妈们对购物场所的选择。

SPAR 对中国市场确定的目标顾客群是 20~35 岁的女性消费者，结合中国市场的现实情况，SPAR 在每一个大卖场中设计配置了一个儿童乐园。一个专为孩子们准备的环境亮丽、气氛活泼的免费游乐小屋，不仅解除了年轻妈妈们购物时带孩子不便的烦恼，还创造了欢乐和温馨的氛围，从而把一个简简单单购买日常生活用品的场所变成了享受生活乐趣的地点。

【问题】

1. SPAR 超市在设计上有什么值得我们借鉴的地方？
2. SPAR 超市的设计对你有何启发？

PROJECT 3 项目 3

门店员工管理

能力目标

通过完成本项目的教学,学生应具备以下基本能力:
1. 通过对门店员工招聘方法的学习,能正确进行员工招聘
2. 通过对门店员工培训方法的学习,能正确进行员工培训
3. 通过对门店员工考核方法的学习,能正确进行员工考核
4. 通过对门店员工激励方法的学习,能正确进行员工激励

知识目标

1. 掌握门店员工招聘的方法
2. 掌握门店员工培训的方法
3. 掌握门店员工考核的方法
4. 掌握门店员工激励的方法

引例3-1 学习字节跳动是如何做校园招聘的

受许多年轻人非常喜欢的抖音app,隶属于字节跳动公司,这家公司俨然已经成为国内互联网公司的"新贵",成为当代年轻人就业比较喜欢的大厂之一。

字节跳动公司2020年8月的校园招聘为全国应届毕业生提供了6 000个工作岗位,校招人数共计超过1.2万人,这个规模对于国内互联网公司来讲非常罕见。校招的具体职位涉及研发、产品、运营、设计、市场、销售、人力资源等多个类别,覆盖北京、上海、深圳、杭州、成都、广州、武汉、南京等多座城市。

由于是面向年轻人的校招,字节跳动非常注重主题的设计。通过精心策划,字节跳动将主题设计为"和优秀的人,做有挑战的事"。这个主题完美暗示了两个信息:一是来字节跳动的都是优秀的人才,在这里既能证明自己,也能得到更好的发展;二是公司的发展具有挑战性,需要能承担压力、不惧挑战的人。这样的主题不仅能吸引年轻人,也能激励他们。

除了字节跳动,很多企业也非常注重校招主题的设计。如腾讯的校招主题就是"让世界看

到你的影响力"，小米的校招主题是"趁年轻做点更酷 de 事儿"；等等。这些主题对年轻人极有吸引力，唤起年轻人应聘的热情。主题确定好了，后面的排期、设计、方案、实施、面试、入职等环节就都有了明确的指向性内容。

此外，字节跳动的准备工作也很有特点：HR 必须写出职位的卖点，每个职位一共 3 组卖点，每组卖点控制在 4 个字以内；让 HR 对所有面试官培训"反面霸策略"，提高校招面试官的选人效率；让公司的"一把手"和"二把手"亲自面试本届求职候选人中的一部分，让他们保持一线手感，同时也感受 HR 工作的不容易。

根据字节跳动校招官网的介绍，校招的流程是网申/内推—笔试—面试—offer 发放。在网申这一步，如果字节跳动觉得你不符合该岗位的要求，会通知你改投其他岗位。另外，在这次校招中，字节跳动还首次面向应届毕业生开放 2 次投递机会，应聘者可以选择一次性投递 2 个岗位，也可以分 2 次各投递 1 个岗位，每个职位可选择服从调剂的 3 个城市。这样就能增加大学生获取心仪岗位的机会，提升入职概率。

资料来源："学习字节跳动是如何做校园招聘的"，http://www.hrsee.com/?id=1949。

【问题】 你喜欢这样的校园招聘吗？你会为这样的招聘做怎样的准备？

子项目 3.1 门店员工招聘

任何一个组织的成员都不会一成不变，除了离退休等自然减员造成职位空缺外，在市场经济条件下，企业辞退制度和员工辞职现象也势必造成相当数量的职位空缺。空缺职位的人员补充主要是通过人力资源部门的招聘工作来完成的，门店开展好员工招聘工作是有效进行人力资源管理的前提和基础。

3.1.1 员工招聘工作的要求

员工招聘就是根据组织发展的需要，通过各种途径与渠道寻找和吸引那些适合本组织需要，有兴趣到本组织任职的人员并对其予以录用的活动和过程。招聘是当前各类企业进行人员补充的主要形式。

门店员工招聘的原因有：一是新建门店的员工队伍组建；二是经营规模扩大，特别是组建连锁门店；三是原有员工辞退、辞职、调动、退休等形成职位空缺；四是调整员工队伍结构，在裁员的同时补充短缺人员。

新招入员工素质的好坏直接影响今后的任用和培训效果，甚至在一定程度上影响组织的气氛，而招聘中对应聘者的认识和判断是极其困难的。同时，招聘工作除了受到一系列法律、政策的制约，还受到内部人际关系的挑战。因此，招聘工作也是一项极其复杂的工作，为保证招聘质量，必须坚持以下几点要求。

（1）保证综合素质。对于门店员工特别是与顾客直接接触的员工，身高、容貌等身体条件固然重要，但其道德品质、自身修养、知识技能等更为重要。所以，门店员工招聘，无论是何种情况，都要首先从职位本身的资格条件要求出发录用和选拔人员，而不是局限于一些相对次要的方面。

（2）坚持公正录用。只有公平竞争才能吸引优秀的人才，才能使人才脱颖而出，才能起到激励作用。

（3）努力降低招聘成本，提高招聘效率。这里所指的招聘成本包括招聘时所花费的直接成本；因店员离职，重新再招聘所花的重置成本；因招聘不当给门店带来损失的机会成本。

（4）遵守政策法令。在招聘中应坚持平等就业、相互选择、公平竞争、禁止未成年人就业、照顾特殊人群、先培训后就业、不得歧视妇女等原则。由于门店的原因订立无效劳动合同或违反劳动合同，门店应承担责任。

3.1.2 员工招聘的程序

员工招聘程序并没有一个严格固定的模式，一般来说要经过以下几个环节。

1. 制订招聘计划

制订招聘计划包括招聘需求的确定、招聘计划的编制和审批。招聘需求的确定需要考虑招聘的职位、各职位的任职资格及需要招聘的人数三个方面。招聘计划是招聘工作的具体行动方案，包括：招聘小组的人员和具体分工；招聘信息发布的时间、方式、渠道与范围；招聘对象的来源与范围；招聘方法；招聘测试的实施部门；招聘预算；招聘结束时间与新员工到岗时间；招聘评估的内容和指标；等等。

2. 发布招聘信息

发布招聘信息的目的是吸引足够数量的应聘者以供筛选。从门店收到求职者的申请表开始，经过一轮又一轮的筛选，应聘者的人数越来越少，就像金字塔一样。如果在发布招聘信息这一环节没有吸引到足够数量的合格申请人，门店就无法获得符合要求的人才。为招聘到门店某岗位上足够数量的合格员工需要吸引多少应聘者呢？这可根据过去的经验数据来确定。招聘收益金字塔就为我们提供了这样一种经验分析的工具（见图3-1）。

假设根据门店过去的经验，每成功录用一位店员，需要对5位候选人进行试用，而要挑选5位理想的候选人进行试用，又需要有15人来参加招聘测试和面谈筛选程序，而挑选出15位合格的测试和面谈筛选对象又需要20人提出求职申请。那么，如果现在企业想最终能够招聘到10位合格的店员，就需要有至少200人递交求职申请表，而且门店发布的招聘信息必须有比200人多很多的人能够接收到。

图3-1 招聘收益金字塔

招聘广告的制定是一门学问。它既有一些可供借鉴的模式，也需要招聘者别出心裁地创造，在内容、形式、措辞、方法等方面必须仔细研究。通常要注意语言简明清楚，基本条件明确，实事求是，富有吸引力。内容上包括企业的基本情况、招聘的职位名称与人数、各职位的职责及任职资格、报名方式、时间、地点、报名所需材料等。

案例概览 3-1

数字化创新运营经理招聘广告

××公司是一家成立于 1993 年的老字号饮用酒制造公司,主营酒类产品生产和销售,旗下有多个子品牌系列,主打中高端礼品市场。该公司有深厚的品牌底蕴和独特的企业文化,深受消费者的喜爱。并有大量的线上线下门店,线下门店主要分布于国内大中型城市,近期打算开发国外市场。在数字改革的关键发展阶段,公司也与时俱进,通过线上招聘网站发布了以下招聘广告。

数字化创新运营经理

职位描述:数字化营销。

岗位要求:负责健全数字化营销体系,统筹安排及策划数字化营销的各项事宜,完成公司数字化应用解决方案的设计、执行和区域培训,寻找潜在门店,提升区域产品分销率,等等。

岗位职责:

(1) 通过数字化手段开发更多可售卖产品的门店;

(2) 熟悉消费品运作模式,具备销售洞察能力,能敏锐捕捉并解决业务痛点和业务执行中的各类问题;

(3) 能独立完成门店开发或运营流程设计、项目目标和方案制定,并根据市场反馈情况做迭代调整;

(4) 能有针对性地设计运营 SOP(标准作业程序)、设计操作手册和运营策略,并形成可供公司各层级人员培训的材料;

(5) 创新现有的门店开发模式,分析和对比所在区域市场各竞品的优劣势、销售数据和费用情况等,维护和提高公司的市场竞争力;

(6) 能对运营策略在落地实施中的问题进行深入分析和复盘,为业务线提供策略、标准、方法和工具,提升业务团队的作业和管理效率。

任职要求:

(1) 5 年以上消费品营销经验,有知名酒水或快消类公司工作经验者优先;

(2) 具备较强的逻辑思维、数据分析能力、横向跨部门协同推进能力、学习能力;

(3) 具备良好的 PPT 制作技巧、Excel 处理能力及工作汇报能力,善于在工作中发现问题;

(4) 有强大的自驱力、敬业精神,良好的跨部门沟通及资源整合能力,能够独立推进项目;

(5) 能适应出差。

职位福利:餐补;五险一金;带薪年假;定期体检;周末双休;通信补助;补充医疗保险。

工作地点:××市××路。

资料来源:智联招聘,https://jobs.zhaopin.com/CC209521916J00445855508.html。

【问题】 假如你是公司的人事主管,你会如何设计招聘广告?

3. 应聘者申请和资格审查

这一环节主要包括求职申请表的设计、申请资格的确定和资格审查三个部分。

(1) 求职申请表的设计。求职申请表的设计要根据工作岗位的内容而定,设计时还要注意有关法律和政策。例如，有的国家规定种族、性别、肤色、宗教等不得列入表中。

求职申请表的内容所应反映的信息包括以下几个方面。

1）个人情况：姓名、年龄、性别、婚姻、地址及电话等。

2）工作经历：目前的任职单位及地址、现任职务、工资、以往工作经历及离职原因。

3）教育与培训情况：本人的最终学历、学位、所接受过的培训。

4）生活及个人健康状况：家庭成员，健康状况须医生证明。

（2）申请资格的确定。申请资格是企业对应聘者的最低要求，一般只涉及学历、专业、工作经验、年龄等基础条件。

（3）资格审查。资格审查就是根据前面所确定的申请资格标准对应聘者的求职申请表进行审查，也称为初选或初审。

在审查求职者申请表时，要估计背景材料的可信程度，要注意应聘者以往经历中所任职务、技能、知识与应聘岗位之间的联系，要分析其离职的原因和求职的动机。对于那些频繁离职、高职低求、高薪低就的应聘者要将上述内容作为疑点一一列出，以便在面试时加以了解。

知识链接

写一份有吸引力的门店销售职位的个人简历

从招聘者的角度看，都希望能从个人简历中看到求职的意愿，也就是你想要得到怎样的工作，想要从事怎样的职位。因此，我们在个人简历中一定要表达出明确的求职意愿，才能让面试官打消疑虑。

一般来说，个人简历应该包含以下一些信息：

（1）求职者的个人信息。姓名、性别、民族、年龄、婚姻状况（按公司需要填写）、主修专业、政治面貌、教育和培训背景、住址、联系方式、户口及家庭关系（按公司需要填写）等。

（2）求职者的技能证明。能证明你的知识水平、所拥有的技能或能力的相关信息。如各类从业资格证、英语等级证书、计算机等级证书、各类赛事获奖证书等。

（3）求职者的工作经验。包括曾经从事过的工作，也包括实习型、公益型的社团及社区工作。

（4）求职者的性格能力。可以对自己的性格和能力进行一定的描述，或者进行简短的自我评价。

其中，个人简历中的工作经验是简历撰写的非常重要的环节。怎么写可以更有说服力呢？要遵循以下三大原则。

（1）具体化原则。我们的工作经验可以是全职工作经验，也可以是兼职工作经验或实习工作经验，不管是哪一种，在简历中都要具体化。包括将工作中的职位具体化，工作的时间具体化，历来的工资水平具体化，以及工作中的成就具体化。

（2）数字化原则。在描写自己在工作中取得了哪些重大业绩及获得了哪些奖项时尽量不要使用类似"很多""大量"这样的虚词,这会显得很没有说服力,要遵循数字化原则,将这些虚词都转换成具体数字。

(3)精确化原则。相关的内容一定要精确,这样才更有说服力。比如工作经历必须是自己的亲身经历,要选择记忆深刻的进行描述。如果并不深刻也就说明没有写的价值了。

资料来源:瑞文网,http://www.ruiwen.com。

【问题】 你认为写一份有吸引力的简历还需要注意哪些事项?

4. 测评与甄选

测评与甄选是指对初审合格的应聘者进行笔试、面试和其他各种测评,以及对测评合格的人员进行体检和背景调查,最终确定候选人的过程。在进行人员测评和甄选时应注意以下几点。

(1)注意对能力的分析。不能盲目被应聘者的外貌、学历吸引。

(2)注意对职业道德和高尚品格的分析。在市场竞争日益激烈的今天,有能力但缺乏操守的人似乎多起来了。这些人能适应市场的变化,却缺少内在的坚强,缺少对个人品行的修炼,缺少对事业执着的追求,缺少职业道德的训练。所以,要选择德才兼备、品学兼优的人员。

(3)注意对特长和潜力的分析。特长反映了一个人的先天气质和后天兴趣,潜力标志着个人在未来可能达到的高度。两者对门店都有可能产生重大的带动作用和贡献。因此,考官必须独具慧眼。

(4)注意对个人的社会资源的分析。个人的社会资源是长期积累起来的良好的社会关系。这些社会资源对某些门店来说无疑是一笔财富,分析甄选时应加以重视。

(5)注意对成长背景的分析。成长的背景、家庭的背景对一个人的心理健康是至关重要的,而心理健康直接关系到一个人的情商。所以,在测评和甄选中,要有技巧地了解对方的心路历程。

(6)注意面试中的现场表现。面试是一个人综合能力和综合素质的体现。面试中的现场表现包括应聘者的语言表达能力、控制自身情绪的能力、分析问题的能力和判断能力等,也包括他的素质、风度、礼貌、教养和心理的健康。

当然,以上的分析要建立在合法、公平和科学的基础上。

测评与甄选是招聘工作中最关键的一步,也是技术性最强的一步,因而其难度也最大。

知识链接

门店招聘数字化转型

Moka(北京希瑞亚斯科技有限公司)是一家成立于2015年,为企业提供极致体验、数据驱动的智能化HR SaaS产品的公司。近日,针对连锁门店招聘的需求,Moka再次升级招聘新玩法，巧用门店地理位置服务，玩转门店招聘的社交裂变，填补门店招聘数字化的空白。

社交裂变是移动互联网时代下独特的商业模式。当移动互联网遇上连锁零售，店员、导购都学会了用社交裂变方式带货，获得更多顾客和订单。而所谓的门店招聘的社交裂变其实就是让门店利用天然的地理位置网络效应，放大内推和到店投递简历的优势。这种方式有什么用，该怎么实现呢？

社交裂变招聘的具体做法是把员工个人的社交关系当成传播的媒介，以微信、朋友圈、社群等作为渠道，把原本要给招聘渠道的费用花在奖励员工上，从而帮助招聘，终极目的都是获得更多的候选人。相对招聘渠道的高价格、低转化率而言，运用社交裂变进行招聘具有可直接触达、高转化率、候选人质量高等众多优势。从实际效果来看，店长认为最有效的是内部推荐，其次是候选人直接到店求职。但不是只有微信或社交平台才能做招聘裂变。对于连锁企业来说，门店之间天然形成的网络效应就是把裂变传播中的人换成一家家门店，从而发挥独特的裂变效应。

Moka 智能化招聘管理系统在实现线上收集候选人信息的基础上，增加了 LBS（基于地理位置的服务），它就像微信提供的"附近的人"与"摇一摇"功能，允许用户与附近的人联系。这个功能运用到招聘管理系统上就能很方便地展示企业下属所有品牌、所有门店的地理位置分布。这样一来，门店位置有了线上化的展示，在任何候选人需要查看职位的地方，系统都能给予企业更多不同品牌、门店的职位展示，门店之间发挥着协同效应。

1. 在投递环节展示更多门店和职位

对于求职者来说，无论直接到店求职还是通过招聘公众号了解招聘信息，只要进入门店的招聘官网，就能看到所有门店的在招职位。给候选人提供不同门店、不同品牌的更多职位选择，这也是获取候选人的重要方式，避免候选人因一家门店不合适就拒绝的情况。门店员工求职往往都会考虑距离更近的门店职位，候选人可根据自身需求投递，极大地方便了候选人的投递决策，在一定程度上避免了未来因距离问题而拒绝 offer 的情况。

2. 内推中的花式裂变

在门店招聘方式中，最有效的渠道是内推，通常是"老乡带老乡"。内推因有员工背书，候选人质量和稳定性都更高。因此该系统在裂变式内推海报的基础上增加"查看附近门店"的入口以增强职位传播，内推海报能自动将发起内推的员工微信名称、头像等信息嵌入海报中，从而增强可信度。HR 也可随时记录和跟踪候选人是谁邀请的以及进展如何。

3. 流程管理中的门店简历共享

连锁门店的招聘与地理位置密切相关，且要求短平快。候选人投递简历后，店长会在第一时间收到投递通知，在手机上就能查看候选人简历，并现场安排面试。同时，基于 LBS 的"门店简历共享"功能，系统能根据 HR 设置的规则将超过一定期限未被处理的简历释放出来，共享给其他有需要的门店，促使简历资源被快速处理。

资料来源："门店招聘数字化转型 Moka 招聘管理系统弥补行业空白"，https://www.sohu.com/a/412334900_120280980。

【问题】 你如何看待这种社交式的招聘方式？

5. 录用决策

录用决策包括发出录取通知、签订劳动合同及试用期的管理等。这一阶段主要是部门主管了解新进人员的工作能力和潜力，并使新员工明白其工作的要求。

3.1.3 员工招聘的渠道

门店员工招聘的方式大体可分为内部招聘和外部招聘两类。

1. 内部招聘

（1）在临时人员或兼职人员中择优录用。

（2）主管推荐。通过主管等额或差额提出候选人。

（3）张榜公示。将空缺职位张榜公示，使所有员工都能竞争应聘，公示应具体描述岗位要求、任职资格、薪资、招聘日程安排等。

2. 外部招聘

（1）通过本公司员工介绍。一般来说，本公司员工对所介绍人的人品、能力、知识是比较了解的，容易找到合适的人员。

（2）张贴店头海报广告。这种方式成本低且较方便，特别是当门店的位置靠近车站时，广告的效果极佳。一般来说，当门店缺乏一般工作人员而需求量又很小时，这种方法最适用。

（3）登报广告。这是现代连锁商场（商店）应用最普遍、效果最佳的店员招聘方式。登报时间的选定是登报广告的一个重点。采用这种方式比前一种费用高，较适用于新开张或人员需求量较多的商场（商店）。

（4）亲友介绍。这种方式适用于私营和个体商场（商店）。通过亲友介绍有一定的感情因素在里面，对商场（商店）本身来说可靠性较大，但这些人员容易依靠关系，较其他店员不卖力、不敬业，会成为店主的包袱，所以这种方法最好在急需人员时采用。

（5）通过学校招聘应届毕业生。每年都有大批应届毕业生，为企业招聘工作提供了大量的招聘人选。企业招聘对象中有两类人员：一类是经验型，另一类是潜力型，应届生属于后者。一批青年人进入企业，给企业注入了活力，带来了生气。但由于他们缺少实际工作经验，故门店必须投资进行培训。西方的大公司还对新进公司的应届毕业生采用评价中心技术进行评估，选出发展潜力大的优秀者予以重点培养。若干年后，不少人就可成为门店重要的管理人员。

（6）通过职业中介机构招聘。职业中介机构作为一种就业中介组织，承担着双重角色，既为企业择人，也为求职者择业。借助于这些机构，组织与求职者均可获得大量的信息，同时也可传播各自的信息。通过职业中介机构需缴纳一定的中介费，但对于尚未设立人力资源管理部门或需要立即填补职位空缺的门店来说，可大大缩短招聘时间，节约企业费用。

其中，猎头公司是一种特殊的就业中介组织，专门为企业选拔中高层管理人员和专业技术人员提供服务。猎头公司往往对组织及其人力资源需求有较详细的了解，对求职者的信息掌握较为全面，在供需匹配上较为慎重。其成功率比较高，但其收费也相对昂贵。

（7）网络招聘。企业通过自己的网站、第三方招聘网站等，使用简历数据库或搜索引擎等工具来完成招聘过程。网络招聘有两种主要方式：一是注册成为人才网站的会员，在人才网站上发布招聘信息，收集求职者资料，查询合适人才；二是在企业自己的网站上发布招聘信息，吸引人才。

不论采取何种渠道，都要看到各种渠道互有利弊，不能一概而论，最主要的是要体现招聘者与应聘者的双向了解和选择，保证招聘的效果。

引例3-2　迪士尼的新员工入职培训

大家都知道迪士尼乐园，恐怕很少有人知道迪士尼还有自己的学院。迪士尼学院是专门为迪士尼培养员工的机构，对新员工来讲，这里就是接受"洗礼"的地方。

每位新员工在迪士尼学院都要经过三个阶段的培训，分别是迪士尼传统入职培训、探索迪士尼和岗位培训。其中，第一个阶段的迪士尼传统入职培训课程主要是训练员工用迪士尼用语来称呼顾客、员工等，明确定位并暗示演职人员如何处理他们的角色；此外，要求员工在扮演每个角色时，在艺术和技术之间取得平衡。

以扮演白雪公主的演职人员为例，为了和各个年龄段的游客接触，"白雪公主"要时时刻刻保持友好的态度，并且像电影中一样，完全熟悉白雪公主的各个动作，让自己真正成为"白雪公主"。同时，还需要培训一定的人际交往技巧，确保员工不会对游客的好奇等感到厌烦。

第二个阶段的探索迪士尼主要是了解迪士尼的历史和文化。因为迪士尼乐园为游客提供的是沉浸于故事之中的独特体验，而培训的最好方式之一，就是让员工观看众多的迪士尼动画，了解和熟悉迪士尼的经典故事及人物形象。

第三个阶段的岗位培训是向新员工传达迪士尼经典的为顾客服务的四个关键——安全、礼貌、表演和效率。迪士尼会让员工了解这其中的真正含义，以及如何在今后的工作之中切实地履行这些标准。

团队合作也是培训中的重要内容，迪士尼世界中的"演员们"必须紧密合作，才能产生"魔法"效果。培训通过小组项目来帮助成员学习团队合作，从寻宝游戏到创建迪士尼动画人物列表，表现最好的团队会获得奖励。充满挑战的项目通常是非常有趣的，以至于员工都没有察觉到自己是在工作之中。

资料来源："迪士尼的新员工入职培训案例"，http：//www.hrsee.com/？id=1333。

【问题】　你认为门店应该如何正确开展新员工培训工作？

子项目3.2　门店员工培训

各门店服务水平的高低、经营意识的强弱、经济效益的好坏、创新速度的快慢等，都会受到员工的能力和素质的影响。由于门店所处环境和内部条件的不断变化，势必要求员工的业务知识和工作技能相应地转换与提高。因而，员工的培训是员工管理的重要内容之一。

3.2.1 门店员工培训的特点

门店员工培训就是为了使员工了解本店的经营理念、经营情况、管理政策和制度，明确岗位职责，特别是为获得一定的业务知识和操作技能，以便能更好地胜任岗位工作而进行的专门教育与训练。与学校教育和其他成人教育相比，员工培训具有明显的自身特点。

（1）明确的针对性和实用性。门店员工培训是对已在本门店某一工作岗位上从事实际工作的员工进行的培训，培训对象是已有明确工作任务的员工，培训内容取决于岗位工作的要求，培训目的是提高员工的业务知识与技能，适应门店经营管理的需要。"干什么学什么，缺什么补什么"是员工培训的基本要求。

（2）培训内容广泛，培训对象各异。门店员工培训不只是对普通员工的教育和培训，而是涉及从普通员工到最高领导层的全体人员的培训。由于培训对象的文化程度、智力、年龄、岗位、工种、职务、业务水平等的不同，决定了培训内容的多样化和广泛性。"因人施教，按需施教"是员工培训的基本方向。

（3）培训方式的灵活性和多样性。门店员工都承担着具体的工作任务，不可能像学校教育一样采取统一的教学模式，而只能按不同岗位和职务的实际需要进行多层次、多渠道、多学科、多规格的业务与技能培训。培训的形式和方法需要灵活多变，包括以师带徒、岗位实习、模拟演习、研修讨论、职务轮换、业余学校、成人教育等形式。

（4）培训进程的阶段性和延续性。门店员工培训有专业速成的要求，同时它也是一个长期过程，一个岗位工作内容的动态变化，要求任职者不断提高素质以适应岗位需求。因此，培训工作绝不能只停留在上岗前的教育或上岗后的一次性培训，而应发展为定期轮换和终身培训。

3.2.2 门店员工培训的内容

门店经营活动庞大复杂，岗位多种多样，因而培训的内容也十分广泛，各门店都应根据自身的需要明确培训重点。通常来讲，门店员工的培训内容可分为岗前培训、管理层培训、店员培训和销售人员培训。

1. 岗前培训

岗前培训的目的是教育新进员工按照确定的工作流程、规则、习惯及工作方法等去操作。岗前培训的主要内容包括以下几个方面。

（1）企业文化。要请门店负责人讲解企业目的、企业宗旨、企业哲学、企业精神、企业作风、企业道德等企业文化。让员工清楚地认识企业提倡什么，反对什么；应以什么精神面貌投入工作；应以什么态度待人接物；怎么看待工作的荣辱得失；怎么成为一名优秀员工；等等。

另外，还要让新员工学习门店的制度。了解门店的考勤制度、准假制度、奖罚制度、福利制度等，学习门店各项作业手册，与业务相关的礼貌用语。

(2) 门店的发展定位和员工自身的权利与义务。要对门店经营目标、经营策略、组织机构、人事福利进行介绍，让员工了解公司未来和自身的发展机会。对员工工作的权利和义务进行说明，避免新员工刚上岗就因为对自己应该做的和不应该做的不了解，造成公司和员工之间的不愉快。

(3) 岗位专业知识的介绍。对本部门或其他部门岗位专业知识的介绍和学习，包括介绍适用工作所需的内容，如学习作业手册等；让员工学习其他小组的作业知识，以方便人员的调配，各小组之间可以相互支援。比如对于超市来说，服装组和日用百货组的旺季和淡季不一致，在各自的业务高峰，常常会出现人手短缺，这时其他小组的空闲人员就可以相互支援。

(4) 了解工作流程和操作方法。通常到店的新员工分两种情况：一种是没有从业经验的；另一种是有从业经验的。每一个门店都有特定的工作流程和规定，没有从业经验的人员需要从头开始系统地了解。有从业经验的人员，往往在原来的工作环境中形成了一定的工作习惯和操作方法，更需要让其详细地了解新环境的各种要求。对工作流程和操作方法的了解应主要着重于以下几个方面：

- 日常工作步骤；
- 报表的填写和报传程序，包括报传单位和报传时间；
- 要货、返货及调货程序；
- 店面货品陈列方法；
- 对员工进行产品知识方面的培训；
- 要和有关工作人员保持密切的联络。

发生故障或跟不上工作进度时，不要闷不吭声，要设法解决，做好事后的整理和总结。

1) 工作安全与卫生知识。① 安全知识，包括预防火灾、防止盗窃、避免业务活动中可能存在的各种安全隐患的措施。对于生鲜小组的新员工，还要特别强调生鲜处理工具、设备的使用程序、注意事项，以保证员工本人和别人的安全。② 卫生知识，包括擦洗货架和商品的注意事项、门店整体环境的保洁等。

2) 新员工的工作现场实习。实习的目的在于让新员工真实体会一下即将要从事的工作。上岗前，这些新员工可能会把门店的工作想象得过于轻松，或者是出于这个目的而来的，这部分人最容易因为受不了经常的体力劳作和长时间的站立而辞职。到现场实习后，员工如果对工作不适应，可以在正式上岗培训之前解约，以免浪费企业的培训费用。

3) 新员工疑问和顾虑的解答。新员工实习结束后，对门店的情况有了大致的了解，会产生各种疑问和顾虑，此时应做好辅导工作，解除他们的顾虑，使新员工安心工作。

在培训过程中，对新员工到工作岗位后可能产生的困难，或者工作中人际关系方面容易出错的地方予以说明，以给他们心理准备，减少可能带来的挫折感和焦虑。

2. 管理层培训

门店管理层培训主要包括店长培训、督导人员培训等。

(1) 店长培训。店长的培训课程应偏重于门店管理及相关的财务、法律等方面的知识，具体内容包括门店管理报表的制作及账务处理，如业绩分析表、班次常规分析表、利润表等可以观察门店营运情形的报表；门店形象的管理知识、基本法律常识；报税须知，如各类申报书的特批、如何填写申报书、报税准备事项等；盘点工作须知，如了解盘点的意义、专有名词的解释、盘点作业流程说明、盘点结果计算表等。

> **知识链接**
>
> **连锁店面人员课程规划**
>
> 终端店面销售与管理人才是连锁企业持续发展的关键和竞争优势所在，也是连锁系统价值输出、连锁网络掌控的有力保障，更是竞争对手无法复制的核心竞争力。连锁系统核心的训练目标应锁定在连锁门店的店员、店长等店面关键员工身上，对店面人员进行培训课程规划，对店面人员进行标准化的有效复制。
>
> 在进行具体的培训课程规划时需要完成"三个确定"：确定课程对象，确定训练课程的设置，确定课程培训方式。
>
> (1) 课程对象。应根据连锁企业、连锁门店的岗位来设置，训练对象一般是以下岗位上的人员：导购员（包括初级导购、中级导购、高级导购）、收银员、店长助理、见习店长、店长等。因此，需要根据这些岗位的职责和须具备的知识与技能，制定相应的岗位训练课程规划。
>
> (2) 训练课程的设置。店面人员的课程一般可以分为三类。一是企业文化课程，该课程面向所有店面人员，是所有店面人员的必修课程，比如对连锁企业文化的认知、对自身企业文化的了解、企业员工手册、企业员工工作职责等。二是岗位专业课程，该课程是针对不同岗位工作应具备的知识和技能而设置的专业课程，不同岗位应设置不同的专业课程，比如针对导购员可设置商品知识、销售技巧等课程，针对收银员可设置门店财务知识、收银基本操作规范等课程。三是管理能力课程，该课程针对店面管理人员，包括目标管理、计划管理、门店人事管理等课程。
>
> (3) 课程培训方式。培训目标不同的课程需要采取不同的培训方式，比如企业文化课程一般是通过岗前集中培训完成的；岗位专业课程通过岗前集中和店面日常训练相结合的方式完成；管理能力课程则通过岗前集中、在职培训和日常训练等多种方式完成。
>
> 资料来源："连锁店面人员课程规划"，https://wenku.baidu.com/view/0d87627d541252d380eb6294dd88d0d233d43cd7.html。
>
> 【问题】 如果请你为一家服装连锁企业的店面人员规划课程表，你会怎么规划？

(2) 督导人员培训。督导人员的职责就是本着门店的经营精神与原则，对本店店员的工作进行全面的指导与协助，并维护商场的正常运作。同时，督导人员是店员与店长最密切的沟通者。凡店长有任何活动或政策要告知店员时，除通过书面资料外，通常由督导人员向店员进行解说、宣导，以利推动；店员遇到任何问题或需要店长支持时，也可以通过督导人员加以指导或向店长反映。总之，作为店长与店员的中间角色，督导人员的工作范围相当广泛。为了从中协调，以达到上情下达之效，督导人员必须具备丰富的专业知识、良好的沟通能力，这也是对其进行培训的重点。

3. 店员培训

门店对店员的技术要求并不高，但是店员的服务水准和对商店的忠诚需要店长去用心培养，而培训是提高店员工作能力最简便的方法。专职店员的培训课程应涵盖以下几个方面。

（1）门店设备的操作、维护和清洁。门店设备一般是指冷冻碳酸饮料机、汽水机、冷气机、冷冻冷藏冰箱、招牌、照明设备等直接或间接与销售有关的设备。在教导店员正确使用的同时，还需教导他们一些基本的清洁及维护方法，以延长设备的使用寿命。

（2）收银机的操作、维护及简易故障排除。专职店员的首要技能是操作收银机的速度要快，误差率为零，并熟悉其各项功能。对没有经验的新店员，此课程应列入首要的训练计划，厂商所附的操作手册即是最佳教材。

（3）简易的包装技巧。顾客在购买礼品时，通常会要求门店能包装礼品，因此，简单的包装技巧也是门店店员需要学习的技能之一，如方形、圆柱形、心形等形状礼品盒的包扎方法及结饰技巧。

（4）商品陈列技巧。商品周转率受其放置区域的影响，经营者应向店员传达商品陈列的观念，如商品陈列的目的及原则，各类商品最佳的陈列位置等。

（5）店内安全管理。为使店员安心地为门店工作，店长必须进行必要的提醒，以降低他们在工作中可能发生的意外伤害，如遇到抢劫、偷窃、诈骗或搬运商品时应注意的事项等。

（6）报表制作。店员需要掌握的基本报表有交班日报表，现金记录表，误打、销退、自用记录表。

（7）经营理念。门店运作顺畅的必要条件是店长与店员的经营理念保持一致。因此，门店在培训员工时，应将经营理念导入课程中。

（8）顾客应对技巧。有技巧而且适时与顾客沟通，是建立感情的最佳方法，其内容包括礼貌用语的应用时机、仪态、对顾客抱怨的处理等。

4. 销售人员培训

一般来说，门店对销售人员的培训有以下内容。

（1）商品相关知识培训。顾客对商品往往是略知一二，甚至只会使用，说不出所以然，对商品的知识了解很少。但销售人员必须对自己所经销的商品有系统、详细的了解，在销售过程中对顾客做到说得清、讲得明，满足顾客的需求，实现商品销售。

销售人员要掌握所销售商品的基本知识，包括商品的使用方法、保管方法、与同类商品的区别、优点和缺点、商品质量的期限及生产厂家的信誉状况等。

（2）门店经营政策培训。销售人员在一定程度上是门店的代言人。在绝大多数情况下，顾客是通过销售人员与门店建立联系的，因此，销售人员必须通晓门店各种经营政策,并通过执行来实现门店的经营目的。销售人员要了解价格政策、送货政策、营业时间、工作范围、考核标准等。

(3) 提高销售技能的培训。学习有关商品的各种知识;出席新产品的介绍会或参加销售技术研讨会;改变销售人员所分担的工作,使其能够胜任各式各样的工作。

案例概览 3-2
香格里拉酒店集团的员工培训体系

成立于 1971 年的香港上市公司香格里拉酒店集团,经过几十年的苦心经营发展,现在已经成为亚洲乃至全世界著名的酒店管理集团之一。香格里拉酒店集团非常重视员工的培训工作,集团要求下属酒店拨出专项经费用于培训发展,每年金额至少应是员工工资总额的 2%。除此之外,集团人力资源管理层还在企业内部针对不同类型的员工打造了一套全方位的培训体系。

1. 新员工的入职培训

(1) Shang Care I - IV 四阶段培训。一名新员工入职后,酒店先安排入职培训,再根据员工的工作状况和实际工作需要安排不同阶段的培训课程。香格里拉酒店集团在员工培训方面提出独具特色的 Shang Care I - IV 四阶段培训,每阶段的培训根据入职时间培训不同的主题和内容。Shang Care I 为服务意识和企业理念的培训,Shang Care II 为服务理念及技能培训,包括关注客人旅途劳顿、客人期望管理等内容。Shang Care III 主要是培训如何处理客人投诉,及时做出反应,从而提升客人忠诚度。Shang Care IV 则是倾听客人感受、道歉、如何当场处理无法解决的问题等方面的培训。Shang Care I - IV 四阶段培训是员工的基础培训课程,随着员工对自己工作的不断熟悉,将四阶段课程穿插进行,使员工对客服务更加标准化。新员工进行以上四个阶段培训的同时,也在进行着各部门的岗位培训,理论知识与服务技能同时受训,可以更快地适应岗位要求。

(2) Buddy Trainer "老带新"机制。这是香格里拉酒店集团员工初到岗位时的一种培训机制。Buddy Trainer 首先强调"带领",即老员工需要带领新员工在实践中逐渐适应新的环境,融入新的组织文化,了解所在行业的特点,等等。这种机制强调的另一方面是"伙伴"。这里的"伙伴"必须是同属一个部门的、与新员工职级相近、在职时间稍久一点的员工。这样两人做搭档时都会觉得非常亲切。相对于让上级或所谓的"导师"去指导新员工,"伙伴"之间具有平级色彩的建议更容易被对方接受,也让新员工感到更亲切。对于刚入职的新员工来说,有一个亲切的伙伴,能够帮助他们更快速地融入新环境。因为酒店行业非常强调服务品质,所以香格里拉酒店集团还格外重视对员工情商的培养,特别是与顾客之间积极互动能力的培养。

2. 管理人员培训

(1) 有针对性的系统培训。酒店为主管级员工安排的"部门培训"以在岗集中培训方式为主,培训内容主要围绕工作中的基本流程和服务技巧展开;而部门经理级别员工的培训主要以介绍香格里拉酒店集团的服务文化为主,被称为"天使培训";而针对总监和副总监级的培养领导力的制度体系,被称为"卓越督导"培训。香格里拉酒店集团有自己的培训学院,集团每年都会选出较为优秀的员工，将其送到香格里拉学院进行更深入的培训。

（2）导师制。与基层员工伙伴式的"老带新"相比，香格里拉酒店集团为中高层管理人员提供的则是较为复杂的"导师制"，如集团行政培训生（cooperate management trainee，CMT）、集团行政管理培训生（corporate executive trainee，CET）和集团高级行政管理培训生（corporate senior executive trainee，CSET）。这些培训的目的很明确，基本上就是将三级经理培养为二级经理，将二级经理培养为一级总监，将一级总监培养为未来的总经理或驻店经理。

中高级员工一旦被总部选中为 CMT、CET、CSET 人选，就要接受为期约 16 个月的专项培训。培训分为三个阶段：轮岗培训（3~4 个月）、重点职能培训（6 个月）和执行培训（6 个月）。培训期间，员工要在不同的酒店里接受特定训练，培训结束后总部会对其做出评价，判断员工是否能够顺利"毕业"，与此同时，训练所在的部门总监还将承担起副导师的责任和角色。员工通过考核才能到其他酒店担任新职务。每一名员工在接受培训之前，先由他的直属领导、酒店领导进行能力评估，然后总结出在能力素质方面的欠缺，并上报总部形成培训计划。员工被派驻到酒店时，酒店会提前收到总部下发的培训计划，并根据培训要求，制订相应的培训方案。在执行培训阶段，员工通过直接上岗，在实践中接受训练和导师的指导，导师也会提出更具针对性的反馈意见。在培训结束时，导师（总经理）会对领导力、执行力和辅导能力进行综合打分。

资料来源："香格里拉酒店集团的员工培训体系"，http：//www.hrsee.com/？id＝1082。

【问题】 你是否喜欢这样的培训方式？你觉得针对不同类型的员工进行培训的注意点有什么不同？

3.2.3 门店员工培训的工作流程

（1）明确培训需求。所有的培训工作发起于培训需求。培训需求来自两个方面：一方面是为满足来自企业对员工工作能力提升的要求而确定的培训；另一方面是为员工提高自身工作能力而提出的培训需求。作为门店管理的负责人，要有战略性的眼光，对人才储备及人才培养有一定的前瞻性，及时发现、明确培训需求。根据两种不同的培训需求，填写"员工培训需求调查表"。

（2）制订培训计划。根据培训需求制订培训计划。培训计划要有针对性、实效性，要明确培训目标、培训时间、培训方式，要将培训资源最大化利用，包括培训师、教材、培训费用等。制订培训计划后填写"培训计划表"。

（3）准备培训。制订培训计划后，要进行培训前的充分准备。作为培训负责人要在培训前申请培训所用的费用、教材、设备、讲师等。

（4）实施培训。实施培训时要提前通知受训员工培训的内容、时间、地点、课堂纪律、讲师等情况。所有培训的出席、考勤同正常上班对待，要求学员填写"培训签到表"。

（5）培训评估。每次培训后要及时进行评估，要在培训结束现场给每名学员发一张"培训评估表"。评估对象包括培训师的表达能力、培训教材是否符合实际、培训时间安排是否合理等。

（6）培训后的追踪与考核。培训不是目的，千万不要为了培训而做培训。培训的目的是希望员工通过培训，能在工作中得到提升，提高绩效，从而增强企业的核心竞争力。所以培训后的追踪、考核就显得尤为重要，员工参加了培训只是培训流程的开始，培训真正发挥作用的关键在于培训后的考核。所以，每次培训后都要阶段性地对受训员工进行追踪、考核。

（7）培训总结报告。每次培训都要进行总结，要收集不同角度的总结报告，包括员工的总结结果、讲师的总结结果、主管及店长的总结结果。一次完整的培训进行之后，要把完整的培训档案提交到公司培训部。如在培训前申请了培训费用，必须对培训费用进行结报，结报项目包括讲师的培训费、学员用的教材费等。

（8）员工培训记录。员工培训记录的工作很重要。作为门店管理人员，要很清楚员工通过培训在工作中的变化有多大，员工一年接受了多少次培训、总共多少小时、员工接受了哪些方面的培训、每次培训的考试成绩如何、考评记录如何等情况。门店管理人员应该对每一名员工建立一份培训资历表。

引例 3-3　海底捞在 KPI 考核实践中走过的一些弯路

海底捞作为国内成功的餐饮企业之一，有人总结它的成功秘诀就是两招：一是把员工当家人看，二是把顾客当上帝看。但其实海底捞也走过不少弯路。

1. 事与愿违的 KPI 指标

（1）对服务员考核"点台率"。海底捞曾经将"点台率"作为考核服务员的关键指标，即客人如果来店就餐时，点哪名服务员的次数越多，就代表客人的满意度越高，而那个被点名服务的服务员的奖金自然也就越高。而很多服务员为了获得更高的点台率，利用手中的赠品权给客人免费赠送黄豆、豆浆、小菜等各种食品，造成服务员之间相互攀比，比谁给客人送的东西多。以点台率为指标的客观绩效考核最后导致了服务员之间的恶性竞争，服务员的点台率上升导致奖金支出增加，从而分店成本也上去了，利润率下降了。

（2）对分店考核"利润"。由于海底捞的管理模式是总部控制选址、装修、菜式、定价和工资等大项，分店为了提高利润，只能拼命在小项支出上节约成本，结果导致该换的扫把没有换，该送的西瓜没有送，给客户提供的毛巾也未及时更换。为了短期利润的考核指标，分店变相地降低了服务质量，短期利润上升了，长期满意度却下降了。

（3）对分店考核"翻台率"。海底捞曾经以"翻台率"考核来证明客户满意度的高低，即翻台率越高说明满意度越高。因此分店为了追求"翻台率"，不让位置空着，把已经提前预订好却晚到几分钟的客人的位置让给了别的客人，反而让客户满意度下降了。

2. 啼笑皆非的 KPI 指标

以服务闻名的海底捞对服务员的考核设置了非常细的 KPI 指标。比如客人杯子里的水不能低于多少，客人戴眼镜一定要给眼镜布，客人的手机一定要拿套装上，否则就扣分。看起来非常贴心的服务，对员工来说却是巨大的压力。只要一考核，服务员给每一位客人都送眼镜布；客户说豆浆我不喝了，不用加了，不行，必须给你加上；最好笑的是手机套，有的客人说不用，服务员说我给你套上吧，客人说真不用，结果服务员会趁客人不注意的时候，把手机抓过去给套上。

3. 难以落地的 KPI 指标

海底捞在给员工提供住宿方面也有一个 KPI 指标，即为了员工下班后不要太累，员工从餐厅到宿舍步行不能超过 20 分钟。但餐厅一般都设在繁华地段，20 分钟路程内的房子通常都在房价较贵的小区。因此海底捞只能坚持在高档小区给员工租房子。很多人赞扬海底捞这个指标的设置，认为是对员工关怀的管理典范。但从绩效考核角度来讲，繁华闹市区的房子房租高暂且不谈，往往是一房难求，针对这么多员工的需求，实则很难落地。

4. 走向极端的绩效考核

正因为海底捞在 KPI 指标设置上走了许多弯路，海底捞干脆去掉了所有量化客观的绩效考核指标，提出了三个主观评价指标：顾客满意度、员工积极性和干部培养数量。对顾客满意度的考核主要是派小区经理去分店巡查，询问店长关于客人的满意度情况；对员工积极性的考核方式，是以上司评价为主，辅助以抽查和派遣"神秘访客"的方式；而对干部培养数量的考核方式，直接看管理者培养了多少名分店店长和一级店店长。而上述所有的考核，全都是上级的主观评价。这种完全主观的绩效评价，非常容易引起争议，给企业带来大量的管理成本。

资料来源："海底捞在 KPI 绩效考核实践中走过的一些弯路"，http://www.hrsee.com/?id=867。

【问题】 你认为海底捞的绩效考核为什么会存在这些问题？绩效考核的设置应该考虑什么因素？

子项目 3.3 门店员工考核

考核是对员工的工作业绩、工作能力、工作态度和个人品德等进行评价，由此判断他们是否符合岗位职责的要求。考核的目的是帮助员工改进绩效，获得更大的发展。考核的结果可以直接影响到薪酬调整、奖金发放及职务升降、辞退等诸多员工的切身利益。

3.3.1 考核的目标

1. 从门店的角度出发

(1) 获得确定工资、奖金的依据，重点在工作成绩（绩效）考核。
(2) 获得晋升、调配岗位的依据，重点在工作能力及发挥、工作表现考核。
(3) 获得潜能开发和培训教育的依据，重点在工作和能力适应性考核。
(4) 使店员明白企业制定的目标，以确保其实现。

2. 从店员的角度出发

(1) 了解公司对自己工作的评价。
(2) 知道自己改进工作的方向。
(3) 使每一位成员了解其职责、职权范围及与他人的工作关系。

3.3.2 考核的原则

员工在门店工作，希望自己的工作成绩能得到认可并获得应有的回报，希望通过个人的努力取得事业上的进步，同时也希望得到上级在工作上的指点。为了满足员工渴望公平评价的要求，在考核中应确立以下基本原则。

(1) 明确化、公开化原则。门店的人事考核标准、考核程序和考核责任者都应当有明确的规定，且能在考核过程中得到遵守。同时，考核标准、程序和责任者的规定应当对门店全体员工公开，这样才能使员工对人事考核工作产生信任感，对考核结果也易持理解、接受的态度。

(2) 客观考核的原则。人事考核应当根据明确的考核标准，针对客观考核资料进行评价，尽量避免掺入主观性和感情色彩。首先要做到"用事实说话"，其次要做到把考核者与既定的标准做比较，而不是在人与人之间进行比较。

(3) 单头考核的原则。对各级员工的考核都必须由被考核者的"直接上级"实施。直接上级相对来说最了解被考核者的实际工作表现（成绩、能力、适应性），也最有可能反映真实情况。间接上级（即上级的上级）对直接上级做出的考核评语，不应当擅自修改。

(4) 反馈的原则。考核结果（评语）一定要反馈给被考核者本人，否则就起不到考核的教育作用。在反馈考核结果的同时，应当向被考核者就评语进行解释说明，肯定其成绩和进步，说明不足之处，提供今后努力方向等参考意见。

(5) 差别的原则。不同的考核等级在工资、晋升和任用方面应当有明显的区别，以便激发员工的上进心。当然，对考核责任者进行充分培训，使其尽量排除主观因素，并能够对考核标准有准确的、统一的理解，也是非常重要的。

3.3.3 考核的具体内容

通过对店员工作绩效目标的考核，可以将门店营运计划与店员的个人工作计划相结合，即帮助店员达到工作绩效目标，从而协助各门店达到目标。

考核主要分为工作业绩、工作能力、工作态度三大部分。门店不同职位的员工，其考核权重也不同，应根据各职位的要求来确定其权重的大小。

(1) 工作业绩。工作业绩是考核的重要内容，具体包括两个方面：一是基本职责的履行情况；二是考核期内任务的完成情况。

(2) 工作能力。工作能力是指履行工作职责所应当具备的基本能力，包括工作技能、创新能力、学习能力、个人魅力等。

(3) 工作态度。工作态度是指员工对工作的认知、情感和意志，包括工作满意度、工作投入度和组织忠诚度。这主要考核员工对待工作的态度和工作作风，其考核指标可以从工作主动性、工作责任感、工作纪律性、工作协作性、考勤状况五个方面设定具体的考核标准。

知识链接

BAT 的绩效考核是如何操作的

BAT 即百度、阿里巴巴、腾讯三家互联网公司的合称，作为国内互联网公司的代表，这些企业是怎么进行绩效考核的呢？

1. 百度：差异化管理方式

百度的业绩考核不仅强调 KPI，还引入了 DELTA（增量，即员工对公司全年的贡献）的概念，采用先验和后验相结合的绩效考核方式，以对公司的贡献和价值来衡量员工的产出。百度强调的是差异化，因此通过差异化的管理方式，使员工更具自驱力，让优秀人才脱颖而出。百度每年都会对员工进行 360 度评估，查看他们在文化价值观上的表现，或者是否能将自己的业务能力提升到更高的水平，否则是没有机会获得晋升、加薪及更高奖励的。所以，文化价值观、胜任能力和 DELTA 是百度突出促进差异化，让人才脱颖而出的三个维度。

百度会依据考核结果列出一张淘汰名单，绩效在最后一档的员工会被自动淘汰。同时设置一个潜力股计划，为成长快速的员工提供更多的发展资源、机会和空间。绩效连续两年获得第一档和第二档评价的员工会设有专门的绩优奖，鼓励他们做得更出色。同时，百度加大了强制分布的淘汰比例，拉大了两端的比例，把中间的 70%~80% 压缩到 60% 左右。

2. 阿里巴巴：一半业绩、一半价值观

阿里巴巴将所有的员工分成了野狗、小白兔、猎犬和牛四种类型。野狗是指有业绩没价值观和团队合作精神的；小白兔是指没有业绩但价值观很好的；猎犬是指有业绩也有价值观和团队合作精神的；而牛是指业绩和价值观都有，但不是特别优秀的。对于"野狗"，无论其业绩多好，都要坚决清除；而业绩不好的"小白兔"，如果不能提升也要逐渐淘汰掉；只有"猎犬"才是阿里巴巴最需要的。

阿里巴巴认为价值观和业绩同等重要。阿里巴巴将这种独特的价值观管理完全融入了绩效考核体系中。据介绍，阿里巴巴内部有一本价值观手册，里面具体说明了符合阿里巴巴价值观的行为方式。针对员工的考核，"业绩占 50%，价值观占 50%"。如何实现"价值观"这种虚化概念的考核呢？阿里巴巴利用 Oracle PeopleSoft HCM 电子绩效管理模块，构建了集团统一标准的全过程跟踪绩效管理平台。该平台通过完整、全面的前馈控制和过程控制措施帮助管理人员避免打分偏差的出现。该平台不仅提供了统一的计分规则，给出了打分等级与绩效水平之间的对应关系，同时主管考核页面上还能够显示其他参与者的打分及自评，且在审批页面上，提供了"271"的分数分布图作为参考。"271"是指：20% 的员工为企业明星，70% 的员工是中坚力量，10% 的员工为不合格。为最大限度地杜绝打分偏差的出现，绩效管理平台还提供了相应的后馈控制措施来对已经出现的偏差予以纠正。例如，当某一部门的分数超过一定值或低于一定值时，系统就强制要求相关人员写出详细说明。

阿里巴巴有一套自己的人才盘点体系，即 30% 是最有潜力的，60% 是潜力一般的，10% 是没有潜力的。每位主管都要给自己的下属打分，并根据上述"361"原则对员工素质进行强制排序，这是阿里巴巴绩效管理中特别重要的一点，他们强调的是管理者的责任，就是让主管

不断地关注下属。

此外，阿里巴巴还鼓励轮岗，每位员工的能力由多位主管共同评价，从而获得相对公平的评价。主管可以每天对员工进行评价，甚至可以记录下具体事件，而每换一次主管就会获得一次评价。每年，阿里巴巴都会有20%的人被评为优秀员工，这个比例是有严格讲究的。

3. 腾讯：360度能力评估

腾讯对高级人才的绩效考核有七个维度的纵向评估，分别是：正直诚信、激情、团队管理与人才培养、全局观、前瞻变革、专业决策、关注用户体验。有四个维度的横向评估，分别是：管理自己、管理工作、管理团队、管理战略或变革。

腾讯一年一度的360度能力评估，会邀请被考核人的上级、平级、下级及跨部门的合作者，从以上维度对被考核者进行360度的全方位评估。按照评估结果形成考评结果雷达图。每个人还会被和同级别的平均分相比较，分析分数不一致的地方，各自的优劣势在哪里及相关的评价。雷达图多维度的综合评价方法，让腾讯能够评估人才的综合能力的动态趋势，而被考核人可以借助雷达图清晰地了解综合能力的变动情况及好坏趋势，看到自身需要努力的方向。

资料来源："BAT的绩效考核是如何操作的"，http://www.hrsee.com/?id=678。

【问题】 谈谈你对这些考核方法的看法，你认为这些方法的利弊是什么？

3.3.4 考核的流程

1. 设定考核目标

（1）设定的时间。当门店绩效年度开始、工作职位变化、绩效目标改变时，均需要进行目标设定或修订。

（2）设定的内容。包括达成该职位设置目的、应完成的主要工作项目，此部分应与其职位说明书的功能相符合，项目设定应由主管与员工共同完成，并将其书面化。

2. 制定衡量标准

目标设定应该具体、可衡量、可达成，且书面化，如完成时间、完成件数、营业额目标、净利润目标等。

3. 实施考核

（1）考核时间。一般考核分为年中考核及年终考核，即一年两次，也可以根据需要调整考核次数。

（2）收集意见。在进行正式书面考核之前，门店负责人应该安排人事部门观察店员的行为表现，并征求店员的上级和同事的意见，力求考核客观、全面。

（3）书面考核。由各考核责任人对被考核人员实施书面考核。一般分为员工自我鉴定和直接主管考核两部分。由店员填写"员工自我鉴定表"，进行自我考核。通过自评，可以了解店员的真实想法，为考核面谈做准备。由直接主管填写"员工考核鉴定表"，因为直接主管最了解下属的工作和行为表现，在考核中最有发言权。

4. 考核面谈

考核结束后，店长、人事部门、直接主管应该与店员进行考核面谈。面谈的目的是告诉店员考核的结果及工作岗位的调整变化，指出店员的优缺点和今后努力的方向，指导店员改进工作，征求店员对考核工作的意见，并要求店员签署确认。

案例概览 3-3

某直播团队的 OKR 管理

OKR（objectives and key results）即目标与关键成果，它是一套明确和跟踪目标及其完成情况的管理工具和方法，由英特尔公司创始人安迪·格鲁夫（Andy Grove）发明。这个方法由约翰·杜尔（John Doerr）引入谷歌，1999 年 OKR 在谷歌发扬光大，并在 Facebook、LinkedIn 等企业被广泛使用。2014 年，OKR 传入中国。2015 年后，百度、华为、字节跳动等企业都逐渐使用和推广 OKR。

OKR 的主要目标是明确公司和团队的"目标"及明确每个目标达成的可衡量的"关键成果"。有人将 OKR 定义为"一个重要的思考框架与不断发展的学科，旨在确保员工共同工作，并集中精力做出可衡量的贡献"。OKR 可以在整个组织中共享，这样团队就可以在整个组织中明确目标，帮助协调和集中精力。

某企业是一家跨境电商，计划 2021 年要做直播带货。要怎么做？负责该业务板块的业务负责人编写并发布了 2020 年的 OKR 情况（见表 3-1）。

表 3-1 某跨境电商 2020 年的 OKR

	年度目标	关键成果
2020 年度	帮助 100 个直播主播每个月多卖 2 万元	KR1：达成与公司合作的主播 100 个
		KR2：达成合作的主播平均每月增加业绩 2 万元
		KR3：客户满意度达成≥85%
		KR4：客户系统下单率达到 80%
序号	季度目标	关键成果
1	搭建起有战斗力的营销团队	KR1：新入职员工合格率达到 80%
		KR2：季度人效①>×万元
		KR3：岗位 100%建立考核标准
2	出品一盘有竞争力的货品	KR1：×月整盘货品开始上市
		KR2：货品售罄率达到 100%
		KR3：连单率达到×%
		KR4：业绩达到×万元
3	确定营销中心的盈利模式	KR1：直播业绩×万元
		KR2：分销业绩×万元
		KR3：达成合作的主播×个
		KR4：达成合作的主播平均业绩×万元

①人效即人的效率，全称是"人力资源效能"（HR efficiency）或"人力资源有效性"（HR effectiveness）。人效同时也是用来衡量企业人力资源价值，形成一种计量现有人力资源获利能力的指标。人效的计算公式是：某维度人效=销售额/维度（针对某时段），因此表 3-1 中的季度人效主要是指当前整个季度的销售额。

资料来源："某跨境电商的直播团队 KPI（任务清单）如何转化为 OKR"，https://www.hroot.com/d_new-421683.hr。

【问题】 你怎么看待这家公司制定的关键业绩成果？你觉得这种 OKR 的方式对员工考核有好处吗？

3.3.5 考核的方法

对门店员工考核的方法有很多，主要有以下几种。

（1）要素评定法。要素评定法也叫功能测评法或测评量表法，该方法将定性考核和定量考核结合起来，适用于全体员工。实施时，首先要确定考核项目，按优劣程度划分指标等级，然后对考核人员进行培训，对店员进行考核，最后对考核资料进行分析和汇总。

（2）360 度考核法。360 度考核法也叫全方位考核法或全面评价法，是指对员工的行为和品质进行全面的考核，适用于全体员工。评价责任人包括员工自己、上司、同事、下属、顾客等不同主体。实施时，首先听取各方意见，填写调查表，然后对店员进行全方位的评价，在分析讨论的基础上，共同商定下年度的绩效目标。

（3）目标管理法。目标管理法是根据重成果的思想，先由企业确定并提出在一定时期内期望达到的理想总目标，然后由各部门和全体员工根据总目标确定各自的分目标并积极主动使之实现的一种管理方法。目标管理是上级与下属之间的双向互动过程。在实施时，首先由上级和下属共同商定目标，并明确各自的责任和分目标，然后以这些目标为标准，对单位和个人的贡献进行评估、奖励。

（4）考试评议法。考试评议法是将考试和评议结合在一起进行人事考核。考试主要用于检查店员的企业文化、专业理论和技术知识水平。评议则采用多种方法询问有关店员对被考核者的看法，经有关人员的分析、讨论，最后得出公正的评价。

3.3.6 考核结果的应用

考核结果应作为评价员工工作能力的重要依据之一。考核结果可记入"员工年度考核表"，存入员工考绩档案，作为续聘、晋升、降职、解聘的依据。考核结果为"优秀"的员工，可优先推荐或破格推荐晋升职务，并按有关规定予以表彰和奖励；考核结果为"良"的，具有续聘、申报晋升职务的资格；考核结果为"称职"的，应指导其努力提高，但不能申报晋升职务；考核结果为"待改进"的，应限期改进，视改进情况决定是否续聘；考核结果为"不称职"的，可以视情况解聘或调整工作。考核结果一般情况下要向员工本人公开，并留存店员档案。

引例 3-4 永辉超市的员工激励计划

近几年永辉超市营业总收入增长迅速，门店数量也在上升，究其原因是永辉超市的员工激励计划在起作用。

1. 限制性股票激励计划

永辉超市于 2017 年推出限制性股票激励计划草案，拟向 339 名激励对象授予不超过 1.67 亿股，价格为 4.58 元/股的限制性股票，约占公司目前总股本的 1.74%，业绩考核要求为 2018—2020 年每年归属净利润（剔除云创、云商业务和本次激励费用）增速不低于 20% 或营业收入增速不低于 25%。

2. 合伙人制度

激烈的市场竞争让零售企业更多地关注如何获取外部客户。但过度的竞争也让企业忘了它的"内部客户"，也就是员工，尤其是一线员工。为此，永辉超市引入了"合伙制"，并对合伙制进行了革新，通过"新式合伙人制度"给一线员工注入了强大的活力和旺盛的斗志。由于永辉有数万名员工，总部不可能与每一位员工去开会敲定合伙人制度的一些细节和考核标准，因此，一般是以门店或柜组为经营单位代表基层员工参与合伙人计划，并与总部讨论至关重要的业绩标准与考核指标。鉴于不少员工组和企业的协定是利润或毛利分成，那么员工就会注意尽量避免不必要的成本浪费。以果蔬为例，员工在码放时会轻拿轻放，并注意保鲜程序，这样一来节省的成本就是所谓的"节流"，这也就解释了在国内整个果蔬部门损耗率超过 30% 的情况下，永辉超市只有 4%~5% 损耗率的原因。

在合伙制下，企业对于部门、柜台、品类等人员招聘、解雇都是由员工组的所有成员决定的。这也就避免了有人无事可干、有人累得要死的情况。最终，这一切都将永辉的一线员工聚合在了一起，大家是一个共同的团体，而不是一个个单独的个体——极大地降低了企业的管理成本，员工的流失率也有了显著的降低。

至于谁能参与、分红的条件、不同级别的奖金的计算，永辉超市都进行了具体的规定，让每位合伙人都能明确地知道自己的努力方向和达到相应的效益可以获得的利益。

【问题】 你认为应该如何科学有效地设计考核和激励措施，从而激发员工的积极性和主动性？

子项目 3.4 门店员工激励

门店员工的激励，主要是指组织通过设计适当的外部奖酬形式和工作环境，以一定的行为规范和惩罚性措施，借助信息沟通来激发、引导、保持和规范组织成员的行为，从而有效地实现组织及其成员个人目标的系统性活动。

3.4.1 员工激励的类型

1. 正激励和负激励

在门店员工管理中，所谓"正激励"是在门店管理过程中，通过物质奖励、精神褒扬、关心支持或管理者的言行感召等形式，使门店员工在物质或精神上不断得到满足，员工感受到的是积极向上的信息，从而激发全体员工爱岗敬业的精神和极大的工作热情，促进门店的迅速发展。而所谓"负激励"，是与"正激励"相对而言的，它主要通过物质惩罚、口头或书面批评教育、专项整顿等手段，达到纠正错误、改进工作、提高工作效率和经济或社会效益的目的。我们可以简单地将正激励和负激励理解成"奖"和"惩"，在门店员工的管理中，这种管理手段虽然非常有效，但也需要非常谨慎。

2. 物质激励与精神激励

虽然二者的目标是一致的，但是它们的作用对象却是不同的。前者作用于人的生理方面，是对人的物质需要的满足或约束；后者作用于人的心理方面，是对人的精神需要的满足或约束。随着人们物质生活水平的不断提高，人们对精神与情感的需求越来越迫切。比如期望得到爱、得到尊重、得到认可、得到赞美、得到理解等。

（1）物质激励。物质激励是在所有"正激励"模式中最流行、最直接，也最实惠的一种激励手段。对于在某项工作中做出突出贡献的个人或集体，管理者依据有关规定，给予相应的现金或实物奖励，或者一次性发放奖金，或者提升工资，或者奖励各种有价实物，或者组织免费旅游或疗养，等等，使有突出贡献的员工得到额外的收益。

同样地，门店也可以利用物质惩罚这种负激励方式，即对由于工作失误或其他因素给组织造成经济或名誉损失的员工采取的一种惩罚手段。在以经济利益为主驱动力的环境条件下，这种惩罚来得最直接、最具体，对被惩罚者的震慑往往也最大。其手段主要有扣发奖金，降低甚至停发工资，按照损失和影响大小处以数额不等的罚款等。但惩罚的尺度要准确，达到既教育人又不挫伤其积极性的目的。

（2）精神激励。精神激励是一种正向的褒扬激励，方式也可以多种多样。如门店员工做出成绩或为人所称道的好事时，管理者及时给予赞美或肯定。可采用口头表扬的方式来鼓舞士气，振奋精神；对于做出特殊贡献或有突出成绩者，可以召开员工大会隆重表彰，颁发荣誉证书，授予荣誉称号，树立先进个人或先进集体；可以将先进分子的事迹形成专题材料，下发文件，号召大家向他们学习，让他们有一种崇高的荣誉感和成就感；可以将先进分子的事迹通过宣传部门，以板报、微信微博、广播、文学或文艺演出的形式广为传播，树立正面典型，弘扬正气，塑造良好氛围。

纪律处分则属于精神激励中的负激励。当门店员工违反相应的规章制度时，就必须要受到相应的责罚。"奖"和"惩"都要做到公平公正、处理准确。要关注被处罚者的心态和认识水平，只有正确把握，才可以起到惩前毖后、治病救人的目的。如果处理失当，就很容易激化矛盾，影响员工与管理者之间的关系。管理者更要起到一定的模范带头作用，这也是一种精神激励。

3. 内激励与外激励

内激励是指由内酬引发的、源自员工内心的激励，即员工工作任务本身带来的刺激。员工在工作进行过程中所获得的满足感与工作任务是同步的。追求成长、锻炼自己、获得认可、自我实现、乐在其中等内酬所引发的内激励，会产生一种持久性的作用。

外激励是指由外酬引发的、与工作任务本身无直接关系的激励，即员工在工作任务完成之后或在工作场所以外所获得的满足感。它与工作任务不是同步的。如果一项又脏又累、谁都不愿干的工作有一个人干了，那可能是因为完成这项任务，将会得到一定的外酬——奖金及其他额外补贴，一旦外酬消失，他的积极性可能就不存在了。所以，由外酬引发的外激励是难以持久的。

3.4.2 员工激励的要求

1. 结合目标且明确

在激励员工时，设置目标是一个关键环节。目标设置必须同时体现门店和员工的要求与需要。首先要明确组织目标，使员工了解其岗位与工作对组织目标的重要性和意义，同时明确完成或超额完成工作的标准与奖励方式和奖励水准，使员工在追求个人利益的目标中实现组织目标。

2. 激励内容要合理

正、负激励都是必要而有效的，不仅作用于当事人，而且会间接地影响周围其他人，因此激励的措施要适度，要根据所实现目标本身的价值大小确定适当的激励程度。所谓激励程度是指激励量的大小，即奖赏或惩罚标准的高低。超量激励和欠量激励不但起不到激励的真正作用，有时甚至还会起反作用。比如，过分优厚的奖赏，会使人感到"得来全不费工夫"，丧失了发挥潜力的积极性；过分苛刻的惩罚，可能会导致人的"破罐破摔"心理，挫伤下属改善工作的信心；过于吝啬的奖赏，会使人感到得不偿失，多干不如少干；过于轻微的惩罚，可能导致人的"无所谓"心理，不但不改掉毛病，反而会变本加厉。所以从量上把握激励内容，一定要做到恰如其分，激励程度不能过高也不能过低。激励程度并不是越高越好，超出了这一限度，就无激励作用可言了，正所谓"过犹不及"。同时，合理的另一个方面则体现在激励要公平。

3. 按需进行激励

虽然激励的起点是满足员工的需要，但员工的需要因人而异、因时而异，并且只有满足最迫切需要的措施，其效价才高，其激励强度才大。因此，管理者必须深入地进行调查研究，不断了解员工需要层次和需要结构的变化趋势，有针对性地采取激励措施，只有将物质激励和精神激励相结合才能收到实效。

4. 把握激励的时机

"雪中送炭"和"雨后送伞"的效果是不一样的。激励越及时，越有利于将人们的激情推向高潮，使其创造力持续有效地发挥出来。过度超前或明显滞后的激励，其作用和效果都会被大大削弱。

3.4.3 员工激励的有效方法

在门店人事管理中，只有有效地运用各种激励机制进行管理，才能在最大程度上调动员工的积极性、创造性和工作热情，让员工全身心地投入门店的各项工作中，为门店创造更多的价值。常用的激励方式和手段主要有以下几种。

1. 建立合理的薪酬体系和完善的福利制度

（1）绩效激励。为更好地调动员工的工作积极性，使员工的工作目标与奖励有效挂钩，并以此来引导员工将个人目标与公司目标进行统一，人事部门应在根据市场薪资指导及行业水平制定的薪酬体系的基础上，结合卖场销售业绩的达成情况，设定月度绩效和年度绩效考核奖励办法。应根据员工的工作表现及业绩达成情况，对工作表现突出、业绩达成较好的员工实施奖励，真正做到以成果论英雄，并将此作为培训及晋升的有效依据，达到肯定员工、激励员工，使之更好地投入工作的目的。切忌平均主义和吃"大锅饭"，如果做与不做一个样，好与不好一个样，那最后就都一个样，只会越来越差。

（2）技能工资。根据门店中一些特殊岗位（如电工、维修等技术性强的岗位）设立技能考核及薪资评定标准，通过技术培训、技能考核、等级评定发放技能工资，这样不仅激励员工的工作热情，同时也稳定门店的技术人员，在一定程度上可以有效地控制人员的流失率，毕竟技术人员的培养时间和成本远远高于一般员工，而且技术岗位对保证门店的正常运营意义重大。所以要尽量减少技术人员的流失，确保门店技术力量稳定。

（3）带薪年假。对于在公司服务满1年的员工在福利方面开始给予带薪年假，并依服务年限的增加对休假天数给予一定的增加来肯定员工的辛勤工作，以此作为鼓励。这样做不仅符合国家政策，对员工的吸引力有时候比单纯的薪资来得更有效。

（4）服务年限奖励。为了激励长期为公司服务的员工，根据一定的服务年限设立服务年限奖，为服务满5年、10年、15年、20年的员工召开表彰大会及颁发奖牌、奖金，对员工的奉献给予肯定并以此让员工安心、放心，更好地为公司服务。这样做可以稳定员工队伍，提高员工忠诚度。

知识链接

非现金激励的"GRAPE模型"

真正有效的激励，往往是不花钱的。在生活中、工作中，有时候一句话、一个渴望、一种信仰、一项荣誉对员工可以起到比钱更有效的激励作用。关于非现金激励有一个模型叫作GRAPE模型，GRAPE分别代表成长（grow）、名誉（reputation）、欣赏（appreciation）、权力（power）、情感（emotion）。

1. 成长

真正给人激励的其实是让员工成长或给予其成长的机会。这样的激励有很多，比如让员工列席某些会议，参加同行的峰会，给予外出培训的机会，赠送书籍，给他有挑战性的工作，单独指导等，这些做法其实都是让员工成长并感觉到被重视的有效手段。

2. 名誉

名誉其实不一定是非常高大上的，包括表扬嘉奖，给员工胸前戴大红花，把优秀员工的事迹发布在企业内刊上，在墙上贴优秀员工的照片，在报告中写上优秀员工的名字，发荣誉证书，在大会上表扬、任命员工为企业文化价值观大使，用员工的名字来命名会议室，评定年度或季度最佳员工，给员工的父母写感谢信等都是一种名誉。这会让员工有很强的价值感。

3. 欣赏

社交环境中，在员工的微信朋友圈里给他们点赞、微博上互粉，请上级安排感谢仪式，给员工创造展现才能的机会，准备服务周年贺卡，给员工生日礼物和生日祝福，对员工的某项特别才能给予公开表扬。这些虽然看似简单，但其实都表现了上级的关爱和欣赏，也可以带来很好的激励效果。

4. 权力

为员工提供升职、额外的带薪休假、获得奖励的机会，给员工更多的授权，可以弹性工作的权利，上台演讲的机会，以及选择自己福利的权力，等等，这种权力看似非常小，但其实会给员工很好的激励。

5. 情感

情感上的东西更加玄妙，而和情感相关的东西也非常多。比如和员工一起运动，让优秀的员工代替上级去参加会议，跟员工成为朋友，组建一些兴趣小组，组织团建活动，进行更多的沟通等，大多数能达成上级和员工之间情感上接近的方法都是很好的。人们最本质的需求往往与情感相关。

资料来源："阿次：非现金激励的'GRAPE 模型'"，https://www.hroot.com/d_new-399712.hr。

【问题】 你还知道哪些非现金激励的方法？

2. 建立内部培训及晋升制度

员工是门店各项工作得以顺利开展的有力保证，只有给员工提供更多的培训机会、为员工的职业生涯发展创造机会、提供渠道，才能激发员工的工作积极性，维护和提高门店的竞争力。

（1）内部培训。支持员工参加职业培训，如岗前培训或公司付费的各种学习班、研讨会等，这有助于缓解员工的疲惫情绪，降低工作压力，提高员工的创造力，同时增强门店竞争力。

（2）内部晋升。为加强员工的归属感和认同感，减少大批"空降兵"对老员工的冲击，人事部门应建立完善的干部内部培养机制，结合内部培训内容制定晋升考核制度，通过系统的培训及严格的晋升考核机制来做好内部各级干部的储备及培养工作，加大内部干部的晋升比例，产生更大的激励作用，从"伯乐相马"逐步过渡到"赛马中选马"，从而增强门店的凝聚力。

3. 制定合理化的奖惩制度

对店员无论奖励还是惩罚，都要讲究方式和方法。一个人的优点和缺点是相对的，也是发展变化的。制定合理化的奖惩制度就是为了创造条件，让员工发挥优点，并尽可能地抑制其缺点，以起到严明纪律、奖罚分明，提高员工工作积极性的作用。为了充分发挥员工的积极性，必须在对员工的工作做出合理的、公正的评价后，再对他们进行奖励或惩罚。

在门店员工管理中，为真正激励员工做到以店为家，提高主动参与意识，门店应建立合理的建议奖励制度，鼓励员工参与门店管理，通过日常工作中的践行、归纳、总结，为门店的经营管理提出更多、更切合实际的合理化建议，促进门店工作更好地开展，对被采纳的建议应给予相应奖励。员工在一线能发现更现实的问题，而且群众智慧是不可估量的，要鼓励更多员工参与公司发展及目标制定，更热情地投入工作中。

4. 定期开展技能比拼和服务竞赛

根据岗位的不同，为激励员工争创最佳业绩及优质服务，门店的人事部门应联合相关部门定期开展以员工技能比拼为主的各项服务竞赛。

（1）促销服务标兵选拔。针对门店基层员工开展区域性的销售技巧服务大赛，通过比赛选拔区域销售服务标兵，给予一次性经济奖励及晋升优先考虑，安排至各店进行巡回演示并传授销售技巧，激励员工，带动服务热情。

（2）收银技术比拼。定期开展收银人员技术比拼，评选"金手指""优秀收银员""服务之星"等，张榜表扬并颁发奖状及一次性奖励，通过技术比拼提高收银员的技能及工作热情，减少收银员的工作误差率和人员流失率。

在门店的人事管理中，只有站在员工的角度不断去思考、发现，开发各种经济或非经济的激励手段来激发员工的工作热情，才能更有效地调动员工的工作积极性，同员工共同创建"双赢"局面。

案例概览3-4

链家试行直营式合伙，激励优秀门店管理者

链家为了激励优秀的门店管理者，在深圳、天津、武汉、南京等20多座城市启动了"门店合伙人"项目。这个项目主要针对业绩优秀的商圈经理和门店经理，他们通过竞聘将有机会成为合伙人，分享门店的经营权和收益权。

首轮中链家合伙人项目仅面向参与城市的部分优质门店，意在释放门店经营者潜能，留存和激励优秀人才。成功竞聘后，合伙人每年可根据门店业绩和年度收益份额获得利润分成。和业内其他合伙人项目不同，链家的"门店合伙人"属于直营合伙模式，也就是合伙人和门店仍属于链家的直营体系，遵守链家品牌的管理规定和品质标准，包括员工薪酬绩效、经纪人品质、服务品质标准等。但合伙人拥有经纪人招聘和业务管理等日常经营权。

为保证项目执行的质量，链家为合伙人设定了较高的准入门槛，只有人才培养和带店业绩的考核总得分名列前25%~35%的员工方能获取合伙人资格。同时，链家也制定了严格的强制退出机制，包括违反公司规定和经营不善等各种情况。此外，若门店合伙人晋升成总监，则须退出合伙人项目。

在品质管理上，合伙人门店仍须遵循链家直营体系的招聘制度、人才培养、信用分及红黄线制度、安心服务承诺，以及"30124"客服体系等一系列规则和制度，这样才能维持链家行业领先的人员素质和服务品质。

在此次合伙人项目中，链家还鼓励有能力的老店孵化新店，以期实现门店数量增长和质量提升。

资料来源："链家试行直营式合伙　激励优秀门店管理者"，https://www.hroot.com/d_new-400280.hr。

【问题】　链家的合伙人项目给你带来什么启发？

门店管理工具箱

工具3-1：确定人员需求的步骤及需要考虑的因素确定表

项　目	考虑的因素
第一步：确定需要招聘的职位	① 急需填补岗位空缺的部门与职位 ② 工作内容、职责和权限 ③ 预测店员的流动情况，估计流动比例 ④ 建立合理的人才阶梯，做到随时可替补
第二步：确定各职位的任职资格	① 年龄、性别、外貌等 ② 学历或受教育（培训）情况 ③ 工作经验、专长、以往的业绩等 ④ 个性、知识、技能等
第三步：确定需要招聘的人数	① 确定空缺岗位所需的人数 ② 掌握求职人数与空缺职位的合理比例，确定招聘的规模

工具3-2：求职申请表

编号：				填表时间：	年　月　日	
姓　名		性　别		出生年月		照片
学　历		身　高		健康状况		
政治面貌		籍　贯		婚　否		
家庭地址						
通信地址				邮编		
联系电话	手机：		住宅电话：			
毕业学校				专业		
简　历						
重大奖惩情况						

(续)

家庭主要成员	姓名	关系	政治面貌	工作单位	职务

特长爱好	
申请人意见	1. 应聘职位： 2. 是否服从分配：
用人单位意见	负责人签名：　　　　　　　　　　　　　年　月　日

说明：1. 申请人保证上述内容正确无误，如与实际不符所造成的一切后果由本人负责。
　　　2. 申请人填写此表，在5天内没有接到有关通知的，本申请即告失效。

申请人签名：

工具3-3：应聘者甄选记录表

工作单位：　　　　　　职位：　　　　　　　　年　月　日

姓名		出生日期	年　月　日	性别	
籍贯			学历		
谈话记录	目前有无工作			工作状况	
	离职时间			离职原因	
	应征原因				
	仪　表 态　度 语　言 健　康	□衣冠讲究 □大方 □清晰流利 □良好	□一般 □傲慢 □一般 □一般	□随便 □拘谨 □含糊不清 □较差	
	志愿与本公司性质	□符合	□不符合		
	一般常识				
	专业知识				
	特殊工作技能				
	过去工作性质及经验				
	期望待遇				
	面谈评语				
	人事单位签章	录用	备用		

面试主管：　　　　　　复试主管：　　　　　　店长：

工具3-4：培训计划表

编号：　　　　　　　　制表人：　　　　　　　　制表时间：　　年　　月　　日

培训名称				培训对象/人数					
培训内容				培训时间					
课程	培训时间	培训地点	培训机构	培训讲师	培训方式	预期效果	费用预算	备注

参加人员名单	姓名	职位	部门

店长意见		人事行政部意见		总经理意见	

工具3-5：培训签到表

编号：

培训日期		培训地点	
培训教师		培训部门	
培训项目/主题			

参加人员签到记录					
序号	姓名	部门	职务	签到时间	备注
1					
2					
3					
4					
5					
…					

说明：本次应到人数＿＿＿＿人，实到人数＿＿＿＿人，迟到＿＿＿＿人。
　　　本次培训的出勤率＿＿＿＿。

工具 3-6：培训评估表

请花费几分钟完成培训评估表，您的反馈会被递交到门店人力资源部，谢谢您宝贵的意见。关于本评估表如果您有任何疑问，请联系门店人力资源部。

培训主题：			培训讲师：			
评估人：			日期：			
第一部分：培训讲师（请对下列各项评分，1—最好，5—最不好）	1	2	3	4	5
1. 培训讲师的专业知识					
2. 培训讲师能清楚地表达思想、观念和资讯					
3. 培训讲师能及时调节课堂气氛，吸引您的注意力					
4. 培训讲师能将理论和实际联系起来，提供有实际意义的案例					
5. 培训讲师能引导您解决工作中的问题					
6. 培训讲师对学员问题的反应与解答					
7. 培训讲师所讲内容与教材相符					
8. 对培训讲师的总评					
第二部分：主题（请对下列各项评分，1—最好，5—最不好）					
9. 教材概念清晰，内容丰富，表述形式多样					
10. 对教材的总评					
第三部分：内容（请从选项中选一个答案）
11. 课程内容的难易程度：（　　） 　　a. 非常难，难以理解　　　　　　　　　　b. 虽然难，但经过授课后能够理解 　　c. 适中，完全可以理解　　　　　　　　　d. 太容易了，不听课也能理解 12. 课程的针对性：（　　） 　　a. 课程完全包含了培训前我在这方面工作中所遇到的问题和困惑 　　b. 课程基本包含了培训前我在这方面工作中所遇到的问题和困惑 　　c. 课程很少包含培训前我在这方面工作中所遇到的问题和困惑 　　d. 该课程与我现在的工作没有联系 13. 课程的实用性：（　　） 　　a. 课程提供了许多可以使用的方法和工具　b. 课程提供了少量可以使用的方法和工具 　　c. 课程提供了方法和工具，但无法使用　　d. 课程没有提供方法和工具 14. 课程时长：（　　）a. 太长　　b. 适中　　c. 太短
第四部分：整体（请从选项中选一个答案）
15. 会不会推荐这个课程给别人？（　　）a. 会　　b. 不会

16. 对课程的总评价（1—最好，5—最不好）	1	2	3	4	5

第五部分：应用（请从选项中选一个答案）
17. 所学的知识（　　）运用到工作中 　　a. 完全能够　　b. 大部分能够　　c. 有一些能够　　d. 完全不能够 18. 学完课程后，我觉得自己的个人能力（　　） 　　a. 有非常大的提高　b. 有一些提高　　c. 只有一点点提高　d. 没有提高
第六部分：其他
19. 您认为此次培训中最有用的内容是什么？请列出：   20. 此次培训中，您觉得还有哪些内容没有了解到，或是想深入了解的？   21. 您对这次培训有何意见或建议？

工具3-7：绩效考核表

岗位名称：　　　　　　　　姓名：　　　　　　　　考核日期：

项目及考核内容			分　值	自　评	上级审核
工作业绩30%		能够及时跟进工作，提前完成工作任务	30分		
		能够跟进工作，按期完成工作任务	25~29分		
		在监督下能够完成工作任务	15~24分		
		在指导下也不能完成工作任务	14分以下		
成本意识10%		成本意识较强，主动节约，避免浪费	10分		
		具有成本意识，能够节约	9分		
		尚有成本意识，尚能够节约	8分		
		成本意识较差，稍有浪费	3~7分		
		无成本意识，经常浪费	2分以下		
职业道德5%		严格遵守职业行为规范	5分		
		基本遵守职业行为规范	4分		
		偶尔违反职业行为规范	2~3分		
		不认真执行职业行为规范	1分以下		
工作态度25%	信息管理10%	主动收集、整理客户资源及市场信息	10分		
		按要求收集、整理客户资源及市场信息	8~9分		
		基本按要求收集、整理客户资源及市场信息	5~7分		
		很少收集、整理客户资源及市场信息	4分以下		
	合作精神15%	与他人或部门合作顺畅	15分		
		与他人或部门经常合作	12~14分		
		与他人或部门偶尔合作	7~11分		
		与他人或部门很少合作	6分以下		
工作能力20%	了解并开拓市场10%	深刻了解市场竞争格局，把握机会、开拓市场的能力出众	10分		
		了解市场竞争格局，把握机会、开拓市场的能力较强	8~9分		
		大致了解市场竞争格局，把握机会、开拓市场的能力一般	5~7分		
		不了解市场竞争格局，基本上不具备开拓市场的能力	4分以下		
	专业知识10%	对商品、行业及相关技术的掌握非常全面	10分		
		对商品、行业及相关技术的掌握较全面	8~9分		
		对商品、行业及相关技术的掌握全面	5~7分		
		对商品、行业及相关技术的掌握不全面	4分以下		
纪律性10%		自觉遵守门店的规章制度	10分		
		自觉遵守门店的规章制度，但需要有人监督	8~9分		
		偶尔迟到，但基本能遵守门店的规章制度	7分		
		纪律观念不强，偶尔违反门店的规章制度	5~6分		
		经常违反门店的规章制度，态度傲慢	4分以下		
备注：在"工作业绩"一栏，必须附上工作计划和工作总结，以供参考					
考核人			店长	考核日期	

工具 3-8：奖惩通知单

编号：_____　　　　日期：_____

姓名		所在部门		备　注
□ 奖励　□ 惩罚 事件陈述：			奖励措施： □ 奖励现金_____元 □ 奖励带薪休假____天 □ 其他： 实施时间： 惩罚措施： □ 罚款_____元 □ 扣发____天基础工资 □ 其他： 实施时间：	1. 请在可选项前的方框中画钩 2. "实施时间"特指奖惩执行的具体日期
部门主管签字	店长签字	人事行政部签字		总经理签字

🚩 项目小结

　　门店的销售业绩是每一位店员的业绩总和，店员的工作热情、导购技巧与门店的业绩息息相关。店员的工作表现离不开科学合理的员工管理方法。门店员工管理包括招聘、培训、考核、激励等内容。门店员工招聘的程序包括制订招聘计划、发布招聘信息、应聘者申请和资格审查、测评与甄选、录用决策。培训工作流程包括明确培训需求、制订培训计划、准备培训、实施培训、培训评估、培训后的追踪与考核、培训总结报告和员工培训记录。员工考核的具体内容包括工作业绩、工作能力、工作态度。考核的流程包括设定考核目标、制定衡量标准、实施考核和考核面谈四个环节。员工激励的类型可分为正激励与负激励、物质激励与精神激励、内激励与外激励。员工激励的要求包括结合目标且明确、激励内容要合理、按需进行激励、把握激励的时机等。员工激励的有效方法有建立合理的薪酬体系和完善的福利制度，建立内部培训及晋升制度，制定合理化的奖惩制度，定期开展技能比拼和服务竞赛等。

⛰ 项目训练

【训一训】

实训内容	假如你是一家即将开业的便利店的店长，现在由你来负责招聘公司新员工。请根据本项目所学内容，设计新员工招聘和培训计划
实训目的	1. 掌握门店员工招聘方法 2. 掌握门店培训流程

(续)

实训组织	1. 教师介绍本次实训的目的及需要提交的成果 2. 上网搜集相关案例作为参考 3. 到当地大学城周围进行便利店情况的调研，了解店员的工作职责和岗位要求 4. 学生以小组为单位，讨论制订出方案
实训环境	1. 网络资源 2. 学校周边企业调研
实训成果	1. 写出招聘和培训计划 2. 做好PPT，各组在课堂上汇报 3. 教师评比考核，计入实训成绩

【练一练】

一、名词解释

1. 员工招聘　　2. 资格审查　　3. 员工培训　　4. 360度考核法

二、不定项选择题

1. 员工招聘工作的要求包括（　　）。
   A. 保证综合素质　　　　　　　B. 坚持公正录用
   C. 提高招聘效率　　　　　　　D. 遵守政策法令
2. 求职申请表的内容包括（　　）。
   A. 个人情况　　　　　　　　　B. 工作经历
   C. 教育与培训情况　　　　　　D. 生活及个人健康状况
3. 门店对销售人员的培训包括（　　）。
   A. 商品相关知识培训　　　　　B. 门店经营政策培训
   C. 提高销售技能的培训　　　　D. 门店管理报表的制作及账务处理
4. 员工考核的具体内容有（　　）。
   A. 工作业绩　　　　　　　　　B. 工作能力
   C. 工作经历　　　　　　　　　D. 工作态度
5. 员工激励的有效方法有（　　）。
   A. 建立合理的薪酬体系和完善的福利制度　B. 建立内部培训及晋升制度
   C. 建立合理化的奖励制度　　　　　　　　D. 定期开展技能比拼和服务竞赛

三、判断题

1. 招聘成本包括招聘时所花的招聘成本；因店员离职，重新再招聘所花的重置成本；因招聘不当给门店带来损失的机会成本。（　　）
2. 根据招聘收益金字塔原理，要招聘10名员工，至少需要200人递交求职申请表。（　　）
3. 培训工作绝不能只停留在岗前教育或上岗后的一次性培训上，应发展为定期轮换和终

身培训。（　　）

4. 为减少员工提出质疑的麻烦，考核标准、考核程序和考核责任者的规定无须对全体员工公开。（　　）

5. 考核结果不需要反馈给被考核者本人。（　　）

四、思考题

1. 员工招聘的程序包括哪些环节？
2. 门店员工培训的特点有哪些？
3. 岗前培训的主要内容有哪些？
4. 培训工作流程有哪些？
5. 员工考核的具体内容包括哪些？
6. 考核的流程包括哪几个环节？
7. 员工激励有哪些要求？

五、案例分析

星巴克的门店管理奥秘

星巴克成立于1971年，成立后专营极品咖啡豆。现在，星巴克已经在全球50多个国家开设了1.7万家门店。按照星巴克的要求，无论在哪里，每一家门店都要和其他1.7万家门店一样，提供统一口味的咖啡，热情的微笑，并拥有共同的价值观。星巴克一直强调其企业是基于关系，下面让我们以店长为核心，展开其360度的关系网络，以了解星巴克的价值观、文化、制度、产品品质、服务标准是如何从西雅图一路延伸到门店，并最终通过吧员传递给顾客的。

1. 店长的关系网

（1）伙伴。星巴克所有员工互称伙伴，门店的伙伴包括店长、咖啡师、值班经理、店副理，其中店长、值班经理和店副理又组成门店的管理组。管理组每周开会2次，对运营中的问题进行沟通。店长80%的工作时间负责和伙伴沟通，以组织门店运营。

（2）区经理。区经理管理6~8家门店，每天的工作就是不断巡店和稽核，了解门店经营状况，对物料使用、财务进行稽核。店长20%的时间是和区经理沟通，对门店遇到的问题，区经理会和店长分析原因，制订行动计划，追踪改善的成果。如果门店出现紧急事态，店长首先求助的对象也是区经理。区经理从资深店长提拔而来，是店长的导师。

（3）区域经理。星巴克的一位区域经理管理10位左右的区经理，管理的门店多达80~100家，区域经理的上级主管就是中国区营运总监，区域经理大概用1年时间能把所有门店巡视一遍。

（4）公司营运部门。财务、稽核、人力资源等部门都会巡店，主要对具体业务进行沟通和了解，营运部门也会召开店长会议。

（5）开放论坛。星巴克总部的高管来中国，或者星巴克中国的高管到内地城市，巡店之外的工作之一就是组织开放论坛，类似于中国企业的"座谈会"。开放论坛可以是邀请制，也可以由员工申请，店长往往是被邀请的重点。

（6）帮助热线。帮助热线是店长和公司支持系统沟通的重要途径。店长反映管理问题，不一定通过区经理逐层向上汇报。比如，最近有顾客向王成雪（星巴克在中国华东地区的合作伙伴）抱怨说星巴克出售的水果块过硬，口感很差，星巴克上海当天就对该产品做出了下架处理。

（7）顾客。店长也会经常和熟客聊天，倾听他们的意见。

（8）外包供应商。对于物流、设备维修等业务，星巴克选择了服务外包，蛋糕甜品的供应也使用本地供应商，门店和供应商之间互动密切，但结算则由支持部门负责。

2. 仆人式沟通和互动

沟通文化是星巴克门店的润滑剂。在星巴克的管理链条上，店长处于整个零售系统管理链条的中间。并且，由于区经理和区域经理并没有独立的管理团队，也没有经理助理，中间环节被大大压缩了，避免了官僚主义。同时，除了新开辟市场的店长外，绝大部分店长都从店副理提升，区经理从资深店长提升，区域经理又从优秀的区经理提升，管理阶层之间有共同经历，能够积极地沟通。

3. 感谢卡

星巴克为员工提供一种感谢卡，在收到帮助和支持时，员工可以通过发送小纸片来表达。在星巴克中国的办公室，我们看到很多员工把这些卡片贴在办公桌上，既是一种鼓励，也是一种骄傲。看似小巧的沟通工具，为羞于表达的中国员工提供了沟通的媒介。

4. 让价值观到达门店

"员工第一"是星巴克的首要价值观。星巴克大中华区人力资源副总裁余华举了一个例子，2010年年底，星巴克中国支持部门高管以下的员工一直没有下发绩效奖金。当时公司已经做出预算且准备发放，但同时发现，这一年物价飞涨，服务业的薪资水平随之飙升，星巴克的门店薪水已经缺乏竞争力，于是公司决定把这笔预算优先用于给一线员工加薪。

热情服务是星巴克的价值观之一，有些门店营业到深夜12点，而星巴克年轻的店员却精神饱满。实际上，星巴克规定，高峰时段2小时后前台必须到办公室休息，或者做一些整理工作，这能保证顾客看到的总是热情而精力充沛的星巴克员工。

资料来源：杨国安，朴抱一，沈磊. 星巴克的门店奥秘 [J]. 中欧商业评论，2011（6）：92-99.

【问题】

1. 星巴克门店管理奥秘之处在哪里？
2. 星巴克门店管理对你有何启发？

项目 4　PROJECT 4

门店顾客管理

能力目标

通过完成本项目的教学，学生应具备以下基本能力：
1. 通过对门店顾客开发管理的学习，会运用门店顾客开发策略和技巧
2. 通过对门店顾客服务管理的学习，能掌握门店顾客服务标准和内容
3. 通过对门店顾客抱怨处理的学习，能掌握门店顾客抱怨的预防措施和处理技巧

知识目标

1. 掌握门店顾客开发策略和技巧
2. 掌握门店顾客服务标准和内容
3. 掌握门店顾客抱怨的预防措施和处理技巧

引例 4-1　当代消费者需要的发展趋势和特征

当今时代，人类社会进入一个以新技术革命为标志的崭新的历史发展时期。与之相适应，现代消费者面临的消费环境也发生了一系列极其深刻的变化，主要表现在以下几个方面。

1. 消费者需求结构的高级化趋势

消费者的需求结构将逐步趋于高级化。近年来，我国国民生产总值的增长速度始终保持在较高的水平上。与此相适应，我国的消费水平也在持续快速增长。在整体消费水平持续增长的基础上，我国消费者的需求结构将发生较大变化，消费内容将更加丰富，人民生活质量将明显提高。

2. 消费与生活方式相统一的趋势

从生活方式的系统构成中可以看出，消费生活方式不但是生活方式总系统的重要组成部分，而且与其他生活方式分系统有着极为密切的联系。现代社会，人们在充分享受高度发达的物质文明所带来的高层次物质享受的同时已逐渐意识到高消费并不意味着生活的快乐和幸福。心理学家的研究表明，人的需要是社会性的，其快乐来源于多个方面，仅靠物质享受难以使人得到真正的满足。

3. 消费与环境保护一体化的趋势

现代消费者的环保意识日益增强。地球的资源是有限的，过度消费留下的不仅是成堆的垃圾、被破坏的环境，还将导致人类的自我毁灭。因此，许多国家视保护自然资源和生态环境为己任，将消费与全球环境及社会经济发展联系起来，自觉地把个人消费需求和消费行为纳入环境保护的范畴中，提出"做一个绿色消费者"的口号。

4. 生活共感、共创、共生型消费趋势

在21世纪的高消费社会中将呈现出全新的消费趋势，即与企业经营者一起共同创造新的生活价值观和生活方式的生活共感、共创、共生型趋向。生活在21世纪的消费者，具有高收入、高学历、高信息量、高生活能力和高国际感觉的特征，因此他们的消费需求也将呈现出五大新特点：

（1）美学性，即美的意识和艺术性；
（2）知识性，即教养性和科学性；
（3）身体性，即体感性或五感性；
（4）脑感性，即六感性或官能性；
（5）心因性，即精神性和宗教性。

具有上述新需求的消费者，其生活价值观将发生根本性变化，消费者的生活方式也将大大改变。消费和生活意识的中心将由物质转移到精神、健康、教育、娱乐、文化及信息等领域，它们将成为新的消费增长领域。

资料来源：申纲领. 消费心理学 [M]. 4版. 北京：电子工业出版社，2019.

【问题】 你觉得除了上述趋势之外，我国消费者还有哪些新的消费需求发展趋势？

子项目4.1 门店顾客开发管理

顾客的多寡决定着门店的盈利能力。没有顾客，门店就无法生存。因此，门店应重视顾客、研究顾客，并不断地开拓顾客。赢得了顾客，便赢得了市场。

4.1.1 洞悉顾客购物心理

门店作为人们购物消费的场所，要立足长远地占领市场和开发顾客，必须了解顾客在购物时的心理状况，这对把握销售时机，促成销售非常重要。尤其是对一些特定的购物环境，顾客会产生一些特殊的心理反应，这些心理反应对顾客的购买行为有很重要的影响。因此，注意和了解顾客心理，是门店管理者在日常销售工作中的一个重要环节。

1. 从众心理

从众心理指个人受到外界人群行为的影响，而在自己的知觉、判断、认识上表现出符合公众舆论或多数人的行为方式。通常情况下，多数人的意见往往是对的。服从多数一般是不会错的。

案例概览 4-1

"从众心理"的实验

国外曾有一个心理学教师找到一个学习化学的班级要做一个"权威效应"的心理实验，他请该班的教师向学生引见说：这位教授是国际上知名的化学家，最近他研究出一种新的化学品，由于我与他很熟悉，专程请这位教授向同学们展示一下这项新的研究成果，"先睹为快"。于是，"国际上知名的化学家"拿出一个瓶子，里面装着透明的液体，然后告诉同学们，他正在研究一种化学药品的感知效应，现在他展示的化学药品是一种新药，其味道可以在空气中迅速传播，而只有对化学药品有敏锐感知的人才能闻到。

然后，"国际上知名的化学家"打开瓶子，同学们争先恐后地闻着，接着，大家开始谈出自己的感觉。有的说，这是一种与过去所有化学药品味道完全不同的东西；有的说，教授打开瓶子后，立即就会感受到一种由前至后扑鼻而来的清香，"味道好极了"，等等，全班没有一位同学表示不同看法。待大家讨论得差不多了，"国际上知名的化学家"告诉同学们，他不是什么化学家，而是本校的一位普通的心理学教师，瓶子里装的不过是刚刚从学校自来水管里流出的自来水而已。接着，他表示他的心理学实验圆满完成，"谢谢大家的真诚合作！"

资料来源：贾妍，陈国胜. 消费心理学应用教程［M］. 大连：大连理工大学出版社，2015.

【问题】 "从众心理"的实验对你有什么启发？

2. 求实心理

满足某种消费需求始终是人们购物的基本动机。因此，追求商品的实际使用价值，是人们购物的第一动机。追求实用，首先要求商品必须具备实际的使用价值，注重商品质量、性能、价格等；其次是指所购之物能为消费者带来更多的实际利益，比如方便、适用、省力、省时，减轻家务劳动负担，增加闲暇时间，等等。

3. 好奇心理

人通常都有好奇心理，因此一些新奇的事物很容易吸引人们的注意。例如，新的售货方式、新的陈列方式、新的服务内容等都能引发顾客的购买兴趣。这就是门店推出各种各样促销方法的原因。

案例概览 4-2

打造没有库存的公司

蒙玛公司在意大利以无积压商品而闻名，其秘诀之一就是对时装分多段定价。它规定新时装上市，以3天为一轮，凡一套时装以定价卖出，每隔一轮按原价削减10%，以此类推，那么10轮（一个月）之后，蒙玛公司的时装价就削减到了只剩35%左右的成本价了。这时的时装，蒙玛公司就以成本价售出。因为时装上市仅一个月，价格已跌到1/3，所以一卖即空，使该公司无产品积压。

资料来源：钟旭东. 消费者行为学：心理的视角［M］. 北京：北京大学出版社，2020.

【问题】 蒙玛公司在定价时利用了消费者的什么心理？

4. 求美心理

爱美是人的一种本能和普遍要求。人们喜欢追求商品的欣赏价值和艺术价值，这在中、青年女性和文艺界人士中较为多见，在经济发达国家的顾客中也较为普遍。这类顾客在选择商品时，特别注重商品本身的造型美、色彩美，注重商品对人的美化作用，对环境的装饰作用，以达到艺术欣赏和精神享受的目的。在现实中，人们追求美的动机正强烈地影响着众多商品的设计和包装。

5. 择优心理

人们在购买商品时，总希望买到最好的。择优心理是一种"少花钱多办事"的心理，其核心就是"廉价"，因为择优心理最主要的一个方面就是求利。在选购商品时，这类顾客往往要对同类商品之间的价格差异进行仔细比较，且喜欢选购折价或处理的商品。当我们向顾客介绍一些稍有残损而减价出售的商品时，他们一般都比较感兴趣，只要价格有利，经济实惠，必先购为快。具有这种心理动机的人，以经济收入较低者为多。当然，也有经济收入较高而节约成习惯的人，他们总是精打细算，尽量少花钱。

一般来说，顾客会在选择商品时反复进行比较。如果没有选择的余地，顾客的购买欲望会受到很大的影响。

6. 自我炫耀心理

这是一种以显示自己的地位和威望为主要目的的购买心理。他们讲名牌，以此来"炫耀自己"。在他们看来，购物不仅是适用，还要表现个人的财力和欣赏水平。他们是消费者中的尖端消费群，购买倾向于高档化、名贵化、复古化。几十万乃至上百万美元的轿车，上万美元的手表，等等，正迎合了这一心理。因此，这也是为什么涌现出越来越多"追牌族"的原因。这多见于功成名就、收入丰厚的高收入阶层，也见于其他收入阶层中的少数人。

7. 崇洋心理

一些人盲目崇拜外国货，只要是舶来品就买。一些家用电器生产厂，尽管绝大部分甚至全部采用了国产件，但是仍沿用进口散件组装的牌子在国内销售；有的企业在产品或包装上全用外文，或者只用拼音字母而不注一个汉字，这就是利用人们崇尚洋货的心理。

8. 待购心理

当商品出于不同原因降低价格时，人们反倒不急于购买，希望价格能继续降低，价格下调得越频繁，顾客这种持币观望的心理就越强。例如，如果厂家或门店频繁打折、调价，那么在打折的头两天来购买的顾客并不多。因此，价格下调时最好一步到位，不要一调再调。

9. 情感心理

一般来说，女性比男性具有更强的情感性。因此，女性的购买行为容易受到直观感觉和情感的影响。如清新的广告、鲜艳的包装、新颖的式样、感人的气氛等，都能引起女性的好奇，激起她们强烈的购买欲望。

以上我们详细介绍了九种常见的顾客购物心理，可以囊括顾客大部分的购物心理，有时各种购物心理之间是彼此交错的，因此，在了解顾客的购物心理时，我们还需要具备具体问题具体分析的能力，这样才能在门店的销售中做到知己知彼，百战不殆。

4.1.2 了解顾客购买决策过程

门店经营者通过对顾客购买决策过程六个阶段的分析（见图4-1），就可以发现诸多使顾客更满意的信息，进而可以为目标市场制订有效的销售计划，在增加顾客满意度的同时实现门店顾客的开发。

1. 受到刺激

（1）刺激的第一种类型是激发或唤起人们消费行动的社会性提示或驱动力。当一个人与朋友、同事、邻居等人交谈时，就会收到提示。这样的提示可能会触发消费购物行动。如"某门店的新商品到

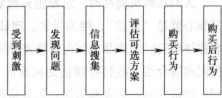

图4-1 顾客购买决策过程的六个阶段

了"或"某门店正在进行降价促销"，或者"某地新开一家门店，环境特别好"，等等，这种提示并不是有意的提醒。

（2）刺激的第二种类型是商业性提示。它是由零售商、制造商、批发商或其他一些卖主发出的信息。商业性提示的目的在于使消费者对某个特定的门店、商品或服务产生兴趣。这种提示和前一种无意识的刺激不同，这是门店有意为之的，希望通过这种提示来刺激消费者产生购物欲望。当然，这种刺激能否达到目的，就要看其能否引起消费者的共鸣。

（3）刺激的第三种类型是身体的驱动力。当人体内的一个或多个感官受到刺激时，这种驱动力便产生了。饥饿、口渴、寒冷、酷热、痛苦或害怕都能引起身体的驱动力。一种强烈的驱动力通常会激发某些类型的行为。这种刺激源自消费者身体内部，和社会上的各种有意的和无意的促销所产生的刺激无关。这种刺激也是消费者购物消费的原动力。

2. 发现问题

当消费者已经被社会性的、商业性的或身体的刺激唤起购物消费的欲望，而且已经认识到正在考虑的商品或服务能够解决自己遇到的问题或满足自己未实现的欲望时，购物消费就已经进入第二个阶段了。消费者回应刺激的作用，对购物消费已在脑海中发出指令，除非有另一种刺激终止这种欲望，否则一般都会继续到下一个阶段中去。

3. 信息搜集

消费者在购物消费时已经意识到了，某种短缺或未实现的某种欲望是值得进一步考虑的，他就会寻找有关的商品与服务消费、购物门店等信息。信息搜集分两部分。

（1）确定能够解决消费者经刺激后所产生的问题及可选择的商品或服务，通常表现为寻找合适的门店及可提供的商品。

（2）查明每一种消费者认为满足消费需求的可选方案的特性。

4. 评估可选方案

（1）在进行到这一步时，消费者已经有了足够的信息，可以从所存在的门店中挑选出一种可选择的商品、服务。通常，优质、低价格的可选商品与服务将很容易从比它更贵、质量一般的商品中被挑选出来。对价格反应敏感的消费者，首先会从商品的绝对价格上衡量；对于一个较理性的消费者，他会考虑消费商品的性价比；而对于价格敏感度低的消费者，其看重的是服务和门店环境。

（2）选择并不总是那么简单，消费者必须在做决策之前仔细地进行可选方案的评估。事实上，优良性价比的商品或服务并不常见，比较多的是价格便宜的商品或服务，质量不会很可靠；而质量好的商品或服务，一般价格也就不便宜。因此，如果两种或多种选择都很有吸引力，消费者将决定用哪一种标准进行评估及各标准的相对重要性，然后将可选方案加以排列，再做出选择。

（3）一项决策的标准是那些消费者认为与商品、服务有关的属性，包括价格、质量、规格、颜色、耐用性、担保等。消费者为这些属性制定标准，有时，不成熟的消费者在众多的因素中常常顾此失彼，不能决定自己的消费目标。因而，众多因素出现后，首要的是确定主要的因素及受这个因素影响的方案，然后对每一种可选方案按照它满足标准的能力进行评估。

知识链接

"上帝"越来越难以满足了：消费者购买心理变化的新特点

近年来，消费市场在激烈的竞争中稳步发展。消费者的消费观念和消费心理日趋成熟，购买行为呈现出层次性、个性化的趋势。这种现象的出现，使一些企业的经营者感到难以应付。他们惊呼：现在的"上帝"越来越难以满足了！

北京某百货公司的林总经理对此却另有一番见解，他对消费者购买心理的新特点做了归纳，并总结出市场营销的新对策。林总经理认为，当今人们的购买决策从不同侧面分析，大体上有以下 8 种心理特点。

（1）只买涨价款。有经验的购买者要先看行情，货比三家。价格趋涨，争先购买，唯恐继续上涨；价格趋落，等待观望，寄望再落，直至看准最佳时机、最佳价格再购买。

（2）喜欢只买贵的。如今的"上帝"选购商品时，有高档不买中档，有中档不买低档，有进口不买国产，有名牌不买杂牌，有新品不买旧货，这已成为一种时尚。

（3）追求便捷和性价比。商品价廉物美还不足取，更要质量可靠、方便实用。现在的城市居民几乎没有自己做鞋子的，就是在农村中也不多见，都是买鞋子穿；服装也是如此，有 80% 以上的市民购买成衣，只有少数老年人或特殊体形的人才去量体裁衣；在食品中，购买成品或半成品，回家简单加工一下就食用的消费者已越来越多了。

（4）大型商超一站式服务。大型综合性商场更能招徕顾客，这是因为大商场商品品种齐全、环境舒适、管理规范、服务周到，不仅实行"三包"，还送货上门。消费者不仅能购得满意的商品，同时还能获得精神上的享受。

（5）买少不买多。在商品货源极大丰富的今天，只要有钱，什么商品都能买得到。"用多少、买多少"已成为购物的口头禅，而那种储备购物、保值购物的行为已成为过去。

（6）买新款不买旧款。新商品、新品种、新款式层出不穷，日新月异。与其早早买个"过时货"，不如将来用时再买"时髦货"。所以，年轻人临到婚礼时，才去购买彩电、冰箱；有的人则到了盛夏，才去购买空调。

（7）储币不存物。与其花钱买一些一时用不着的东西闲置在那里，不如把钱存在银行或买国库券或参与投资，这样更实惠、更灵活。

（8）投机不投资。近年来，有奖销售活动及各类彩票风行，激起了不少人"中大奖"的投机欲望，许多人都情不自禁地大把大把掏钱去购买那些可买可不买的"快钱"投机商品，追求精神上的刺激。

针对消费者购买心理变化的新特点，经营者应及时采取新的营销对策，满足人们购买的新需求。

（1）要除旧布新。不断推出名、特、优、新商品，果断淘汰积压、过时的老商品。

（2）要勤进快转。坚持小批量、多批次、少数量、多品种、少经销、多代销，以快销、快转取胜。

（3）要薄利多销。以薄利促销，以多销占领市场。

（4）要以感情促销。强化售前、售中、售后服务，以诚待客，以情招客。

（5）要装饰环境。精美的包装和华丽的装潢很能刺激消费者的购买欲望，要让商地成为"上帝"的"宫殿"。

（6）要扩大宣传。要利用各种媒体加强广告宣传，反复宣传名、特、优、新商品和企业形象，扩大影响，深化商品和企业在"上帝"头脑中的印象。

资料来源：申纲领. 消费心理学 [M]. 4版. 北京：电子工业出版社，2019.

【问题】 你是否同意林总经理对消费者购买心理变化新特点的分析？你还有哪些补充？

5. 购买行为

（1）消费者做出其认为最佳的选择后，就准备实施购买行为，即一次货币交易或承诺为一件商品、服务的所有权或使用权支付费用。在这一步中，仍要做出重要的决策。从零售角度看，购买行为可能是决策过程中最具决定性的一步，因为消费者主要考虑三个因素：购买地点、购买条件和可获得性。

（2）消费者必须决定去哪儿购买商品或服务。在由卖方市场转为买方市场后，消费者面临的困惑不是选择太少，而是选择太多。

6. 购买后行为

消费者在购买了商品或服务后，对于门店而言，在无商品质量问题、维修、安装等情况下，销售过程就告一段落。对消费者而言，则将进入购买后行为阶段。购买后行为包括以下两种。

（1）进一步购买或重新评估。在购买常用商品的情况下，买一种商品或服务会导致进一步购买。零售商们应该认真评估其所提供的服务和产品及其产品线的扩展问题。获得一位顾客的补充购买需要的技巧，与那些主要商品或服务购买所需的技巧不同，即获得消费者的商品消费和建立起消费者的顾客满意度甚至对品牌的忠诚度，是完全不同的概念。

（2）对一项商品或服务的购买进行重新评估。它的质量、性能与承诺的一样好吗？它的真实属性能满足消费者的期望吗？零售商能达到期望的专业服务程度吗？一般规律是满意会给顾客带来满足，当商品或服务消费完后，消费者满意了，就会重复购买，并与朋友就共同感兴趣的商品或服务做积极交谈。

4.1.3 门店顾客开发策略

顾客是门店的首要资产，是门店的生命之源。门店只有不断地吸引和创造顾客，才能拥有市场，不断地发展壮大。

1. 密集型顾客开发策略

密集型顾客开发策略就是一种迅速在数量上尽可能扩大顾客群，而暂时不考虑顾客人均购买额的战略。

下面我们就从各个方面阐释该策略，以期为门店经营者找出较好的"吸客战术"。

（1）用营业时间吸引顾客。在现实中，为了增加销售量，大家都争相采购畅销品，结果商家卖的都是相同的商品，也都陷入了销售困境。在这一点上门店无法避免，此时门店可尝试用另外一种促销方法——用营业时间吸引顾客。

案例概览 4-3

"我们将替您送礼拜年"

年末到了，如果想给您的亲朋好友拜年，感谢他们这一年给予您的帮助和陪伴，只需把最想感谢的人（可以是家人、朋友、闺蜜或公司领导）的信息发给我们，我们替您将心意递送到他们手中。年货虽小却也精致，关键这是我们最为诚挚的心意。请按此格式编辑收货人信息——"姓名+电话+快递地址"，我们将替您送礼拜年，还为您准备了一份新年大礼包，请将您的收货信息告诉我们吧！

资料来源：雷星．餐饮门店管理手册[M]．成都：西南财经大学出版社，2020．

【问题】 本案例对你在开发顾客方面有什么启发？关于维护老顾客、开发新顾客的问题，谈谈你的奇招妙术。

（2）用顾客分类吸引顾客。门店的顾客并不一样，有常客，有过路客，还有潜在客。因此，为了更好地适应不同类型顾客的需求，门店必须采用一些不同的促销手段。

1）购买量较大的顾客。经营者必须在不忽视其他顾客的前提下努力让其体会门店对其的重视，有时甚至要店主亲自接待，如果有什么信息需传递给贵客，那么店主可以亲自去贵客的府上拜访，直接与贵客交流。此外，在其或其家庭成员生日那天，门店要赠送生日贺礼，通过这些人情味十足的促销招数赢得他们的心。门店还可以采用会员制来吸引顾客。店方可以给会员发"会员卡",会员持会员卡可享受特价优惠,还可以为会员开设安装、调试、维修等周到的售后服务项目,在年终根据会员的年购买额向他们赠送相应的礼品。

2) 准顾客。虽然知道某门店的存在,但是尚未去该门店购物的顾客称为"准顾客",比如那些未去购物但每天上下班都要从门店前路过的人等。店方如果不设法将准顾客至少吸引到门店一次,那么就不能将其发展为门店的顾客。店方可以在广告牌上写下新到商品的信息,以及降价打折等富有吸引力的消息,以此来唤起过往行人的注意和关心。对从门店前经过的人来说,门店外的广告牌具有直接的吸引力,其效果远远胜过报纸的夹页广告单。而且,广告牌是店方自己制作的,费用可忽略不计。因此,就吸引准顾客而言,该法称得上成本低、效益高的好方法。

3) 潜在客。将尚不知道该店存在的顾客称为"潜在客"。店方可以优惠的价格来吸引、拉拢潜在顾客,令其产生"在这家门店购物合算"的心理。店方可用报纸的夹页广告单来向潜在客传递优惠降价的信息。

通过上述分析我们可以看出,如果门店经营者根据门店与顾客关系的深浅程度来制订促销方案,既能收到很好的促销效果,又可以使促销费用大大减少。

(3) 用自制信息传单吸引顾客。单调重复的推销方式不会让门店的经营有任何起色,因此店主必须努力寻找一种能被顾客接受的促销工具,比如独具特色的信息传单便是不带推销色彩的促销工具。

长期坚持发送信息传单的诀窍是:从最初就不要华而不实,选用对顾客有帮助的信息,然后印刷后发给大家。只要内容不是广告宣传,而是提供文化信息,读者就不会反感、拒绝。但是,这种纯知识信息型的传单与销售不沾边,因此,门店应将信息传单与广告传单配套发送。

采用信息传单促销成功的关键在于"自制"。假如将信息传单制作成毫无特色的、不漂亮的彩色传单,那就"赔了夫人又折兵",不仅费用高,收效也不会很大。门店自己制作的朴实的信息传单给顾客留下的印象通常是这不是推销广告,而是那家门店发布的有价值的、实用的信息,其效果自然也就很不错。

(4) 用奇招妙术吸引顾客。任何一家门店都不会不对销售进行管理,然而,不重视顾客数量的门店却不少。特别是那些经营昂贵商品的商店容易轻视顾客数量,由于未把握住顾客数量的变化而使自身陷入了极被动的境地。现在,整个市场处于不景气的大环境中,门店应将顾客人数视为测试自己门店声誉的尺度,采用重视顾客数量的营销战略。

案例概览 4-4

脑白金的广告语来自"闲聊"

我们都很熟悉的脑白金,其成功并非偶然。其创始人史玉柱当年推广脑白金的时候,在江苏江阴进行了多次测试,他亲自走村串镇,挨家挨户走访,和一帮老头儿、老太太打成一片,和他们聊天、唠家常，询问他们服用脑白金后的疗效情况。在整个过程中，史玉柱对老人的需求有了更深入的了解，不仅仅是与产品相关的需求——食欲不振、失眠，还包括这些老人对保健品的理解及他们对子女的期望。脑白金的广告语"今年过节不收礼，收礼只收脑白金"就是来自这些"闲聊"的广告语。

资料来源：刘珂. 实体店线上线下运营实战一本通 [M]. 北京：中国华侨出版社，2021.

【问题】 史玉柱当年推广脑白金的时候采用了这句广告语的妙处在哪？

2. 满意型顾客开发策略

（1）用附带服务吸引顾客。大多数顾客都愿意到附带服务完善的门店去修理商品和咨询商品保养方面的事宜，因而，这类门店在经济不景气时仍拥有不少顾客。因此，门店经营者应大力开发"附带服务"。从这个意义上讲，所有兴旺的门店实际上都不是"零售业"而是"服务业"。

实践中有众多门店是借助从零售业向服务业转换的经营战略获得了顾客的信赖，从而发展成功的。它们的服务项目不仅包括应有的商品，而且涉及与商品有关的一些服务项目。若仅仅单纯地销售商品，其他业务一律不涉及，则门店难以在如今竞争激烈的商场中求生存。而且，门店在商品销售方面与竞争对手一争高低时，可用全面的附带服务做武器，与竞争者抗衡。

（2）用"结交朋友"吸引顾客。对租赁店面的经营者而言，租金多少与店面的利用程度无关。因此，若不充分利用租赁场所，经营者就会吃亏。通常门店营业高峰都集中于某个特定的时间段，所以，最大限度地利用生意清淡的时间段，是门店兴旺的重要途径，特别是大都市的候机楼或车站附近的门店应巧妙地利用早、中、晚三个时间段。

案例概览 4-5

巧用赞美：高帽子哲学

每个人的内心都希望得到别人的赞美，简单的一句赞美会让人感到无比的温馨与振奋。

曾经有一名学生，在毕业典礼的那天，向老师致谢并辞行。老师问他毕业以后准备干什么。学生半真半假地说："现代社会上的人都喜欢戴高帽子，所以我打算去卖帽子。我手头上有一百顶现成的高帽子可以卖。"老师严肃地说："年轻人刚从学校毕业，应脚踏实地去做事情，服务社会，造福乡里，卖高帽子不是办法。"学生回答："在目前的社会，像老师这么真挚诚恳、诲人不倦的人，实在太少了，老师的临别赠言令学生感佩不已。"老师听到这句话笑了，仍然勉励他要努力。学生告辞时说："老师，我的一百顶高帽子现在只剩下九十九顶了。"由此可见，人是喜欢被赞美的。

有的时候，直接赞美而不注意方式的话，效果可能会大打折扣。通过赞美顾客的小孩、饰物、衣服、皮包等也可以达到赞美顾客的目的。赞美其实是一种迂回的战术，避免和对手正面交锋，甚至攻其不备。有个建材推销员对他的顾客说："史密斯先生，我们的新式窗户质量上乘，它不仅会陪伴你的一生，还会使你的房子成为路边最引人注目的建筑物。想一想，邻居们都会嫉妒你的,不是吗?"这样一句话往往会使顾客的虚荣心得到很大的满足,也就会产生强烈的购买欲望。

资料来源:https://wenku.baidu.com/view/90a8130abed5b9f3f90f1cb8.html。

【问题】 本案例对你有何启发?

(3) 用夫妻店吸引顾客。夫妻经营门店的长处是经营者亲自站柜台,接待顾客,与顾客交流,夫人也起到"助攻"的重大作用。夫妻店应充分发挥这一优势,店主应尽量在店堂接待顾客,而且店主可以根据实际情况随机应变,最大限度地满足顾客的需求,从而避免发生忽视顾客,惹其恼怒的现象。只要夫妻店发挥其管理优势,就可以成为附近最兴隆的门店,而能否真正贯彻实行这一经营策略,是决定胜负的关键。

知识链接

夫妻店的优势

优势一:知己知彼,合作不隔心

如今很多人都提醒创业者们"合伙的生意不好做""做生意千万别跟别人合伙",而且生活中合伙创业最终双方反目的例子也不少。这说明什么?合作双方诚信不够,面对利益互不谦让等。"夫妻店"一般不会出现这样的情况——夫妻双方知己知彼,互相了解,少了彼此间的尔虞我诈;二人共同经营自己家的店,一般不会出现利益分配上的矛盾;双方在经营上有了分歧,回家关起门来商量一下就解决了,即使谈不拢大吵一番,充其量也只算是夫妻吵架,"床头吵架床尾和",问题不大。

优势二:夫妻一心,其利断金

一旦夫妻二人做起了自己的生意,双方往往都是心往一处想,劲往一处使,在经营理念和方法上一般不会出现大的分歧。这对创业起步及以后的发展来说至关重要。双方做好分工,各司其职,互相帮忙,互相提醒,创业怎能不成功?

优势三:夫妻齐上阵,省工省力

如今很多夫妻店都是夫妻二人齐上阵,两个人轮流照看生意。小本买卖基本上也不用再花钱雇人了,省时省力,还省去了部分经营成本,跟其他的店比起来,优势岂不是很明显?当然,"夫妻店"的优势明显归明显,但开"夫妻店"还是要讲究秘诀的。

资料来源:百度百科。

【问题】 你认为夫妻店有劣势吗?

4.1.4 门店顾客开发技巧

同顾客直接打交道的营业员一向被看作门店的门脸,其形象也是门店整体形象的反映。因此,门店要吸引顾客,营业员必须具备一定的销售技巧。

1. 识别顾客的技巧

(1) 了解顾客的意图。一名优秀的营业员在顾客进店临柜时,应能准确地观察判断出顾客进店的意图，并能提供相应的招呼和服务。进店临柜的顾客的购买意图一般分为三种。

1）有明确的购买目标。这类顾客目标明确，进店后往往直奔某个柜台，主动向营业员提出购买某种商品的要求。对这类消费者，营业员应主动接待，热情地帮助其挑选所需商品。

2）购买目标不明确。这类顾客进店后脚步缓慢，眼光不停地环视四周，临近柜台后也不提出购买要求。对这种顾客，营业员不要忙于接近，更不能用不客气的目光跟踪顾客，或忙不迭地追问顾客买什么，甚至把商品递到顾客面前，挡住顾客的去路。这样往往会给敏感的顾客造成一种压迫感，使其产生疑虑心理，导致拒绝购买。应让顾客在轻松自在的气氛下自由观赏，看顾客对某种商品发生兴趣，表露出中意神情时，再主动打招呼。

3）无购买意图。这类顾客有的是单独"逛"，有的是结伴"逛"。进店后，有的行走缓慢，东瞧西看；有的行为拘谨，徘徊观望；有的专往热闹地方凑。如果顾客不临近柜台，就不忙于接触，但应该随时注意顾客的动向，当其突然停步观看某种商品，表露出中意神态时，或在门店内转了一圈，又停步观看某种商品时，营业员就应及时打招呼。

（2）判断核心顾客。顾客到门店买东西，特别是购买数量较多、价格较高的商品时，大多是结伴而来的。在选购时由于各自的个性特征及兴趣、爱好不同，意见往往不一致。接待这样的顾客，营业员要弄清以下情况。

1）谁是出钱者。有些时候符合出钱者的意愿是很重要的。

2）谁是商品的使用者。有些时候使用者对选定商品有决定作用。

3）谁是同行者中的"内行"。由于"内行"熟悉商品，所以虽然他既不是使用者，也不是出钱者，但他对商品选定起着重大作用。

在了解了上述情况以后，营业员应细心观察、分清主次，找到影响该笔生意的核心顾客，然后以核心顾客为中心，帮助他们统一意见，选定商品。

（3）把握顾客性格。门店营业员应善于揣摩顾客的心理，根据顾客已经表现出来的行为特征对顾客进行分类，并分析和判断顾客大致的类型，从而有针对性地进行服务。因此，把握住顾客性格对于创造顾客至关重要。按顾客性格划分，顾客可分为以下几种类型。

1）知识丰富型。这种类型的顾客往往接触了社会的方方面面，对社会了解得比较深，知识比较丰富、有主见、有独到见解。他们办事较干脆，只要他们发现你的产品质量好，适合他们的需要，价格适当，他们会立即与你成交。

2）沉默寡言型。门店营业员把宣传品递给顾客，或试图跟顾客交谈时，顾客往往会没有任何反应，仍自顾自地看，对这种顾客不妨干脆让他安静地看一会儿，等看到顾客较多地停在某一款式前时，再慢慢提出一些柔和的问题，如用"您喜欢什么样的商品"来打开话匣子，再用中肯、平实的语气，很自然地把这款商品介绍一下，不必东拉西扯。

要完成对沉默寡言型顾客的销售，关键看门店营业员是否能捕捉到对方的真实意图。所谓"知己知彼，百战不殆"，掌握顾客的心理动向，是制胜的根本保证。但是，这类顾客几乎都不开口,你不可能从他的话里打探到什么,这时门店营业员采用的唯一方式就是察言观色,通过对顾客的表情、举动的研究,捕获那些暗藏在他形体语言中的信息。

3)谨慎稳定型。此类顾客一般表现为严肃冷静,遇事沉着,不易被外界事物和广告宣传影响,他们对营业员的建议认真聆听,有时还会提出问题和自己的看法,但不会轻易做出购买决定。对此类顾客,营业员必须从熟悉产品的特点着手,谨慎地应用层层推进引导的办法,多方分析、比较、举证、提示,使顾客全面了解利益所在,以期获得对方理性的支持。与这类顾客打交道时,营业员所推销的商品只有经过对方理智的分析思考,才有被接受的可能。反之,拿不出有力的事实依据和耐心的说服讲解,营业员是不会成功的。

4)犹豫不决型。日常生活中,很多人在面临各种选择时优柔寡断,百般踌躇,他们在挑选商品时也常常显得犹豫不定,面对诸多商品,难以取舍,这样的顾客就是犹豫不决型顾客。

5)经济型。经济型顾客一般指那类喜欢讨价还价的顾客。顾客讨价还价的原因多种多样,并非只是因为"价格太贵"。要让这类顾客积极消费,首先就要了解他们讨价还价的真正原因,然后对症下药,才能取得引导效果。

知识链接

如何有效沟通

(1)有资料显示,在双方面谈时,身体姿势、面部表情占谈话效果的55%。每个人在沟通过程中,由于信任的程度不同,所采取的态度也不一样。要注意,态度决定一切。

(2)用换位思考的方式,可以使沟通更有说服力,同时树立良好的公司信誉。

在工作中要完成有效的沟通,可以分为六个步骤。

第一个步骤是事前准备。

第二个步骤是确认需求。在听取客户的意见后确认对方的需求,明确双方的目的是否一致。

第三个步骤是阐述观点。即如何发送你的信息,表达你的信息。

第四个步骤是处理异议。沟通中的异议就是没有达成协议,对方不同意你的观点,或者你不同意对方的观点,这个时候应该如何处理。

第五个步骤是达成协议。就是完成了沟通的过程,形成了一个协议,在实际沟通中,任何一个协议并不是一次工作的结束而是沟通的结束,意味着另一项工作的开始。

第六个步骤是共同实施。

如同客户不能直接看到你的公司,他看到只是你这个人,怎样说服客户,让客户对你产生信任,进而信任你所代表的公司就要靠沟通。

资料来源:"客户服务技巧有哪些",http://www.oh100.com/peixun/kehufuwu/361339.html。

【问题】你还知道哪些沟通技巧?

6)挑剔型。这类顾客无论购买什么产品,都要挑出许多毛病。对这类顾客实现有效引导,要求营业员冷静地待人接物,对顾客坚持先听后讲的原则,应允许顾客完整地表达自己的不满与异议，间隙时间可适当提问，以帮助顾客更清楚地陈述自己的意见，绝不能打断顾客的话，以免发生误会。

7）顾虑重重型。因为这类顾客不轻易相信店员的说明，如果店员含糊其词地应对顾客的话，可能会产生负效应。这类顾客的自我防卫意识非常强烈，总担心受骗上当，遇到一些促销活动，就本能地加以抗拒，即使对商品有些兴趣也会抗拒。在言辞中喜欢表现高姿态，挑三拣四后仍显得心有不甘。对于这类顾客，我们要灵活提问，把握对方的疑点，并进行具体说明，讲明理由和根据后顾客还是很容易接受的。

8）豪爽型。这类顾客不喜欢店员婆婆妈妈地介绍，因此成功销售的关键就是要抓住重点。店员可根据实际情况迅速做出推荐，鼓励顾客购买，再按照他的偏好做出调整，言语干脆、动作麻利、服务周到，这样就能让顾客马上购买看中的产品。爽朗型顾客与沉静型顾客的性格南辕北辙，各持一极端，当两者同时出现时，营业员必须小心谨慎，一视同仁，切不可顾此失彼。

9）冷淡傲慢型。这类顾客的自尊心极强，神经也有点过敏，感到自尊心受伤害时就会发作。对于傲慢的人必须采用"疏导"之法。顾客傲慢就让他傲慢去吧，顾客自吹自擂就让他吹去吧，当顾客吹够了、吹累了就会突然"良心发现"，"到底是什么事使我在门店里这么做呢？现在来听听他会说什么。"这时，顾客的言行就会有所收敛。店员抓住机会展开攻势，即可顺利地销出产品。

10）好讲道理型。好讲道理的顾客总喜欢指点江山，大发感慨，不理论一番便不甘心。这类顾客往往是不受欢迎的。遇到此类顾客，营业员一定要从有自信的话题开始，千万不可触及不明白的问题，或请了解实情的人相助，切不可表现出情绪及动作上的不满。

总之，店员要善于观察顾客的行为，对顾客进行细分，再从顾客的行为上判断顾客的性格和需求，从而对不同的顾客提供不同的门店服务。

2. 接近顾客的技巧

门店的营业活动要直接面对顾客，双方能否最终达成交易，不仅取决于门店所能提供的产品和服务本身，还取决于店员在接待顾客时的言行，有时后者甚至能起到决定性的作用。作为店长，在平时一定要加强对店员进行以下几个方面专业知识的培训。

（1）准备工作。准备工作就是等待顾客光顾的准备阶段。以顾客为中心的服务理念，应充分体现在接待顾客的每个环节上，所以，店员应随时做好迎接顾客的准备，抓住接待顾客的最好时机。在等待期间，可做以下几项工作。

1）整理店面卫生。尽管在营业前这些工作都已经做过了，但是场地的卫生可能因为顾客的到来，留下点儿泥土、纸屑、果皮等，因此，店员必须利用等待的空闲时间随时清理自己店面的环境卫生。

2）整理货品。顾客的光顾可能会把一些商品弄乱，或者有些产品原本是完好无损的，可是经过众多顾客抚摸，也可能受到污损。店员必须利用等待的空闲时间整理商品，认真检查商品的质量，把有毛病或不合格的产品挑出来，并尽可能地遮掩或移至相对隐蔽的位置，以防被顾客购买，影响店面声誉。

3）准备其他工作。如果等待的时间较长，店员还可以做一些其他的准备工作，如制作产品标签和一些简单的宣传品；学习有关产品方面的知识；注意竞争产品的销售状况和市场活动；等等。

4）禁忌事项。店员在等待顾客的光临时，要做好自己的本职工作，不要做以下这些与工作无关的事情：

① 躲在柜台后面偷看杂志、剪指甲、化妆；
② 几个人聚在一起七嘴八舌地聊天，或是隔着货架与同事大声嬉笑；
③ 将胳膊搭在产品上、货架上，或是双手插在口袋里，身体呈三道弯状；
④ 背靠着墙或倚靠着货架，无精打采地胡思乱想、发呆、打哈欠；
⑤ 要么百无聊赖地站在门店一旁，要么隔一会儿从衣兜里掏出点零食放进嘴里；
⑥ 远离自己的工作岗位到别处闲逛；
⑦ 非常凝神地或是不怀好意地观察顾客的服装或行动；
⑧ 专注地整理产品，无暇注意顾客。

需要注意的是，不论店员在等待时间里做什么准备工作，都只能算是销售行为的辅助工作，绝对不能为了做这些工作而忽略自己最重要的职责——接待顾客。

（2）接近顾客的最佳时机。一般来说，以下是接近顾客的几个最佳时机。

1）当顾客停下来时。在店里边走边浏览货架上和橱窗内产品的顾客，突然停下脚步注视某件产品的时候，是营业员与其打招呼的最好时机。如果顾客已经找到某种想要的产品，但没有店员过来招呼他，那么顾客可能会走开，继续浏览别的产品。

2）当顾客主动提问时。顾客主动询问有关产品的情况时，说明他对此产品已经非常感兴趣了，营业员在回答问题时，应详细地展开介绍。

3）当顾客对某产品感兴趣时。顾客花很长时间只看某件产品，说明他对此产品非常感兴趣，这个时候正是打招呼的良机。

4）当顾客用手触摸产品时。当顾客用手触摸产品或拿在手上翻看、来回调试时，表示顾客有需求，欲购买。如果顾客刚刚触摸产品店员就开口说话，不仅会吓顾客一跳，还会使顾客产生误会。因此，店员可以稍微等一下，从侧面走过去轻声地招呼顾客。如有必要，店员不妨给顾客一些动作暗示，可以乘机整理一下附近凌乱的产品，然后再伺机与之搭讪。

5）当顾客看着产品又四处张望时。当顾客注视产品或翻看产品一段时间后，突然把头抬起来四处张望，表示顾客想进一步询问有关这个产品的事宜。店员应立即与顾客接触，再稍加游说，则这笔交易就很有可能成功。

（3）接近顾客的技巧。顾客已经走到了柜台前，店员应该怎样接近他们呢？以什么样的语言和行动接近顾客呢？接近顾客的技巧又有哪些呢？

1）搭讪与聊天。店员应利用各种机会主动与顾客打招呼，进而将顾客的注意力吸引到商品上来。实施搭讪接近时应注意以下几点。

① 积极主动。有的顾客即使没打算买东西，但如果碰到自己喜欢的，也会义无反顾地买下，因此，顾客没有区别，店员应看准目标与时机，积极热情、充满信心地主动出击，给顾客留下一个好印象。

② 寻找与顾客的相同点。人往往乐于接受与自己在某些方面相同的人的意见。顾客在购物时，也愿意找这些人做自己的参谋。如果营业员的某些方面与顾客相同，则无形中会拉近双方的距离。

知识链接

寻找与顾客存在相同点的服务语言

听口音，您是浙江人，我母亲也是浙江人。
我也喜欢这个式样。
我从前也干过修理。
咱们都是挣工资的，还是实惠点好。
您和我弟弟身材差不多，这件挺合适的。
【问题】 与顾客存在相同点的服务语言还有哪些？

2) 提问接近法。通过提问题的方式来接近顾客。

知识链接

提问接近法常见的问题

您好，我可以帮您吗？
您好！您要看什么商品？
您需要什么？我拿给您看。
您想看哪种式样？
您要何颜色的商品？
请问您穿多大尺码的？
【问题】 根据以上问题，两个人一组进行模拟。

3) 赞美接近法。对顾客的外表、气质等进行赞美，以接近顾客。人们永远爱听好话，通常来说只要营业员赞美得当，顾客一般都会表示友好，并乐意与之交流。

知识链接

赞美接近法常用的表述

您的围巾真好看，在哪里买的？
您今天气质真好。

您的孩子长得好可爱!

您的眼光真好,今天已卖好多了。

【问题】 根据以上表述,两个人一组进行模拟。

3. 赢得顾客好感的技巧

要想让顾客购买店员所推荐的商品与服务,不但要让顾客对商品有信心,还要对为顾客服务的店员产生好感,那么,店员如何获得顾客的好感呢?

(1)发自内心的赞美。发自内心的赞美于人于己都有益。赞美别人是件好事,但并不是一件简单的事,若在赞美别人时不审时度势,没有掌握一定的技巧,反而会使好事变为坏事。正确的赞美要注意以下几点。

1)赞美要真诚。能引起对方好感的只能是那些基于事实、发自内心的赞美。相反,店员若无凭无据、虚情假意地赞美顾客,顾客不仅会感到莫名其妙,还会觉得店员油嘴滑舌、狡诈虚伪。

2)赞美要因人而异。有特点的赞美比一般化的赞美能收到更好的效果。如果店员能比较内行地赞美女性顾客的服饰,那么,顾客的内心将会十分喜悦,如"这裙子真不错,您真有眼光"。

3)间接地赞美。比如男店员面对年轻女顾客时,为了避免误会与多心,不便直接赞美她。这时,可以赞美她的丈夫和孩子,这比赞美她本人还要令她高兴。

4)赞美需热情具体。赞美别人时千万不能表现得漫不经心,这种缺乏热情的空洞称赞,并不能使对方高兴,有时甚至会由于店员的敷衍而引起顾客的反感和不满。

(2)恰当运用目光进行交流。营业员要把对顾客的关怀和赞赏用眼神表达出来,要学会用眼神与顾客交流,让顾客从店员的眼神中看到自信、真诚与热情。

1)要用真诚、专注、柔和的目光平视顾客。

2)注意注视的区域。营业员要调整好注视的位置,目光落在额头至两眼之间,表示严肃、认真;目光落在两眼至嘴之间表示友好、平等。

3)避免不当眼神的运用。眼神若运用不当,将会影响店员和顾客之间信息的传递及感情的交流,而且容易引起误会,甚至可能带来麻烦。视线不要移来移去,上下左右反复打量顾客,这种眼神有表示好奇和想窥视对方秘密的意思。

① 不要目不转睛、长时间地注视顾客,它表示失态、挑衅或不怀好意。

② 不要眯着眼睛注视顾客,它表示惊奇,看不清楚。

③ 不要斜着眼看顾客,它表示怀疑、轻视,在服务工作中尤当忌用。

④ 避免在服务的过程中眼望别处或闭上双眼,它表示心不在焉、反感、心虚、胆怯、无聊或没兴趣。

⑤ 顾客说错话或拘谨不安时,不应继续直视对方,不然会被误解为对顾客的讽刺和嘲笑。

⑥ 不应对顾客频繁地眨眼,快速转动眼球,或是挤眉弄眼。眼皮开合的频率一般为

每分钟5~8次，若过快会给人以躁动不安、急躁的感觉；若过慢会给人一种木讷、无精神、轻蔑的感觉。

（3）认真倾听。认真倾听就是要积极主动地听顾客所讲的事情，掌握真正的事实，借以解决问题，而不是被动地听顾客所说的话。人都有发表自己见解的欲望，而倾听成了店员对顾客的最高恭维和尊重。此外，店员还可从中更多地了解顾客的信息及其真实想法和潜意识。要想销售成功，听就要占整个销售过程的70%，而说只占30%。

4. 提高顾客回头率的技巧

（1）打造让顾客满意的门店。顾客满意管理是以顾客满意为核心的管理和经营方式。在如今的经济和社会环境中，市场竞争的范围和激烈程度是前所未有的，在销售商和购买方的博弈中，主导权开始转移到顾客的手中，不从顾客的角度出发考虑问题，不能使顾客满意的门店，注定要被淘汰出局。顾客在每一次与门店发生接触时，会根据自己的感觉对其产品或服务做出评价，该评价将决定他们的后续购买行为，所以门店必须重视产品和服务的质量。

（2）维护忠诚顾客。忠诚顾客的价值在于，再次购买时，他对门店、店员已经充分信任，无须导购再浪费时间去讲解门店文化和我们店有多么诚信，我们的商品价格有多么优惠，质量有多么好，只需要向忠诚顾客展示我们的新品，他只要中意，便会欣然接受。而且忠诚顾客会像义务宣传员一样给我们打广告、树口碑。量化价值评估：如果你的门店由忠诚顾客产生的业绩低于50%，那么说明你的忠诚顾客维护还没做到位；如果超过80%的业绩都是由忠诚顾客产生的，那么你的忠诚顾客维护就做得非常不错。

（3）建立关注忠诚顾客与激励的机制。

1）不断强调忠诚顾客的重要性。

2）建立忠诚顾客招募的方式。如每填写一次VIP完整信息及办理卡一张，奖励导购2元（以鼓励导购填写信息）。

3）用奖励方式刺激VIP的产生。① VIP再次消费时，除原有提成以外，再增加2%的提成（以鼓励导购通过电话、信息的方式邀请顾客再次回店）。② 每月产生VIP最多的店员，另奖励现金100元。每月VIP消费最多的店员，另奖励现金200元。

（4）VIP管理方式的规划与回报回头客。

1）开展针对回头客的销售竞赛。

2）定期开展VIP的针对性与特殊性服务活动。

3）定期或不定期举行为VIP特设的促销活动。

4）VIP介绍顾客可以获得双倍积分或礼品。

专卖店形成以建立忠诚顾客为导向的服务意识与激励机制，以最大限度地激发店员维护VIP的激情与动力，提升门店的竞争力并实现利益最大化。

回头率 = 店面文化 + VIP 管理

（5）成立顾客俱乐部。顾客一旦参与购买或承诺按一定数量购买，或者缴纳一定的费用就可以成为俱乐部成员。门店组建顾客俱乐部的能力大小取决于产品、服务的特性，但通常更多地取决于门店的个性和诱导顾客的因素。当门店让顾客相信他能从与其他顾客的交往中获益时，就能组建起顾客俱乐部。在顾客俱乐部中，门店品牌通常成为群体关注的中心。

（6）完善售后服务体系。售后服务是一个很宽泛的概念，它包括对用户使用产品的指导培训、对产品的跟踪监测、对故障的排除、对产品的设计和制造质量问题的信息反馈等，涵盖了商品出售后的各个方面。购买商品不仅仅是购买商品本身，还包括售出商品前后与此有关的所有服务，门店有义务和责任对其售出的产品向用户提供优质的服务。完备的客户服务体系包括售前、售中、售后各个环节的服务实施和衔接，对可能分布在本地、异地、多地区的客户服务请求及时响应，门店内服务规范及文档的建立，服务过程的记录，服务监督与投诉系统的建立，等等。

引例 4-2　顾客想吃家乡菜

一天，一个由32位台湾老人组成的旅游团来到大陆某星级饭店，想要尝一尝地道的家乡菜。可是，饭店管理人员并不知道他们到底要吃哪里的菜，喜欢什么口味，有什么特殊要求，等等。于是，饭店经理一连打了十几个电话，终于联系上这批台湾老人入住的酒店，通过酒店要到这些客人在这个城市所有用过餐的餐厅的菜单，掌握了许多非常有价值的信息。

饭店经理了解到这些客人当年都是从浙江宁波去台湾的。当服务员为客人们送上一桌地道的宁波菜时，老人们仿佛孩童一般地欢呼起来。不一会儿，这些菜就被一扫而光，老人们非常满意。他们说，这是他们到大陆后吃到的最香、最满意、最开心的一顿饭，并向饭店表示诚挚的感谢。

资料来源："10个超值的服务案例，顾客是这样被感动的"，https://www.sohu.com/a/196865745_99956028。

【问题】　你如何评价这家饭店的经理的做法？使你得到什么启发？

子项目 4.2　门店顾客服务管理

顾客服务是门店竞争的核心，尤其在商品趋于同质化的今天，顾客服务更具有重要的战略作用。因此，门店必须导入顾客服务管理，为顾客提供优质的服务，并不断加强服务管理，最大限度地满足顾客需求。

顾客服务是指在合适的时间（right time）和合适的场合（right place），以合适的价格（right price）和合适的方式（right channel or way），向合适的顾客（right customer）提供合适的产品或服务（right products or service），使顾客适当的需求或愿望（right want or wish）得到满足，价值得到提高的活动过程。顾客服务的核心就是为合适的顾客以合适的方式提供合适的产品或服务，使顾客实现合适的需求。

门店应科学化管理顾客，提升门店的营业额，切实抓好三种顾客，提高门店的购买率。一般来说，顾客分三种，即老顾客、新顾客和竞争对手的顾客。我们要根据三种不同的顾客，有针对性地找出不同的方法来激发他们的购买欲望，从而提高门店的购买率。

一是想方设法提高现有顾客的购买率。例如，一位女性一年四季去商场的频率是8~16次，如果公司每季度上货的频率是4次，那么老顾客只有买走两件的机会。因此，店长要清楚，提高老顾客购买率的唯一有效的办法是提高上货的频率，上货的频率越高，顾客购买的数量就越多。

但是要注意一点，如果是单价比较低的商品，上货频率往往决定老顾客的购买量，但像LV这样高价格的商品，上货频率太高是致命的，这么昂贵的商品即使上货频率高，大多数顾客也不可能频繁购买。

二是吸引新顾客购买。吸引新顾客购买的方法是准备一些价格比较低、款式比较新颖的商品让新顾客尝试，把它们摆在新顾客容易接近的地方，刺激新顾客的购买欲。通过一两次的购买，新顾客就变成老顾客了。

三是吸引竞争对手的顾客，使其转换购买品牌。吸引竞争对手的顾客最关键的是价格。其次是服务，我们要能提供与竞争对手不一样的服务。最后是以利益诱导，比如买一件衬衣可以获赠一条领带或一件T恤等。

总之，这三种顾客一周内在门店出现的频率是不一样的。一般来说，老顾客从周一到周五都会光顾并购买商品，新顾客在周末出现得比较多，竞争对手的顾客在双方打折的时间出现得比较多。所以店长一定要做到心中有数，从周一到周日在什么时间段该做什么活动，会吸引哪种顾客，这样营业额才会提高。

4.2.1　顾客服务管理的基本措施

顾客服务管理不仅仅是口号和计划，目标再大，规划再好，都无济于事，关键还在于实施。

1. 树立为顾客服务的理念

思想是行动的先导。实施服务管理首要的、关键的一步就是要使门店所有员工树立服务的理念。树立服务理念并不是要求大家把所有的工作停下来，突击培训一两次就足够了，相反，这需要一段漫长的时间。除了通过与员工交流沟通，让他们认识到顾客服务的价值之外，管理者还要亲自这样去做。管理者不但要服务于顾客，还要真诚地服务于员工，在整个门店上下培养一种互相尊重、互相服务的气氛。也就是说，这种由内而外的方式是促进员工真诚服务于顾客的第一步。

2. 切实了解顾客需求

门店要想提供给顾客优质的服务，必然要先准确了解顾客需要什么样的服务，以及顾客对现在的服务有何不满。门店了解顾客的需求可以通过问卷调查、电话访问的方式，也可以用座谈的方式，还可以从门店内部了解。由于服务于顾客的员工直接与顾客接触，因而他们深知顾客的服务需求和抱怨，能提出一些建设性的意见。

尽管不同门店提供的产品和服务不同，但顾客需要的服务大致分为三类：购买过程中的服务、使用过程中的服务（包括售后维修服务等）、咨询服务等。具体包括以下几方面：

信息与咨询、演示与操作、情感性需要、订货、账单处理与付款、交货期与地点、售后服务及一些超出这些范围的服务需求。

3. 加强对店员的管理

对于顾客来说，店员是门店的代言人。如果店员工作认真负责，那么顾客会认为整个门店都具备这种对顾客负责的态度。相反，如果店员工作疏忽，不负责任，顾客会认为门店的管理松散。因此，店员是门店非常重要的一种"广告"。店员管理包括许多方面，主要包括对店员的严格挑选，对店员的不断培训，对店员的激励，等等。由于服务是一种情绪劳动式的辛苦工作，而且过程复杂，很多知识和技巧需要较长时间才能把握，因而门店一定要降低店员的流动率，激励他们更好地为顾客服务。

4. 提供多样性服务

改善商品组合或方便顾客购买是实施顾客服务管理的主要内容。一家门店的服务项目可以很多，但主要的服务项目包括以下几项。

（1）营业时间。门店的营业时间应为顾客来店提供便利。有一些门店的营业时间与消费者的工作时间一致，使消费者在闲暇时间不能来店，这就很不方便。

（2）包装服务。门店提供的这项服务有三种基本形式。一是商品的预先包装。商品的预先包装可保护商品、清洁卫生，同时也便于门店管理。二是出售后的商品包装。对顾客购买的商品提供包装袋或包装盒，使顾客便于携带，以及保护顾客购买商品的隐私。同时，门店可以在包装袋或包装盒上进行广告宣传，印上门店的外观形象、地址、经营商品种类、提供的服务及电话号码等。三是礼品包装。通常对顾客购买的馈赠商品按其要求提供包装。

（3）送货服务。门店对顾客购买的体积大、不便于携带的商品，根据顾客的要求提供送货服务。对电话订购或信函订购的商品要送货上门，对外地的顾客或旅游者购买的商品提供邮寄服务。送货服务可以增强门店的竞争优势和门店形象。

（4）保修服务。保修服务是门店对商品保证的组成部分。商品在规定的使用生命期限内出现的质量问题，门店应给予保修或退换服务。我国一些门店经常提供商品售出一年内给予保修的服务，也有门店提供商品终身保修的服务。这一服务也可以增强门店的竞争优势。

（5）退换货服务。退换货服务是商品保证的基础。门店对顾客出于某种原因对所购买的商品感到不满意而提供商品退换服务。提供这种服务可以增加顾客对门店的满意度，解除顾客的后顾之忧，获得顾客的经常惠顾。

（6）信用服务。信用服务是指门店对顾客提供的信用卡结算和对高档耐用品实行分期付款等服务。实行信用卡购物结算，为顾客解除了携带现金的困扰；分期付款则使顾客能够提前使用商品，还刺激了厂商的生产。

（7）租赁服务。这是一种补充性服务。门店利用一些商品向顾客提供临时需要或对不打算购买而需要获得使用权的服务。如门店出租雨具、交通工具、照相机、摄像机等租赁服务。

5. 实行有效的服务质量管理

服务结果的好坏最终取决于顾客的评价，即服务质量的高低。只有通过对服务质量的有效管理，门店才能知道提供给顾客的服务是否符合顾客的需求，以及与竞争对手相比是否处于优势地位，才能评估服务人员对服务工作的负责与投入程度。服务质量管理的内容包括服务标准的设立、服务内容的制定、服务结果的反馈、服务质量的评估等。

4.2.2 制定顾客服务标准

服务标准是服务工作的指导和依据，是创造满意服务的保证。如果说服务意识是顾客服务的先导，那么服务标准就是创造满意服务的硬件保证。

案例概览 4-6

顾客想听的歌

某西餐厅里正值晚餐时间，宾朋满座，几位琴师在现场演奏出一曲曲优美动听的乐曲。这时，一名服务员看到一桌客人正在交谈，一名年轻女孩的话语传到服务员的耳朵里："我现在特别想听用钢琴和小提琴演奏的《爱相随》。"服务员马上走到琴师跟前，说明了情况，一曲悠扬的《爱相随》随之响起，让那名女孩吃惊不已，当她看到服务员微笑的面孔时明白了一切，十分感动。

资料来源："10个超值的服务案例，顾客是这样被感动的"，https://www.sohu.com/a/196865745_99956028。

【问题】 此案例对你有何启发？

1. 店内员工对顾客服务规范

（1）站姿。

1）女子站姿。两脚尖略张开，将右脚跟靠于左脚内侧前端，右手搭左手大拇指，交叉放于腹前。

2）男子站姿。右脚横迈一小步，两脚之间距离不超过肩宽，两脚尖和两脚跟的距离相等，右手搭左手，在腹前交叉。

（2）手势。

1）手势应柔和，使顾客感到有商量的余地。

2）手势应与语言、步态、表情、身体的摆动相适应。

3）注意手势的速度和幅度。

4）打手势时，应用五指并拢的方法。

（3）着装。

1）着装有满足审美的作用。

2）着装有非语言交流的作用。

3）着装有职业激励的作用。

(4) 仪容。

1) 女士可施淡妆，避免浓妆上岗。

2) 男士不留胡须，不留长发。

3) 不染颜色鲜艳的头发。

(5) 语言。

1) 迎言："您好，欢迎光临××。"

2) 送语："谢谢您的光临，欢迎您下次再来。"

3) 销售过程中："抱歉，请您稍等。""对不起，请您原谅。""这是您选好的商品，请核对后收好。"

4) 收银过程中唱收唱付："您好，您要的商品是×，共×元，收您×元，找您×元，请您收好。"

(6) 禁语。

1) 到底要不要？

2) 不知道。

3) 我解决不了，愿意找谁就找谁。

4) 刚才和你说过了，怎么还问？

5) 你买的时候怎么不挑好？

6) 谁卖给您，找谁去。

7) 有意见找店长去。

8) 没上班呢，等会儿再说。

上述问题：发现 1 次，口头警告；发现 2 次，书面警告；发现 3 次，停职培训；发现 4 次及以上，辞退。

2. 老顾客服务工作规范

店长一定要时刻提醒店员老顾客对品牌店经营的重要性。所以，在服务老顾客的实际工作中，要遵循以下规范要求。

(1) 记住老顾客。

1) 要使光临品牌店的顾客成为自己的老主顾，店员首先要和顾客建立良好的人际关系，记住对方的相貌与名字。比如称呼客人"陈小姐"比称她"这位客人"更能使她觉得高兴和亲切。

2) 店员还要进一步了解顾客的嗜好、性格与兴趣等，比如了解客人想要的商品。当店员看到某种商品时，就应该立刻联想"啊，李小姐一定会喜欢这样的东西"，并及时告知顾客。这样会使顾客真正喜欢在本品牌店购物，从而成为品牌店的老顾客。

3) 不少品牌店有销售名单，还有自己的顾客购物笔记。同时，也应让顾客记住品牌店的名字，使他不但是品牌店的顾客，也是品牌店的朋友。当然，要和客人建立这样良好的关系，仅仅靠一封信、一次通电话是不容易做到的，这需要长期的努力。

(2) 留心与顾客有关的信息。顾客的资料、档案等有关信息的收集一定要准确、真实,以免弄巧成拙。

案例概览 4-7

短信营销应该怎么做

  大部分企业都想通过群发短信来实现产品的推广宣传、员工通知、客户的维护等功能。不大乐观的是,绝大部分企业的短信效果不是那么好,原因有很多。目前短信营销存在的问题主要有:短信在错误的时间段发给错误的人群,不能规避营销类短信的屏蔽,短信内容没有太多吸引力等,都不能使短信营销达到营销产品或者维护客户的目的。那么短信营销应该怎么做呢?

  首先,短信内容要简洁明了。简洁明了的短信文案能给用户留下好的印象,让人看了比较舒服且容易让人记住。

  其次,短信发送要有出发点。这里所说的出发点就是发短信要有合适的理由,一般我们都会选择在节假日发送短信,这样一边送上祝福,一边做宣传,对用户来讲既不会反感,又会激发起去消费的欲望。

  最后,短信发送要有受众。短信发送要有明确的受众,而不是盲目地发送短信。只要平时略为注意,就能积累很多老客户或相关客户群的手机信息。向他们发送信息,这样才会受到客户的有效阅读。

  资料来源:"短信营销应该怎么做,短信营销怎么做才有效",https://baijiahao.baidu.com/s?id=1696804446393214545&wfr=spider&for=pc。

  【问题】 怎么编辑一条有效的营销短信?

(3) 与顾客保持良好关系。

1) 当好顾客的购物参谋。有时候顾客过来问店员自己买什么样式好时,店员首先要有严肃认真的态度,树立责任心,不能用随意的态度敷衍顾客。同时,店员也应尽量避免为获取利润,极力推销贵重商品,而不管是否适合顾客的需要。

2) 学会察言观色,对不同顾客予以区别对待。在平时的训练中学会揣摩顾客的心理,分辨顾客的性格类型与购物喜好,分别以不同的接待方法对待。

(4) 让老顾客不断带来新顾客。

1) 品牌店必须利用各种有效的手段和方法不断地发展新顾客。

2) 增大顾客量的有效手段就是善待老顾客,使老顾客感到满意,他们就会不断地为你带来新顾客。

3) 如果一位老顾客对你公司的商品和服务很满意,他就会对他的朋友说:"我这是在那家品牌店买的,他们的东西质量好,服务也周到。我经常在那儿买东西。"那么他的这些朋友就很可能会成为你的新顾客。

(5) 优先对待老顾客。

1) 现在许多品牌店都引进了优惠销售管理系统,目的在于对消费额较大或拥有会员卡的顾客实行优先对待。

2）只要顾客购买1 000元以上的商品，就可扣除50元等。这一做法就是特意让老顾客感到"我不同于一般顾客，我是贵宾"的特殊应对战略。

3. 建立顾客关系服务规范

（1）征求顾客的意见。

1）对象：店内顾客或商圈居民。

① 设置意见箱或意见簿。

② 通过面对面访问征询意见（分为店内访问和入户访问）。

③ 通过电话访问征询意见。

2）注意事项。

① 面对面访问和电话访问的内容要简单、明确。

② 面对面访问时应该给合作的顾客以适当的纪念品。

③ 对提供有效建议的顾客给予精神鼓励（如张贴感谢信）或物质鼓励（金钱或商品）。

④ 意见箱一旦设立就要定期开箱，要真正重视顾客的意见，公开反馈处理意见，可能的话，还可找到提议者当面交流。

（2）提供日常生活小常识。

1）对象：来店的所有顾客。

① 制作小卡片或小宣传单，内容以健康常识、商品知识、居家小常识等为主，置于收银台旁，供顾客免费索取。

② 在食品原料或半成品商品旁，对其特色、营养、烹饪方法进行介绍。

③ 以黑板报形式在公告栏中刊载以上内容。

④ 定期更新，每月或每半月更换新内容。

2）注意事项。

① 内容要注重通俗性、知识性、趣味性、实用性。

② 介绍的各项制作或活动的费用开支，在中等收入顾客可接受范围内。

③ 要有部门专门负责。

（3）邮寄贺卡。

1）对象：本店的稳定顾客。

① 寄送生日贺卡。根据顾客的档案资料，核准时间，让顾客在生日当天收到有经理亲笔签名的生日贺卡及小礼品。

② 寄送节日贺卡。如在妇女节、教师节、中秋节、母亲节、父亲节、圣诞节等寄送节日卡片。

③ 按邮寄所需的时间进行推算。

2）注意事项。

① 经理的签名应手写，不宜以印章代替。

② 寄至日期宁愿提前也不要迟到。

③ 卡片及经理的祝福语不可一成不变，要每年更新。

④ 对送卡的对象一定要慎重，特别像生日等涉及顾客个人资料的，要避免顾客因"个人隐私"被泄露而反感；也要避免给单身顾客寄送母亲节、父亲节贺卡一类的尴尬事发生。

(4) 开通免费服务热线。

1) 对象：所有光临本店的顾客。

① 营业时间由专人负责接待，营业时间外采用录音电话。

② 投诉内容记录整理后，呈交总经理审查。

③ 开设服务专线。

④ 全天24小时开通。

2) 注意事项。

① 电话接待人员应具备丰富的投诉接待经验、商品知识和优良的个人素质。

② 电话投诉处理要迅速，不管责任如何，一定要给予答复，告之处理方法或意见。

③ 对于顾客提出的服务要求要整理记录。

④ 对投诉信息要有系统的记录，妥善保管，以做改进经营之用。

(5) 成立顾客委员会。

1) 对象：热心老顾客。

① 组建顾问委员会，规模大小为6~15人，成员是热心为本店提建议的老顾客。

② 经理（店长）定期召集成员举行会议，讨论近期商场（品牌店）在服务质量、商品定价、商品陈列等方面的问题。

③ 每季度或每半年一次，每次两小时左右。

2) 注意事项。

① 会议由经理（店长）亲自主持。

② 每次会议有明确的主题，并事先告知委员会成员，使其有所准备。

③ 每次会议公布采纳的意见的实施效果。

④ 给参加会议的成员赠送小礼品，以示感谢。

(6) 联合共享客户。

1) 对象：优秀企业或和本商场（品牌店）有稳定的、相当规模的合作关系的厂商。

① 在本商圈内选择业绩优秀的联盟企业，在经营上能形成互补或能扩大目标顾客群，比如与本商圈某一著名品牌的纯净水经销商联合。

② 与对方领导层联系，表明合作意图，进行洽谈，订立扩大客户联系合作协议，具体包括交换顾客资料、联合促销、联合发行折扣卡、联合举办社区公益活动等。

③ 由协议确定合作时间。

2) 注意事项。

① 对联盟企业的甄选要严格，明确规定联盟企业的条件。

② 联盟企业要有一定的规模，造成声势，吸引顾客。

③ 要订立联合合同，不要只是口头协议。

(7) 发行店刊。

1) 对象：入店顾客或会员。

① 以报纸形式印刷发行，置于顾客方便索取的地方。

② 对本店顾客委员会成员及会员卡持有者送报上门。

③ 内容以本店促销活动、经营动态、商品知识、生活小常识、本店新闻等为主。

④ 定期发行。

2) 注意事项。

① 内容要通俗、生动、富有趣味性，要有顾客所关注的丰富信息。

② 有固定经费，能保证长期发行。

(8) 会员制。

1) 对象：在本店大额购物或长期在本店消费的购物者。

① 确定会员资格：在店内一次性购买某一特定金额以上，或在特定期间内购买金额累计超过某一特定金额，或缴纳一定的会费即可成为会员。

② 发放会员卡，规定在会员卡的有效期内，顾客可以享受诸项优惠，如价格折扣、免费送货上门等。

③ 会员卡必须设定有效时间，一般以一年为期，到期须重新确认或换卡。

2) 注意事项。

① 会员卡的发放切不可泛滥，要严格按规定条件选择，另外，提供给会员的服务是一般顾客所没有的，这样会员才会有优越感。

② 会员卡到期作废，顾客重新申请或换新卡应有明确告示。

(9) 举办公益活动。

1) 对象：本商圈的居民。

① 发起慈善公益活动，如救灾捐款、救治病人捐款、希望工程捐款等。

② 社区环境保护公益活动，如环境卫生打扫、绿化、美化、便民设施建立等。

③ 不定期，视情况而定，有的是常年性的，大型活动每年举办 2~3 次。

2) 注意事项。

① 活动前要有详细计划，既要保证活动的质量，又要保证不影响商场（品牌店）的经营。

② 活动宜聚焦社会的热点或本商圈的热点，能引起顾客的关注。

③ 活动前最好在当地报纸上进行宣传，以造声势。

4.2.3 门店顾客服务内容

从内容上讲，门店服务体系就是由售前、售中和售后服务构成的。

1. 售前服务

售前服务是指通过进行广泛的市场调查，研究分析顾客的需求和购买心理的特点，在向顾客销售之前，采用多种方法来引起顾客的注意，为激发顾客的购买欲望而提供的一系列服务。最常见的售前服务主要有以下几种。

（1）通过广告宣传使顾客知晓。广告宣传实际上是一种售前服务的方式。它通过向顾客传送有关产品的功能、用途、特点等方面的信息，使顾客了解产品并能诱发顾客的购买欲望，还有利于扩大企业的知名度，树立企业良好的形象。因此，企业必须高度重视广告宣传。但需要注意的是，企业在选择广告媒体时，应依据目标顾客的特点来进行，实现最佳的广告媒体组合。同时，企业还要注意广告的制作。此外，广告的投放时间和频率也是关系到广告成败的关键因素。

（2）提供良好的购物环境。门店的环境卫生、通道设计、铺面风格、招牌设计、内部装饰、标志设置、灯光色彩、营业设备等因素综合而构成的整体的购物环境会给顾客留下不同的印象，由此引发顾客不同的情绪，这种情绪将在很大程度上左右顾客的购买决策。比如一件商品放在一个舒适并令人赏心悦目的环境中会让人感到其身价倍增，而且顾客因良好的购物环境而心情舒畅，会比较有可能做出购买决策。如果同样一件商品凌乱地与其他商品摆放在一起，且周围的环境"脏、乱、差"，产品在顾客眼中必然会贬值，顾客恨不得马上离开，更不用说购买商品了。销售环境布置还对树立企业的形象有着重要的作用，它最直接地体现出企业的经营管理状况，因而，它作为售前服务的一种方式，应该获得企业的充分重视。

（3）为顾客提供便利。顾客购买商品不只是看重商品实体本身，还非常重视由享受销售服务而获得的便利条件。你越是为顾客考虑得周到，顾客便越有可能购买你的商品。而且，由于竞争的压力，现代人的生活节奏不断加快，人们的闲暇时间越来越少。如何在越来越少的闲暇时间里获得最大程度的休息和放松成为人们要思考的问题之一。相应地，人们对销售主体所能提供的便利条件也就越发重视，这成为人们做出购买决策时要权衡的一个重要因素。因此，销售主体应尽可能地为顾客提供方便。

（4）服务电话。开通业务电话，提供电话订货等服务，可以使企业的触角伸入原本未进入或难以进入的市场，挖掘潜在顾客，扩大企业占据的市场范围，并提高产品的销量，抓住更多的销售机会。

（5）免费咨询。顾客在购买商品之前一般都要收集尽可能多的有关商品的信息和资料，在此基础上权衡得失，从而做出购买决策。一般来说，顾客不会购买不甚了解的商品。为了向顾客介绍商品的性能、质量、用途，向潜在顾客宣传介绍商品，回答顾客提出的疑难问题就显得尤为重要。企业应派遣有专业知识的人员在销售场所开设咨询服务台，或在外出销售时为顾客提供各种咨询服务，以加深顾客对商品的了解，并增强顾客对商品和销售人员的信任。

（6）针对复杂商品提供顾客培训。随着新技术的出现并在产品中的广泛运用，出现了许多技术含量较高的新产品。这些产品结构复杂，操作方法相对较难掌握，对使用者的知识水平等方面的要求都较高。让顾客拿着产品说明书和操作手册按图索骥般地查找学习，一是未必能够学会，二是即便能够学会，也未必有足够的时间和耐性去学习，从而很可能丧失购买信心。通过参加培训班，顾客掌握了有关的技术，自然会对产品产生浓厚的兴趣，从而激发购买欲望，促进产品的销售。

2. 售中服务

售中服务是指在买卖过程中，直接或间接地为销售活动提供的各种销售服务。一般来说，售中服务主要包括以下几项内容。

（1）帮助顾客了解产品。销售人员在向顾客销售产品的同时，必须向顾客介绍有关产品的性能、质量、用途、造型、品种、规格等方面的知识。一方面这是顾客做出购买决策的客观要求，即顾客在决定购买时，必须了解有关的知识，以此作为权衡和考虑的依据；另一方面销售人员详细向顾客介绍，有利于培养良好的销售气氛，形成和谐的人际关系，因此也有促进销售的作用。

（2）帮助顾客挑选产品。当顾客向销售人员询问商品的价格、质量、性能、用途及商品的优点和缺点时，销售人员如能根据顾客的需求心理加以介绍，正确地引导顾客，做好参谋，就能使顾客按理想的方式来权衡利弊，从而有利于促成交易的最终实现。销售人员在帮助顾客选购商品时，一定要本着客观的态度，实事求是地为顾客着想，不要受自身习惯和爱好的影响。否则，选购的商品很可能不是顾客喜欢的，而是销售人员中意的。

（3）满足顾客的合理要求。在销售过程中，多数顾客会向销售人员提出一些要求，其中大多是比较合理的，只有少数是销售人员无法满足或超出企业服务范围的。销售人员应尽最大努力满足顾客的合理要求，提高顾客的满意度，增强顾客对销售人员的信任，从而促成交易。这样做还能提高顾客的重复购买率，并扩大企业的声誉。

（4）提供代办业务。售中服务不仅对普通消费者非常重要，而且也受到批发零售商和生产企业类顾客的重视。向这类顾客提供的售中服务主要包括代办托运、代购零配件、代办包装、代办邮寄等业务。这些服务为顾客提供了更大的便利，不仅可以吸引更多的顾客，促成交易，密切产需关系，还能增强顾客对企业的信任感，提高企业的竞争能力，甚至与顾客达成长期合作。

（5）现场操作。销售人员在销售产品时现场操作，真实地体现出商品在质量、性能、用途等方面的特色，引发顾客的兴趣，并激起顾客的购买欲望。这种方式还会使销售人员的说法得到证实，更有说服力，增加客户的信任。

3. 售后服务

售后服务就是在商品销售之后提供的服务。它同时是一种强有力的促销手段，充当着"无声"的宣传员。售后服务主要包括以下几个方面。

（1）"三包"服务。所谓"三包"服务是指对售出商品的包修、包换、包退的服务。

包修服务指对顾客购买的本企业产品要在保修期内实行免费维修。有些企业对大件商品提供上门维修服务。

包换服务指顾客购买了不合适的商品可以调换。

包退服务指顾客对购买的商品感到不满意，或者质量有问题时，能保证退货。

"三包"服务广泛运用于各个行业，成为企业提供售后服务的一个基本标准。

（2）送货上门。对顾客购买的较笨重、体积庞大、不易搬运的商品或一次性购买量过多，携带不便或有特殊困难的顾客，有必要提供送货上门的服务。其形式可以是自营送货，即由企业自己的设备送货，也可以是代管送货，即由企业代顾客委托有固定联系的运输单位统一送货。送货上门服务对于企业来说并不是很困难的事，却为顾客提供了极大的便利，提高了顾客的重复购买率。

（3）安装服务。随着科学技术的发展，商品中技术的含量越来越高，一些商品的使用和安装也极其复杂，顾客仅靠自己的力量很难完成，因此就要求企业提供上门安装、调试的服务，保证出售商品的质量，使顾客一旦买完就可以安心使用。这种方式解除了顾客的后顾之忧，大大方便了顾客。

（4）包装服务。商品包装也是顾客服务中不可缺少的项目。商品包装不但使商品看起来美观，还便于客户携带。许多大中型企业和信誉好的企业都会在包装物上印有企业的名称、地址和标志，起到了广告宣传的作用。

（5）电话和人员回访。在顾客购买商品以后，企业应按一定频率以打电话或派专人上门服务的形式进行回访服务，及时了解顾客使用产品的情况，解答顾客可能提出的问题。

（6）提供咨询和指导。顾客在购买产品后，可能还不熟悉产品的操作方法，或不了解产品一旦出现简单故障应如何予以排除。因此，企业应为顾客提供指导和咨询，帮助顾客掌握使用方法和简单的维修方法。

（7）建立顾客档案。建立顾客档案的目的是与顾客保持长期的联系。通过这种方式，一方面可以跟踪顾客所购买的商品的使用和维修状况，及时主动地给予相应的指导，以确保商品的使用寿命；另一方面还可以了解到顾客的喜好，在出现新产品后，及时向可能感兴趣的顾客推荐。除此之外，销售人员还可以利用顾客档案，用上门拜访、打电话、寄贺年片等形式，与顾客保持长期的联络，提高顾客的重复购买率。

案例概览4-8

"傻子经营法"

陈先生几年前准备去一座陌生的城市经营饭店。他一没背景，二没关系，亲戚朋友都说不行，劝他趁早放弃，但他丝毫不动摇。饭店很快开张了，不仅请了名师主厨，还打出一块醒目的牌子："20元内足以让你在本店吃饱、喝足，并享受美味特色佳肴。"而且饭店还规定，凡光临本店的顾客，平均每人消费不得超过20元，违者受罚。

这样的店规在这座古老的大城市实在是史无前例，很快便作为趣闻被人们传遍了全城。人们的好奇心被"点燃"了，纷纷议论起来："老板傻了吧？打开门做生意的，居然还不准顾客多消费，这真奇葩！"然而，饭店开张没多久，营业额便一路攀升，每天都是顾客爆满，服务员都应接不暇，餐桌前的顾客排着长队等待。没办法，陈先生只好赶紧扩大规模，可依然无法满足慕名而来的顾客。紧接着,陈先生又开起了几家连锁饭店,生意都一样红火。仅用了几年时间,陈先生的连锁饭店便占据了这座城市餐饮连锁行业的半壁江山。

资料来源:"'傻子经营法'背后的营销大智慧",http://www.360doc.cn/mip/638032066.html。

【问题】 请问"傻子经营法"案例中的陈先生真的"傻"吗?

引例4-3 7大技巧有效处理客户投诉和抱怨

处理投诉是一项非常具有挑战性的工作。对于每名销售人员来说,如何正确处理客户投诉与抱怨是一个复杂的系统工程,尤其需要经验和技巧的支持。要妥善处理好此类事情,绝非易事。那么,如何才能处理好客户的投诉与抱怨呢?

(1) 动作快一点。处理投诉和抱怨的动作要快,一来可让客户感觉到被尊重,二来可以表示解决问题的诚意,三来可以及时防止客户的"负面污染"对业务发展造成更大的伤害,四来可以将损失减至最小。

(2) 态度好一点。客户有抱怨或投诉表示客户对产品及服务不满意,如果在处理过程中态度不友好,会让他们的心理感受及情绪很差,会恶化与客户之间的关系。反之,若服务人员态度诚恳,礼貌热情,会缓解客户的抵触情绪。

(3) 语言得体一点。客户对产品和服务不满,在发泄不满的言语陈述中有可能会言语过激,如果服务中与之针锋相对,势必恶化彼此关系。在解释问题的过程中,措辞要十分注意,要合情合理,得体大方,不要说伤人自尊的话,尽量用婉转的语言与客户沟通。即使是客户存在不合理的地方,也不要过于冲动。否则,只会使客户失望。

(4) 耐心多一点。在实际处理中,要耐心地倾听客户的抱怨,不要轻易打断客户的叙述,也不要批评客户的不足,而是鼓励客户倾诉,让他们尽情地宣泄心中的不满。当你耐心地听完了倾诉与抱怨后,当他们得到了发泄的满足之后,就能够比较自然地听得进你的解释和道歉了。

(5) 办法多一点。很多企业在售后服务中,处理客户投诉和抱怨的结果就是给客户慰问、道歉或补偿产品、赠小礼品等,其实解决问题的办法有许多种。除上述手段外,还可邀请客户参观成功经营的典范,或邀请他们参加内部讨论会,或者给他们奖励,等等。

(6) 补偿多一点。客户的抱怨或投诉在很大程度上是因为他们使用产品后的利益受损。因此,客户抱怨或投诉之后,往往会希望得到补偿,这种补偿有可能是物质上的(如更换产品、退货或赠送礼品等),也可能是精神上的(如道歉等)。在补偿时,如果客户得到额外的收获,他们会理解你的诚意而重建信心。

(7) 层次高一点。客户提出投诉和抱怨之后都希望自己的问题受到重视,往往处理这些问题的人员的层次会影响客户期待解决问题的情绪。如果高层次的领导能够亲自处理或亲自打电话慰问,会化解顾客的许多怨气和不满,因而可以配合服务人员进行问题处理。因此处理投诉和抱怨时,如果条件许可,应尽可能提高处理问题的服务人员的级别。

资料来源:"7大技巧有效处理客户投诉和抱怨",https://www.sohu.com/a/363771450_162179。

【问题】 正确处理顾客投诉有何意义?你还有什么补充的措施吗?

子项目 4.3　门店顾客抱怨处理

要使顾客满意，门店的经营和服务应力争做到毫无差错。但人非圣贤，孰能无过。面对不可避免的失误，如何看待顾客的抱怨，以及怎样面对和处理顾客的抱怨，便成了每个门店管理者必须重视的问题。

4.3.1　顾客抱怨预防

为提高顾客满意度，门店必须加强预防，避免顾客抱怨的产生。

1. 顾客产生抱怨的原因

顾客对门店产生抱怨的理由很多，也许是由于商品、价格、服务等；也许是由于门店设施、环境或安全等。其中，商品、服务和环境是顾客产生抱怨的主要方面。

(1) 商品方面的原因。顾客购买商品时产生抱怨的情况最为常见。其抱怨的原因主要有以下几种。

1) 价格偏高。顾客一般抱怨某门店的价格水平高于商圈内其他门店的价格，希望门店对价格进行一定幅度的下调。

2) 品质不良。商品品质的好坏是在购买后或使用后才发现的。因此，这类抱怨属于顾客购买行为完成之后的"信息扭曲"，当"信息扭曲"达到一定强度时，顾客就会对商品产生不满或疑问，从而产生抱怨。

3) 标示不符。门店商品标示不符主要表现为说明书的内容与商品上的标示不一致；进口商品没有中文标示；没有生产厂家；没有生产日期；保质期模糊不清；已过保质期；生产地不一致；出厂日期超前；价格标签模糊不清。

4) 商品缺货。有些热销商品或特价品卖完后，由于门店没有及时补货，使顾客空手而归；促销广告中的特价品，在货架上的数量有限，或者根本买不到。

(2) 服务方面的原因。很多顾客抱怨的产生都与门店服务有关，主要表现在以下几个方面。

1) 服务方式不当。门店营业员的服务方式是顾客对门店服务质量产生抱怨的主要方面。常见的服务方式不当的表现有以下几种。

① 接待方式。

接待慢，搞错了顺序，后来的顾客已得到接待，而先到的顾客却仍没有人招呼。

缺乏语言技巧。如不会打招呼，也不懂得回话；说话没有礼貌；说话语气生硬；等等。不管顾客的需求和偏好，一味地对产品加以说明，会引起顾客的厌烦。

② 态度方面。

- 一味地推销，不顾顾客的反应。
- 化妆浓艳，令人反感。
- 只顾自己聊天，不理顾客。

- 紧跟顾客，像在监视顾客。
- 顾客不买时，马上板起脸。
- 表现出对顾客的不信任。

案例概览 4-9

"现场炒料"赢得信赖

成都有一家非常有名的火锅店，除了绿色生态的环境吸引人，更重要的是打造了"现场炒料"的信任卖点。炼油是核心技术，秘不示人，但现炒火锅底料是可以当众展示的。采用传统老火锅制作方式，将上等脱脂牛油配近30种食用中药材及香料现场炒制而成，井水熬制，麻辣鲜香，制作过程中不添加任何添加剂、防腐剂、化学香精，且不油腻、少油烟。让顾客到店铺一眼就能够看得清楚，并产生安全感，从而让顾客对于店铺的食材安全更加信赖。

资料来源：小龙坎发布体验官计划，春熙店重开'4D透明厨房'亮相，https://www.sohu.com/a/276415718_384290?_f。

【问题】 通过这个案例，你觉得哪些门店可以借鉴呢？

③ 销售方式。
- 不耐烦地把展示中的商品拿给要求看的顾客。
- 强制顾客购买。
- 对有关商品的知识一无所知，无法回答顾客的质询。
- 对顾客挑选商品表现出不耐烦，甚至冷嘲热讽。

2) 营业员的不良行为。

① 营业员对工作的抱怨。例如，某大学教授去某商店买东西时，听见两位营业员正抱怨本单位的工资、奖金如何低，工作纪律又如何严，听起来怨气冲天，教授听后心想，在这种情绪下工作的人如何能热情为顾客服务呢？于是离开了该店。

② 营业员对顾客评头论足。例如，张先生正在鞋架前挑鞋，听见一位营业员向另一位营业员说："你看见刚才那个高个儿女的了吗？那家伙真有钱，在我这儿一下子就买了三双鞋！"另一位营业员答曰："看见了，不过她长得够难看的，再高档的鞋穿她脚上也糟蹋了！"张先生心想，营业员这么缺乏修养，毫无顾忌地议论顾客，服务态度肯定也好不了，还是换个地方购买为好。

③ 营业员形象欠佳。如果门店男营业员留长发、穿花衣，夏天敞着怀、穿拖鞋；女营业员穿奇装异服、浓妆艳抹，这都会给顾客造成不良的印象，直接影响顾客的购买兴趣。此外，营业员在岗期间聚众聊天、言谈粗鲁、打闹说笑等都会使顾客反感。

④ 营业员缺乏团队精神。例如，小王某日去一家商场购物时，碰见两个营业员正在吵架，吵到后来竟有大打出手的架势，吸引了一大群顾客围观，也未见有其他营业员前来劝阻。幸好有几位顾客上来劝解，同时又来了两位负责人，吵架才得以平息。这种缺乏团队精神的现象难免引起顾客的抱怨，甚至影响门店的声誉。

3）其他不当服务因素。
① 给顾客付款造成不便。例如：
- 算错了钱，让顾客多付了。
- 没有零钱找给顾客。
- 不收顾客的大额钞票。
- 金额较大时拒绝小笔业务。

② 运输服务没有到位。例如：
- 送大件商品时送错了地方。
- 送货时污损了商品。
- 送货周期太长，让顾客等得过久。

③ 未能守约。
- 顾客依照约定的日期前来提货，却发现商品还没有到货。
- 顾客要求对产品局部稍加改进，可是过了一个星期还没弄好。

（3）环境方面的原因。门店经营环境也是顾客产生抱怨的主要因素。顾客对门店经营环境的抱怨主要有以下几个方面。

1）光线。门店中的光线太暗，使货架和通道地面有阴影，顾客看不清商品的价签；光线太强，使顾客眼睛感到不适，也会引来他们的抱怨。

2）温度。门店的温度应该适宜，如果门店的温度过高或过低，都不利于顾客浏览和选购。气候的变化是无常的，如果不及时地调整门店的温度，会影响顾客的购买情绪，从而产生抱怨。

3）地面。门店的地面不能太滑，否则老年顾客及儿童容易跌倒，从而引起顾客的抱怨。

4）卫生。如果门店的卫生条件不佳，没有洗手间或洗手间状况太差等都会引起顾客的不满。

5）噪声。营业员大声叫卖，商品卸货时声音过响，以及门店的音响、背景音乐太响或不悦耳等，都会引起顾客的反感和抱怨。

6）铺设。门店出入口台阶设计不合理，门店内的上下电梯过陡，停车位太少，或者停车区与人行通道划分不合理，造成顾客出入不便等布置不合理的情况都会引起顾客抱怨。

总之，在预防和处理顾客抱怨时，一定要对引起顾客抱怨的因素进行综合分析，找出其原因所在，才能有的放矢，有效避免或妥善处理顾客抱怨。

2. 预防顾客抱怨的具体措施

如果在抱怨发生之前做好充分的准备，则能防患于未然，化怨于无形。如果抱怨已经出现，那么最多也只是事后补救而已。因此，化解抱怨的最佳时机是在事前。

（1）提供高品质商品。提供高品质商品供顾客选购是门店预防顾客抱怨的首选策略。

1）门店在订货、进货时一定要经过充分的调查，订购品质优良，而且能够反映出顾客需求的商品。这些商品一旦到货，应该对其包装、设计、价格、种类等方面重新考虑，并且按照门店本身的经营方针及顾客的喜好加以分类处理，以便于顾客选购。

2）营业员必须了解商品的性质及保存方法，以便在销售时可以提供给顾客有关该商品的特性及使用上的建议。再优良的商品都不是完美的，都存在着一定的缺陷或不足。因此，事先充分说明使顾客了解他所购买的商品具有什么特性、使用时必须注意哪些事项等，都是避免顾客产生抱怨的必要措施。因此，门店在进货前应该与供应商进行充分沟通，全面了解商品的特性、使用方法、保存方法、清洗方法等，从而减少顾客抱怨。

另外，为了减少不合格商品流入顾客手中的概率，门店管理者要严格控制顾客接点。特别是对食品等需保持新鲜度的商品更要加强品质管理，采用"先进先出"的出货方式，确保商品的新鲜程度，消除质量原因引起的顾客抱怨。

(2) 保证服务质量。预防顾客抱怨必须以优质的服务做保证。这一点对于任何类型的门店都适用。有的门店可能并不提供给顾客有形的物质产品，但所有门店都是靠优质服务来满足顾客需求的。门店要想给顾客提供良好的服务，必须切实在以下两种服务方式上付出努力。

1）"态度性"服务。"态度性"服务就是以微笑、真诚、良好的应对态度来服务顾客。

服务的好坏并不单单可以从外表看出，气质与态度才真正体现一个人的服务水平。针对接待顾客的态度，门店应该有效地订立统一而具体的标准来教育员工，随着这种教育的成功，可以直接提高员工在服务方面的知识与水平。

门店服务人员培训的重点在于"举止"和"精神"。举止指用字遣词、行为动作；精神则是教导员工如何做好配合顾客心理的准备，也就是告诉他们对待什么样的顾客应该采取什么样的话语、态度，才能使对方感到轻松、愉快。

2）"机能性"服务。"机能性"服务的基本点在于具备丰富的商品知识。例如，购买衣物的顾客可能会希望知道这种衣料的使用方法、保存方法及清洗方法，营业人员应能满足顾客需要，而且对于每一位顾客的偏好及需求，一定要细致观察，配合他的愿望来提供服务。当顾客的期望得到满足甚至有所超越时，顾客就不会产生抱怨。

(3) 保障顾客安全。抓好经营场所的安全、保卫工作，可以预防顾客因意外事故而产生的抱怨。要保障顾客安全，就要经常检查陈列窗的玻璃、天花板上的吊灯、壁饰等是否破裂、松动；地面、楼梯是否过于潮湿、光滑等，以免造成危害顾客的意外事件。对于大型商场来说，一定要预先设立供防震、防火用的紧急出口、太平梯和逃生路线，充分保证这些地段的绝对畅通，同时定期检查防火设备。

除了保障顾客的人身安全外，还要保证顾客的财产安全，这是防止顾客抱怨产生的一项重要内容。如果门店不加强安全措施，一旦顾客财产安全得不到保障，顾客的抱怨就不可避免。

4.3.2 顾客抱怨处理

顾客对门店提出抱怨，表示顾客对门店不满的同时，也给予门店弥补的机会，如果门店能够妥善处理，化解顾客的不满，仍可以获得顾客的认可和再次光顾。顾客抱怨的处理对门店来说并不是一件容易的事情，除了坚持必要的原则外，还要掌握一定的方式和技巧。

1. 顾客抱怨处理方式

电话、信函及面谈是门店处理顾客抱怨的主要方式。下面重点介绍三种常见的处理方式。

（1）电话处理。以电话方式处理顾客抱怨是最普遍、最常用的一种方式。

仔细倾听顾客的抱怨，应站在顾客的立场分析问题所在，同时用温柔的声音及耐心的话语表示对顾客不满情绪的支持。

尽量从电话中了解顾客所抱怨事件的基本信息。其内容应主要包括4W1H原则——who、when、where、what、how，即谁来电抱怨、该抱怨发生在什么时候、在什么地方、抱怨的主要内容是什么、其结果如何。如有可能，可把顾客抱怨电话的内容予以录音存档，尤其是顾客抱怨情况较特殊时。存档的录音一方面可以作为日后有必要确认时的证明，另一方面可成为日后门店教育训练的生动教材。

（2）信函处理。信函处理通常有以下几种情形：从外地寄来的抱怨邮件；不易口头解释的抱怨事件；书面的证据成为问题解决上不可缺少的必要条件时；按照法律规定，必须以书面形式解决的，以及其他必要的情况，等等。

与电话抱怨相比，利用信函提出的抱怨便于记录和保存，其可依据性较高。另外，信函抱怨通常较为理性，很少有感情用事的情形。

门店收到顾客的抱怨信时，应立即转送店长，并由店长决定该抱怨的处理事宜。门店应立即联络顾客，通知其已经收到信函，以表示出门店对于该抱怨意见极其诚恳的态度和希望认真解决问题的意愿，同时与顾客保持日后的沟通和联系。

（3）面谈处理。面谈一般用于处理当场发生的顾客抱怨及上门的顾客抱怨。

对于顾客当面抱怨的处理，应注意以下几个方面。

1）将抱怨的顾客请至会客室或办公室，以免影响其他顾客。

2）千万不可在处理抱怨的过程中中途离席，让顾客在会客室等候。

3）严格按门店规定的"抱怨意见处理步骤"妥善处理顾客的各项抱怨。

4）对各种抱怨都需填写"顾客抱怨记录表"。对于表内的各项记载，尤其是顾客的姓名、住址、联系电话及抱怨的主要内容必须复述一次，并请对方确认。

5）面谈的人不要过多，以2~3人比较适合。

2. 处理顾客抱怨的程序

（1）倾听。当顾客对产品或服务进行投诉时，首先要学会倾听，多倾听顾客投诉可以发现顾客的真正需要，从而获得处理投诉的重要信息，做好倾听的记录，然后弄清问题的本质及事实。在倾听过程中可以运用提问的技巧，比如发生什么事情？这件事情为什么发生？顾客服务人员是如何发现的？这些问题可以帮助顾客服务人员了解事情的真相。

（2）表示道歉。无论是什么原因引起的顾客投诉，顾客服务人员都应该对顾客表达歉意,漠不关心、据理力争或找借口都只会恶化顾客关系,而适时表达歉意有助于平息顾客的不满情绪,推动问题的解决。

(3) 仔细询问。引导用户说出问题的重点,这样可以有的放矢,找出双方都同意的观点,缩短与顾客的距离,发现解决问题的关键。

(4) 给予特别关心。使用姓名称呼顾客,并告诉顾客将处理此事,千万不可因为怕麻烦而有"大事化小,小事化了"的态度,应尽快着手解决。

(5) 解决问题。积极寻找解决问题的方案,当顾客服务人员想出解决顾客投诉的建议时,要征求顾客的同意。如果顾客不接受,要了解顾客希望的解决方案;如果顾客服务人员不能决定,要给顾客推荐其他适合的人,并且要主动代为联络。

(6) 记录要点。将顾客抱怨的主要内容记录在备忘录上。这样做不但能使顾客的讲话速度放慢,以缓和其激动的情绪,而且能让顾客感觉到商场对其抱怨的重视程度。此外,记录的要点亦可作为今后解决问题的依据。

(7) 把要采取的措施告诉顾客。听完顾客抱怨的问题后,应立即考虑并决定需采取的解决办法,并将其告诉顾客,若有可能,可让顾客选择解决问题的方案或补救措施,以表明对他们的尊重。切忌只是一味地向顾客道歉、请求谅解,而对顾客抱怨的具体内容置之不理,亦不可在顾客面前流露出因权力有限而无能为力的态度。

(8) 将解决问题所需的时间告诉顾客。应充分估计出处理该问题所需的时间,并将其告诉顾客。绝不可含糊其词、模棱两可,让顾客捉摸不透,从而引起顾客的抵触情绪,为解决问题增加难度。

(9) 立即行动。应立刻着手调查,弄清事实,找出根源,并将问题解决的进展情况通知顾客。

(10) 检查落实。问题解决后,应与顾客再次联系,征询顾客抱怨的问题是否已得到圆满解决,做到有始有终。

(11) 整理、归类、存档。将抱怨的处理过程整理出材料,并进行归类、存档。同时,将其记入顾客抱怨档案,避免顾客再次来本店时发生类似的抱怨事件。应将本次抱怨事件变为改进服务的动力。

对于顾客来函、来电的抱怨,除了应注意上述处理要点外,还应将调查结果、解决的方法、争取顾客的谅解、表达歉意等写成信函并尽快邮寄给顾客。值得注意的是,信内最好有总经理的签名。最后,复印顾客的原始抱怨资料并将其存档或录入客户档案,以引起今后的注意及重视。

3. 处理顾客抱怨的技巧

处理顾客抱怨是一项复杂的系统工程,要真正处理好顾客抱怨并非易事,需要娴熟的经验和技巧。

(1) 处理顾客抱怨的措辞技巧。处理顾客抱怨时,无论是面谈还是采用电话或信函,都必须注意措辞。这是让抱怨的顾客心服口服的关键。一旦措辞不当反而会弄巧成拙,使顾客怒火中烧,并使那些原本能解决的事也变得不可解决了。特别是在面谈处理顾客抱怨时，要注意以下几点。

1）对事不对人。假如顾客做错了事情，要间接地指出其错误，避免使用讥讽、责备或居高临下的词语，更不应当在其愤怒的时候表明这一点，因为他常常会由于自己的错误而感到难堪，进而可能会恼羞成怒而试图责备你。比如，把"你没有填对"改为"这张表格中还有一些东西需要我们再填一下"效果要好得多。

2）用"我"来替代"你"。面对顾客的不满和愤怒，不要责备顾客。如果要说明什么地方弄错了，要么间接地说明，要么尽可能地使用"我"字开头的陈述。比如，用"我觉得我们的沟通有问题（或这里存在着误解）"替代"你搞错了"；用"我被搞糊涂了"替代"你把我搞糊涂了"更利于缓和对方的情绪。

3）动作快一点。处理门店投诉和抱怨的动作要快，一来可以让顾客感觉到尊重，二来可以表示门店解决问题的诚意，三来可以及时防止顾客的负面情绪对门店造成更大伤害，四来可以将损失降至最少。一般接到顾客投诉或抱怨的信息，应立即通过电话或传真等方式向顾客了解具体内容，然后在门店内部协商好解决方案，最好当天给顾客答复。

（2）处理顾客抱怨的声调技巧。在处理顾客抱怨时，由于声调的不同，会带给抱怨顾客不同的感受，如信赖感、不安全感或厌恶感等。声音可以说是处理顾客抱怨中一项重要的技巧。另外，你的回答对于抱怨的顾客来说有非常大的影响力，因此要有意识地做出适当的调整。

举例来说，通过电话处理顾客抱怨时，如果以一种微细的声音，推托般地应付："有问题啊？不是我卖给你的，请你去问别人吧。"如果这样，顾客就会觉得自己只不过是提出抱怨，却被当作一个难缠的人，而且听起来像是销售员直截了当地把事情撇得一干二净，因此，顾客的心情一定坏透了，心想："这是什么销售员啊！要麻烦顾客去问别人，再怎么说也要客气一点。他以为我真的这么爱打这种抱怨电话吗？"

此时，如果负责处理抱怨的人语气生硬，且每句话的语尾都模糊不清的话，那就连一点交谈的诚意都没有了，这样会令顾客越来越想挂断电话。

反过来说，如果用一种明朗清晰的语气来应对，效果常会比较好："是这样的，我们听到这个消息很抱歉，我们会以最快的速度对您的机器进行维修，请您稍等一会儿。"这种回答会很有感染力，即使对方正觉得不满，也会因受其影响而慢慢好转。

（3）化解顾客愤怒的技巧。通常愤怒的顾客是门店抱怨中最难处理的。

1）正确看待顾客愤怒。门店管理者一定要树立"愤怒的顾客也是上帝"的理念，只有这样，才能以尊敬和理解的态度正确看待顾客的愤怒，绝不能"以暴制暴"。他们之所以"愤怒"，一定有其正当的理由，从顾客的立场来看，他们是遭到了损失或正当的权利遭到了侵害，才会要求门店为此做出合理的解释，采取恰当的解决措施。

2）语言得体一点。当顾客对门店不满，在发泄不满的言语陈述中有可能会言语过激，如果服务人员与之针锋相对，势必会恶化彼此关系。在解释问题的过程中，措辞要合情合理，得体大方，不要一开口就说"你懂不懂最基本的技巧"等伤人自尊的语言，尽量用婉转的语言与顾客沟通，即使顾客存在不合适的地方，也不要过于冲动，否则，只会使顾客失望并很快离去。

3）补偿多一点。顾客抱怨或投诉在很大程度上是因为他们使用该门店的商品后，利益受损。因此，顾客抱怨或投诉之后，往往希望得到补偿，这种补偿有可能是物质上的，如更换商品、退货或赠送礼品等，也可能是精神上的，如道歉等。在补偿时，应该尽量补偿多一点，有时是物质及精神补偿同时进行，当顾客得到额外的收获，他们会理解门店的诚意并对门店再建信心。

4）复述顾客的问题，就问题达成一致。无论顾客愤怒的表现是怎样的，其关键在于问题的解决。所以店长应学会切实地把握问题本身，并首先就问题本身，以自己的理解与顾客达成一致。这是非常重要的一项工作。复述顾客的问题，就问题达成一致，是实现最终妥协与合作的第一步，能使双方的谈话在开始时就步入合作与共识的轨道。

5）层次高一点。顾客提出投诉和抱怨之后都希望自己的问题受到重视，处理这些问题的人员的层次会影响顾客期待解决问题的情绪。如果高层次的领导能够亲自为顾客处理或亲自打电话慰问，会化解顾客的许多怨气和不满，顾客也会比较容易配合服务人员进行问题处理。因此，处理投诉和抱怨时，如果条件许可，应尽可能提高处理问题的服务人员的级别，如本店领导出面（或服务人员任职某部门领导）或聘请知名人士协助等。

（4）事关紧要的九句禁语。为达到缓和顾客情绪的目的，避免"火上浇油"，营业员需要在语言上小心谨慎。以下语句最好不要出现。

1）"这种事是不可能的，绝对不可能的。"

许多门店，特别是知名品牌门店，对自己的商品和服务充满信心，当遇到顾客抱怨时，本能地顺口说出这样的话。然而，这样的话已经严重地伤害到顾客，必然会使情绪本已激动的顾客更加气愤。因为既然"这种事是不可能的"，那么顾客的抱怨一定是"谎言"了。无形之中，已把顾客置于不信任的境地，从而引起顾客更大的抱怨，甚至发生冲突。

2）"那种话我绝对没有说过。"

这是门店营业员常用的为自己辩解的话。虽然这是每个人的自然反应，但这样的话一出口，双方的分歧就过于明显，就使门店（营业员）失去了达成一致的可能性，而且双方的矛盾也会进一步激化。

3）"我们只负责销售，这种问题请你去问厂商。"

用这句不负责任的话来搪塞、敷衍顾客，表示店方不讲信用。固然商品是厂商制造的，但也是门店引进销售的，因而就应该对商品本身的质量、特性有所了解。在处理顾客抱怨时，这种不负责任的语言是禁止使用的。

4）"嗯……我不太清楚……"

当顾客提出问题时，在有责任感的门店里，店员一定会尽一切努力解答顾客的疑问。即使真的不知道，也一定会请专门的人员来解答。店员的回答若是"不知道""不清楚"，则表示这家门店没有责任感。

5）"我们的商品是一分钱，一分货。"

这句话在处理顾客抱怨时也是禁止使用的。因为它会给顾客这样的印象："是不是对方在嘲讽我寒酸?"实际上,营业员的意思通常并非如此。但由于未能站在顾客的角度去斟酌用词,而伤害了顾客感情,这不能不说是营业员的失误。

6)"这个问题太简单了。"

这种话极易使顾客的自尊心受到伤害,使顾客认为营业员是在贬低他的智力水平。作为营业员可能天天接触某种商品,对该商品的使用及相关问题可能是烂熟于心,但对于顾客而言,这却是刚刚接触到的商品。所以,他们时常会问一些在营业员看来"幼稚"的问题,此时绝不能有欠考虑地说出"太简单了""连小孩都会"的话。

7)"改天我们和您联系。"

如果当时的问题无法及时处理,合理的做法应该是给顾客解决问题的具体时间,表明企业的诚意,以赢得顾客的信赖。"改天"是极不确定的一天,使人联想到这可能是漫不经心的托词,即使顾客一时没有察觉,但事后也可能会想到这一点。因此,看起来似乎没有什么问题,既不失礼貌,也没有太大的刺激性,但它却是一句非常不负责任的话。

8)"这是本店的规定。"

这样做不但无法解决问题,更会加深误会。因为门店的店规通常是为了提高店员的工作效率而订立的,并不是为了监督顾客的行为或限制顾客的自由。因此,即使顾客不知情而违反店规,店员仍然不可以用责难的态度对待顾客。

9)"总是有办法的。"

当顾客提出问题时,表示他正在期待店员能想出办法圆满地帮他解决。"总是有办法的"这种不负责任的态度,对于急着想要解决问题的顾客而言,实在是令人扼腕、顿足的话。如果这时候听到这种回答,顾客的心里一定会感到非常失望。所以,这种话通常会惹出更大的问题。

门店管理工具箱

工具4-1:门店顾客管理规范表

项目	规范内容
顾客来自何处	通过问卷形式了解顾客的分布,了解该商圈的户数、人数、家庭规模、结构、收入水平、性别、消费偏好等市场因素,据此为顾客提供其所需要的商品和服务,提高顾客对门店及本连锁企业的忠诚度
顾客需要什么	随着人们生活潮流的不断变化,生活水平的提高和消费个性的增强,顾客的需求也是日新月异的,因此店长要经常组织对顾客需求的调查,虚心听取顾客对门店的商品种类、质量及服务方面的要求和建议,采取各种措施,保持与顾客良好的沟通,随时掌握好需求信息
妥善处理顾客投诉和意见	门店的自我服务形式使顾客购物的自主性得到充分体现,可以避免传统零售面对面营业中营业员与顾客间可能发生的冲突,但顾客在商品的质量、服务上也会产生不满,如何处理好顾客的投诉和意见,是维持好顾客关系的一个重要环节,必须妥善地处理顾客的不满,以维护门店的信誉和顾客利益

工具 4-2：建立顾客档案的规范表

项目	规范内容
顾客档案和管理形式	由于顾客的数量较多，而且顾客档案包含较多的项目，因此现代门店对于顾客档案的管理与分析必须使用先进的 POS 系统。在顾客档案未整理好时，要对顾客做仔细的分析是相当困难的，更不用说如何服务于目标顾客了
顾客档案的登录项目	顾客档案的登录项目应尽量精简，以"何时、谁、买什么"为事实的基础，将顾客的姓名、地址、电话号码、采购时间等内容登记在前面，其他项目不妨另行登记，如顾客的职业、家庭成分、年龄等
请顾客填写收录项目	建立顾客档案时，一直为难的问题是"怎样请求顾客填写"。为了解决此问题，可以将起初的项目限制于顾客的姓名、地址和电话号码三项内容，而顾客的采购时间和已购商品则由顾客口述，填写工作让门店的工作人员来完成
一年一次定期核对	一年一次向登记于顾客档案的顾客寄送本店的问卷调查表，征求顾客的意见。该表应设有住址变更记录栏，以这样的方法定期把握顾客的迁移情况。同时，可采用顾客凭填好的问卷调查表领取精美小礼品的方式，以保证门店能基本收回问卷调查表，以此重新确认顾客的档案资料
建立顾客管理制度	在建立顾客档案的基础上，需要进一步建立完善的门店管理制度，其目的是确认顾客的重点需求和重点顾客，以便及时对商品和服务进行调整，并把重点顾客逐步转变成门店的稳定顾客群。现代门店的一个显著特点就是科学地管理顾客，要充分运用 POS 系统所提供给我们的各种信息，通过 IC 卡、磁卡和会员卡等现代化工具进行信息管理

工具 4-3：为顾客办理退货服务的工作规范表

项目	规范内容
1	受理顾客的商品、凭证
2	听取顾客的陈述，判断是否符合"退换货标准"
3	同顾客商量处理方案
4	判断权限，填写"退货单"，复印票证
5	现场退现金
6	退货商品处理

工具 4-4：为顾客办理换货服务的工作规范表

项目	规范内容
1	受理顾客的商品、凭证。接待顾客，并审核顾客是否有本门店的收银小票，所购商品是否属于不可换商品
2	听取顾客的陈述。细心平静地听顾客陈述有关的抱怨和要求，判断是否属于商品的质量问题
3	判断是否符合换货标准。结合门店规定、国家法律及顾客服务的准则，灵活处理，说服顾客达成一致的看法
4	决定换货。双方同意调换商品或同类商品甚至是不同的商品
5	填"换货单"，复印票证
6	顾客选购商品。顾客凭"换货单"的一联，到门店选购要更换的商品

项目小结

没有顾客，门店就无法生存。因此，门店应重视顾客、研究顾客，并不断地发展顾客。顾客的购物心理有从众心理、求实心理、求美心理、择优心理、好奇心理、待购心理、自我炫耀心理、崇洋心理和情感心理。顾客购买决策过程包括受到刺激、发现问题、信息搜集、评估可选方案、购买行为和购买后行为6个阶段。门店顾客开发策略有密集型顾客开发策略和满意型顾客开发策略两大策略。门店要吸引顾客，必须具备一定的技巧，即识别顾客的技巧、接近顾客的技巧、赢得顾客好感的技巧和提高顾客回头率的技巧。顾客服务是门店竞争的核心，顾客服务管理的基本措施有树立为顾客服务的理念、切实了解顾客需求、加强对店员的管理、提供多样性服务和实行有效的服务质量管理。服务标准是服务工作的指导和依据，是创造满意服务的保证。顾客产生抱怨的原因是多方面的，主要有商品方面的原因、服务方面的原因和环境方面的原因。化解抱怨的最佳时机是在事前，预防顾客抱怨的具体措施是提供高品质商品、保证服务质量和保障顾客安全。顾客抱怨的处理对门店来说并不是一件容易的事情，除了坚持必要的原则外，还要掌握一定的方式和技巧。

项目训练

【训一训】

实训内容	根据某次购物实践，了解你的购买决策过程，并谈谈你是哪种类型的顾客
实训目的	1. 洞悉你的购物心理 2. 了解你的购买决策过程 3. 分析你属于何种购物类型 4. 注意商家促销手段对你的影响
实训组织	1. 教师介绍本次实训目的及需要提交的成果 2. 搜集相关案例作为参考 3. 认真总结你所遇到的最好和最坏的产品购买经验 4. 此次购物对你日后的购买产生什么影响
实训环境	1. 图书馆、网络资源 2. 多次的购物经历
实训成果	1. 写出分析报告 2. 做好PPT，每人课堂汇报5分钟 3. 学生提出质疑 4. 教师评比考核，计入实训成绩

【练一练】

一、名词解释

　　1. 顾客服务　　2. 售前服务　　3. "三包"服务　　4. 赞美接近法

二、不定项选择题

1. （　　），指个人受到外界人群行为的影响，而在自己的知觉、判断、认识上表现出符合公众舆论或多数人的行为方式。
   A. 占有心理　　B. 择优心理　　C. 从众心理　　D. 求实心理
2. 接近顾客的技巧有（　　）。
   A. 提问接近法　　B. 搭讪与聊天　　C. 赞美接近法　　D. 以上均是
3. 赢得顾客好感的技巧有（　　）。
   A. 成立顾客俱乐部　　　　　　　B. 认真倾听
   C. 恰当运用目光进行交流　　　　D. 发自内心的赞美
4. （　　）属售前服务。
   A. 免费咨询　　　　　　　　　　B. 帮助客户挑选产品
   C. 为顾客提供便利　　　　　　　D. 服务电话
5. （　　）属售后服务。
   A. 送货上门　　B. 包装服务　　C. 安装服务　　D. "三包"服务
6. 顾客购买商品时产生抱怨的原因主要有（　　）。
   A. 标示不符　　B. 价格偏高　　C. 商品缺货　　D. 品质不良
7. 预防顾客抱怨的具体措施有（　　）。
   A. 给予特别关心　　　　　　　　B. 保障顾客安全
   C. 保证服务质量　　　　　　　　D. 提供高品质商品
8. 顾客抱怨处理方式有（　　）。
   A. 电话处理　　　　　　　　　　B. 面谈处理
   C. 信函处理　　　　　　　　　　D. 以上均不是

三、判断题

1. 顾客服务的核心就是为合适的顾客以合适的方式提供合适的产品和服务，使顾客实现合适的需求。（　　）
2. 顾客讲究名牌，以此来"炫耀自己"，这属于顾客的择优心理。（　　）
3. 豪爽型顾客不喜欢店员婆婆妈妈地介绍。（　　）
4. 要想销售成功，听只占整个销售过程的30%，而说占70%。（　　）
5. 从内容上讲，门店服务体系就是由售前、售中和售后服务构成的。（　　）

四、思考题

1. 顾客购买决策过程有哪些？
2. 简述提高顾客回头率的技巧。
3. 阐述顾客服务管理的基本措施。
4. 售中服务主要包括哪些内容？
5. 简述化解顾客愤怒的技巧。

五、案例分析

农产联：微店营销案例

（一）背景介绍

中国已经进入"大众创业、万众创新"的共享经济时代。未来十年乃至更长的一段时间内，中国的乡村市场将成为中国经济的主战场和增长点，而农产品将成为中国乡村经济增长的主要载体。在"互联网+"的趋势下，如何借此东风抢占农产品的市场份额，实现"三农"、消费者、创业者与企业之间的共享、共赢、共同发展，成为我们研究的主要课题。"农产联微店"就是在这种思维的推动下产生的创业经济共享体。

（二）微店简介

农产联微店是农产联——中国休闲农业服务平台下以"互惠共享，合作共赢"为主题的农产品O2O自主创业平台。其以农产品的三级分销为主要商业模式，通过立体的多方位的营销推广体系和分销奖励机制及品牌传播塑造，帮助广大具有自主创业梦想的人实现无本创业和人生理想，助推"三农"发展与社会和谐进步。

（三）适应人群

大学生、工薪阶层、白领精英、商务精英。

（四）微店营销操作规程

微店营销是微营销最常见的一种途径，是传统营销与现代化互联网营销的结合体，是运用"互联网+"思维实现营销的新突破，同时也是粉丝经济和社群经济的主要载体。粉丝量是决定微店流量的关键性指标，所以，能否建立和打造属于自己的粉丝军团，拥有庞大的粉丝量直接关系到微店营销的成败。

1. 打造粉丝军团

（1）建立粉丝军团的途径：

1）微信/QQ朋友圈；

2）微信/QQ群；

3）公众平台；

4）微博；

5）摇一摇。

互联网时代，可以借助类似微信、QQ、微博等社交平台或社交软件来吸收粉丝，为后期的产品销售做好铺垫。

（2）打造粉丝军团的技巧：

1）微信朋友圈具有很高的精准度和针对性，是达成交易量最大的地方。

2）微信群是志同道合者相聚之地，利于品牌推广、经验分享、学习与分销商吸纳。

3）公众平台是整体品牌传播、产品理念推广、分销加盟、活动推广、增加粉丝黏性的主阵地。

4）微博能迅速提高并扩大品牌的知名度，是产品故事营销、产品影响力传播和爆款产品推介的核心媒介。

2. 品牌推广

商品有价,品牌无价。品牌推广主要包括个人品牌推广与产品品牌推广。以微信推广渠道为例,其微信名称、微信头像、微信签名、微信背景都是品牌推广的关键所在,具体步骤如下。

(1)微信名称以"个人真实姓名"或"产品名+人名"或"品牌名+人名"为佳,这样一方面便于消费者搜索,另一方面又在无形中做了一次品牌推广。

(2)微信头像以"个人真实头像"或"品牌标志"为佳,在视觉上给消费者真实感和信任感。

(3)微信签名以"销售产品品类简介"或"广告宣传、推广语"为佳,有利于产品宣传和品牌推广。

(4)微信背景以所分销的产品品类为主,让消费者很直观地了解到你产品的概况。

3. 商业模式

(1)模式名称。

三级分销,两级返利,分销商可以无限裂变,但是无论哪级分销商,销售佣金都是一致的。每一个分销商的下级分销商卖出商品,上级分销商可以拿到推广佣金,但推广佣金最多只有两级。每个人都可能成为推广中的一级分销商,拿一级推广佣金。

(2)模式内容。

农产联微店分销所采用的三级分销模式当中有直接经济关系的只有三级,第一级分销商就是真正把货卖给消费者的人,相当于传统直销中的零售商,第二级就是发展了第一级分销商的人,第三级就是发展了第二级的人,第二级和第三级就相当于传统直销中的批发渠道商。其中第一级拿的是商品销售佣金,第二级和第三级拿的是推广佣金,而且分销商本人在商城购物均可享受10%的折扣。农产联微店分销的收入由自己卖货获得销售佣金和推广下级与下下级分销商获得的佣金组成(见图4-2)。

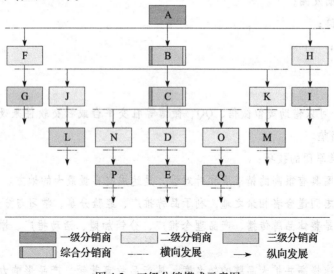

图4-2 三级分销模式示意图

(3) 购物折扣与产品分销返利（见表 4-1）。

表 4-1　购物折扣与产品分销返利

身　份	发展关系	A 购物推销	B 购物推销	C 购物推销
微店主	A 一级分销商	10%折扣	10%返利	0
	B 二级分销商	0	10%折扣	10%返利
	C 三级分销商	0	0	10%折扣

A、B、C 三级分销关系一次绑定终身受益，在农产联微店内，你的下级和下下级所产生的销售你都享有 10%的返利。

4. 产品推销

（1）产品推销的渠道：主要渠道有微信朋友圈、微信群、公众平台、微博、线下活动。

（2）产品推销技能。

1）个人品牌。通过主要推销渠道，进行个人价值观、品牌营销理念、工作和生活的态度及产品专业知识、营销技巧、经验分享的推送，让客户在第一时间感兴趣，塑造个人品牌形象和树立个人信任感。产品销售的最高境界就是卖理念、人气和信任，这也是你吸引粉丝最有效的办法，因为微商营销的流量始终是第一位的。

2）情感营销。情感是维持人与人之间稳定互信关系的最强纽带。一个人如果对你产生好感，你就可以利用好的印象进行产品推销，但要循序渐进，不要连续推送大量信息，这样很容易引起别人的反感。

3）增强自信。客户总希望他所购买的产品品质过硬。因此在推销过程中，一定要让对方有信得过的感觉。合宜的穿着、恰当的用语、自信的谈吐都是增强客户信心的办法。

4）客户分析。销售中要掌握推销对象的心理活动，具备客户心理分析能力，善于与人沟通和抓住客户的兴趣点。要想了解一个产品的消费群体的普遍心理是什么，他们为什么喜欢你的产品，他们使用产品的心理活动是什么等，就需要推销者与受众有一个很好的沟通与协调，通过掌握他们的兴趣点，以寻找同类群体作为产品受众，进一步扩大销售渠道。

5）分享技术。当客户购买了你的产品后，要在第一时间分享出去，让圈子里的人看到原来有这么多人在购买。客户收到货后也要分享，最好是把订单和确认收货的页面一起分享出去，这样显得更加真实，更具有说服力。这是刺激其他人消费的最好方法。而且，这样的分享还能得到同伴和客户的支持与鼓励，是一个非常不错的推销技巧。

6）互动环节。存在感是互动的最直接体现。在产品推销的主要渠道里，圈子里的人发了一些好的文章、观点、成交量等，你都要给予点赞、送礼、转发或评论声援，久而久之，自然会使人产生好感，从而建立一种互信互惠的关系。

7）强推技术。这个要因人而定，一般都是关系比较好的朋友，以开玩笑的方式进行销售，但一定要掌握好一个度，不要太强求，适可而止。

8）学会感恩。不管哪个朋友、客户买了多少产品，都要感谢他们，并且要公开感谢。人家支持你，可能不是因为你的产品好，而是认可你这个人。懂得感恩方能得到他人的尊重与后期的继续支持。

5. 售后服务

客户购买产品后,是你整体品质服务与品牌塑造的开始,更需要全身心投入,切实做好以下几项工作。

(1) 订单达成后的售后服务。订单达成后,要第一时间与下单客户再次确认收货地址、姓名、电话,并给予深深的感谢。发货时,货物的包装一定要精心安排,做好各类防护工作。发货后,要密切关注物流进度与客户是否及时确认收货,从细微处体现你的用心。

(2) 产品使用中的售后服务。在客户使用产品的过程中,可以对客户进行回访,询问使用的细节,并及时指导客户正确使用,虚心听取各种意见。

(3) 产品使用后的售后服务。在客户使用产品后,也要及时进行回访,倾听客户使用产品后的反馈与建议,对客户提出的建议在第一时间给予回复,并致以真诚的感谢。对使用后效果较为满意的客户,可以将其作为成功案例进行推广与分享,帮助你继续扩大销售范围。

(4) 增值服务。可以帮助客户解决与产品相关或自己能力范围内的困难,通过增值服务努力提高自己的品牌知名度,赢得客户的信赖。

(5) 消费者蜕变为分销精英。做好所有的服务工作,在帮助你树立良好的个人品牌和赢得客户信赖的同时,也为你扩大分销团队起到了积极的助推作用。好的品牌和客户的信赖,可以帮你把消费者转化为分销精英。

微店营销是互联网经济的产物,需要我们利用好互联网这个媒介,以过硬的产品质量、良好的个人品牌、精湛的营销技巧和贴心的售后服务工作,从客户心理出发,狠抓细节,不断学习,用心去做,就一定会收获颇多。

资料来源:自编。

【问题】

1. 你如何评价现在发展得如火如荼的微店模式?
2. 你如何评价农产联的微店营销模式?对你有何启发?

PROJECT 5　项目 5

门店商品管理

📝 能力目标

通过完成本项目的教学，学生应具备以下基本能力：
1. 通过对门店商品采购流程的学习，能正确进行门店采购工作
2. 通过对门店商品收货方法的学习，能正确进行门店商品接收处理
3. 通过对门店商品盘点技巧的学习，能正确组织门店商品盘点工作
4. 通过对门店库存管理方法的学习，能正确实施门店商品库存控制
5. 通过对门店退换管理流程的学习，能正确进行门店退换货管理

✅ 知识目标

1. 掌握商品采购的方法
2. 掌握门店商品收货的步骤
3. 掌握门店商品盘点的方法
4. 掌握门店库存管理的方法
5. 掌握门店退换货的流程

引例 5-1　"盒马奥莱"开创生鲜"一元店"模式

盒马旗下主打生鲜产品折扣售卖的"盒马奥莱"门店在 2022 年陆续营业，目前"盒马奥莱"门店的商品来自同城"盒马鲜生"门店的临期生鲜品及损耗品。"盒马奥莱"门店外部装修一般比较简单，门店面积较小，上架商品为蔬菜、水果、鲜花、啤酒、饮料等，以生鲜蔬菜为主，最小存货单位（SKU）大概有两三百个，店内标注的"次日降级销售"标语体现了其帮助同城"盒马鲜生"门店减少损耗的定位。

资料来源："盒马自救，生鲜'一元店'开路"，https://t.cj.sina.com.cn/articles/view/2780826007/a5c0099702700ys6l。

【问题】　除降价销售外，门店还有没有其他方法可降低商品损耗？

子项目 5.1　商品采购管理

商品采购是商品经营销售的前提，只有采购工作有序地开展，才能确保企业经营活动

正常进行。连锁门店数量众多,商品需求情况复杂,如何选择优秀的供应商是采购管理的重点,此外还须确定企业在何时,以何种方式采购,采购数量有多少。

5.1.1 商品采购模式

连锁门店的采购方式一般有集中采购、自行采购、混合采购三种。为达到规模效益,连锁企业通过集中采购的商品总量占绝大部分。

1. 集中采购

连锁企业区别于其他经营方式的重要特点就是联购分销。在采用其他经营方式的企业中,采购可以由销售部门同时承担,但连锁企业必须集中采购。集中采购的优势在于:可以降低产品的采购价格,获得价格优势;有利于降低采购过程中产生的各种管理费用;有利于统一装运、配载,降低运输成本;有利于控制库存;有利于保持连锁经营的一致性;有利于保持价格一致,避免内部竞争;等等。

集中采购是连锁企业实现规模化经营的前提和关键,只有实行统一集中采购,才能真正做到统一陈列、统一配送、统一促销策划、统一核算,才能真正发挥连锁经营的优势。

2. 自行采购

集中采购固然能够给企业带来巨大优势,但它并不能适应所有情况。由于连锁企业门店数量较多,且分布较为分散,因此在采购过程中的制约因素也比较多,较难把所有的采购业务都集中起来实行集中采购。当连锁门店采用集中采购所产生的总成本大于从所在地的供应商采购所产生的总成本,且所采购的商品与集中采购的又无较大差异时,门店可以考虑采用自行采购的方式。

自行采购的优势在于采购具有较大弹性;市场针对性强;机动性强;较符合消费者的需求。但是也存在一些劣势:无法形成采购批量,获得不了价格优势;利润较难控制;可能会对连锁企业的统一形象构成潜在威胁。

自行采购较多适用于门店之间距离较远、分布较广的连锁企业,适宜采购不便中转、组配的产品或保质期相对较短的生鲜食品,如冰激凌、鲜活海鲜等。

3. 混合采购

混合采购又叫分散集中化采购,混合采购模式综合采用集中化与分散化的采购方法,发挥集中采购与自行采购各自的优势,同时尽量弥补两种方式各自的缺点。

连锁企业采购方式的选择是建立在企业经营战略与商品分析基础之上的,无论选取何种方式,都要以连锁企业整体效益最大化为原则。

案例概览 5-1

"川小兵"火锅烧烤食材超市"零加价"模式

最近一个名为"川小兵"的连锁品牌横空出世,"川小兵"把自己定位为火锅食材一站式采购服务商，销售制作火锅过程中所用到的底料、调料、生鲜及冷冻食品等产品。说到这里，很多人可能会联想到一些连锁加盟类型的超市，总部负责产品配送，通过加价方式攫取利润。不过，深谙火锅市场经营法则的"川小兵"并没有采用这种老套的模式，它提出了产品"零加价"的模式，且开放供应商资源，加盟商也可以自己寻找货源。为了保障采购价的透明，"川小兵"还公开供应商资源，让加盟商有知情权和监督权。

目前"川小兵"已经和国内上百家厂家达成了战略合作关系，这些合作是动态的，专业的选品团队会定期对价格进行考察，以保证采购的价格始终处于优势。值得一提的是，"川小兵"还把采购权交给加盟商，众多的加盟商可以自己寻找采购资源，报总部批准后即可列入自身店面的采购商名录中，这种模式让加盟商有了更大的自主选择权。

资料来源："川小兵，火锅烧烤食材超市'零加价'模式引热议，采购资源全面开放"，https://baijiahao.baidu.com/s?id=1664649636556002724&wfr=spider&for=pc。

【问题】"川小兵"的采购模式与其他连锁企业相比有何不同？是否能成为主流？

5.1.2 采购前的准备工作

1. 了解商品的销售情况

采购人员在制订采购计划时，必须对所采购商品的相关信息有足够的了解。制订准确的采购计划的关键就是获取准确的商品供求信息。需要做的工作主要有以下几点。

（1）建立客户档案。将客户以户为单位进行登记，建立商品销售档案。定期或不定期与顾客代表进行沟通，倾听他们的意见和建议。采购人员根据顾客的档案信息进行商品采购。

（2）进行商品采购调查。商品采购调查是为了更好地制订商品采购计划而进行的信息收集与分析工作。根据调查对象的不同，大致可分为以下方式：市场调查、商品调查、采购时机调查、供应厂商调查。总体来说，在采购前需要调查的资料如表5-1所示。

表5-1 商品采购主要调查资料表

商品品名种类	调查采购的目标商品及相应的替代品
商品质量	制定质量标准，然后调查市场上相应商品的规格、质量，进行综合分析
商品数量	调查采购数量是否与本身的销售量、需求量相匹配
商品价格	为降低采购成本，要根据采购商品及对象的特点，充分准备相应的谈判技巧与交易条件
采购时间	根据自身的实际情况，统筹考虑该在采购价格较低时购入，还是根据作业本身需要时间购置
供应商	调查市场上可能进行合作的供应商，进行综合比较，选择合适的供应商并进行管理

2. 制订采购计划

采购计划的主要内容包括确定采购商品的品质和数量，选择合适的供应商，确定采购时间，确定采购预算，确定商品采购价格，等等。做好采购计划可以避免大量库存积压的现象，还可以提高供货水平，防止缺货。

3. 编制采购预算

在制订采购计划时，采购预算的确定是非常重要的。预算通常包括对利润、销售额、存货量、采购量和各种费用的估算。采购预算编制一般包括以下几个步骤。

（1）审查连锁企业的战略目标。

（2）制订明确的工作计划。

（3）确定所需采购的商品。

（4）确定较准确的预算数字。

（5）汇总编制总预算。

（6）修改预算。

（7）提交预算。

4. 确定采购时机

连锁门店的采购时间过早，会增加企业的库存成本，若太晚又容易引起缺货，影响销售。因此必须选择合适的时间进行采购，在确定采购时间时要注意以下因素。

（1）商品的季节性和消费旺季。要保证季节性的商品在旺季有充足的货源，提早采购，在淡季尽量保持较低的库存量。

（2）进货前置时间。进货前置时间越长，采购时间就越要提前。

（3）订货性质。如果是常规订货，就根据以往的经验确定采购时间。如果是采购新商品，则需留出更多机动时间供商务谈判所用。

（4）商品销售速度。日均销售量大的商品需要及时进货，日均销量较小的商品的采购间隔时间可以更长一些。

（5）储运条件。如果交通便利、配送中心设备先进，商品的采购效率会比较高，因此采购时间也可以相对后移。

案例概览 5-2

"互联网+大数据"采购

山钢集团日照公司推行了"互联网+大数据"新型采购模式，实现了部分标准性物资的便捷采购，如同淘宝购物一般。山钢集团阳光购销管理平台与阿里巴巴1688大企业采购平台进行数据对接，采购标准性物资时，只需输入招标要求就可通过阿里巴巴的大数据分析将招标信息精准推送给若干供应商，供应商根据情况进行投标报价。山钢采购部门综合考虑供应商的资质、报价、交付等情况开标选定供应商，实现最优采购。这种采购模式可以共享企业间大数据资源，充分运用数据资产，而且采购运作阳光、规范、公平，供需双方的合作更高效、更经济。

"互联网+大数据"的采购模式最终形成内外供应链协作体，从而达到保障企业供应、降低采购成本、提高采购产品质量、提高供应商服务质量的目的。该采购模式初步统计比原有招标模式降低采购成本15%以上。

资料来源："山钢集团携手阿里巴巴试水互联网+大数据采购，采购成本降了15%"，https://baijiahao.baidu.com/s?id=1669249720165332497&wfr=spider&for=pc。

【问题】 山钢集团的采购模式是否可以推广至其他连锁企业？

5.1.3 商品采购事项

1. 商品结构管理

商品结构管理是指在总部经营目标、方针指引下,为保证资源得到充分利用,门店管理人员科学、合理地优化调整中小商品结构,引进、淘汰产品。

2. 样品管理

这里的样品主要是指供应商因新品洽谈所提供的样品、为方便资料录入或拍照而提供的样品。为了保证样品无损伤、无遗失,负责人应及时按规定办理好样品的相关手续。

3. 首次订货

首次订货一般指新店开张、引进新商品、促销商品订货、更换新供应商时所下的第一张订单。商品首次订货工作规范一般包括预算陈列量、下订单、送货、跟踪、确认等内容。

4. 节假日备货

节假日一般是销售的高峰期,容易出现销量大幅上升的局面,导致货品供不应求。为了确保节前市场能够有充足的货品供应,必须对节假日商品进行提前准备。

5. 国家专控商品采购

国家专控商品是指由国家专卖的香烟、食盐、进口酒类等产品。一般情况下,为保证国家专控商品采购流程的准确性,采购负责人要根据门店的销售状况、预估销量来确定订货品种、数量,经批准后按计划进行采购。

案例概览 5-3

贵阳农产品物流园与 300 余家连锁超市签订采购协议

贵阳农产品物流园与 10 多家扶贫基地、优质果蔬主产区签订了供销合约。合力、永辉、北京华联、星力、家多福、宾隆、德旺佳等 20 余家超市集团的 300 余家连锁超市,与物流园签订了定向采购协议。该物流园是政府强力主导建设的"菜篮子"民生工程,园区有效连接生产端、销售端、消费端,将构建完整的农副产品产销链条,推进脱贫攻坚、惠及市民。按照有关协议,大型企事业单位及学校将到园区采购,日均采购量在 1 000 吨以上,年采购额将达 18 亿元。

资料来源:"贵阳农产品物流园与 300 余家连锁超市签订采购协议",https://baijiahao.baidu.com/s?id=1627027108742593701&wfr=spider&for=pc。

【问题】 以上做法给企业带来了哪些好处?

5.1.4 供应商管理

1. 定期评价供应商

(1) 对供应商进行分类编号。为便于计算机管理,连锁企业应对供应商进行分类管理,并给每个供应商进行编号。编号时考虑自身的实际情况,选择合适的编号方法,常见的编号方法有以下几种。

在供应商数量不多的情况下,可采用流水编号法,按顺序给每个供应商进行编组,例如001、002等。这种方法简单、容易实施,但是分类管理的效果不佳。

为方便记忆,可采用实际意义编号法,利用英文单词首字母或拼音结合数字进行编号。如空调供应商,可用KT01、KT02进行编号;或者食品供应商,用F001进行编号。通过这样的编号能够迅速了解供应商的相关信息。

如果供应商的数量、类别都较多,而且各类别下又分出好多子类,这种情况可选择分组编号法。分组编号法代码结构简单,容量大,便于计算机管理。分组编号要赋予各字段不同的含义,并规定好各字段内不同数字代表的意义,如070106可以描述为表5-2的形式。

表5-2 分组编号法示意

供应商	大类	小类	流水号	意义
070106	07			饮料
		01		碳酸
			06	第6号

(2)建立供应商基本数据文件。将供应商的基本资料建成资料卡,由计算机储存管理,以便通过编号随时查阅。基本资料包括企业名称、地址、电话、负责人、营业执照和营业额等。

(3)建立供应商商品台账。对供应商所供应的商品要建立台账,台账内容包括进价、售价、规格、数量、毛利率等。相关数据变更时应及时修改。

(4)统计供应商产品的销售数量。对于每家供应商产品的销售量、销售额要进行统计,作为议价谈判的筹码。

(5)供应商评估。利用ABC管理法来管理供应商,把供应商分为A、B、C三级,A级供应商一般由主管直接控制和管理,表5-3是供应商评估表。

表5-3 供应商评估表

项目	评价				得分
	A	B	C	D	
供应价格	比竞争者优惠(15)	与竞争者相同(10)	略差于竞争者(8)	与竞争者差距大(2)	
商品品质	佳(10)	尚可(8)	差(6)	时常出现次品(2)	
商品畅销程度	非常畅销(10)	畅销(8)	普通(6)	滞销(2)	
促销配合	极佳(15)	佳(10)	差(5)	极差(5)	
配送能力	准时(15)	偶误(10)	常误(5)	极常误(2)	
供应商经营潜能	极佳(10)	佳(8)	普通(6)	小(6)	
缺货率	2%以下(15)	2%~5%(10)	5%~10%(6)	10%以上(4)	
商品退货服务	准时(10)	偶误(8)	普通(6)	极常误(2)	
备注	(1)评价每半年一次,一年两次,取平均得分 (2)得分75分以上为A类,60~75分为B类,60分以下为C类				

2. 新供应商开发流程

由于新开连锁门店或原有门店业务扩张,原有的供应商不能充分满足连锁门店的需要,这时连锁企业就必须开发新的供应商来保障货源供应。开发新供应商一般要遵循以下流程。

(1) 寻找潜在供应商。通过各种信息渠道获取供应商的相关情况,对供应商做初步的筛选。

(2) 实地考察。连锁门店派专业小组对供应商进行实地考察,了解其生产规模、组织结构等。

(3) 发出询价。在实地考察供应商后,向其发出询价文件,一般包括规格、样品、数量、交付日期等要求,询问报价。收回报价后,对其条款做详细记录。

(4) 报价分析。

(5) 选取合适的供应商,签订采购合同。

知识链接

采购作业流程如图 5-1 所示。

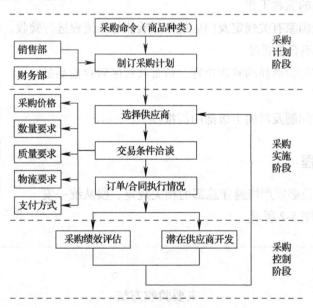

图 5-1 采购作业流程

引例 5-2 永辉超市生鲜产品的验收

永辉超市的送货车辆每天早上 6:30 以前会到达卖场。卖场验收部根据配送单,首先验好周转箱或带包装商品的数量,然后对配送商品的数量、质量与司机进行全检或抽检,验收无误后在配送单上签字让司机捎回,已验收商品一律不退。如有质量问题让司机证明,配送的找生鲜配送中心主管处理,直送的找采购主管处理,当天必须处理完,隔日一律不予处理。

对于直送商品，卖场验收部人员把好质量关，对验收的商品要做到及时入库，不允许打白条。如发现商品的鲜度、等级、质量不达标时，可以拒收并及时通知采购，验收人员要做好货物差异的记录。

对商品质量的验收、把关，大卖场由验收部负责，连锁门店由店长、主管负责。理货员及其他班组人员不予参与。

资料来源：永辉超市生鲜经营的主要环节，https://www.sohu.com/a/503026340_121123722。

【问题】 请思考门店货品验收的流程。

子项目 5.2　商品收货管理

在门店的日常工作中，收货工作是一个至关重要的环节。通常情况下，收货流程从供应商收到门店或总部的订单开始，到门店收货入库结束，在这个过程中涉及的人员包括采购员、传单员、配送中心收货人员、门店收货人员、供应商送货人员等。

5.2.1　收货人员的岗位职责

（1）负责商品的验收工作。

（2）严格按照国家有关规定及门店的商品验收标准流程进行验收，确认相关单据的签名，同时负责退回不合格货品。

（3）合理安排待验商品的验收位置，负责收货区暂存商品的安全。

（4）发现异常问题及时向上级部门汇报。

5.2.2　收货流程

商品的接收作业必须严格遵守总部的相关规定，服从统一安排，其工作流程如图 5-2 所示。

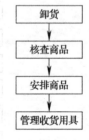

图 5-2　收货工作流程

知识链接

主要验收方法

感官验收不需要仪器，简单易行。主要是指利用人的视觉、触觉、味觉、嗅觉、听觉等器官来识别商品优劣真伪的一种方法。但是这种方法受验货人的工作经验、生理条件及外界环境的影响，鉴别的结果往往带有主观性和片面性，无法得到可靠的数据。

【问题】 家用电器、数码产品等要用何种方式进行验收较为合适？

收货人员在供应商商品送达时要对商品进行验收，验收的内容主要有以下几项。

（1）品名。收货人员检查商品品名是否清楚，核对商品品名与验货清单上的商品描述是否一致，着重检查销售单位的包装描述。

（2）条形码。抽取一个商品，扫描条形码，核对扫描显示的商品描述与品名是否一致。

（3）克重。检查商品实际克重与单据中的克重描述是否一致。

（4）保质期。检查商品是否已经过了保质期或快到保质期。

（5）中文标志。对于进口商品需检查商品上的中文标志，若无中文标志，收货人员应拒收。

（6）防伪标记。检查特殊商品的防伪标记，收货人员应拒收假冒商品。

（7）说明书。家电类产品需检查使用说明书。

（8）检验合格证。检查商品是否带有质量检验合格证或卫生检验合格证。

供应商在与门店的收货人员共同验收了商品之后，收货人员在验收单上写上收货总数额（大写），该单据由收货人员、送货人员及相关责任人签名。验收单会交由文员录入计算机，打印多联验收确认单，交给供应商送货人员一联。随后，供应商可持验收确认单与连锁企业的财务部对账，并以此作为财务结算的依据。

案例概览5-4

沃尔玛自动卸货、取货、清洁机器人

沃尔玛计划大力扩展技术，使其美国门店中的一系列低层次任务实现自动化，从而解放员工从事更专业化的工作。该计划将推出1 500种新的自动地板清洁器，称为"Auto-C"，另外还有300种货架扫描器，称为"Auto-S"。此外，还有1 200多台快速卸货机、900多座取货塔。

这意味着，购物者可能很快就会遇到机器人在这家零售商的货架上上下滑动。沃尔玛采取这一举措之际，自动化技术正慢慢渗透到低工资的服务业岗位。例如，沃尔玛的Auto-C地板清洁器目前在200多家门店运营。它使用自动技术来清洁和抛光地板，这一任务通常需要员工每天使用抛光机两小时才能完成。在其他地方，Auto-S货架扫描器可以让员工从上下货架扫描库存的"乏味"工作中解脱出来。

资料来源："沃尔玛将在美国门店部署数千机器人，能自动卸货、取货及做清洁"，https://www.sohu.com/a/306994239_114835。

【问题】沃尔玛的这一做法可以为门店节约哪些成本？

知识链接

常见质量认证标志

英国的质量标志是"风筝标志"；法国实行"NF"质量标志（主要用于电器、家具和建筑三大类产品）；日本企业的产品如果检验合格，会发给合格证书或授予"JIS"质量标志；美国没有统一的质量认证标志，但是在美国市场或国际市场上带有"UL"标志的商品，竞争力会特别强，一般的电器及化工产品进入美国市场，只有通过"UL"检验才能站得住脚。

美国UL认证　　　3C认证标志

【问题】 你还知道哪些国家的质量认证标志？

5.2.3 调拨商品收货流程

商品调拨是指商品在门店之间进行调动，包括调入和调出。门店间的商品调拨一般由调入店安排人员及车辆至调出店调货，调入店员工凭店长签名的调货函件调拨商品，该单据上必须注明调拨商品的名称、编码、规格、数量等主要信息。调拨的具体流程如下。

（1）申请。调拨商品必须无残损，因商品残损而产生的回调费用由调出方承担。调入方的店长需要进行电话申请，并与调出方的店长确认数量。

（2）制单。调出方员工根据店长确认的商品调出信息打印调出单，一式两联，本店一联，对方一联。

（3）商品出仓。调出方仓管员根据调出单的信息进行备货，并在调出单上签名，提货人或送货人也需要在调出单上签名。

（4）验收。调入方收到调拨商品后，收货员与仓管员按调出单上的品名、数量等信息进行实物验收，并签名确认，如有差异立即通知店长。

（5）单据录入。调入方文员根据有双方仓管员（收货员）签名确认的调出单于当天按实际收货数量录入调入单，并确认审核。

（6）单据保管。调入方和调出方每月核对一次，总部相关部门每周查询调拨差异并进行分析处理。

引例5-3　RFID技术为珠宝门店的盘点工作撑腰

随着国民消费水平的不断提升，国内珠宝行业得到广阔的发展空间。然而，专卖柜台的盘点工作在珠宝店的日常经营中耗费不少工作时间，一个普通珠宝门店对店内产品进行人工盘点，平均需要耗费五个小时左右，即使店内员工有高速率的盘点功夫，也难以做到每天定时盘查。

不过，自从RFID技术被引进珠宝行业，珠宝行业实现了电子化、信息化管理，盘点珠宝的工作效率也有了显著提高，因而其颇受珠宝行业的喜爱。那么，如何运用RFID技术使珠宝门店更高效地完成盘点珠宝的基本工作呢？

采购人员完成珠宝的收购工作后，在珠宝放置门店的柜台之前，相关工作人员需要为每一个珠宝安装RFID标签，用发卡器为RFID标签写入电子产品编码（EPC），实现RFID标签与珠宝子产品之间的绑定关系。当放置专柜的珠宝有了RFID标签后，工作人员可以通过操作计算机实现对柜台珠宝的实时监测,同时不影响店员开展销售工作。每一个柜台都会配备 RFID 读取器,有助于工作人员实时、快速、准确地盘点柜台里的珠宝,从而大大地提高了门店盘点珠宝的效率和准确率。RFID 技术能大幅降低企业在珠宝盘点方面的人力和时间投入,降低运营成本,提高管理效率。

资料来源:"RFID 技术为珠宝门店的盘点工作撑腰",https://www.163.com/dy/article/GGV0BT0V0511QE18.html。

【问题】 RFID 技术在哪些环节改善了门店盘点工作?

子项目 5.3 商品盘点管理

5.3.1 盘点前工作

(1) 建立盘点制度。盘点制度由连锁总部统一制定,包括以下内容。

1) 盘点方法(实地盘点或账面盘点)。
2) 盘点周期。
3) 账务的处理规定。
4) 盘点出现差异的处理方法及改进对策。
5) 对盘点结果的奖惩规定。

(2) 盘点组织落实。盘点作业人员由各门店负责组织,总部人员负责协助与监督。由于盘点工作量较大,也是门店参与人员最多的一项作业,通常要求全体人员都参加。

(3) 盘点责任区的确定。为使盘点工作顺利进行,一般使用盘点配置图来分配盘点责任区,盘点配置图上应标明门店的通道、陈列架、门店仓库的编号等,并在实际场所中标明对应编号。通过盘点配置图可以周详地分配盘点人员的责任区,也可以让盘点人员明确自己的盘点范围。

(4) 盘点前准备。盘点之前要张贴告示,告知顾客,避免顾客在盘点时前来购物。同时通知供应商,以免供应商在盘点时送货。

(5) 商品整理。在实地盘点开始前对商品进行整理,会使盘点工作更加有序、高效。要做到货架上全部商品都有正确的价格牌,任何商品都没有跨货架陈列,任何商品都没有被其他商品挡在里面,商品陈列时每一列都必须整齐。如果放置在高层的货品是用纸箱存放的,则要在每一个纸箱外都张贴库存清单。

货架上的商品都要有正确的价格标签,保持货品陈列整齐,散装、小包装商品可以先按单元组装好,留少量进行销售。

5.3.2 盘点作业

盘点人员在实施盘点时,应按照负责的区域,由左至右、由上至下展开盘点。第一盘点人先将商品清点一次,将盘点结果逐一记录于盘点单上。初点结束后,第二盘点人对初点结果进行复点,复点后第二盘点人将结果用红笔记录在盘点单上(见图 5-3)。

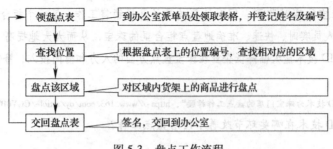

图 5-3 盘点工作流程

5.3.3 盘点注意事项

（1）第一盘点人一定不能把初点的数字告诉第二盘点人，违者严重处罚。

（2）一定要找到与领取的盘点表上编号一样的区域才能开始盘点。

（3）如果盘点时出现错误需要修改数字时，不能直接涂改，需统一用"／"划掉原来的数字，将正确的数字写在旁边，并签名。

（4）如果盘点表上有商品信息，但是货架上没有陈列，说明该商品在盘点准备工作时是有存量的，但在盘点前已销售，此时在盘点表相应位置填写"0"。

（5）如果盘点表上没有商品信息，但是货架上有陈列，则说明在盘点准备的扫描工作中出现了遗漏，需在盘点表相应位置增填信息，要标清品名、数量、规格及商品编码。

5.3.4 盘点作业检查

对于各小组和各责任人的盘点结果，门店负责人都要仔细加以检查，检查每一类商品是否已清点出数量，同时对单价高或数量多的商品需进行复查。

当盘点人员将盘点表交回后，相关人员要对盘点表进行核对，第一盘点人与第二盘点人的数字相同时，则放入"复查无差异"文件篮。如果第一盘点人与第二盘点人的盘点数额有出入，则放入"复查有差异"文件篮，此篮中的盘点表交给第三盘点人对有差异的品项进行再次清点，第三盘点人将清点数量进行记录，并签字。最后对三个盘点人的单据进行统一核对，以其中两个相同的数字为终盘数，统一更改并签名，放入"复查无差异"文件篮。如果盘点表上三个盘点人的数量均不相同，则由门店主管进行第四次盘点，最后同样以两个相同的数字为终盘数（见图 5-4）。

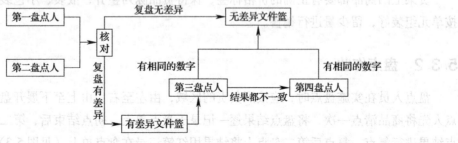

图 5-4 盘点作业检查工序

5.3.5 盘点录入与盘点后工作

盘点录入以初盘表为数据录入依据，录入完毕后打印录入差异报表，对录入有差异部分的原始单据进行核实。盘点完毕后，必须由门店将信息发至总部进行登账。

在确认盘点记录无异常后，就要进行第二天正常营业的准备和清扫工作，包括补充商品、恢复陈列、清扫通道等。

案例概览 5-5

这家超市不盘点，7 年损失 52 万元

湖南一家超市的老板一直发愁生意不好，却发现底下的收银员有钱买车买房。老板发现不妥后，决定对货物和营业款进行一次盘点，结果发现卖出去的商品根本对不上数，于是展开了内部调查，调取超市监控录像后，老板发现收银员多次从收银机里拿钱，老板选择报警，警察抓住收银员肖某后，得知她每天都偷 100~500 元营业额，7 年共偷得 52 万元，用来买了两套房。

超市、便利店容易发生外盗、内盗、操作失误等原因造成的损耗，作为微利行业，控制损耗应成为重点工作。因此超市、便利店一定要定期进行盘点以掌握库存状态。

资料来源："超市、便利店多久盘点一次？这家超市不盘点 7 年损失 52 万"，https://baijiahao.baidu.com/s?id=1598232220149145068&wfr=spider&for=pc。

【问题】 你认为超市、便利店最好多久盘点一次？

引例 5-4 沃尔玛移动 AR 管理库存方案

为了实现快速补货上架，沃尔玛采用了一种移动端 AR 仓库管理方案，并计划将该方案应用于 3 500 家门店。实际上，沃尔玛关注并采用 AR/VR 技术多年，在 2018 年就曾购入 1.7 万台 Oculus Go，用于培训全美 100 多万名店员。同年年末，还曾展示移动端 AR 条码扫描工具，可显示价格、评论、商品简介、官网链接等信息。

与 VR 方案相比，AR 库存管理方案基于 Zebra 移动数据终端和沃尔玛现有的库存追踪系统，使用门槛更低，只需要用 Zebra 移动设备扫描库存，即可通过绿色的 AR 标记来定位所寻找的商品。而具体的定位方式，则是通过仓库盒子上的 AR 定位标记来实现的。在沃尔玛大型购物广场中，货架上售出的产品大约有 12 万种，而仓库中这些商品的库存约有 1.5 万箱。因此，如何在某种商品售空后及时补货，加速商品流通，是一个关键问题。

沃尔玛表示，通常一名员工在仓库寻找库存大约需要 2 分半，而采用 AR 方案后，员工无须对照库存明细就能直接扫描定位，这将节省 1/3 的时间。目前，每名员工定位芥末或牙刷头等库存的平均时间已经缩短至 42 秒。

资料来源："沃尔玛用移动 AR 方案管理库存，将用于 3 500 家门店"，https://www.sohu.com/a/471056273_395737。

【问题】 除以上用途外，还有哪些工作可以与该系统衔接？

子项目 5.4　商品库存管理

商品采购到位后必然会有部分要进入门店仓库进行保管，库存管理是门店销售的基础。门店的主要功能是销售，其仓储空间都是很有限的。如何有效地进行商品库存管理，在充分保障销售的前提下，尽量使库存最小化、配置最优化是一个十分关键的问题。

5.4.1　商品库存控制

门店的库存控制有别于配送中心，对于每家门店来说，存货管理是一个一直缺乏规划和控制的环节。经营者可以用商品周转期、商品订购周期（订货延长期）来规划安全库存量，再视缺货情况与淡旺季情况进行微调，这是门店安全库存设置的简化计算方式（见图5-5）。

近年来，人们对耐用消费品的需求有所增长，而对耐用消费品的购买时间又大多集中在节假日期间，如"五一""十一""春节"等法定节假日。因此，门店应考虑到需求的波动情况，储备充足的商品来防止节假日断货。在进行库存管理的时候，要及时地分析哪些商品是畅销的，哪些商品是超库存的，哪些商品是滞销的，并按类别和品种进行分析，掌握情况，及时采取改进措施。

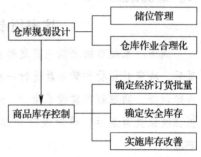

图 5-5　商品库存控制作业流程

案例概览 5-6

全自动库存机器人

迪卡侬是世界上最大的体育用品零售商之一，目前在全球拥有约1 400家分店。2018年开业的美国旧金山门店共拥有10 000多个SKU，涵盖80多种运动种类。该商店启动了迪卡侬集团与Simbe Robotics之间的合作伙伴关系。Simbe Robotics的机器人系统Tally被称为世界上第一个"全自动库存机器人"。

Tally机器人高约163厘米的身上覆盖着近40个传感器和10多个高分辨率相机，在行走的过程中通过RFID、视觉+感知技术完成库存盘点、缺货管理和货位优化，省去了员工手持RFID读取器读取标签的工作，也更加智能化地实现全面库存管理。Tally每小时可检查15 000~30 000种产品，每天可循环检查3次，准确率达97%以上。

资料来源："每小时检查3万种产品，全球第一台全自动库存管理机器人在迪卡侬"，https://baijiahao.baidu.com/s?id=1706583949285388373&wfr=spider&for=pc。

【问题】　除RFID等技术外，还有哪些现代化的盘点方法？

5.4.2　存货作业的注意事项

（1）商品要进行定位，按照不同的类别进行分区管理。门店仓库一般最少要有3个区域，即整箱储存区、拆零储存区、退货区。

（2）使用货架等仓储工具，做到空间使用最大化。

（3）商品存取作业方便，可以做到先进先出，也能做到随进随出。

（4）商品不可以直接接触地面，要保持地面的清洁卫生。如确实需要进行堆垛，则需加垫枕木或栈板，防止商品受潮。

（5）商品不得与墙壁直接接触，需要留有5厘米的间隙。

（6）商品不能放置于通道上。

（7）注意仓库区的温度、湿度，保持通风。

（8）商品进出库要做好登记工作，以便明确保管责任。

5.4.3 商品储存的注意事项

1. 防止商品的物理变化

物理变化指改变商品的外表形态，不改变其本质。物理变化的结果不是数量损失，就是质量受损，严重者会失去使用价值。

（1）挥发。挥发是指液态商品汽化成气体散发到空气中的现象。液体商品的挥发不仅会降低商品的有效成分，降低商品质量，有些燃点低的商品还可能引起燃烧或爆炸。有些商品挥发的蒸汽还可能对人体有害。部分商品受热膨胀，内部压力变大，可能发生爆破现象。常见的易挥发商品有酒精、香精、花露水、香水、油漆、杀虫剂等。防止商品挥发的主要措施有：加强包装的密封性；控制仓库区的温度，高温季节要采取必要的降温措施。

（2）溶化。溶化是指固体商品吸收空气中的水分达到一定程度，成为液体的现象。商品发生溶化与空气温度、湿度有密切关系。常见的易溶化商品有食盐、食糖、明矾等。防止商品溶化的主要措施有：分区分类存放商品；易溶化商品不得与含水分较大的商品同区储存；储存环境要干燥、阴凉；货物底层要做好防潮、隔潮措施；做好通风措施。

（3）熔化。熔化是指熔点低的商品受热发生软化甚至化成液体的变化现象。熔化与商品本身的熔点、杂质含量、外界温度有直接关系。常见的易熔化商品有发蜡、复写纸、松香、胶囊等。商品熔化会造成货垛倒塌、货物流失、粘连包装等负面影响。防止商品熔化的主要措施有：密封、隔热；控制温度、避免日光直射；等等。

（4）串味。串味是指吸附性较强的商品吸附了其他商品的气体、异味，从而改变了本来气味的现象。常见的易被串味的商品有大米、木耳、茶叶、卷烟等。常见的易散发气体、异味而引起其他商品串味的有汽油、咸鱼、腌肉、樟脑、肥皂等。防止商品串味的主要措施有：密封包装；易被串味的商品在储存过程中尽量不与带强烈气味的商品同车、同储；保持仓储环境的清洁卫生。

（5）变形。变形是指商品在外力作用下发生形态上的变化。如玻璃、陶瓷、铝制品容易破碎、变形。塑料、橡胶等商品如长期受外力作用，易丧失弹性，发生形态改变。防止商品变形的主要措施有：降低商品的堆垛高度；加强包装。

2. 防止商品的化学变化

（1）氧化。氧化是指商品与空气中的氧或其他释放氧的物质接触，发生化学变化。商品氧化不仅会降低商品的质量，有的还会在过程中产生大量的热量，导致自燃。锈蚀是金属制品的特有现象，金属制品在潮湿空气及酸、碱等作用下会被腐蚀。防止金属制品氧化、腐蚀的主要措施有：涂油防锈；气相防锈；可剥性塑料封存。

（2）老化。发生老化的商品大多是以高分子化合物为主要成分的商品，如橡胶制品、塑料制品等。这些商品受光、热和空气中的氧等外界因素作用而失去原有的性能，会出现发黏、龟裂、变脆、强力下降等现象。

防止商品老化的主要措施有：提高商品本身的抗老化作用；保持包装的清洁完整；采取有效的养护手段；仓储区保持干燥，防止阳光直射；控制仓储区的温度、湿度。表5-4给出了不同种类商品储存时适宜的温湿度。

表5-4 相关高分子化合物商品储存的适宜温湿度

商品种类	适宜温度/℃	适宜相对湿度/%
橡胶制品	-10~25	60~80
绵、麻、化纤制品	30以下	60~80
呢绒、丝绸	25以下	60~80
塑料制品	0~25	60~75
皮、革制品	30以下	60~70

3. 防止商品的生态变化

（1）发芽。发芽是指有机体商品在适宜的条件下发生萌发现象。发芽的结果会使有机体的营养物质转化为可溶性物质，供给本身的需要，从而降低了商品的质量。防止发芽的主要措施有：控制商品的水分；加强温湿度管理。

（2）霉腐。霉腐是指商品在霉腐微生物作用下发生的霉变和腐败现象。常见的容易发生霉变的商品有粮食加工制品、水果、蔬菜、酒类、纺织品、皮革制品、卷烟。无论哪种商品，只要发生霉腐，就会受到不同程度的破坏，严重霉腐的商品会完全失去其使用价值。防止霉腐的主要措施有：加强仓储管理（环境卫生、温湿度检查）；使用药剂防止霉变；使用挥发气体防止霉变。

知识链接

仓储防霉技巧

梅雨季节，仓储区的防霉工作主要是控制相对湿度。如果把仓库内的相对湿度控制在75%以下，多数商品在这种条件下就可以安全储存了。

【问题】 除了温湿度的控制，是否还有其他防霉技巧？

（3）虫害、鼠害。害虫和鼠类对于商品的危害性非常大，不仅会造成商品数量、质量的直接损失，甚至还会传播病菌。对商品危害较大的虫类主要有甲虫类、蛾类、蟑螂类、螨类，这些害虫与其他动物不同，它们适应性强，能够在恶劣的环境下生存，食性杂且繁殖能力强。

防止虫害、鼠害的主要措施有：以防为主、防治结合，使用天然樟脑或合成樟脑等；

化学药剂杀虫；高、低温杀虫；射线杀虫；充氮降氧杀虫；机械捕杀、毒饵诱杀；保持仓储区清洁卫生。

> **知识链接**
>
> **仓库消毒方法**
>
> 仓库消毒主要采用紫外线、抗霉剂、消毒剂等。要保证储存空间内每平方厘米微生物孢子数不超过 100 个。对仓储工具及工作服等，可采用紫外线辐射杀菌消毒，也可以用漂白粉溶液、热碱水或过氧化氢消毒。
>
> 【问题】 仓库消毒时如何避免对在储商品的损害？

引例 5-5　长三角异地异店成功退货

在苏州购买的衣服，能否在上海退货？消费者沈先生求助 12345 热线：“在苏州的 ZARA 买了一件衣服，回上海后发现尺寸有点大，想看看在上海能不能退？”这个求助被迅速分派到静安区市场监督管理局，工作人员随即与沈先生一同到达上海南京西路的 ZARA 门店。

经店员检查，衣服没有破损，原始吊牌、小票俱全，该店参加了"长三角异地异店退换货承诺活动"，因此当场给予退货。从踏入门店到完成退货，仅用了 5 分钟时间，沈先生对处理结果非常满意。

资料来源："消费者求助 12345 热线，长三角异地异店成功退货"，https://baijiahao.baidu.com/s?id=1694209831774528841&wfr=spider&for=pc。

【问题】 顺畅的退换货渠道与服务，对企业经营有哪些好处？

子项目 5.5　商品退换管理

商品退换对于门店来说是经常发生的事情，也是售后服务的重要工作内容之一。正确处理商品的退换，有助于门店服务质量的提高，有利于取得消费者对品牌的信任，提高顾客的忠诚度。

5.5.1　退换货一般性规定及原则

商品退换货一般性规定如表 5-5 所示。

表 5-5　商品退换货一般性规定

类　别	商品具体情况	是否可退换
有质量问题的商品	在退换货的时限内	可退换
	超出退货的时限，但在换货的时限内	可换，不可退
	超出退换货的时限	不可退换
无质量问题的商品	不影响重新销售	可退换
	有明显使用痕迹	不可退换

(续)

类　　别	商品具体情况	是否可退换
顾客购买后的商品	顾客定制商品，无质量问题	不可退换
	顾客使用、维修、保养不当或自行拆装造成损坏	不可退换
	原包装损坏、遗失，配件不全、无保修卡	不可退换
其他特殊商品	个人卫生用品和化妆品、内衣裤等	不可退换
	清仓品、赠品	不可退换
	消耗性产品，如电池、胶卷等	不可退换
无所在门店的消费小票	—	不可退换

一般商品只要不残、不脏、不走样、没有使用过、不影响出售，应予以退换。有些商品如服装，虽顾客试穿过，但不影响商品质量的，应予以退换。过期失效、残损变质、称量不足的商品未经查验而出售的，一律予以退换。精度较高的商品，如能鉴别出确属质量不佳，可以根据具体情况，灵活掌握。凡食品、药品、剪开撕断的商品、买后超过有效期的商品、不易鉴别内部零件的精密商品、已经污损不能再出售的商品，一般不予退换。

5.5.2　退换货流程

商品退换货流程如图 5-6 所示。

图 5-6　商品退换货流程

员工对待商品退换问题应有正确的认识，要认真做好商品进销过程的各项工作，保证出售商品数量与质量的精准、完好。对于不能退换的商品，在出售时应向顾客说明，尽量避免和减少商品的退换情况，要热情接待要求退换货的消费者，听取他们对商品和服务工作的意见，做好记录，及时向相关部门反馈，以改进门店的服务质量。

案例概览 5-7

物美全面升级退换货政策

物美宣布全面升级 7 日无理由退换货服务,新增线下"7 日无理由退货",打造线上线下全渠道服务。物美设立的数字化顾客满意中心优化了公司用户服务的运营体系,消费者如有售后服务需求,除了到店协商,还可通过多点 app、400 热线电话等多种便捷渠道办理。消费者无论在线上还是线下渠道所购商品,如存在质量问题,持原始购物小票、手机订单,自购买之日起 7 日内可办理退换货手续;即便商品不存在质量问题,消费者如有需求,也可凭完整无损包装及完整附件(包括赠品),在 7 日内办理退换货。此外,消费者可凭借购物凭证,享受商品三个月的"三包"期限(国家另有规定的除外)。物美遵照国家相关法律要求进行标价,如消费者在购物过程中发现由工作人员疏忽造成扫描价格与标示价格不一致的情况,物美还将提供 5 倍差价返还。

资料来源:"物美退换货政策全面升级,打造全渠道服务",https://www.sohu.com/a/456650386_466852。

【问题】 请对比当前线上消费退换货与线下消费退换货的差异。

门店管理工具箱

工具 5-1:供应商档案表

日期:

公司名称					网址				
地址					电话		传真		
					联系人1		电话		电子邮件
省/市				邮编	联系人2		电话		电子邮件
是否已经是××的供应商					是		否		
经营地区									
经营的主要品牌	产品类别								
	品牌名称								
经营类型	制造商	贸易商	代理商	进口商	纳税资质	一般纳税人	小规模纳税人		农业生产自然人
已经取得的质量认证					物流配送能力				
					可抵达城市	省会城市	地级城市	县级城市	外省城市	其他
					可抵达范围	仅可送物流中心	仅可送大型门店		所有门店

工具 5-2：门店验收单

验收单号

验收日期		承运人			
品名		采购单号			
		发票号码			
厂商名称		数量			
		金额			
进店品检验			财务		
验收量	退货量	单价	总价	核对	
检验员	日期	进账	日期		
说明					

工具 5-3：门店仓库盘点单

盘点日期		第一盘点人		盘点单号码		
物品号码						
物品数量						
物品单价						
物品外观状况						
盘点日期		第二盘点人		盘点单号码		
物品号码						
物品数量						
物品单价						
物品外观状况						
盘点日期		复核人		盘点单号码		
物品号码						
物品数量						
物品单价						
物品外观状况						

工具5-4：门店商品库存盘点表

填报单位：　　　　时间：　　年　　月　　日　　　　单号：　　　　　金额：　元

编码	商品名称	单价	账面数		清点数		溢余		短缺		备注
			数量	金额	数量	金额	数量	金额	数量	金额	
1											
2											
3											
4											
5											
6											
7											
8											
9											
10											
本页金额合计											

单位负责人：　　　仓储主管：　　　保管员：　　　制单：　　　复核上报：

工具5-5：门店商品退货单

客户名称：　　　　　传真号：　　　　　退货日期：

No.	货号	品名	规格	数量	出货单号	退货原因

审核：　　　　　　　　　　　　　　　制单：

项目小结

商品管理是连锁门店管理的基础，只有做好商品管理才能保障连锁体系的正常运作。本章介绍了门店的商品采购管理、收货管理、盘点管理、库存管理与退换管理，在商品管理过程中要谨记各项操作的注意事项及关键要点。在采购中要做好准备工作，充分了解相关信息与数据，选择好采购时机，并实施供应商的分类管理与评估。在收货管理中，切实做好商品的验收工作，明确责任，为日后的各项管理活动提供便利。在盘点工作中，要合理选择盘点时间与盘点方法，做好盘点组织工作，保证盘点结果的真实准确。在库存管理中，要掌握各项库存优化方法，在保证不损失销售机会的前提下尽可能地降低门店库存。在退换管理中，要充分理解退换货工作的内涵，做好服务工作，提升门店形象。

项目训练

【训一训】

实训内容	以寝室为单位，一个寝室为一个"门店仓库"，经营团队各成员的角色进行自由分配。团队需要对寝室的床、柜等储物空间进行分区分类编号，然后对现有物品进行模拟盘点
实训目的	1. 掌握门店商品盘点、仓储管理的原理 2. 掌握门店商品盘点的技巧 3. 掌握货架、储位编码的方法
实训组织	1. 教师介绍本次实训的目的及需要提交的成果 2. 上网搜集相关资料作为参考 3. 到所在寝室进行实地分析 4. 学生以寝室为单位，做好盘点工作
实训环境	1. 门店管理工具箱 2. 学生寝室
实训成果	1. 填制盘点单并上交 2. 教师评分，计入实训成绩

【练一练】

一、名词解释

1. 商品结构管理　　2. 商品调拨　　3. 首次订货　　4. 串味

二、不定项选择题

1. 下列哪些选项是连锁门店的商品采购模式（　　）。
   A. 集中采购　　　B. 自行采购　　　C. 混合采购　　　D. 网络采购
2. 采购前的准备工作包括（　　）。
   A. 了解商品的销售情况　　　　　B. 制订采购计划
   C. 编制采购预算　　　　　　　　D. 确定采购时机
3. 容易在储存过程中发生挥发现象的商品有（　　）。
   A. 酒精　　　　　B. 花露水　　　　C. 食盐　　　　D. 明矾
4. 容易在储存过程中发生老化的商品有（　　）。
   A. 轮胎　　　　　B. 橡皮筋　　　　C. 胶鞋　　　　D. 白瓷茶杯

5. 下列哪些情况属于不可退换的范围（   ）。
   A. 无所在门店的消费小票　　　　　　B. 赠品
   C. 无质量问题的客户定制商品　　　　D. 因顾客使用不当而造成损坏的商品

三、判断题

1. 一般商品只要不残、不脏、不走样、没有使用过、不影响出售，应予以退换。（   ）
2. 为保证商品存取作业方便、快捷，必须做到先进先出。（   ）
3. 盘点开始后，第一盘点人与第二盘点人可同时开始工作。（   ）
4. 门店间的商品调拨一般由调出店安排人员及车辆送货至调入店。（   ）
5. 为了确保节前市场能够有充足的货品供应，必须对节假日商品进行提前准备。（   ）
6. 验收时对于进口商品需检查商品上的中文标志，若无中文标志收货员应拒收。（   ）

四、思考题

1. 收货人员进行商品验收时主要的检验内容有哪些？
2. 商品在储存过程中常见的物理变化有哪些？
3. 通常情况下盘点制度应包含哪些内容？
4. 简述新供应商开发的流程。

五、案例分析

A公司系一家制衣厂，与B公司签订合同购买布料，合同约定了交付标准、验收条款和付款时间等事项。B公司按期交付了货物，A公司接收货物之后未经验收就入库，并且投入使用。付款期限届满，B公司发函催款，A公司此时提出所收到的布料有部分与合同约定不符，货款应扣减。B公司则认为，约定的验收期限早已过期，A公司过了验收期限才提出来货物有问题是为了恶意拖欠货款。

【问题】　收货时未及时验收货物，所产生的不利后果由谁承担？

项目 6 PROJECT 6

门店销售管理

能力目标

通过完成本项目的教学,学生应具备以下基本能力:
1. 通过对制订门店销售计划的学习,会正确制订门店销售计划
2. 通过对门店商品价格管理的学习,会正确运用门店商品价格策略
3. 通过对门店商品促销管理的学习,会正确运用门店商品促销组合操作规范
4. 通过对提升门店销售管理绩效的学习,掌握提升门店销售管理绩效的策略和技巧

知识目标

1. 掌握门店销售计划的制订
2. 掌握门店商品价格策略
3. 掌握门店商品促销组合操作规范
4. 掌握提升门店销售管理绩效的策略和技巧

引例6-1 利用放大对比效果,激发消费者的购买欲望

有一家电子玩具专卖店,新开发了两款不同型号(大小不同)、功能相差无几的电子游戏机。两款新产品定价均为80元,摆在柜台上很少有人问津。之后他们做出了价格调整,把小号游戏机的标价提升到150元,而大号游戏机的标价不变。一周后,专卖店里的新款大号游戏机卖得很火爆。一些追求价格实惠的消费者在购买时发现两款产品的功能相差无几,且大号游戏机的价格比小号游戏机便宜一半,以为捡到了便宜,便毫不犹豫地将其买下。而另外一些追求质量的消费者,看到小号游戏机的价格反而比大号游戏机的价格高出一倍,觉得小号游戏机肯定更上档次,也愿意购买。这一切归功于放大了对比效果。

资料来源:"这6个创意又卖货的促销思维案例,助你促销活动爆单",http://www.22v.cn/15700.html。

【问题】 此案例的放大对比效果对你有何启发?

子项目6.1 制订门店销售计划

门店销售计划是销售管理的起点,门店销售管理首先从销售计划开始。没有完善的门

店销售计划，门店销售管理工作就无从谈起。

门店销售计划是指门店在对过去一年的市场形势和现状进行分析的基础上，对未来一段时间内的销售进行预测，设定销售目标额，分配销售任务，编制销售预算，以便最终实现销售目标。

制订销售计划的目的是实现门店的销售目标，但它并非简单的数字分解，而是一个体现团队发展、增强团队凝聚力、激发团队工作热情的过程，也是门店管理者管理门店、指导店员，从而不断提升队伍战斗力的重要措施。

6.1.1 销售计划类型

1. 按时间长短分

按时间长短，门店销售计划可分为年销售计划、月销售计划、周销售计划、日销售计划。其中，月销售计划和周销售计划的概括性较强，日销售计划则要求更具体和详细。

2. 按内容分

详细的销售计划应该包括所有的目标项目，只有完成了这些目标项目，才能完成预定的销售目标。图 6-1 介绍了各种类型的销售计划。

(1) 商品计划。销售什么商品？哪些是主力商品？哪些是促销商品？

(2) 销售费用计划。哪些是固定费用？哪些是变动费用？费用总额是多少？

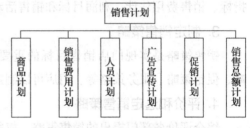

图 6-1 销售计划的类型

(3) 人员计划。由谁负责销售？个人目标是多少？每天完成多少？门店管理者首先要根据销售任务，将团队的任务分解细化。然后，按照每位店员的销售能力，对可能的销售业绩进行估算，并在计划工作会上公布销售任务指标。

(4) 广告宣传计划。宣传主题是什么？如何在媒体上投放广告？分哪几个阶段？需要多少预算？

(5) 促销计划。促销主题是什么？什么时候促销？促销活动的内容是什么？门店管理者应针对不同的销售情况，制订短期、中期和长期促销计划。

(6) 销售总额计划。销售总额计划是销售计划的重要组成部分，包括每个柜、组的销售目标是什么，比例是多少。

6.1.2 制订销售计划的步骤

制订销售计划不但有助于店员了解门店的销售计划及发展方向，还有助于门店管理者理清销售思路，为具体操作市场指明方向。制订销售计划的步骤如图 6-2 所示。

图 6-2 制订销售计划的步骤

1. 分析现状

先对市场竞争格局、竞争对手、促销工作等进行分析,然后由市场部门配合其他部门对销售量、市场份额、利润等进行预测。

2. 确定销售目标

销售目标是年度销售计划的重要部分,门店管理者可以结合计划执行情况、现状分析和预测结果,根据上一年度的销售数据,按照一定增长比例(如20%或30%)来确定当年的销售目标。销售目标不仅要具体到月,还要责任到人。门店销售目标应包括:销售额指标、销售费用估计、利润目标和销售活动目标。

3. 制定销售策略

销售策略是实现门店销售目标的重要保障,主要包括商品策略、价格策略、分销策略、促销策略、服务策略等。门店可以制定几套销售策略,然后从中选择最佳的策略。

4. 评价和选定销售策略

综合评价各部门提出的销售策略,权衡利弊,从中选出最佳的策略。

5. 综合编制销售计划书

销售计划书是指门店为满足顾客需求应做的所有工作安排,因此它要求有产品规格、详细价格、广告细目、销售指标、分销计划等具体内容。编制完整的销售计划书首先要编制各项商品的销售计划(包括销售量、定价、促销等),然后进行汇总,形成门店的全面销售计划。销售计划书通常包括以下内容。

(1)门店现状。涉及门店目前所处经济、政治、法律和市场环境,以及竞争对手情况等信息。

(2)SWOT 分析。编制销售计划的过程中要利用 SWOT 分析法,即从门店的优势(strength)、门店的劣势(weakness)、门店的机会(opportunity)和门店面临的威胁(threat)四个方面对当前门店的市场状况、竞争对手及其产品、销售渠道和促销工作进行详细的分析,然后由销售管理部门进行销售预测。

(3)组织目标和定额。包括销售目标和财务目标等,以及它们的定额。

(4)实施策略和行动计划。提供实现目标的战略和战术,一般采用 STAR 模式,即策略(strategy)、时间表(timetable)、具体行动(action)和相关资源(resource)。

(5)销售预算。销售预算要以销售预测为基础,主要反映门店销售活动中的费用问题，门店通过销售预算把费用和销售目标的实现联系起来。销售预算要随着销售预测的变动而调整。

6. 对计划加以具体说明

（1）关于事项。解释门店的总体目标、部门目标和个人目标；确定行动步骤，明确每个步骤的次序和负责人；明确目标的完成期限，目标要责任到人，每个步骤都有规定的完成期限；确定每个步骤所需的资源。

（2）关于数字。注明预期销售量；注明预期销售额；注明促销费用；注明市场活动成本；注明销售成本占销售收入的比例；注明毛利；注明毛利占销售收入的比例。

7. 执行销售计划

按照既定的销售策略，努力实现计划中的销售目标。在6.1.4小节会有详细的说明。

8. 评价与反馈

在执行计划的过程中，要根据评价和反馈制度，检查计划的执行情况，评价计划的执行效率。当遇到突发事件时，销售部门要及时修订原计划或改变销售策略，以应对新的局面。在销售计划中，必须包括详细的商品销售量和销售金额。一般而言，门店的销售业绩当天就能知道。为了实现每天的销售目标，门店必须制订详细的销售计划，并在实践中反复验证，不断积累经验。

6.1.3 门店销售计划的内容

门店销售计划的内容如图6-3所示。

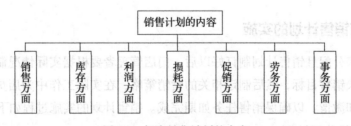

图6-3 门店销售计划的内容

1. 销售方面

每月及每天的预计销售量和实际销售量。

2. 库存方面

（1）库存量。每平方米库存的预计数量与实际数量情况。

（2）商品周转。周转数量、天数的预计与实际情况。

3. 利润方面

（1）毛利。商品毛利的预计与实际情况。

（2）价格调整。针对实际情况做出价格调整的预计与实际情况。

（3）费用。各项费用的预计与实际情况。

4. 损耗方面

（1）进货。因进货造成商品损耗的预计与实际情况。

（2）损耗界限。商品损耗率的预计与实际情况。

（3）品质管理。因管理不善造成商品损耗的预计与实际情况。

（4）价格调整。因价格调整造成损耗的预计与实际情况。

5. 促销方面

（1）与商品相关的促销计划：确定销售点；确定销售赠品。

（2）与销售人员相关的促销计划：业绩奖励；行动管理及教育强化；销售竞赛；团队合作。

（3）促销计划的重点：销售点展示；宣传单随报派送；模特展示；目录、海报宣传；报纸、杂志广告。

6. 劳务方面

（1）需要人员：销售人员与兼职人员的预计与实际情况。

（2）工作时数：销售人员与兼职人员工作时数的预计与实际情况。

（3）健康卫生：因店员健康状况不佳，需要补充新的人员。

（4）辅导培训：为完成销售目标，对销售人员进行各项辅导培训。

7. 事务方面

（1）传票：签发、处理。

（2）报告及各项资料：搜集、调整、分析、保管。

6.1.4　门店销售计划的实施

在完成销售分配且销售计划制订好以后，门店管理者要根据实际情况制定总体销售目标和店员的个人销售目标，然后制定相关的营销策略，在实际工作中为店员提供指导，激发团队的活力和激情，以确保销售任务如期完成。销售计划的实施过程如下。

1. 确定业务分工计划

（1）预测。根据门店周边环境、竞争对手情况、节假日等预测不同时段的顾客人数、销售数量和销售额。

（2）制订业务计划。根据预测结果，制订月工作计划和周工作计划。制订计划时，要考虑到订货、盘点等工作。

（3）确定店员出勤安排表。根据业务计划，综合考虑合理的工作量和店员的工作安排，在此基础上确定月出勤安排表和周出勤安排表。

（4）合理安排店员的工作。合理分配店员的工作，如订货、补货、待客、销售、服务等，明确规定各项工作的负责人、工作量和完成时间。

（5）明确操作流程。明确各项工作的具体操作流程，如补货及理货方法。不同的部门需要制定不同的操作流程。

2. 分配作业

（1）作业分类。

1）例行性作业，如理货、补货、订货、待客等。

2）变化性作业，如促销活动、陈列变更等，由门店管理者根据具体情况制订作业计划。

（2）重点作业表。将每月、每周、每日的作业进行汇总，预计实际执行所需的时间，然后统计成表。

（3）人员分配。由店长安排作业的负责人。

3. 监督与指导

（1）警示。开除或警告1~2名销售业绩差、责任心不强、态度不端正的店员，促使其他店员努力工作。

（2）规范店员的销售行为。编制并推行店员销售手册，规范店员的任职资格、工作内容、工作职责、销售步骤等，为店员的销售工作提供行动指南。

（3）加强销售过程的管理。编制销售日报等报表，推行表格化管理，督促店员如实填写各种表格，以便及时了解和解决店员遇到的问题。

（4）制定软硬结合的考核机制。制定软指标和硬指标相结合的考核机制。软指标包括工作计划、信息反馈等，硬指标包括销售额、成交顾客数等。

（5）制定有效的激励机制。每月进行销售排名，前三名授予荣誉称号，给予1 000元、500元、300元现金奖励，并在公司内部刊物上通报表扬；每年评选金牌销售代表，授予荣誉称号，并提供出国旅游待遇。同时，加强负激励，每月销售排名后三位者，给予黄牌警告一次；每年累计5次黄牌者或年终排名后三位者，给予辞退处理。

引例6-2 打折和降价，哪个策略好

情境一：有一件30元的商品，降价3元销售。相比之下，如果顾客看到10%的折扣优惠，两种优惠价格程度虽然一样，但后者对消费者会更有吸引力。

情境二：假如价值大的商品参加折扣优惠活动，我们就应该用绝对金额的折扣显示价格优惠，例如，有一台价值3 000元的冰箱，仅仅10%的折扣或者说打9折会显得缺乏吸引力，但是如果把优惠的形式换成绝对金额，优惠300元，那就会对顾客更有吸引力。很多时候消费者要的不一定是东西便宜，而是要占便宜的"感觉"。至于什么是感觉，先来看同一个活动的两个方案，哪个方案你更愿意买单？

第一个方案：买一个500元的锅，送一套100元的碗筷。

第二个方案：买一个499元的锅，加1元即可购买一套价值100元的碗筷。

大部分人都会觉得第二个方案显得更便宜，这就是顾客占不占真正的便宜不重要，感觉占便宜才最重要的一个例子。为什么会产生这样的效果呢？

第一，加1元钱就可以买1套价值100元的碗筷，让消费者有占了便宜的心理感觉，缓解了499元高价格的焦虑，增加了购买的概率。

第二，一个是花1元买，一个是送，但是"送"和"买"在消费者心理上的区别非常大，一般来说消费者会觉得买的东西比送的会更加实在，买的东西有一种主动性的心理在里面，是自己需要的，而送的东西，可能是商家清库存而不要的东西。

资料来源："销量倍增的门店八大定价策略"，https://www.sohu.com/a/395785859_752346。

【问题】 除了以上的打折和降价定价策略，你觉得还有哪些定价策略？

子项目6.2 门店商品价格管理

所谓商品价格管理，就是合理制定和调整商品的价格，从而保证商品的销量。从这个意义上说，价格管理的重点在于随需应变。商品价格是影响顾客购买行为的重要因素。一般来说，商品价格上涨，顾客需求量减少；商品价格下跌，顾客需求量增加。门店给商品定一个让顾客心动的价格，就是让没来过的顾客都来，来过的顾客常来，让顾客觉得划算，从而乐意掏钱购买，最终实现门店盈利的目的。由此可见，价格是商战中的重要武器，如果运用得当，就能赢得顾客；反之，如果运用不当，就会吃败仗。

6.2.1 门店定价因素

1. 商品定价的目标

门店通过特定水平价格的制定或调整所要达到的预期目标即为定价目标。由于受地域、资源的影响和限制，门店规模和门店所采用的管理方法不同，各门店所选择的定价目标也会有一定的差异。门店应根据自身的性质和特点，本着"量体裁衣"的原则，选择最合适的定价目标。

（1）以利润最大化为定价目标。门店从事经营活动的重要目标就是获得利润。在市场经济条件下，很多门店就直接以获取最大利润为定价目标。门店以此为定价目标的条件是门店或商品在市场上享有较高的声誉，在竞争中处于有利地位或供不应求。同时，由于市场供求、门店声誉和竞争状况总是不断发生变化的，门店不可能永久保持竞争优势，因此，利润最大化一般作为门店的长期定价目标。

（2）以扩大市场占有率为定价目标。门店经营状况和商品竞争能力主要由市场占有率来反映。通过扩大市场占有率，可以了解和掌握消费需求的变化，保证和扩大商品销路，实现对市场及其价格的控制，还可以改善门店在市场上的竞争地位，从而有助于门店取得长期利润。调查显示，市场占有率越高，门店对市场的控制能力就越强，其盈利率就越高。所以有些门店以低价策略来获得尽量高的市场占有率。

（3）以收益指标为定价目标。任何门店对于其投入的资金都希望能在一定时期内获得预期收益。具体做法主要有以下几种。

1）以销售额收益率（销售额利润率）为定价目标，是指以销售额的一定百分比为收益目标，并根据这一目标制定价格。

2）以固定收益额为定价目标，是指门店希望达到绝对的收益数额。这一定价目标明确具体，但未与门店销售额成本挂钩，因而有一定的缺陷。

3）以投资收益率（投资报酬率）为定价目标，是指以投资额的一定比例作为收益目标，并以此为依据制定价格。这一定价目标使投资者能明确收回投资的期限，同时在计算上也比较简便，但规定这一定价目标是有条件的，即商品的竞争力强，在市场占有重要乃至主导地位，或者商品具有专利权。所以，这种方法常被一些规模较大、竞争力较强的门店采用。

4）以资金收益率（资金利润率）为定价目标，是指以门店平均占用资金的一定百分比作为收益目标，并以此为依据制定价格。门店经营管理水平及市场供求情况决定着资金利润率的高低。

（4）以对付竞争对手为定价目标。许多门店在制定价格时，着眼于激烈的竞争市场，在分析门店的商品竞争能力和市场竞争位置后，以应付竞争对手作为门店的定价目标，通过定价进行价格竞争。当门店拥有强大的实力，在该行业中居于领袖地位时，对付现有竞争者或阻止潜在竞争对手进入该市场就成为其主要的定价目标，所以它们经常变动价格；当门店具有一定竞争力量，居于市场竞争的挑战者位置时，定价目标是攻击竞争对手，侵蚀竞争对手的市场占有率，因此其价格就定得相对低一些；而市场上竞争力较弱的中小门店，在定价时主要跟随市场领袖的价格。

（5）以维持门店形象为定价目标。维持良好的门店形象实际上是一种间接目的，最终目的还是利润最大化。为了维护门店良好的形象，门店在定价时必须保持门店内商品的价格水平同门店形象相一致，要避免同政府、供应商、消费者的严重摩擦，利用价格来维护门店及其产品在市场上的形象和声望，以培养门店稳定的顾客群。

（6）以生存为定价目标。当门店面临经济不景气、竞争激烈或消费需求不断变化的困境时，本着生存比利润更为重要的原则，在制定商品价格时，最好将维持生存作为其主要目标。依照生存目标制定的价格较低，一般只能弥补可变成本或部分固定成本。但在困难时期只要坚持就意味着成功，它可以使门店的实力得以保存，待经济环境好转再图振兴。一些刚刚进入市场的中小门店因实力不足，进货和销售渠道有限，也会将定价目标确定为维持生存。

2. 成本

门店在制定商品的价格时，应以成本作为其下限。从门店的角度来看，商品的价格应该高于成本。但是，从顾客的角度来看，顾客接受价格的依据并不是商品的成本。如果门店与竞争对手相比是低成本的经营者，它将通过保持与竞争对手同样的价格水平来获取超额利润，这部分额外收入可被用来改善经营状况，以提高门店整体的竞争实力。

（1）变动成本。变动成本是指在经营要素和商品价格不变的条件下，它的发生额随销售量的增加或减少而成正比例变动的那部分费用。如购进商品总价、进出货费、商品保管费、交易税、增值税、零售税和流通与运输费用及一定的价格风险费用等。

（2）固定成本。固定成本是指它的发生额一般不直接随销售量的增加或减少而变动的那部分费用。门店固定成本主要由以下几方面构成：燃料和动力费用、原材料和辅助材料费用、工资及各种福利、包装及装潢费用、门店管理费用、固定资产折旧费用。

3. 市场需求

一般情况下，商品的需求受商品价格的制约。所谓的需求规律就是指商品的价格下跌，需求量就上升，而商品的价格上涨时，需求量就相应下降。需求规律反映了商品需求量变化与商品价格变化之间的一般关系，是门店决定自己的市场行为特别是制定价格时，必须考虑的一个重要因素。因此，市场需求状况常常是门店制定商品价格时的主要参考因素。

4. 商品特点

（1）商品的应季性。季节性强的商品一般情况下价格波动会比较大。在季节适宜时，价格较高；错过季节之后，价格会迅速下降。

（2）商品的购买频率。对于日用小百货等购买频率高的商品，一般采用薄利多销的低价格策略；反之，对于高档耐用品、购买频率低的商品，其利润率应高一些，采取高价格策略。

（3）商品的标准化程度。非标准化产品价格变动的可能性一般较大；标准化程度较高的产品价格变动的可能性一般较小。

（4）商品的特性。具有易腐性、易毁性等特性的商品，其价格变动较大。通常是刚开始时价格高，随着时间的推移，价格会逐渐下降。

（5）门店规模和竞争格局。经营规模小的门店往往很难依据自己商品的成本及预期利润自主定价，而是依据大型门店的同类商品的价格定价。如果在竞争中处于优势，门店可以适当采取提高价格的策略；反之，则采取降低价格的策略。

（6）商品的品质。一些以新、名、优等特征来满足人们心理需要的商品，价格需要适当高一些。用于生产的工业品的价格需求弹性较小。日用消费品的价格需求弹性一般较大。

5. 竞争状况

门店定价的自由程度会随市场的竞争状况即客观环境的不同而有所不同。西方经济学认为，按竞争程度的不同，可以将竞争分为四种类型：完全竞争、完全垄断、垄断竞争和寡头垄断。

（1）完全竞争又称纯粹竞争。如果市场处于完全竞争状况，则商品价格是由整个行业的供求关系自发决定的，每家门店只能是价格的接纳者，而不是价格的制定者，这样也就不存在定价方面的问题了。

（2）完全垄断是指由一家卖主独占整个行业的市场，可以是政府的垄断或政府特许的私人垄断。在这种条件下，垄断者可在法律允许的限度内根据自己的经营目标自由定价。

（3）垄断竞争是指介于完全垄断和完全竞争之间，既有垄断又有竞争的一种竞争状态。这种垄断是指由于商品差别的存在，每一个经营者都对自己的商品拥有垄断权，但同时可替代的同类商品的经营者又为数众多，彼此之间展开激烈的竞争，价格就是在这种竞争中形成的。在这种条件下，每一个经营者都是他的商品价格的制定者，在定价方面有一定的自主权。

（4）寡头垄断是指为数不多的几家大型门店供给市场大部分商品，介于垄断竞争与完全垄断之间的一种状态。因而这几家大型门店对市场价格和供给量都有决定性的作用。在这种条件下，供求关系往往不能直接决定商品的价格，而是由少数寡头垄断者协调操纵的，称为"操纵价格"。一般来说，这种价格比较稳定，价格竞争趋于缓和。

6.2.2 门店定价方法

门店定价方法是门店为实现定价目标所采用的具体计算价格的方法。如上所述，虽然门店所定的价格受多种因素的影响，但成本、需求和竞争是影响价格行为的三个主要因素。门店在制定商品价格时，往往会侧重于其中的某一因素，这样就形成了成本导向、需求导向、竞争导向三类定价方法。

1. 成本导向定价法

以进货成本为基础，加上预期利润，由此确定商品的销售价格。

（1）成本加成定价法。

1）顺加法。门店用产品单位成本加上一定百分比的加成制定价格的方法。其定价公式为：

$$P=C(1+R)$$

式中，P 是单位产品销售价格，C 是单位产品成本，R 是成本加成率。

案例概览 6-1

以某门店为例，面积为 150 米^2。年租金 16 万元，人员工资费用 15 万元，水电费 3 万元，税费 1.2 万元，装修费 2.9 万元，交通费 1.6 万元，投入成本的利息及其他费用 3.3 万元（进货成本的折扣是 5 折）。

合计店铺经营一年的成本支出为：

16 万元+15 万元+3 万元+1.2 万元+2.9 万元+1.6 万元+3.3 万元＝43 万元（全年费用）

【问题】 为了使本门店经营不亏损，全年的收入至少与成本持平。求本门店一年需要完成多少营业额？

2）倒扣法。有的门店往往以销售额中的预计利润率为加成率来定价。其计算公式为：

单位产品价格＝单位成本/(1－销售额中的预计利润率)

（2）目标利润定价法。目标利润定价法是门店根据商品总成本和预计的总销售量，加上预期利润计算出销售价格的定价方法。其计算公式为：

商品销售价格＝(总成本+预期利润)/商品销售数量

＝(固定成本+预期利润)/商品销售数量+单位变动成本

案例概览 6-2

如果店里卖的衣服平均折扣是 8.8 折,接下来我们算算它的毛利润应该是多少。假设一件衣服的零售价是 100 元,按 8.8 折出售,经销商的实际成本是 50 元。那么,毛利润=88-50=38 元。

2. 需求导向定价法

根据顾客的认知和需求,而不是厂商的成本来确定商品的价格。

(1) 认知价值定价法。根据顾客对商品价值的认知和理解来定价。这样,不但顾客愿意接受,门店也有利可图。

(2) 反向定价法。根据顾客能够接受的价格,扣除门店的经营成本和利润后,逆向推算出商品的零售价。反向定价法不以实际成本为主要依据,而是以市场需求为出发点,力求使价格为顾客所接受。

3. 竞争导向定价法

参考竞争对手的定价来确定商品的价格。

(1) 随行就市定价法。根据竞争对手的定价或市场平均价格来确定商品的价格,而不考虑成本或市场需求。该方法主要适用于需求弹性难以衡量的商品,既可以保证合理的利润水平,又可以避免企业间的恶性竞争。

(2) 投标定价法。靠投标赢得业务的公司大多采用投标定价法。竞标的目的是争取合同,因此,报价时要重点考虑竞争对手的价格策略。

6.2.3 门店定价策略

1. 新商品定价策略

门店经常会采购一定数量的新商品,新商品定价是价格策略的一个关键环节,它关系到新商品能否被消费者接受。门店在推出新商品时,有以下定价策略可供参考和选择。

(1) 撇脂定价。撇脂定价即高价投放采购的新商品,售价远远高于成本,其目的在于短期内迅速盈利。销售对象主要是那些收入水平较高的人和猎奇者。这种定价的优点是门店能迅速实现预期盈利目标,掌握市场竞争及新商品销售的主动权,但其缺点也是十分明显的,因为在高价格下,产品的销路会比较窄。

(2) 渗透定价。渗透定价即低价投放新商品,使新商品在市场上广泛渗透,从而提高市场占有率,然后随市场份额的增加逐渐提高价格、降低成本,以实现盈利目标。这种定价方法能迅速打开新商品的销路,有利于提高市场占有率,但薄利往往导致商品的成本回收期较长,难以应付在短期内骤然出现的竞争。

(3) 满意定价。满意定价方法是介于"撇脂"与"渗透"两种方法之间的定价方法,其价格水平适中,同时兼顾门店和消费者的利益,使各方面都能顺利接受。其优点是价格比较稳定,在正常情况下盈利目标可按期实现。然而这种价格比较保守,不适合竞争激烈的市场环境。

2. 心理定价策略

心理定价即依据消费者购货时的心理而确定商品价格，主要形式有以下 9 种。

（1）整数定价。整数定价就是把商品价格定为整数，不要零头。例如，电视机 1 000 元/台、汽车 98 000 元/辆等。把商品价格写成整数，能使人产生"档次高"的感觉，提高商品身价，反而有利于商品销售。一般来说，耐用消费品或高档商品可采用此方法。

（2）尾数定价。尾数定价就是把商品价格以带零头的数字结尾。实践证明，一件衣服标价 299.90 元，比标价 300 元受欢迎。尾数定价一方面给人以便宜的感觉，另一方面又因为标价十分精确给人以信赖感。尾数定价满足的是消费者求实消费的心理，使消费者感到商品物美价廉。此种方法在欧美各国零售业中很流行。荷兰电器产品的价格几乎全带双九尾数，如 99、599 等，充分利用了顾客的这种心理。

（3）声望定价。声望定价是指门店在定价时，把在顾客中有声望的商店、有声望的企业的商品价格定得比一般的商品要高，是根据消费者对某些商品、某些商店或企业的信任心理和崇尚名牌或流行商品而使用的价格策略。例如，美国宝洁公司生产的系列产品尽管比同类产品价格高许多，但仍备受众多消费者的青睐，原因在于消费者看中了它的声望。

（4）招揽定价。招揽定价是指门店为了有效地吸引消费者进店，有意把少数几种商品价格定低些，甚至低于成本，借以吸引消费者，达到连带销售其他商品的目的。

（5）习惯性定价。消费者因为日常生活的需要会经常重复地购买某些商品，从而使这些商品的价格自然而然地在消费者心中形成一种定式。门店对这类商品定价时，应充分考虑消费者的这种习惯性倾向，并比照市场同类商品价格定价，定价以后，不要随意变动价格；否则，一旦破坏消费者长期形成的消费习惯，就会使其产生不满情绪，导致购买的转移。

（6）制造差价。门店利用顾客的差异性心理，即当顾客看到商品价格有差异时，一般会认为商品品质之间也会有差异，而价格高的商品，其质量肯定也好，从而选择价格高的商品。

（7）不同档次定价。同类商品通常会有许多规格和型号，它们之间的成本也不尽相同，如若机械地采用成本加成定价，那么所定的价格种类就会过多，这样不利于买卖双方的交易。于是，一些门店把许多规格的商品分成若干档，每档商品定一个价格，这样就可以在不影响经营利润的前提下简化销售过程，避免不必要的麻烦。

（8）最小单位定价。最小单位定价指门店以数量的不同来包装同种商品，基数价格的制定以最小包装单位为依据，销售时参考最小包装单位的基数价格与所购数量收取款项。通常，包装越大，实际的单位数量商品的价格越低；包装越小，实际的单位数量商品的价格越高。使用这种策略既能满足消费者在不同场合下的需要，又能利用消费者的心理错觉。

（9）错觉定价。顾客一般都会有"便宜没好货"的心理，日本三越公司则针对这种心理实行"100 元买 110 元商品"的错觉折价术。从计算结果来看，这和打九折没有太大的区别，但消费者对二者的反应却有显著差别。"九折法"会令顾客产生商品是因为质量问题或别的原因而进行削价处理的感觉。"100 元买 110 元商品"则易使顾客产生"钱"超所值的感觉，从而刺激其购买欲望。

案例概览 6-3

创意营销

受新媒体冲击的当今市场,有的企业赚得盆满钵满,有的企业却血本无归。那到底什么样的营销活动会使顾客买账?什么样的创意营销才能够吸引顾客眼球?下面就为大家分享2个奇特的营销方式,看看能否给餐饮人带来一些启发。

1. 戴眼镜的顾客免费吃烤猪蹄

戴眼镜也有好处,那就是在餐馆吃饭可以享优惠,甚至免费吃大餐。在上海闸北区的一家餐厅,一年的最后一个月,凡是戴眼镜的女孩,就可以到该餐厅享受免费烤猪蹄。

2. 长得胖也有优惠,越胖优惠幅度越大

常言道:"一白遮百丑,一胖毁所有。"对于体重超标的人来说,肥胖一直是困扰自己的问题,但是在吃货的世界里,胖是富态,胖是心胸宽广,胖是对美食最好的信仰。以下这些餐饮企业在对"胖子"的营销活动上,做足了文章:

北京蓝色港湾一家名叫薛蟠烤串的餐馆在网上发帖,称每桌只要有一位胖子——男士体重在150斤以上、女士体重在120斤以上,即可以桌为单位享受相应优惠。体重越重,优惠幅度越大。红遍东北的李家小馆也出狠招,其营销活动叫作"出卖你的朋友"。此"出卖"非彼"出卖",意思是带上你最重的朋友来用餐,在这一桌人中,最胖的人的体重多少就会送同等的优惠券。

资料来源:"最奇特的5个创新营销案例",https://www.sohu.com/a/154852922_763979。

【问题】 门店的创意营销往往会带来很多意想不到的结果,你还知道哪些创意营销?

3. 折扣定价策略

折扣定价就是指企业出售商品时,在基本价格的基础上再给购买者一定价格优惠的一种定价技巧和措施。

(1)现金折扣。现金折扣是指如果顾客能在规定的期限内付清价款,则可按原价给予一定折扣。比如,某商品价格200元,在成交后20天内付清货款,可给予3%的折扣。

(2)数量折扣。数量折扣是指顾客的购买达到一定数量或金额时,门店给予一定折扣的策略。数量折扣分为累计数量折扣和非累计数量折扣两种。这种折扣的实际目的是鼓励顾客进行大批量购买。

1)累计数量折扣。累计数量折扣是指如果顾客累计购买量(或购买金额)在规定的一段时期内达到一定标准,就给予折扣。规定期限的长短,可根据门店具体情况来制定,如一周、一个月、一个季度、半年或一年等。累计数量折扣的优点是鼓励消费者长期购买某个门店的商品,成为其长期、忠实的顾客,有利于门店预测购买量,进而确定进货量。缺点是有些顾客在规定的期限即将结束时大量购买,使销售不能平缓进行。

2)非累计数量折扣。非累计数量折扣是指顾客在某次购买中,当购买量达到一定标准时给予折扣,购买量越大,折扣越大。非累计数量折扣的优点是有利于门店加快资金周转。

(3)季节性折扣。经营季节性商品的门店,对在销售淡季前来购买的顾客给予折扣优待，鼓励他们进行购买。这样有利于减轻储存压力，从而加速商品销售，使淡季也能维持经营，有利于提高门店的获利能力。

（4）以旧换新。以旧换新是门店与供应商联合向顾客，特别是向具有节俭习惯的顾客推销商品的一种有效手段。商品的更新换代速度逐渐加快，往往在顾客使用着的产品还未结束使用寿命时，新产品又面市了。这时，开展以旧换新业务，一方面有助于消费者心理达到平衡，使他们感到没有因购买新产品而造成旧产品的浪费；另一方面也扩大了门店的销售量。

（5）限时折扣。任何食品都有一定的保质期，对于经营食品的门店来说，为了确保在保质期内将商品销售出去，可采用限时折扣的方法进行销售。在运用限时折扣方法销售时，必须给顾客一定的时间余地。

案例概览 6-4

高冷的故宫变网红

从最早的纪录片《我在故宫修文物》，到如今的故宫瓶、口红、雪糕等文创产品，让故宫一次次站到了潮流之巅，获得了年轻人的追捧。2019 年 1 月 29 日，故宫迎来了首个汽车跨界合作伙伴——中国一汽红旗品牌。这次合作双方通过传承与创新的方式，共同打造中国品牌 IP，并通过文化、教育及公益等一系列活动推广中国文化，依托的是故宫资源和品牌 IP 的独特性与唯一性。通过跨界结合加以创新，融入现代生活方式的全新思维，让更多人了解了中国的历史和文化，无疑迎合了这个快速消费的新时代。

作为超级网红的故宫 IP，不断与当下的潮流文化相结合，焕发出新的活力。近年来，从故宫风睡衣、口红、调味瓶到咖啡角楼、火锅店，故宫的跨界合作几乎渗入人们生活的方方面面，可以说故宫是扩展品牌影响力的现象级文化 IP。

资料来源："2019 年十大汽车营销案例"，https://www.sohu.com/a/359929593_120443486。

【问题】 此案例对你有什么启发？

（6）特卖品折扣。随着市场上消费流行时尚的变化，一些商品出于款式、包装等方面的原因而显得过时，这样的商品就成为门店的特卖品，需要大幅度进行折扣销售。特卖品价格折扣的幅度非常大，有时折扣后的价格是原价的 1～2 折。吸引顾客，集聚人气，以此带动门店其他商品的销售是门店进行商品特卖的主要目的。出售特卖品的时间应根据门店的实际情况来决定。

6.2.4 门店调价策略

商品的零售价格并非一成不变，随着市场环境的变化，如库存商品过多或面临竞争对手强有力的价格竞争，门店可能需要对现行价格进行适当的调整。调整价格主要有两种情况：一是根据门店的内部经营情况主动调整；二是根据竞争对手的价格策略，被动做出反应。调整的方向包括降价和提价。

1. 降价

对于降价顾客通常会产生两种截然不同的反应：一是感到商品价格便宜，从而产生强烈的购买欲望；二是对商品的质量产生怀疑，从而抵制内心的购买欲望。因此，商品降价应考虑顾客的购买心理。

（1）降价时机。

1）市场需求减少时，如秋天来临前超市打折销售雨鞋。

2）库存积压严重时，以降价来刺激顾客购买。

3）需要为新商品腾出空间时。

4）季节性商品转季销售减少时，如冬天来临前打折销售秋季服装。

5）竞争对手降价时。

（2）降价策略。

1）早降价。存货周转率高的门店多采用早降价的策略。早降价可以促进商品的销售，为新商品腾出销售空间，并改善门店的现金流。

2）迟降价。迟降价让商品有充分的机会按原价出售，但以上列出的早降价的好处恰恰是迟降价的弊端。对于季节性商品，虽然在季末打折出售已经亏本，但这笔货款可投资于其他商品，从而减少损失。

3）交错降价。交错降价即在销售旺季逐次降价。这种降价策略多与自动降价计划相结合。在自动降价计划中，降价的金额和时机取决于商品库存时间的长短，这样可以保证库存的更新和早降价。

（3）降价幅度。

1）幅度太小，难以引起顾客的注意，起不到促销作用；幅度太大，容易引起顾客对商品质量的怀疑，进而影响商品的销售。

2）根据经验，耐用消费品的降价幅度一次不宜超过 10%；一般商品不宜超过 40%，否则，顾客会对商品质量产生怀疑。

（4）降价方法。

1）自动降价销售。告诉顾客降价商品的名称、降价时间和降价幅度。一般而言，降价初期顾客大多持观望态度，降价可以快一些；降价后期，顾客急着购买，降价可以慢一些。

2）一次性出清存货。每年国庆节、春节等销售旺季，集中搞 1~2 次促销活动，既可以出清存货，又可以增加顾客的信任。一次性出清存货可以保证商品有充足的时间按原价出售，降低频繁降价对商品销售的影响。因此，对于很多门店而言，一次性出清存货不失为一种降低库存、加快资金周转的好办法。

（5）降价技巧。

1）直接降价。直接降价即直接降低某种商品的售价。直接降价对顾客非常有吸引力，但容易引发行业内的恶性竞争。

2）间接降价。间接降价即维持商品原价不变，通过打折、佣金等方式来促销商品。间接降价有一定的隐蔽性，可以暂时避免竞相降价的恶果。但对顾客而言，实际享受到的好处并不多，所以促销效果一般。

值得注意的是，商品降价的次数宜少不宜多，最好能一步到位。频繁降价会让顾客产生"降价后的价格才是该商品的真实价格"的负面想法。一旦顾客形成这样的想法，降价就会对顾客失去吸引力。

降价前，要预测可能的结果并修改进货计划，对降价商品进行盘点，确保该商品库存的准确性。为了吸引顾客、营造热销的氛围，要为降价商品制作POP广告，并贴上醒目的价格标签。除清仓降价、季节性降价外，其他的降价活动应在降价结束后恢复原来的价格。

2. 提价

一般来说，顾客对商品的价格比较敏感，因此，门店应该针对不同的时机、不同的商品和不同的顾客心理，采取适当的提价方法。

（1）提价时机。

1）顾客知道采购成本增加时，如蔬菜价格因为雨季而上涨。

2）商品供不应求时。

3）传统节日，如春节、中秋节。

4）季节性商品的销售旺季。

5）竞争对手提价时。

（2）提价策略。

1）提价幅度不宜太大，速度不宜太快。尽量避免一次性大幅度提价，可以通过连续的小幅度提价来实现提价目的。

2）准备充分的、令人信服的提价理由。在提价的同时，向顾客解释提价的原因，减少顾客的抵触和不满情绪。

3）宜被动提价，不宜主动提价；宜间接提价，不宜直接提价。

4）切忌所有商品同时提价，否则会遭到顾客的抵制。因此，宜采取部分提价的策略。

（3）提价幅度。

1）提价时要充分考虑顾客的反应。

2）每次提价的幅度不宜超过10%，而且要根据顾客的反应适当调整。

（4）提价方法。

1）明确提价。明确告诉顾客提价的商品、提价幅度和提价时间。

2）降低折扣。降低或不再提供正常的现金折扣和数量折扣。

3）商品的价格不变，降低商品的含量。

4）减小商品尺寸，降低商品规格。

5）减少服务项目。

6）使用廉价的包装材料。

门店应该通过各种渠道向顾客说明提价的原因，并配合促销策略，帮助顾客寻找省钱的方法，以减少顾客投诉，维护门店形象，尽可能消除提价给销售带来的不利影响。

引例6-3　集中损失，分散利益

在购物商场或品牌专卖店我们经常会看到一些促销活动：买4 988元电脑，送蓝牙耳机或游戏键盘等；而不是说花4 988元买"耳机+键盘+电脑"。买2 280元手机，送小巧移动电源一个，而不是说花2 280元买"手机+移动电源"。为什么这些促销活动要把这些产品的某些部分说成是免费送的呢？这是因为人对损失和收益的感知是完全不一样的，有轻重缓急之说。人们对损失的感受比对收益的感受强烈得多。

那么，如果把所有的成本叠加到一起，给消费者一个总价，让消费者一次支出，而不是多次支出，消费者就觉得没有那么痛苦。

如果每次都收钱或每个东西都收钱，会让用户很不开心。此外，"免费"的东西本身也可以作为优惠让用户"得到"，从而让消费者更愿意购买。这就是所谓的集中损失。

同样地，分散利益就是尽可能地把利益都列出来，进行放大，让消费者感知到"利益"在增加。例如下面的两种说法，你觉得哪一种更好：

（1）买4 988元电脑，送蓝牙耳机、游戏键盘、无线鼠标、3年保修；

（2）买4 988元电脑，送蓝牙耳机等套装。

毋庸置疑，肯定第一种效果更好。所以在促销的时候，你应千方百计地集中损失，不要让消费者觉得他在不断受损，损失一次就够了，随之而来的是不断分散利益，让他觉得好处接踵而至，而且有超预期的东西。

资料来源："这6个创意又卖货的促销思维案例，助你促销活动爆单"，http://www.22v.cn/15700.html。

【问题】　此案例对你有什么启发？

子项目6.3　门店商品促销管理

促销策略是指门店向消费者传递商品、服务和企业信息，刺激和诱导消费者购买的过程。促销的根本目的是聚集人气，吸引客流，提高销售额。一般情况下消费者进入门店，计划性购买仅占30%~40%，而冲动性购买则占到60%~70%。门店只有通过展开多种促销活动，才能扩大销售，提高效益。

6.3.1　门店促销的实施步骤

1. 确定促销目标

促销目标是门店销售目标的细分目标，能协助达到销售目标，每一项促销工具包括广告、公共关系、人员推销及营业推广都必须有具体的目标。

知识链接

顾客群分类

按照精确营销的理念，一个企业要想获得尽可能高的顾客回报，使企业能够永续经营下去，那么就必须将它的资源配置到能够给它带来高回报的顾客身上，这样企业才算是做到了促销资源的最大化配置。

根据顾客对企业的销售额贡献和毛利贡献的大小，我们可以将顾客分为四类。

第一类是高价值顾客。这里所说的高价值顾客并不等同于市场上的高端顾客，高端顾客一般是指消费层级比较高的顾客，而高价值顾客则是指在本门店购买金额高且毛利贡献大的顾客。如果我们将顾客的购买金额和贡献的毛利分别进行排名并计算其贡献度，销售额贡献达到25%~30%，毛利贡献则要达到35%~40%，但顾客人数占比只有5%~8%。这些顾客应该是门店的钻石级顾客。这一类高价值顾客是需要门店予以极端重视的。

第二类是有价值顾客。有价值顾客是指销售额贡献与其毛利贡献基本相当的顾客，其对于门店的重要性仅次于高价值顾客。一般来说，这些顾客给门店带来的销售额贡献达到50%~55%，毛利贡献也在50%~55%，而顾客人数占比则达到35%~45%。这部分顾客也是门店需要高度重视的。

第三类是低价值顾客。低价值顾客是指带给门店的销售额贡献不高、毛利贡献则更低的顾客。这类顾客购买门店的促销商品占比非常高，基本超过50%。这些顾客给门店带来的销售额贡献为15%~20%，毛利贡献在10%左右，顾客人数占比为30%~40%。这部分顾客是门店的鸡肋，食之无味，弃之可惜。

第四类是负价值顾客。负价值顾客是指那些专门购买门店的促销商品的顾客。这些顾客专门盯住那些负毛利和很低毛利的商品，因此对于门店而言，这些顾客可以说是多余的，这些顾客给门店带来的销售额贡献为10%~15%，毛利贡献为-5%~0%（有时甚至更低，视门店的促销力度而定），而顾客人数占比在10%左右。这部分顾客是门店需要极力躲避的。

资料来源：华衣网，https://www.ef360.com。

【问题】 谈谈还有哪些方法可以提升门店的促销效率？

2. 确定促销对象

促销活动可以针对任何一个进店消费的顾客，也可以是经过选择的参加消费的一部分人。例如，让利销售，商店在全面降价时就是针对一切来店内购物的顾客；如果采用规模购买的让利活动，顾客购买商品就必须达到规定的数额后才享受让利优惠；如果组织一些特殊的活动，那就只有参加活动的人才能受益。总之，不管采取哪种方法，促销方案中都要规定得明确而具体。

案例概览6-5

一站式老年人用品超市

在西安市莲湖区有这样一家老年人用品超市，小到生活用品、食品，大到家具、家电，各类产品非常齐全，而这些产品都有一个共同的特点，全都是为老年人量身定制的。

超市里还推出老年人座机电话，大家都以为这就是给老年人家里装的急救电话，其实不只那么简单，座机电话还可以让由于天气或其他原因不愿出门的老年人在家订购货物。如果老年人要呼叫子女，只需要操作常按键就会自动打给子女。如果第一个电话没有接听，便会自动跳转,直接转拨到超市的呼叫中心。

如今专门针对老年人的产品在市面上也很常见,但是专门的老年人用品店并不多。

资料来源:https://baijiahao.baidu.com/s?id=。

【问题】 老年人用品超市为何受到追捧?

3. 确定促销时间

(1) 考虑影响因素。节假日,如元旦、五一国际劳动节、六一儿童节、国庆节;季节性,如寒假、暑假;目前流行的、有新闻性的话题;公司的节庆日;公司策略性决定、事先备妥的年度促销活动计划进度表、检讨方法、经费、目的等;对于个别实施的每一次宣传、促销活动都要认真确定其实施次数及日期等。

(2) 促销的时机。永久销售企划贵在筹划齐全,且能迅速行动,以掌握商机。如当春节前夕返乡车票难求的时候,门店推出既能服务顾客又极具诱惑力的促销方式,"购物满万元,送返乡车票"。在规划促销时机时,可用顾客购买的次数作为规划的参考。

如果顾客平均每两周购买一次,则促销期间应定为三周,以保证多数顾客能在这段时间内购买。一般而言,顾客购买的次数越少,促销的时间应越长,且可能花的成本也越多。

4. 确定促销内容

阐明欲通过促销活动推销的主力商品内容。例如,刺激季节性商品的销路;促进商品的销售,避免造成久滞库存的压力。事先准备好促销活动需要的工具,常用的物品有广告、直立招牌、宣传车、纪念品、奖品等。

5. 确定促销手段

对顾客的促销活动加以组合,并对步骤和具体实施方法做相应的安排。例如,对顾客实施猜谜、问答、竞赛或赠送奖品等几种活动。这些竞赛的应征、领奖或审查方式,需要尽量简单、明了,这样才能让这些活动起到事半功倍的作用。促销靠的就是对顾客的了解,只有真正了解顾客的需求,确定促销手段,才能真正实施促销活动。

6. 确定促销活动口号

促销活动口号的确定必须注意到口号要响亮,有一定的吸引力;促销活动内容要推陈出新;表现方式要简洁、易懂;避免招来反感的表现。

7. 确定促销日程

确定促销日程时,应事先考虑时间因素并列出所有促销工作要点。着手制定促销工作时间进度表,包括设计、初期规划、批准、邮寄、分发、招募现场销售人员、存货配置、赠品印制等。

8. 确定促销地点

应对促销活动的实施地区是全国大范围,还是限定地区进行考察。由于大量的广告多半与促销活动同时进行,为加强执行效果应让广告范围与促销活动实施地区相一致。若预定有讲习会、产品展示表演、参观工厂等节目时,应对场地的筹划有一个事先安排。

9. 评估促销活动效果

对促销活动效果利用"计划—执行—评估"的程序加以稽核，包括制定明确的促销效果目标；先行估计可能效果并在门店内公布；在促销期间随时公布促销效果；检讨结果，并对有关部门和人员加以奖惩。

6.3.2 门店促销方式运用

在门店的日常经营过程中，门店可选择的促销方式多种多样，要想选择一种或几种合适的促销方式，需要根据门店的具体情况做具体分析。通常情况下门店可选用的促销方式有以下几种。

1. 低价促销

低价促销就是将商品以低于正常的定价出售。最常见的降价优惠有下列三种。

（1）节庆优惠。在新店开业、逢年过节或周末，将部分商品与服务或全部商品与服务打折销售，吸引顾客购买。

（2）库存清仓。换季商品或库存较久的商品、滞销品等，都会以大降价的方式来促销。

（3）设置特价区。在门店内设定一个区域或一个陈列台，销售特价商品。特价商品通常是应季大量销售的商品或是过多存货，或是快到保质期的商品，或是外包装有损伤的商品。特价销售需要掌握标准，不能鱼目混珠，把一些变质损坏的商品卖给消费者，否则，会引起消费者的反感，甚至会遭到消费者的投诉。

2. 免费赠送

（1）免费赠送的适用范围。当门店想要达到以下目标时，可以考虑采用免费赠送促销。

1）在销售成绩不良的地区推广销售，或者开拓新的销售区域。

2）减少现有商品的存货。

3）介绍和推广新产品或改良产品。

4）对特定的目标顾客群实施奖励或诱导，例如，六一儿童节赠送儿童玩具，目的就是吸引特殊顾客的购买兴趣。

5）对抗同类产品的价格竞争。

6）在消费淡季掀起购物热潮。

7）抑制市场销售额的下降。

8）在节日或门店庆典日创造品牌的销售佳绩。

9）为销售队伍提供激励，帮助其完成当前的销售目标。

（2）赠品的设计。赠品通常有以下三种形式。

1）门店的特制品，如印有本企业标志或名称的T恤衫、影集、纪念品等。

2）同销售的产品相关的赠品，如销售儿童食品赠送儿童玩具，销售手机赠送话费，等等。

3）同销售的产品无关的赠品。

不论采用哪一种商品作为赠品，都必须力保赠品对消费者有足够的刺激性和吸引力。

(3) 赠品分配形式。赠品分配主要可采取以下几种形式。

1）包装赠送。包装赠送即将赠品附在商品上或商品包装上。包装赠送又可分为包装内赠送和包装上赠送。操作时可将赠品与商品绑在一起，或者用透明纸包装。

2）邮寄赠送。邮寄赠送是指消费者将商品与服务的购物凭证或赠送券邮寄给门店，门店将赠品直接邮寄给消费者。

(4) 免费赠送促销应注意的问题。

1）要留有充足的准备时间。根据以往的经验，免费赠品的准备工作少则需要四个月，多则需要半年，所以，如果想在指定的日期，如元旦或门店庆典日，成功举办免费赠品活动，就必须提早准备，以免措手不及。

2）关于赠品的宣传要明确、清晰。

3）增加获取赠品的可选择性。门店不仅要为顾客提供灵活多样的赠品，同时，也应为顾客提供获取赠品的多种形式。对于手头的购物凭证不足，但又想得到赠品的顾客，可以让其支付部分现金来弥补购物凭证的不足。

4）力保赠品及时、顺利地到达消费者手中。

3. 竞赛与抽奖

竞赛是指根据参加者的智慧或能力来提供奖赏，例如参加者回答有关产品的特点，为产品品牌命名，提供广告主题语或广告创意，等等。所以，竞赛促销一般需要三个基本要素：奖品、才能和某些参赛评定的依据。

抽奖与竞赛活动不同，抽奖活动不需要参加者具备判断和技巧方面的能力，只需要填写姓名和其他一些个人资料即有希望获奖。获奖者的确定是按照事先规定的随机办法而产生的，例如抽签、摇奖号码，它与参加者的能力无关，而取决于参加者的运气。

(1) 竞赛与抽奖的促销目标。

1）树立门店和产品的良好形象。

2）改善老商品现有的市场销售状况。

3）开辟新的销售领域。

4）展示商品的某些功能和特性。

5）为产品寻找新的用途。

6）增强其他促销工具的效果。

(2) 抽奖与竞赛的形式。

1）抽奖促销形式的策划。

① 标准形式。标准形式是指顾客可以从报纸、杂志或门店里得到抽奖活动的参加表，根据其要求将姓名、地址等内容填好后寄往指定地点，然后在预先规定的时间和地点用随机抽取的方式从全部参加者中决定获奖者。

② 多次抽奖形式。多次抽奖形式就是把几种不同的抽奖方式放在一起使用，每次抽

奖都有不同的奖金（品），这样，顾客只要参加一次，就有多次中奖机会。这在表面上增加了顾客中奖的可能性。

③ 启发式抽奖形式。启发式抽奖形式就是顾客在参加这种抽奖时，必须仔细阅读某商品与服务广告或宣传资料中的内容，并把其中的要点写下来或按照要求填写在表格里，然后组织者从所有把要点写对的顾客中随机抽取获奖者。启发式抽奖形式对想要广泛深入宣传自己的商品与服务和树立商品与服务良好形象的门店来说，实在是一种再适合不过的好形式。

④ 配对游戏抽奖形式。配对游戏抽奖形式就是组织者预先设置一个数字、一个符号或一个图案，顾客在购买商品与服务时可以任意索取相应的数字、符号或图案，如果和组织者预先设置的相同，则被确定入围，可以参加下一轮的抽奖活动。

⑤ 即开即兑抽奖形式。即开即兑抽奖形式包括两种做法：一种是组织者把是否中奖和中奖项目直接打印在奖券中，顾客拿到奖券后，只要撕去上面的覆盖物，就能马上知道结果；另一种是在奖券上打上数字或符号，顾客在得到奖券后，只要看券中的数字或符号与组织者公布的是否能对上，如果对上了即中奖。

2）竞赛促销形式的策划。竞赛促销形式的策划要以有助于强化门店品牌形象为原则，既要让消费者在竞赛中比出水平，又要让消费者通过竞赛加深对产品的了解和偏爱。

① 征集作品。组织者要求参赛者围绕要促销的产品创作某种作品。如举办摄影大奖赛，要求参赛的作品中必须有促销的产品和服务；举办烹饪比赛，要求参赛者必须使用促销的炊具等。

② 竞猜。让顾客就判断力、观察力一比高低，常见的有要求顾客从甲乙两张商标中找出不同点。从照片中辨认某些著名人物及估算某种汽车能装载多少箱某种商品等。

③ 游戏。除了以上分别介绍的抽奖和竞赛的具体形式外，竞赛和抽奖促销工具还包括以游戏形式出现的促销活动。在设计竞赛形式时，一定要注意活动的趣味性和比赛难度的适宜性，同时，还要注意竞赛规则的可行性和安全性，要本着对消费者负责的态度科学设计。

（3）奖品设计原则。奖品的设计包括奖品的价值、奖品的形式和奖品的结构。

1）奖品的价值。在设计奖品价值时，应以小额度、大刺激为原则。同时，由于《中华人民共和国反不正当竞争法》中明确规定，抽奖式的有奖销售，最高奖的金额不得超过五万元，所以，奖品绝不能靠高额度的大奖取胜，而应靠奖品的新奇性和独特性取胜。

2）奖品的形式。在竞赛与抽奖促销活动中，兑付给消费者的奖品主要有现金形式和实物形式两种。

3）奖品的结构。奖品通常分为几个等级，如一、二、三等奖加上特等奖或其他项目。奖品的总费用在这些不同等级上怎样分配，就是奖品的结构问题。奖品结构一般采用金字塔形，即一个高价位的大奖，然后是若干个中价位的奖品，最后就是数量庞大的低价位小奖或纪念奖。实践证明，奖品结构中，低价位的奖品再多，也不如送一个超级大奖更能吸引消费者。所以，奖品组合中一定要有一两个诱惑力很大的大奖。二等奖的数量要稍多一些，并且与头等奖的价位相差不能太悬殊，这样对顾客来说，既有渴望头等奖的激情，又有一旦得不到一等奖还可争取二等奖的希望,有利于调动消费者参与的积极性。

(4) 费用预算。竞赛和抽奖活动的促销费用一共包括三个方面的支出。

1) 广告宣传费。从费用总预算角度来说,用于全部奖品的数额越高,所需广告宣传的费用就越低,反之,用于全部奖品的费用数额越低,则所需广告宣传的费用就越高。店长要兼顾两者之间的关系,争取两者合理搭配,以尽可能少的总费用,取得较好的促销效果。

2) 全部奖品费。在设计奖品费用时,要综合考虑促销的产品、促销活动的主题及活动开展的地区和促销费用总预算等诸多因素。同时,也要注意实物奖品往往比现金奖更能节省奖品费用。

3) 管理和裁判工作的费用。管理和裁判工作的费用包括表格与其他印刷宣传品的印制费用、来件的评选等处理费用及其他费用,如税金、保险费、公证费等支出。此外,如果门店觉得组织竞赛和抽奖活动经验不足,还有必要聘请专业机构帮助策划和执行,虽然这会使门店额外支付费用,但却可以使门店避免许多意想不到的困扰。

案例概览6-6

天虹超市会员创收益

此前的天虹超市和众多门店一样,面临着电商的冲击。天虹超市拥有的会员用户数量已经排在国内前列,从天虹股份发布会的2019年半年度财报数据看,天虹已有超过1 800万个会员。

天虹超市现有的会员制度将会员划分了两个等级,分别是银卡会员和金卡会员。银卡会员注册门槛低,任何关注"天虹"微信公众号的顾客即可自动成为银卡会员。金卡会员门槛则很高,必须是当日消费1万元或一年内银卡会员消费1.5万元才能升级为金卡会员。

根据天虹官方公布的数据,天虹微信会员数量就达到了500万,其中活跃用户达40%;红领巾app会员数量达到840万,会员带来的GMV将近18亿元;另外小程序上的会员也超过了150万。

资料来源:"3个案例,解析门店经营新绝招",http://baijiahao.baidu.com/s?id=1653329642435192186&wfr=spider&for=pc。

【问题】 超市的会员卡制度带来了什么好处?

4. 优惠券

优惠券是指门店发放的、持券人在指定的地点购买商品时享受折价或其他优惠的凭证。

(1) 促销目标。优惠券促销活动主要协助门店实现以下目标。

1) 扭转产品与服务销售全面下跌的局面。当然,若产品已到滞销期,优惠券也无力挽救其衰落的趋势。

2) 提高某一品牌在同类产品中逐步下降的市场占有率。

3) 提升消费者对滞销的成长类商品品牌的兴趣度。

4) 协助增强弱势品牌的销售利益。

5) 抵制竞争品牌在同一市场的促销手段。

(2) 优惠券的设计制作。优惠券的设计制作主要包括优惠额度、文字、功能三个方面。

1）优惠额度设计。在确定优惠券的优惠额度时，要根据以下因素来综合考虑。

① 促销产品的种类和单位价格。

② 促销品牌在市场上的知名度和信誉。

③ 门店的促销目标。

④ 目标市场上消费者的收入水平。

⑤ 竞争者产品的价格和促销策略。

2）文字设计。优惠券的文字设计包括以下内容。

① 促销主题。

② 优惠的额度、范围和时间期限。

③ 兑换的地点或经销店。

④ 具有说服力的介绍。

⑤ 发券门店的店名、地址和咨询电话。

3）功能设计。

① 宣传功能。把有关门店和其商品与服务的信息也印在券面上，起到宣传作用。

② 方便功能。不论在何种媒体上登载的优惠券都要能方便、容易地被取下，以提高兑换的可能性。

（3）优惠券的投送方式。

1）直接送给消费者。

2）通过媒体发放。

3）通过商品与服务发送。

（4）优惠券的兑换。在优惠券的兑换过程中要注意以下几点。

1）统计优惠券兑换率的高低。影响优惠券兑换率的因素主要有以下几个方面。

① 优惠券的递送方式。

② 优惠券的优惠额度。

③ 优惠券的设计与表现。

④ 消费者对商品与服务的需要程度。

⑤ 消费者的品牌认知度和忠诚度。

⑥ 品牌的经销能力。

⑦ 品牌的新旧程度。

⑧ 使用地区范围。

⑨ 竞争品牌的促销活动。

⑩ 商品与服务自身的等级等。

2）避免误兑。避免优惠券误兑的方法有以下几种。

① 优惠券的价值不宜过高。

② 优惠券的设计应不易仿造。

③ 兑现办法说明应明确清楚。

④ 该商品在门店的普及率达 50%之后才可使用优惠券促销。

⑤ 先在局部测试，然后在大范围区域内开展优惠券促销活动。

⑥ 最好以四色印刷优惠券，以使仿造者不愿花较高成本去伪造。

5. 商品展销

商品展销是针对那些经营实物商品的门店来讲的，商品展销促销法通过商品的集中展览陈列，方便消费者选购，吸引消费者购买，促进门店商品销售。

商品展销可以采取下列方式。

（1）名优商品展销。通过购进知名度较高的系列化商品作为骨干商品，辅以门店原有的库存商品，开展名优商品展销活动，一方面增加销售额，另一方面可以减缓库存压力。

（2）季节性商品展销。通过购进应季应节的各式商品，借以吸引顾客，提高门店季节期间的市场占有率，如迎"十一"商品展销、"秋季服装展示会"等。

（3）区域性商品展销。由门店与有关区域企业协商议定，开展区域性商品展销，如"北京时装周"展销。

6. 样品赠送

样品赠送指向预期目标顾客免费赠送商品样品或免费提供体验本店的服务，鼓励顾客试用的销售促进活动。

（1）样品赠送的目标。

1）促使新产品顺利地打入市场。

2）提高劣势地区的销售业绩，让不曾使用过该商品的人有试用的机会，让其转换品牌。

3）保持竞争优势地区的领先地位。

4）借以调查消费者对其商品的意见。

5）达到公开宣传、扩大影响的效果。

（2）样品赠送策划。

1）样品策划。

① 适合样品赠送促销的商品大多为日用品。

② 单位价格低、消耗快，消费者购买频率高，没有过分的品牌偏好。

2）样品规格。样品规格要根据商品的特性来决定：特点突出的商品，样品规格可以一次量或平均每人一次量来设计。若商品需要连续体验才能知其优劣，则样品规格相应放大。

3）样品赠送对象策划。

① 样品受赠人应该是该商品的准顾客群。

② 样品受赠人最好是市场上的"意见领袖"，能对其他消费者的选择发挥重要影响。

③ 样品受赠人可以是门店的公关对象。

4）样品赠送方法策划。

① 直接邮寄。优点：送达率较高。缺点：受许多限制。

② 挨家挨户发送。优点：样品能够及时、安全地到达受赠人手中。缺点：费用高，

而且有时会遭拒绝。

③ 定点分送及展示。优点：费用低。缺点：样品送达率低。

④ 媒体分送。优点：能直接进入家庭或机关团体，同时传播商品信息。缺点：目标顾客群命中率低。

⑤ 凭优待券兑换。优点：节省了邮寄费用，从而提高了赠送样品的安全性。缺点：样品赠送普及率很难控制，样品数量难以控制。

⑥ 联合或选择。根据目标顾客的特定需要，将相关性或没有竞争性的商品集中在一个样品袋中，然后交由专业营销服务公司送到精选目标顾客手中。

⑦ 夹包装分送：将商品样品附在非竞争性商品的包装中，此时该样品扮演着免费样品和赠品的双重角色。

5）样品赠送时机策划。策划样品赠送时机应考虑到以下几点。

① 配合门店在该市场上的广告宣传活动。门店在该市场的广告宣传进行 4~6 周时，是实施样品赠送的最佳时机。在赠送样品期间，在该市场的广告宣传绝不能停止。

② 商品在该市场的经销店数量。对食品、日常生活必需品而言，至少应在该区域有半数门店经销之后，才适宜进行样品赠送。

③ 商品的消费季节性。最好在某一商品的消费旺季到来之前进行样品赠送。

（3）样品赠送的成本核算。

1）样品费，包括样品自身费用和样品包装费。

2）送达费，指将样品分送到消费者手中的过程中需要支付的邮费或劳务费。

3）管理费，指促销者必须支付给分发渠道的中间费用，如通过专业邮递公司分送，除了要付邮寄费之外，还要支付一定的管理费用。

4）广告费，包括促销活动本身的广告宣传费、样品包装上的广告费及其他促销辅助物的费用。

5）如果样品中附加优惠券，则还应包括优惠券的折价面值及优惠券的兑换处理费。

7. 现场演示

所谓现场演示，是指在销售现场直接向消费者做商品的服务演示。

（1）现场演示的促销目标。

① 推广和介绍新产品。

② 改变产品在门店销售不旺的状况。

③ 突出本门店产品在同类产品中的地位。

④ 向顾客展示本门店产品的特殊功效，吸引顾客光顾，以便带动其他产品的销售。

（2）现场演示促销应注意的问题。

1）现场演示的适用范围。一般情况下，做现场演示的商品最好具有以下几个特点。

① 技术含量比较低。

② 有新的使用功效。

③ 能立即显示产品的使用效果。

2）示范表演者的演示水平。现场演示的目的在于将产品的特点、性能，准确、直观地传达给消费者，通过刺激消费者的感官而刺激消费者的购买兴趣。因此，示范表演者的操作要熟练，要能充分地展示产品的优越性。示范表演者的操作水平直接影响着消费者对产品的信任程度。

3）现场演示的趣味性。现场演示要想吸引消费者的注意力，就必须有一定的趣味性。

8. 以旧换新

（1）以旧换新促销的形式。

1）以任何品牌的旧产品换本门店的新产品，差额补齐。

这种形式的主要目的是扩大产品的销售额，厂家和商家都可以采用。

2）以本门店的旧产品换本门店的新产品，差额补齐。

这种形式的主要目的是巩固和发展门店的新老顾客，建立顾客对品牌的忠诚度，联络顾客与门店的感情，本质上是对老顾客的一种回报。

（2）以旧换新促销应注意的问题。

1）旧商品的折价幅度。要根据门店的目标、促销预算及竞争产品的情况来科学制定折价幅度，使门店既扩大了商品的销售，又能保证一定的盈利。

2）促销活动的时间性。以旧换新活动在什么时间开展，是长期开展还是短期开展，这些都要精心策划。关键是要根据促销效果来进行交易上的测算，如果得不偿失，就应停止以旧换新的促销活动。

3）旧商品的折价标准。现在门店所采取的做法，大都是不论品牌、使用年限、新旧程度，一律统一折价，搞"一刀切"。这种折价办法往往在一定程度上会挫伤顾客参与活动的积极性，尤其是那些手头旧货尚比较新的顾客。因此，在条件允许的情况下，还是应当确立不同的折价标准，以区别对待新旧程度不同和原价格不同的旧货。

案例概览 6-7

海底捞的会员制

国内餐饮业的标杆企业之一——海底捞，现有会员数已破亿。海底捞将会员划分了四个等级，分别是红海会员、银海会员、金海会员和黑海会员，提供捞币换礼、温情直达号、生日赠礼、升级礼遇、线下活动和 VIP 专享等权益。除此之外，海底捞对支付宝认证的学生提供 6.9 折优惠。海底捞经常需要等位，但对于海底捞的黑海会员，则有"插队"的权益，单就这项会员权益，就吸引了许多顾客注册成为海底捞会员。

当然，其他会员权益也很有吸引力。

1. 捞币换礼

捞币可兑换代金券，比如 2 000 元捞币 = 100 元代金券，兑换比例 20∶1。也可以兑换实物，如菜品、零食、底料等。

2. 生日赠礼

海底捞在会员生日当月 1 号会给会员发放一张 30 元代金券，可在当月内任意时间使用。

这一设计区别于一般商家将生日权益放在生日当天，增加了会员选择就餐时间的灵活性。

3. 升级礼遇

对银海及以上会员，评定部分会员进行升级服务。对会员来说，这很有惊喜感。

4. 线下活动

为金海及以上会员提供相关活动。

5. VIP 专享

黑海会员享受就餐优先安排；每月享有一张包间会议使用券。

从以上权益可以看出，海底捞把会员权益当成了提供优质服务的一种形式。海底捞利用会员体系，汇聚了千万级别的忠诚顾客，运用技术深挖用户数据，实现会员服务"千人千面"，实现与会员之间的互动和联系，是数据受益的典型案例。

资料来源："3 个案例，解析门店经营新绝招"，https://baijiahao.baidu.com/s?id=1653329642435192186&wfr。

【问题】 此案例对你有什么启发？

6.3.3 门店促销组合操作规范

所谓促销组合，是指门店为达到特定目的而弹性运用若干促销工具、促销方法，包括人员促销、广告、公关和营业推广等。促销组合的目的在于将门店的商品或服务告知消费者，并说服消费者购买。门店在运用促销组合时，要灵活调配、合理组合，充分考虑不同商品、不同环境、不同消费对象等因素。

1. 门店人员促销

门店人员促销主要是指店内销售人员在一定的营销环境中，运用各种推销技巧和手段，说服顾客购买商品并实现销售计划的销售活动。

（1）人员促销的目标。除了推销商品外，门店的销售人员还应考虑以下几方面的推销目标。

1）积极寻找和发现更多可能的顾客。

2）将有关门店商品和服务方面的最新信息传达给门店的现有顾客和可能的顾客。

3）学习和运用各种推销技术（包括接近顾客、展示产品、回答异议、结束销售等），千方百计地推销产品。

4）向顾客提供各种服务，如向顾客提供咨询服务，帮助顾客解决某些疑难问题，介绍商品的使用方法和保养方法等。

5）及时向门店汇报销售信息、顾客需求动态及趋势。

6）协助门店估计赢得顾客购买的能力。

（2）促销人员的素质要求。在门店人员促销中，人是最根本的因素。下列素质要求是一个理想的门店促销人员应具备的。

1）极强的洞察能力。毋庸置疑，市场和顾客的情况是很复杂的，不仅差别很大，而且受许多因素的制约。一名有敏锐洞察能力的销售人员能眼观六路、耳听八方，及时发现和抓住市场机会，揣摩顾客的购买意图和购买心理，提高商品的成交率。

2）高度的敬业精神。销售工作，尤其是带有促销性质的销售工作不是一项轻松的工作，有许多困难和挫折需要克服，有许多冷酷的回绝需要去面对，这就要求销售人员必须具有强烈的事业心和高度的责任感，有一股勇于进取、积极向上的劲头，把自己看成"贩卖幸福"的人。

3）正确的服务态度。门店促销人员不仅是门店的代表，也是顾客的顾问，应真正树立"用户第一""顾客是上帝"的思想，想顾客所想，急顾客所急，积极为顾客服务，这样才能赢得顾客的信任。

4）良好的说服能力。良好的说服能力是门店促销人员必须具备的素质之一。门店促销人员要能熟练地运用各种推销技巧，成功地说服顾客；要熟知推销工作的一般程序，了解顾客的购买动机和购买行为；要善于展示和介绍自己的商品，善于接近顾客，善于排除顾客的异议直至达成交易。要做到这些，首先必须相信自己，相信自己销售的商品，相信自己所代表的门店，这是商品交易成功的前提。

5）丰富的知识。顾客的类型多种多样，对商品的要求也会各不相同，销售人员只有具备了广阔的知识面，才能与不同类型的顾客进行正常的沟通，才能将销售工作顺利进行下去。知识面的广阔与否在一定程度上决定着销售人员的销售能力，所以销售人员应有旺盛的求知欲，善于学习并掌握多方面的知识，在实际工作中不断总结经验，成为一名真正合格的门店促销人员。

(3) 人员促销的实施。门店人员促销的实施主要包括下列步骤。

1）接近顾客。接近顾客是指当顾客进入店内观看商品时，销售人员抓住机会与顾客进行正面的交谈。此时销售人员头脑里应有三个目标。

① 给对方一个好印象。
② 验证顾客确实有购买的动机。
③ 为后面的谈话做好准备。

2）介绍商品。这是商品销售过程中最为重要的一个阶段。任何商品都可以用某种方法进行介绍，甚至是那些看不见、摸不着的商品（如保险业务），都可以用一些图形及其他形式加以说明。介绍可以通过顾客的多种感官传达给顾客，其中视觉是最重要的一个，因为在顾客所接收的全部印象中，通过视觉得到的信息所占比重最大。同时在介绍商品时，必须明确顾客最关心的是商品能给自己带来什么好处，是不是值得购买。

3）处理异议。顾客对商品持否定意见是常有的事。一个有经验的门店促销人员应当具有与持不同意见的买方洽谈的技巧，随时准备好应对否定意见的适当措辞和论据。

4）商品成交。商品成交即门店促销人员要求顾客购买商品的阶段。多数门店促销人员认为，接近和成交是商品销售过程中两个最困难的步骤。在洽谈过程中，门店促销人员要随时给予对方成交的机会，有些顾客不需要全面的介绍，介绍过程中如发现对方有意愿购买，应立即抓住时机成交。在这个阶段，销售人员需要针对顾客的心理提出适当的优惠条件，让顾客尽快做出购买决定。

5）售后服务。要确保顾客满意并重复购买，售后服务这一阶段就是必不可少的。门店促销人员应认真履行本店的承诺和售后保证，如按时交货、追踪服务等。

2. 门店广告促销

门店广告促销是指门店的经营者采用付费方式，委托广告经营部门通过传播媒介，以现代科学技术和现代化设备为手段，以策划为主体、创意为中心，对目标市场所进行的以有关门店名称、标志、定位、商品等为主要内容的宣传活动，旨在使顾客心目中树立牢固的形象，从而刺激并扩大市场需求，开拓潜在市场，扩大市场份额，增加门店资产。大量实验证明了"商店+广告＝名店"这一公理。

门店在开展广告宣传活动时，主要应进行下列决策。

（1）广告促销目标。进行广告促销，首先要确立广告促销的目标。一般而言，广告促销目标可以归纳为如下三种类型。

1）创牌。创牌广告的目标在于介绍门店经营的新商品，它通过对商品性能、特点和用途的宣传介绍来提高消费者对商品的认识程度，其中着重要求提高消费者对商品的知名度、理解度和品牌商标的记忆度的认识，使新产品深入人心。

2）保牌。保牌广告的目标在于巩固门店已有市场阵地，并在此基础上深入开发潜在市场和购买需求。它主要通过连续广告的形式，加深消费者对已有商品的认识，使现实消费者养成消费习惯，潜在消费者产生兴趣和购买欲望。其诉求的重点是保持消费者对广告商品的好感、偏爱和信心。

3）竞争。竞争广告的目标在于加强商品的宣传竞争，提高市场竞争能力。广告诉求重点是宣传本门店经营的商品比同类其他门店经营的商品更具优越性，同时消费者购买本店商品能给他们带来什么好处，以增强偏爱度并指名选购。

（2）选择合适的广告媒体。

门店广告媒体包括电视、广播、印刷媒体及其他广告媒体。

1）电视。电视是门店最常用的广告媒体。电视广告具有表现力强，形象真实，效果显著的特点。它通过色彩、画面、伴音、现场表演、字幕等各种形式，充分调动观众的听觉、视觉，使人产生真实亲切、身临其境的感觉。电视广告宣传范围广，观众不受文化水平、年龄、职业等限制，全家观看，共同议论，往往能直接产生购买决策。但是对于门店来说，电视广告制作过程复杂，成本费用高，收费标准也高于其他形式，一般适合宣传日常生活用品。

2）广播。传播范围广、信息传递迅速及时、方式灵活多样、费用相对低廉等是广播所具有的优势。在文盲率较高或电视机尚未普及的不发达国家或地区，广播是传递广告信息的重要媒体，即便是在发达国家或地区，无线电广播仍拥有许多听众，特别是在汽车上装有收音机，人们往往利用驾车时间收听广播，因而包括汽车公司在内，食品或饮料等生产厂家也大量利用广播媒体播放商业广告。

3）印刷媒体。印刷媒体包括报纸、杂志和其他印刷媒体。

报纸。报纸也是门店经常采用的媒体之一，其特点主要体现在以下几个方面。传播范围广，接受人数多；报纸广告传播迅速，反应及时；报纸广告可印刷复杂的说明性文字、图片,使读者能够清晰地了解,便于接受信息,报纸也便于保存、查阅;采用报纸便于划分读者群,在读者中有一定的影响力,给广告发布商面向客户刊登广告以极大的选择便利,容易获得直接效果。报纸广告也有一定的局限,由于印刷条件有限,表现手段不够丰富;报纸版面多,内容广,读者阅读时分散了对广告的注意力。

杂志。门店利用杂志做广告具有以下优势。针对性强,广告对象明确;杂志印刷精美,广告集中;阅读杂志的读者有一定的文化水准,阅读时认真,传阅率高,广告影响力大;杂志便于保存、查阅,其广告影响力持久。但是,杂志广告也有不足:宣传范围窄,传播速度慢。

其他印刷媒体。门店往往还利用一些人们使用率比较高的印刷物,如电话簿、列车时刻表、邮编簿、旅游图、各种车鉴、手册等刊登广告。由于人们要经常反复翻阅并使用这些印刷物,故在上面刊登广告也能产生一定的影响。这类广告成本较低,但传播信息比较分散。

4) 其他广告媒体。门店可资利用的广告媒体还有直接邮寄、户外广告或公共交通工具等。

直接邮寄。在商业或工业杂志很少的国家或地区,直接邮寄广告是工业用品推销的有效媒体。门店通过邮寄样品、产品说明书或商品目录等向目标用户传递商品信息,进行推销。由于直接邮寄广告简单易行,成本费用低,而我国大多数门店目前的广告促销费用有限,国际市场广告促销经验不足,因此直接邮寄广告便成为经常使用的一种广告媒体。

户外广告。户外广告有广告牌、招贴画或霓虹灯等形式。户外广告可以选择有利的地理位置发布,从而使过往行人都可看到。它具有传播范围广、保存时间长、成本费用低等特点。但是,户外广告同时具有针对性差,信息表达的形式与内容受到限制,促销效果难以评估等缺点。

公共交通工具。公共交通工具包括公共汽车、旅游车及火车等。由于公共交通工具的利用率高,人们平均乘车时间长,在拥挤的公共汽车上,乘客不管愿意与否,均会看到车上的广告,并在乘车途中可能多次注视同一广告,这样就可能记住广告的内容,因而公共交通工具成为门店常用的广告媒体之一。

案例概览 6-8

巧妙在名片上加一句话,让你的销量翻倍

一家女士服装店在学习了名片简单营销技巧后,受团购启发,在名片上加了这句话:"单价1800元的高贵名包,若你和限量3位亲友团购,则各只需300元",名片附上了这个包包的照片和介绍,非常漂亮。服装店老板将那个漂亮包包放在店里最显眼的地方,然后在名片盒上写道:免费索取限量团购优惠卡,本周内有效。

几乎每一位到店的顾客都会去拿一张,有超过60%的顾客在一周内会带着3位亲友一起来买这个包。这个包包的实际进货价是280多元,服装店老板虽然没有赚到什么钱,但也不亏本。关键在于,通过这种简单的名片优惠团购营销,顾客会为你介绍更多的顾客,服装店每天

的人气非常旺,人气旺则生意旺,从而带动其他服装品种的销售。

资料来源:"名片营销:巧妙在名片上加一句话,让你销量翻倍",https://www.mroyal.cn/News_1543.html。

【问题】 此案例对你有什么启发?

(3)门店广告媒体的选择。门店在选择广告媒体时一般要考虑以下因素。

1)经营商品的特征。门店应根据自身经营商品的特征来选择不同的广告媒体。例如,服装鞋帽等日用品或选购品,重要的是显示其式样、颜色。所以,最好在电视或书刊上用彩色图片做广告,只用文字效果会差些。如果经营的商品属高技术性能的,则比较适宜用邮寄广告,因为在广告中可以详细地说明商品性能,便于顾客做比较。对家用电器产品采用电视进行现场演示,通常能起到很好的效果。

2)媒体的受众。不同的媒体拥有不同的受众,因此门店在找准了自己的目标顾客群后,还要找出他们是哪些媒体的受众,然后选择相应的媒体。比如,女性用品广告应刊登在女性杂志上或选择大多数女性喜爱的电视节目、广播或报纸做媒介;体育用品广告则应选择青年或运动爱好者喜欢看的电视节目或书刊做媒介。

3)商品信息的类型。对于时间性较强的广告信息,最好在电视、报纸等时效性强的媒体上做广告;若信息的传播对象仅仅局限于某一地区,则在地方性媒体上做广告即可,不需动用全国性媒体。以文字为主的信息,选择报纸、杂志等印刷媒体就较适宜;而对于以画面及动作为主的信息,最好在电视上做广告。

4)各类媒体的成本。电视广告是最昂贵的媒体,而报纸则较便宜。不过,最重要的不是绝对的成本数字的差异,而是目标对象的人数与成本之间的相对关系,如果用每千人成本来计算,可能会出现电视广告比报纸广告更便宜的情形。因此,计算媒体成本是一项较为复杂的工作。

5)竞争状况。门店的广告媒体选择在很大程度上受广告商品竞争对手的有无、选择媒体的情况和所花费的广告支出多少的影响。如果门店尚无竞争对手,那么它就可以从容地选择自己适合的媒体和安排广告费用;如果门店竞争对手尚少,还不足以对它产生重大影响,只需要在交叉的广告媒体上予以重视;如果竞争对手多而且强大,在门店财力雄厚的情况下,就可以采取正面交锋方式,以更大的广告开支在竞争媒体上及非竞争媒体上均压倒对方;若该门店财力有限,在无法支付庞大持久的广告开支的情况下,可以采取迂回战术或采用其他媒体,或者在同样的媒体上避免正面交锋而将刊播的日期提前或移后。总之,门店应根据自己与竞争对手的实际情况,有针对性地选用适合的媒体。

案例概览6-9

脑白金:吆喝起中国礼品市场

在中国,脑白金已经成为中老年礼品市场的第一代表。

睡眠问题一直是困扰中老年人的难题,因失眠而睡眠不足的人比比皆是。有资料统计,国内至少有70%的女性存在睡眠不足现象,90%的老年人经常睡不好觉,"睡眠"市场如此之大,脑白金的功能定位准确。

然而，作为单一品种的保健品，脑白金以极短的时间迅速占领市场，并登上中国保健品行业"盟主"的宝座，引领我国保健品行业长达五年之久。其成功的最主要因素在于找到了"送礼"的核心理念。

中国是礼仪之邦，有年节送礼，看望亲友、病人送礼，公关送礼，结婚送礼，年轻人对长辈送礼等送礼行为，礼品市场很大。脑白金的成功，关键是定位于庞大的礼品市场，而且先入为主地得益于"定位第一"法则，第一个把自己明确地定位为"礼品"——以礼品定位引领消费潮流。

资料来源："十大经典广告营销案例解析"，https://zhuanlan.zhihu.com/p/52220187。

【问题】 脑白金是如何在众多礼品竞争对手中脱颖而出的？

3. 门店公关促销

门店公关促销是指门店在经营活动中正确处理门店与社会公众的关系，以便树立门店的良好形象，从而促进商品销售的一种活动。

（1）门店公关促销的特征。门店公关促销中的公众关系是一种社会关系，但又不同于一般社会关系，也不同于人际关系，它有独有的特征。

1）门店公关促销的主要目标是创造良好的门店形象和社会声誉。一家门店的形象和声誉是其无形的财富。良好的形象和声誉是门店富有生命力的表现，也是公关的真正目的。门店以公共关系为促销手段，利用一切可以利用的方式和途径，让社会公众熟悉门店的经营宗旨，了解门店经营的商品种类、规格及服务方式和内容等相关情况，使门店在社会上享有较高的声誉，树立较好的形象，从而顺利地促进商品的销售。

2）门店公关促销的基本原则是真诚合作、平等互利、共同发展。公关促销以一定的利益关系为基础，这就决定了主客双方必须均有诚意，平等互利，并且要协调、兼顾门店利益和公众利益，这样才能满足双方需求，以维护和发展良好的关系。否则只顾门店利益而忽视公众利益，在交往中损人利己，不考虑门店声誉和形象，就不能构成良好的关系，起不到宣传促销的作用。

3）门店公关促销主要靠真诚和事实赢得公众。在市场经济条件下，门店要想扩大自身的知名度，使其在公众心目中树立一个美好的形象，除了依靠商品和服务质量外，还必须从实际出发，适应公众心理和精神的需要，进行积极的宣传工作，使公众的需求与门店的经营理念趋于一致。显然，这种关系是建立在门店与公众真诚的双向交流基础之上的，否则公关促销就无法达到相应的效果。

4）门店公关促销建立的是一种长久关系。建立和维护门店与公众之间稳定长久的良好关系，需要门店长期不懈地努力。由于商品及其社会环境的复杂性，一个良好的公共关系的建立，一般需要树立长远目标并且持之以恒。

5）门店公关促销具有广泛的影响面。新闻媒体具有广泛的传播性，门店的公关促销往往需要利用新闻媒体进行宣传。如果门店的促销真正具有新闻价值，新闻媒体都会抢着报道，而门店的名声就会随着新闻媒体的传播而扩散开。

6）门店公关促销具有良好的促销效果。因为顾客面对新闻媒体，一般不担心会上当受骗，所以即使是对广告和人员促销不予理睬的顾客，一般也不会对门店的新闻报道产生反感。如果新商品在大量上架之前以公关的方式进行宣传，就利于门店顺利地将商品推销给顾客。

（2）门店公关促销的步骤。门店公关促销活动作为一个完整的工作过程，应该包括以下几个步骤。

1）市场调研。门店公关工作要做到有的放矢，应预先了解与门店实施的措施有关的公众意见。公关部门要把门店领导层的意图告诉公众，也要把公众的意见和要求反映到领导层，因此市场调查研究是做好公关工作的基础，公关部门必须对完成信息交流所必需的各种材料进行收集、整理，为后面的工作做好准备。

2）确定目标。经过充分的市场调查，明确了问题的重要性和紧迫性后，需要根据门店的总目标要求和各方面的情况，确定具体的公关目标。一般来说，门店公关的直接目标是促进门店与公众的相互理解，影响公众的认知和行为，建立良好的门店形象。公关工作就是围绕着信息的提供和分享而展开的，因而具体的公关目标又分为传播信息、转变态度和唤起需求。

3）信息沟通。说服行为作为门店公关活动的一个特征，决定了门店公关促销过程也是信息沟通过程。门店面对广大的社会公众，与以往简单的人际关系大相径庭，必须学会运用大众传播媒介及交流信息的各种方式来进行信息沟通。

4）评估效果。公关促销是根据某些沟通对象的反应目标而设计的，所以这些目标可以作为测量其活动效果的基础。一般来说，门店可根据展露次数、知晓—理解—态度方面的变化及销售额和利润额的变化等来测定促销效果。

（3）门店策略。运用公关宣传进行促销时，还要讲究一定的策略，以期获得最佳的促销效果。通常，公关宣传主要有以下一些策略。

1）借助新闻媒介。通过新闻媒介传播门店信息是搞好公关促销的有效方法。因为通过新闻媒介向社会公众介绍门店和商品，不仅可以节约广告费用，而且由于新闻媒介的权威性和广泛性，使它比广告更有效。

案例概览 6-10

皮鞋砸布什

2008 年，伊拉克的一名新闻记者用鞋子砸布什，这一事件，相信很多人都不陌生。对此，有位店主策划了这样一个方案。他在自己的门店做了一个布什的卡通画像，把画像分为 4 个部分，即头部、胸部、大腿、小腿，设置一个距画像 3 米的线，让消费者拿着鞋去砸。如果消费者砸中头部，可以享受 9 折优惠，砸中胸部可以享受 8.5 折优惠，砸中大腿可以享受 8 折优惠，砸中小腿可以享受 7.5 折优惠。如果消费者不购买，可以得到活动红包奖（红包里面装有抵用券）。

资料来源："介绍门店促销的3大案例"，https://www.loooy.com/news/18403.html。

【问题】 此案例对你有什么启发？

2) 进行自我保护。门店的经营活动不可能总是一帆风顺，难免会遇上不测，而使门店形象受到不同程度的损害。门店在形象受损的情况下，要学会自我保护，积极主动地运用公关宣传策略挽回局面。

3) 参与公益活动。门店要想建立良好的公众形象和信誉，就必须以社会公众利益为核心，一切为了社会公众利益服务，而不是唯利是图、见利忘义、损公肥私。同时要通过参与安全生产和环境卫生治理、防治污染和噪声、赞助社会公益事业、参与为社会慈善机构募捐等各种公益活动，协调门店与社会公众的关系。

4) 巧用名人效应。门店要善于运用名人效应这种公关宣传策略，它常会起到意想不到的效果。"山不在高，有仙则名"，如许多地方仅因历史上的名人曾经来过或有名人题诗作画及隐居修炼于此，当地人就树碑立庙，之后此地便游客如云，门庭若市。商品也是如此，当某种产品被名人称赞和使用时，就会名声大振，而受到公众青睐。

5) 吃亏是福。以吃亏是福的心态巧用吃亏销售法，可少花甚至不花广告宣传费，便取得良好的广告效益，在顾客心目中建立良好的形象和信誉。

4. 门店营业推广

门店营业推广是在人员促销、广告促销及公关促销等活动之间，在相互的协调下提高销售效果的一种商业行为。对于门店来说，主要指利用店庆、节日和季节交替等特殊情况推行的诸如折扣、奖励、特殊服务及相关的陈列展示、展览等非常规的经营活动。其目的不仅在于要把握已有顾客，而且要"开发新的顾客"，同时更要"刺激顾客的购买欲，使销路上升"，把门店提供商品的能力和顾客的潜在需求密切联系起来。基于市场竞争的激烈性和不可预测性，门店及其经营者一定要在这瞬息万变的市场里，把握好顾客的好恶，经常提供迎合消费者喜好的商品，使其对本店产生信赖和爱护感，进而变成永久顾客，这是门店营业推广的工作重点。其特点是具有一次性、多样性、速效性。门店营业推广方式的选择已在 6.3.2 小节"门店促销方式运用"中有所介绍。

引例6-4 超值一元：舍小取大的促销策略

一家小超市由于市场不景气，人流量很少。有一天超市的老板想到，大家不来买东西无非是感觉商品太贵或是没有什么必需品，于是老板做了一个决定：将超市里面的35款10多元的商品（成本为3~6元）分成7组，一周七天，每天推出一款1元商品在门店里促销以吸引顾客。

第二天店内贴出这样的广告："30款日常用品，仅售1元，数量有限，售完即止（每人每种商品一次交易限购1样）。"这30样促销商品都是人们常用的消耗品，如牙膏、毛巾等。每次消费者来购买促销商品，也会顺带购买一些其他不打折的必需品，这样超市其实还是赚的。

这家超市的老板没有预料到消费者的消费力是如此庞大，几乎仅仅1个小时，当日的1元商品就销售一空。更为有意思的是很多消费者都在打听他们需要的商品在哪天售价为1元，于是到了那个时间就有了更多的消费者来消费，当然购买的不只1元商品，还有其他商品。

资料来源："明亏暗赚，这5种营销方式真是绝了"，https://www.sohu.com/a/458504275_100040533。

【问题】 这种促销活动为何能够提升门店的销量？

子项目 6.4 提升门店销售管理绩效

6.4.1 提升门店销售管理绩效的途径

对门店来说，提升销售管理绩效的有效途径主要有以下几种。

1. 人员管理

门店人员管理对提升销售管理绩效极为关键。人员管理的内容包括以下几个方面。

（1）人力是否过剩。人力是否过剩是人员管理的首要内容。在此之前，门店必须先分析店内员工各自的工作职权与内容，包括其工作流程，再研究出一套能适用于店内的工作方式，这个工作方式必须是最有效率且最省人力的，而且应能有效节省人力费用。

（2）员工的工作心态是否积极。员工的工作心态也是极为重要的，因为它间接影响到员工的服务态度及其出勤情况。因此，门店管理者的首要责任是要稳定员工的工作心态并使其具备热忱的服务态度。若是现有的员工有工作心态不佳、态度不积极的状态，门店管理者必须去了解该员工的情况，包括他的工作、家庭及生活。门店管理者的关心及沟通疏导，对于建立员工的积极心态有极大的帮助，所以，建议所有门店管理者用真诚的心关心每一位员工，只要这样做了，就一定会有收获。

（3）员工的专业知识是否充足。员工的专业知识是否充足也是人员管理的重点。可以随时培养员工的专业知识，通过教育训练或驻外观摩，给员工不断充电的机会。除此之外，还应使员工提高自学能力。员工只有深入了解商品的基本知识，才能给消费者提供最满意的服务，从而增加购买量。

（4）员工的服务意识是否有提升。在现今社会中，竞争日趋激烈，商品差异化缩小，无微不至的员工服务意识是增加回头客的有效途径。门店管理者所要做的，就是对员工不断灌输服务至上的观念，强调微笑服务的重要性，不断提升员工服务质量。

2. 商品管理

门店的商品管理包括以下几个方面。

（1）商品陈列的规划管理。在商品管理方面，每样商品的陈列空间应设定标准。如"屈臣氏"对商品管理就极重视陈列空间，它规定每项商品有固定的陈列范围，若这项商品缺货或厂商没货，亦不可用其他商品递补，这样做不仅会引起销售人员的警觉，而且会对生产商和供应商起到一定的刺激作用，从而使这种缺货的情况日渐减少。

（2）新商品的进货速度。新商品的引进也是商品管理的一大重点。零售业看中的就是最快的资讯、最新的情报，唯有先人一步取得商机，才会比竞争者多占一些市场。新商品的引进既可通过生产商的报价，也可由门店管理者或采购负责人常去市场调查或主动追寻与企业形态相关的商品的资讯，甚至必要时要走在最前面，引进国外最新的相关商品，引导、鼓励国内生产商或进口商制造、进口。但因为门店未必都能容纳所有商品，所以，门店管理者必须把心思花在如何提供给消费者特别及个性化、适用的商品上。

（3）商品处理。商品处理是商品管理的又一大重点。商品处理是指对滞销品和故障品的处理，它常常被门店管理者忽视。滞销品和故障品容易造成资金的积压与浪费，而且毫无生产效益可言，因此，门店管理者一定要有一套"退货处理流程"去运作，以使资金流通顺畅。

3. 品类优化管理

只有提供与消费者喜好和期望相一致的商品，才能吸引顾客前来购买，从而增加销量，获得利润。这就要求门店管理者对自己所经营的商品做出正确的选择和安排，每个品种、规格所占费用应有所区别。如果每个品种、规格所占费用都一样的话，那么销售业绩良好的商品便会缺乏足够的资源支持，而销售业绩不好的商品则对有限的资源造成相对浪费，销售业绩的直线上升与门店管理者所经营的品种和规格不成正比。由此可见，门店管理者只有摒弃这种错误认识，实施品类优化管理，才能实现货架上摆放的商品合理化，从而使经营的品牌和货架的安排达到最大的投入产出比。

📖 **知识链接**

仓库管理系统的作用

1. 提高工作效率，降低错误概率

仓库管理系统在仓库管理中的运用，让仓库管理更高效、更准确，节省了许多人力、物力及时间。而采用传统人工记录会带来很大的不便，如容易记录出错、丢失、被修改等。

2. 节约企业资源，减少等待时间

仓库管理系统的作用除了体现在提高仓库作业效率上，还体现在盘点时节约企业资源上，减少等待时间。仓库管理系统能实现自动出具盘点详细单，在减少了等待时间的同时提高了仓库工作效率。对于企业的盘点来说，是很耗时、耗力的，人工盘点十分容易出错，而一款仓库软件能够在带来便捷的同时保障准确率。

3. 时刻掌握库存明细，及时做出决策

仓库管理系统对仓库作业能及时掌握监控流程，建立规范的作业流程，时时监控库存，降低库存，减少采购成本。同时，仓库管理系统可以清晰掌握库存数量与明细，随时查询库存流水，避免错账乱账，帮助企业有效地管理生产信息，及时处理库存积压的情况。

4. 管理流程科学规范，优化库存管理

仓库管理系统根据实际工作中存货业务涉及的各项业务性质，如采购入库、成品出库、材料出库、材料退库、销售出库、盘点管理业务等功能，可以对业务处理进行监督控制。如材料退库业务中，需要生产部门、仓库部门、财务部门签字后才能生效。此外，系统还提供出入库的跟踪管理、可用资源控制的业务，让管理人员可以及时掌握库存的动态信息，对库存的安全性进行控制，避免库存积压占用资金或材料短缺影响生产。

5. 强大的信息存储、计算、查询功能

仓库管理系统采用数据库管理技术对各种库存的基本信息进行存储，管理者只需要输入出库单、入库单等基本业务数据，计算机就会利用数据库的查询和计算功能，生成各类存货的明细账簿及报表，既节约了大量的人力资源，也提高了账本数据的准确性。

资料来源："六大功能让你彻底明白 wms 仓库管理系统作用"，http://www.kucangbao.net/hyzx/1006.jhtml。

【问题】 仓库管理系统还有哪些作用？

6.4.2 提升门店销售管理绩效的策略

1. 与毗邻的店铺比较

门店管理者所要做的就是与毗邻的门店做比较，只要比毗邻的门店做得更好，你就会获得成功。毗邻的门店通常是指距离在 500 米以内的门店。顾客通常仅仅根据有限的资讯，在十分有限的范围内进行直接的商品比较，因此，只要比隔壁的门店做得稍微好一点，就可以显著提高门店的销售业绩。

2. 经营畅销商品

经营畅销商品，一般就抓住了经营业绩的 80%。事实上，门店经营业绩的 80% 来源于 20% 的商品，因此，经营畅销商品很关键。门店管理者只要仔细分析一下门店商品的销售资讯，就会发现在特定时期内，有几种商品特别畅销，几乎每天都是门店销售排行榜上的前几名，这些畅销的商品就是门店的"当家"商品，经营门店只要把握这些"当家"商品，就可以维持门店基本的营业额与利润。

"当家"商品一定要有，而且货源必须充足。特定阶段内门店如果没有"当家"商品，很快就会陷入窘境，如门店一切都做得很好，就是卖不出货，且几乎找不出经营业绩下降的直接原因，或者运用各种促销手段都无能为力，这就是缺少"当家"商品的表现。在实际销售中，如在一段时间内没有几种商品一直雄踞销售排行榜的前几名，门店管理者就应当寻找新的"当家"商品。

3. 把握旺季

门店的生意一般都具有明显的淡季和旺季，即都有特定的销售周期。一般情况下，旺季营业额占总营业额的 70% 以上很正常。因此，经营门店必须做到"旺季要热卖"，很好地把握住旺季。要把握旺季应做好以下工作。

（1）准备好旺季商品，并保证其货源充足。

（2）及时发掘出当季的"当家"商品，重点管理，尤其是货源一定要充足（"当家"商品即使是处理，也是最先销售的商品）。

（3）运用各种有效的促销措施，营造旺季热卖的热闹环境。

4. 充分利用淡季

门店出现淡季是很正常的现象，这是市场本身的特征，不是门店所能改变的，因此，门店管理者不必为此忧心忡忡。在销售淡季，门店管理者应运用好以下有效策略。

（1）降低固定的门店维持费用。降低固定的门店维持费用是一种比较有效的策略，它通常可以通过减少工作人员和出租一部分门店场地来实现。

（2）出奇制胜。出奇制胜策略能够在淡季创下无限商机。例如反季节销售，可以在冬天卖夏天的商品，夏天卖冬天的商品，关键就是价格必须有足够的吸引力。因此，门店管理者必须与生产企业密切合作，利用出奇制胜策略与生产企业共同处理大量的过季商品。

（3）临时改行。临时改行是指临时经营其他生意。例如，卖皮草的门店改卖太阳镜就是一个很好的策略。

（4）增加回头客。回头客是门店赖以生存的基础。增加门店的回头客是提升销售业绩的有效方法。使顾客成为回头客的方法很多，有效的激励措施有以下几种。

1）贵宾卡。贵宾卡是一种有效的措施，是指给予特定顾客的优惠卡，顾客可以凭借贵宾卡获得优惠，例如打折。贵宾卡应限制范围，并应制作精美。

2）积分奖励。积分奖励也是一种有效的措施，就是根据顾客采购的金额累计积分，达到一定程度就可以获得各种优惠待遇，如参与抽奖、赠送购物券、奖品等。

3）重视销售人员的作用。最关键的一点是重视门店销售人员的作用，如果销售人员的记忆力足够好，能够认出门店的常客，并给予优质的服务，例如称呼姓名、聊聊家常、提供更加贴切的购物建议等，常客很容易就成为门店的回头客。回头客是门店最佳广告途径，一旦顾客的满意程度提高，他还会介绍自己的亲朋好友来门店消费，这样，门店就会有好的销售业绩了。

（5）提供靓货。靓货指的就是适销对路的商品。经营门店说到根本还是在于门店的商品，门店生意最本质的功能就是为消费者提供合适的商品，其他的工作都是为这个目标服务的辅助手段。因此，筹集适销对路的商品是提高门店销售业绩的核心。

（6）把握集团消费。从某种意义上说，集团消费比散客消费更为重要。往往一个集团消费的生意，就是商场正常一个月的营业额。把握集团消费应掌握两个技巧：一是主动出击，对潜在的集团消费者紧追不放；二是当作散客对待，给予大买家应有的待遇，包括价格的优惠、要求的满足和特殊的服务等。

（7）门店经营者守店。门店经营者守店是提高门店生意的一个立竿见影的措施。门店经营者守店有四大好处。

1）门店经营者直接打点生意，可以最直接掌握有效的市场资讯。

2）门店经营者现场管理，工作人员一般都会更加努力工作，自然也会提高经营业绩。

3）门店经营者现场决策，处理一些棘手的琐事，这些琐事可能影响门店的经营业绩，甚至门店的信誉。

4）门店经营者可以对价格灵活决策，也可以迅速处理顾客的抱怨。

实践证明，门店经营者守店的门店销售业绩一般要高于门店经营者不守店的门店。因此，门店经营者在条件允许的情况下，都应当守店。

6.4.3 提升门店销售人员销售绩效的技巧

产品的款式、别致的店面装修、精彩的 POP 很快就会被对手模仿，但一流的销售技巧、一流的人才却很难在短时间内被复制，所以现代的门店管理者已经深深地意识到，必须提升门店销售人员的销售技巧。

1. 微笑是销售的第一步

在销售过程中，顾客会有很多疑问，会对产品挑出很多"毛病"，而如何把这些问题转化为他们想要的答案，那就是销售人员要做的事情了。在这个过程中，营造一种轻松和谐的交流氛围是关键，而微笑则是其中的第一步。微笑不仅可以让对方感受到你的热情、大方，更可以在一定程度上缓解紧张的气氛，更有利于最终的成交。应该说，销售是很容易遇到挫折的职业，要想保持好的心态，微笑无疑是最有力的"恢复剂"。通过终端销售人员的微笑，顾客感受到了你的魅力和真诚，而品牌的魅力也在不知不觉间随着你的微笑被传播出去。

2. 第一时间锁定目标顾客

狼和羚羊的故事大家应该都听说过。狼总是喜欢躲在草丛中，在适当的时机捕猎羚羊。但每次它都会紧紧盯住一只未成年的羚羊，径直向它追去。在追与逃的过程中，狼对一只只站在旁边观望的羚羊根本就不理会，而是锲而不舍地一直追那只未成年的羚羊。结果也是大家所能想到的，最终，狼的前爪搭上了羚羊的后背，羚羊被绊倒了，尖锐的狼牙直朝羚羊的脖颈咬了下去。这个过程向我们展示的正是狼的这种一旦锁定了目标，就锲而不舍的精神。它成为狼捕猎成功的关键。这种精神是狼最重要的生存法则，也是值得终端卖场学习的，那就是一定要在第一时间锁定目标顾客。

3. 容易回答的问题最先问

在门店销售时，我们要遵循先问容易回答的问题这样一个原则。应该多利用时间去刺激顾客的购买欲望，而将价格问题留在最后。如果顾客及早地介入价格问题中，我们可以说："没关系，价格一定会让您满意。我们先看看喜不喜欢，如果喜欢的话，它就很有价值；如果不喜欢的话，再便宜您也不会购买。是不是？"然后继续讲解产品，刺激顾客的购买欲望。创造时间激发顾客的购买欲望是非常重要的一个原则。

若顾客刚进入门店就询问价格，这时候顾客的购买欲望并不足，此时的价格谈判很少会带来满意的结果。因此，在进入价格谈判之前，销售人员需要不断地激发顾客的购买欲望，告知顾客产品的利益和功能、购买的理由及售后服务等，充分调动其购买欲望，而不能够随便亮出价格底牌。

4. 激发顾客的购买欲望

在激发顾客的购买欲望时，首先需要具备一些基本的认知和观念。在实际销售中，我们只有通过寻找商品的优点，将商品的功能和利益与顾客的需求相结合，主动地寻求、掌握机会，才能够实现成功的、主动的销售。

5. 抓住成交前的信号

顾客在购买时，他的决定是自然决定的，因而毫无疑问可以从他的脸上找到成交前的信号。例如：

（1）只询问某件事情或某种商品的有关事项。

(2) 开始沉思考虑。
(3) 翻看价码卡，注意商品价格。
(4) 确认商品是否有污损，制作是否精良。
(5) 很小心地处理某样商品（已经把商品当作自己的东西了）。
(6) 注意售后服务的问题。

在顾客有这些举动之后，我们可以再向他强调一个适合、方便的优点，然后轻声地确认："这个可以吗？"一旦顾客已明确表达了意愿，我们就应及时表示合作态度，例如"我可以帮您包起来吗？"接着就是成交、收取货款和递交货品了。

6. 说服顾客马上买

很多销售人员最害怕听到顾客说"再考虑看看"的话语，并对这样的话语束手无策。因为销售人员知道，当顾客离开销售现场后，几乎不可能再次回到门店中购买。因此，为达成有效的成交，销售人员首先千万不要相信顾客"再考虑看看"的话语，努力促成顾客"马上买"。

其实，这种顾客一般是对于商品有一种不信任的感觉。当我们问他时，他就借现在不买来推托。但是，他又不急着走，还会对商品左顾右盼，并且会听其他顾客的谈论。这种顾客是想了解这种商品的可信度。如果我们不加以注意，不继续接近顾客的话，就会损失一次成交的机会。其实，只要我们处理得当，这类顾客的成交率还是很高的。

门店管理工具箱

工具6-1：门店销售费用计划表

科 目			年度合计		月度合计	
			金额	销售比例/%	金额	销售比例/%
销售费用合计	销售变动费用	1. 销售佣金 2. 运费 3. 包装费 4. 保管费 5. 促销费 6. 广告宣传费 7. 消耗品费 8. 其他费用				
		合计				
	销售固定费用	工资 奖金 福利 其他费用 交通费 交际费 通信费 折旧费 修缮费 保险费				
		合计				

工具6-2：门店销售计划预算表

日期：

营业目标			提升来客数	
费用预算			营业目标比率	
编号	活动方式	预算	说明	

店长：　　　　　　　主管：　　　　　　　提案人：

工具6-3：门店销售分析表

门店：　　　　　　　　　　　　　　　　　　　　　　日期：

序　号	进店时间	性　别	年　龄	性格类型	成交金额	单　据　号	备　注
1							
2							
3							
4							
5							
6							
合计							

进店总人数：　　　　成交总金额：　　　　　总作业时间：
成交人数：　　　　　客单数：　　　　　　　成交人数：
成交率：　　　　　　平均客单价：　　　　　平均待客时间：

制表：　　　　　　　　　　　　　审核：

工具6-4：门店商品降价处理申请表

部门：　　　　　　　部门编号：　　　　　　　　　　日期：

商品编号	降价类型	商品名称	当前售价	新　售　价	降价商品数量	原　因

工具6-5：门店销售活动检查表

活动名称	
目的	
形式	
吸引顾客数	
顾客反馈	
供应商反馈	
售货员反馈	
实现销售额	
获得利润	
达到效果	
出现问题	
改进措施	

工具6-6：门店销售活动进度控制表

日期：　　　　至

工作项目	部　门	负责人	所需时间	预计完成日期	备　注
拟订企划书					
成立筹备小组					
分配工作					
跟踪进度					
制作海报、指示牌					
制作POP、DM					
设计赠品					
联系媒体					
确定促销对象					
准备促销赠品					
布置现场					
活动前训练					
促销成果报告					

工具6-7：门店商品价格波动分析表

时间范围	商品类别	降价或提价	变动幅度/%	变动原因	定价策略

工具6-8：商品价格变更报告表

商品编号	商品条码	商品名称	规格	原进价	原售价	原毛利率	现进价	现售价	现毛利率	备注

制单人：　　　　　审核人：　　　　　审批人：　　　　　日期：

项目小结

　　门店销售计划是销售管理的起点。门店销售管理首先从销售计划开始，没有完善的门店销售计划，门店销售管理工作就无从谈起。制订销售计划的步骤有分析现状、确定销售目标、制定销售策略、评价和选定销售策略、综合编制销售计划书、对计划加以具体说明、执行销售计划、评价与反馈。商品价格管理就是合理制定和调整商品的价格，从而保证商品的销量。价格管理的重点在于随需应变。门店定价方法有成本导向定价方法、需求导向定价法和竞争导向定价法三种方法。门店定价策略包括新商品定价策略、心理定价策略和折扣定价策略。促销的根本目的是聚集人气，吸引客流，提高销售额。在门店的日常经营过程中，门店可选择的促销方式多种多样，要想选择一种或几种合适的促销方式，需要根据门店的具体情况做具体分析。门店促销组合是指门店为达到特定目的而弹性运用若干促销工具、促销方法，包括人员促销、广告、公关和营业推广等。提升销售管理绩效的有效途径主要有人员管理、商品管理和品类优化管理。要提升销售管理绩效必须掌握提升门店销售管理绩效的策略和提升门店销售人员销售绩效的技巧。

项目训练

【训一训】

实训内容	根据本项目所学内容，就你熟悉企业的某产品，拟订一份年销售工作计划书
实训目的	1. 掌握门店销售计划类型 2. 掌握门店制订销售计划的步骤 3. 掌握门店销售计划的内容
实训组织	1. 教师介绍本次实训的目的及需要提交的成果 2. 到图书馆、网上搜集相关案例作为参考 3. 选择一家熟悉的企业、熟悉的产品 4. 学生以小组为单位，讨论拟订一份年销售工作计划书
实训环境	1. 网络资源、图书馆 2. 企业市场调研
实训成果	1. 写出年销售工作计划书 2. 做好PPT，各组在课堂上汇报 3. 教师评比考核，计入实训成绩

【练一练】

一、名词解释

1. 门店销售计划　　2. 变动成本　　3. 促销组合　　4. 品类优化管理

二、不定项选择题

1. 按时间长短，门店销售计划可分为（　　）。
   A. 年销售计划　　B. 月销售计划　　C. 日销售计划　　D. 周销售计划
2. 制订销售计划的第一步是（　　）。
   A. 综合编制销售计划书　　　　　B. 确定销售目标
   C. 制定销售策略　　　　　　　　D. 分析现状
3. 提供实现目标的战略和战术，一般采用 STAR 模式，即（　　）。
   A. 策略　　　B. 时间表　　　C. 具体行动　　　D. 相关资源
4. （　　）一般作为门店的长期定价目标。
   A. 生存　　B. 维持门店形象　　C. 利润最大化　　D. 对付竞争对手
5. 门店定价方法有（　　）定价法。
   A. 成本导向　　B. 需求导向　　C. 竞争导向　　D. 以上均不是
6. 一般来说，耐用消费品或高档商品可采用（　　）方法。
   A. 习惯性定价　　B. 整数定价　　C. 错觉定价　　D. 尾数定价
7. 促销活动的目的有（　　）。
   A. 树立门店形象　　　　　　　　B. 刺激消费
   C. 向顾客介绍新商品　　　　　　D. 优化商品与服务结构
8. 低价促销一般最常见的降价优惠有（　　）三种。
   A. 节庆优惠　　B. 免费赠送　　C. 设置特价区　　D. 库存清仓
9. 竞赛促销一般需要（　　）等基本要素。
   A. 奖品　　　　　　　　　　　　B. 才能
   C. 某些参赛评定的依据　　　　　D. 场地
10. 提升门店销售管理绩效的策略是（　　）。
    A. 充分利用淡季　　　　　　　　B. 把握旺季
    C. 经营畅销商品　　　　　　　　D. 与毗邻的店铺比较

三、判断题

1. 日销售计划的概括性较强，月销售计划和周销售计划则要求更具体和详细。（　　）
2. 调查显示，市场占有率越高，门店对市场的控制能力就越强，其盈利率就越高。（　　）
3. 传统节日，如春节、中秋节是降价的大好时机。（　　）
4. 优惠券的设计制作，主要包括优惠额度、文字、功能三个方面。（　　）
5. 对家用电器产品采用电视进行现场演示，通常能起到很好的效果。（　　）

四、思考题

1. 叙述销售计划的实施过程。
2. 影响门店定价的因素有哪些?
3. 简述提价策略。
4. 阐述门店促销的实施步骤。
5. 试述提升门店销售人员销售绩效的技巧。

五、案例分析

服装店一年销售工作计划书

（一）项目介绍

项目：服装行业——女式服装店。

创业资金：5 万元。

优势：服装行业较为成熟，项目需要的成本较低，容易进入也容易启动，而且自己对服装也有点感兴趣，算是兴趣与事业相结合。

（二）店面的选址

地点的选择对日后店面的营运好坏影响很大。经过调查发现在闵行莘庄这块商圈不错，闵行区是上海发展的主要居民居住区之一，莘庄又是闵行的中心，这里交通发达，人口密集，市场是没问题的，而且这里以后还要建一个大型的亚洲商品交易中心，前景广阔。最后把店面选在了莘庄的水清路上，紧挨店面就有一个公交车站，前面是条大马路，平时无论白天还是晚上总是人来人往，而且 100 米外就是地铁站。周围又都是老居民区，固定人口多，地块成熟，消费力旺盛。另外发现这条街上还有几家为数不多的衣服店，但大都定位高，价格昂贵，款式单调稀少，平时也很少有人光顾。因为这里虽然居民多但大都是普通老百姓，富人很少，不适合销售高档消费品。这里虽然人流量大，但大都为上班一族，消费能力为中低档。我的定位就是中低档，符合市场需求。同时和其他几家店没有冲突，差异性存在。

店面的租金也不高，5 000 元/月，付三押一。租期最好不要太短，如果只签一年，可能一年后才开始收回成本，结果店面却被房东收回去，租期以 3~4 年为宜。我签的合同是 3 年，即使将来经营出了问题我也可以转租出去（这里的房租一直在涨）。

（三）店面的装潢

店面装潢关系到一家店的经营风格及外观的第一印象，因此，装潢厂商的选择十分重要，所找的装潢厂商必须要有相关店面的装潢经验。

所以，我在装潢前请装潢公司先画图，包括平面图、立体图、侧面图；所要用的材质、颜色、尺寸大小等，都要事先注明。为便于沟通清楚自己想要装潢的模样，最好先带装潢厂商到同类型的店去实地观摩，说清楚自己想要装潢的感觉，这样装潢出来的店面，才会比较贴近自己的想法。

装潢效果有如下要求。

（1）门口广告醒目明确，让路过的人一目了然店内是卖什么东西的。重要的一点，相同的衣服挂在不同档次的店铺会有不同的效果，不要因自己店内整体的形象影响到衣服的档次，影响到顾客的购买欲。当然本店刚开张以简装为宜。

（2）灯光等硬件配备也非常重要，如果店铺不够亮堂，给人感觉就像是快倒闭的。晚上门头的灯一定要亮，一下子能吸引路过的顾客的眼球。灯光也能让衣服更动人，但是不同的灯光会有不同的效果，冷暖结合是最适合服装店的。

（3）店面装潢预算 5 000 元。

（四）选货及进货渠道

1. 选货：选样、款式、品牌、数量

选货前要掌握当地市场行情：市场有哪些新品种？销售趋势如何？购买力状况如何？

品牌是以杂牌为主，还是以外贸货为主？

进货要适销、适量，要编制进货计划。进货时，首先到市场上转一转、看一看、比一比、问一问、算一算、想一想，再着手落实进货。

少进试销，然后适量进货。新店开张款式一定要多，给顾客的选择余地大。

进货安排在每个星期三或星期四，这样每个星期六店内肯定是有新品到货的，但只上部分新货，一部分留着星期天上。如果进入销售旺季，三四天就要补一次货。

例如在"三八"妇女节、"五一"劳动节、"十一"国庆节等几个销售高潮期，提前半个月就可以开始准备了。

2. 进货渠道

上海七浦服装批发市场或杭州四季青服装批发市场。

（五）人力规划

计划雇用 3 个人，其中有 2 个人是漂亮的小姑娘，主要负责接待顾客，2 个人轮班倒。另外招 1 个年龄大点的阿姨和我自己轮班倒收银。工资：800 元/月+提成 1%（月营业额）。

（六）投资金额分析，每月费用分析

（1）房租：5 000 元/月，付三押一，20 000 元。

（2）装修费：5 000 元。

（3）第一次衣服货款：20 000 元。

（4）其他费用：1 000 元。

（5）员工工资可以在第一个月月底结，不用算在初期的 50 000 元内。

（6）余下的 4 000 元做流动资金使用。

（七）营销策略

1. 开业促销

开业当天为招揽顾客，开展促销活动。促销活动分为打折、赠品及抽奖三大类型。同时在周围小区散发些传单。

2. 衣服的陈列

做女装产品关键是要品种多，给客户有足够的挑选余地。产品陈列上要突出自己服装的特点，把上衣、裙子、裤子、套装等分开陈列，量多的款可以用模特出样，橱窗里的出样要经常更换。

3. 营销策略

（1）原则：每周都要有新货上架，以中档为主，高低档为辅（高档点缀，低档适量）。

（2）方针：尽量把其中的每个环节标准化，以备日后发展连锁，即模式复制。

（3）服务：训练营业员的基本功，对顾客的服务态度及服务宗旨。无论顾客是否买衣服或买多少钱的衣服都要微笑送客，让其满意离开，长此以往才可能有口碑相传的美誉度，也才会有回头客。顾客的要求在可能实现的前提下尽可能地满足。

4. 方法

（1）初次来店的惊喜。免费赠送小饰物、小挂件，让其填一份长期顾客表（做顾客数据库）。

（2）增加其下次来店的可能性。

① 传达每周都有新货上架的信息或告知打折的消息。

② 利用顾客数据库，以某种借口给予一定的小恩惠（免费送过季衣服或送生日礼物等）。

③ 告知顾客一次购物满400元或累积消费600元送一只女士手袋。

（3）令顾客参加团购等活动并使其尽可能介绍其他顾客来店购物。

① 告知顾客量大或团购可优惠，如一次购满500元及以上打8折等，或者个人累积消费1 000元即可获得一张8折的金卡。

② 介绍新顾客，如每介绍一位新顾客并购满200元及以上，送介绍人50元购物券等。

（4）不定期打折。针对大多数女性喜欢购买优惠商品的心理，开展"店铺开张大赠送""本店商品8折优惠"等活动，也可以采用"买一送一"的策略（送的货以滞销货为主，过季货为辅）。

（5）一年中做几次短期促销，售价定为10~30元，非常聚人气。再把店内滞销款低价一起处理，例如在"五一"劳动节、"十一"国庆节等销售高峰期。

【问题】

1. 从销售计划的角度，谈谈你对销售计划的认识。

2. 根据本案例，说说销售计划包括哪些内容？

项目 7 PROJECT 7

门店财务管理

能力目标

通过完成本项目的教学，学生应具备以下基本能力：
1. 通过对门店财务基础知识的学习，能正确进行门店财务管理
2. 通过对门店现金费用管理的学习，能正确进行门店现金费用管理
3. 通过对门店成本费用控制管理的学习，能正确进行门店成本费用控制管理
4. 通过对门店收银作业流程的学习，能正确进行门店收银作业

知识目标

1. 掌握门店财务基础知识
2. 掌握门店现金费用管理的要求和方法
3. 掌握门店成本费用控制的方法
4. 掌握门店收银作业流程

引例7-1 收款不等于收入

1月初，班提酒业有限公司某门店销售一批红酒给东方贸易有限公司，双方协商货款在2月结算。1月正值红酒销售旺季，当月销售业绩较好。于是店长自作聪明地把这笔已发货但没收款的收入确认为2月收入，受到公司的严惩。店员小李刚到门店上班，听了这件事后说："这笔业务没收款就不是收入，在2月收款时确认收入，难道收款不等于收入吗？"

【问题】 小李说的对吗？该店长为什么受到公司严惩？

子项目7.1 门店财务基础知识

在门店财务管理过程中，店长作为门店的第一责任人，应认同并正确理解公司的财务制度，培养下属遵循规范的意识；配合财务部门的财务管理工作，并积极参与，确保本门店各项营运流程符合财务制度的规定，避免出现因管理漏洞或违规行为而造成的损失。

门店的财务管理涵盖了收受现金、票据、信用卡、开立发票、收银作业等。门店店长及员工懂得一些财务基础知识,不但能更好地"节流",而且能为"开源"更好地服务。若因一时疏忽造成金钱损失,则销售所花的时间和人力将会前功尽弃。因此,了解和掌握财务基础知识具有现实意义。

7.1.1 权责发生制

我国会计准则规定各企业必须采用权责发生制。权责发生制是指收入和费用的确认应以收入和费用的实际发生作为确认计量的依据。凡是当期已经实现的收入和已经发生或应当负担的费用,不论款项是否收付,都应作为当期的收入或费用处理;凡是不属于当期的收入和费用,即使款项已经在当期收付,也不作为当期的收入和费用,不能成为调节收入或利润的手段。

销售商品时,只要商品已办妥出库手续,即使当月货款没收回,该笔销售也应确认收入;反之,商品在当月未出库,即使货款已到位,也不应确认收入。预付下年租金,按权责发生制确认为下年的费用。收付实现制是与权责发生制相对应的一种确认基础,它以收到或支付现金作为确认收入和费用的依据。

案例概览 7-1

是赚了还是亏了

佳禾便利店 7 月发生以下经济业务(不考虑相关税费):
(1)支付本月商品促销费 3 000 元;
(2)收回上月客户所欠货款 20 000 元;
(3)收到本月的营业收入款 9 000 元;
(4)支付本月应负担的水电费 500 元;
(5)支付三季度财产保险费 1 800 元;
(6)本月营业收入 135 000 元,货款尚未收回;
(7)预收客户货款 6 000 元;
(8)支付本月职工薪酬 10 800 元;
(9)支付本月所销售商品货款 85 000 元。

店长计算本月的利润 = 20 000+9 000+6 000−3 000−500−1 800−10 800−85 000
= −66 100(元)(亏损)

会计计算本月的利润 = 9 000+135 000−3 000−500−1 800/3−10 800−85 000
= 44 100(元)(盈利)

店长疑惑:怎么跟会计的计算结果相差这么大呢?

【问题】 该便利店到底是赚了还是亏了?为什么?

7.1.2 发票管理

1. 收据与发票

（1）收据。收据是证明往来结算的凭证，付款的一方应索取收款方开具的收据。收据收取的款项只能是往来款项，收据所收支款项不能作为成本、费用或收入，只能作为收取往来款项的凭证。正规的"收据"是国家财政部门印制的票据，收据主标题处印有红色的"财政"字样。

（2）发票。发票是证明销售货物或提供劳务、进出口业务的重要凭证，只要发生以上业务，销售方或提供劳务方都应开具发票；发票不但是收支款项的凭证，而且凭发票所收支的款项可以作为成本、费用或收入，也就是说发票是发生的成本、费用或收入的原始凭证。正规的"发票"是国家税务部门印制的票据。

发票是在销售商品或提供劳务后，付款方用来记账或报销用的凭据，收据只是一种证明收过款项或付过款项的证明，前者的威严远远大于后者。一个国家的经济建设资金源于税收，税收监督有很多方面，发票是其中最有力和最基本的一种监督手段。如果你在购物时没有索要发票入账，那么销售产品带来的收入可能会使卖家成功逃税，这对国家是很不公平的，而对消费者来说在商品或服务出现质量问题时持有发票也更有利于索赔。

2. 发票管理的内容

发票可以分为增值税专用发票和普通发票。发票的基本联次包括存根联、发票联、记账联。存根联由收款方或开票方留存备查；发票联由付款方或受票方作为付款原始凭证；记账联由收款方或开票方作为记账原始凭证。增值税专用发票的基本联次还应包括抵扣联，收执方作为抵扣税款的凭证。

所用发票按规定统一向税务部门购买，按税务部门要求对发票进行管理。由专门人员保管并建立完整的发票登记簿，详细登记各种发票购买、领用和结存情况。需要开具发票时（包含增值税专用发票和普通发票），发票必须按照规定填写，开发票时，应按顺序号全份复写，并加盖单位发票或财务专用章；各项目内容应填写清晰、真实、完整，包括客户名称、产品名称、规格型号、数量、单位、金额；作废的发票应整份保存，并注明"作废"字样（或依照税务部门当前规定进行处理）。严禁超范围或携往外市使用发票；严禁伪造、涂改、撕毁、挖补、转借、代开、买卖、拆本和单联填写。

知识链接

电子增值税普通发票开具流程

电子增值税普通发票开票前，需先点击安装好的开票软件，选择已申请的电子发票票种，点击发票填开——电子增值税普通发票填开，按要求输入相关的开票信息，电子发票的密码区会显示购货方的手机号和电子邮箱，可以选择两个都填写或只填写一个，保存后电子发票就会直接发送到客户对应的手机号或电子邮箱上,客户登录对应的网站即可打印电子发票。

资料来源: "电子发票开具流程",https://www.acc5.com/wenda/question_6725.html。

【问题】 你收到过电子发票吗?收到的电子发票可不可以多次打印?

7.1.3 支票

1. 支票

支票是出票人签发以银行为付款人的即期汇票。支票可分为现金支票和转账支票。运用支票进行货币结算,可以减少现金的流通量,节约货币流通费用。

2. 支票的填写方式

支票要用蓝色或黑色钢笔、碳素笔填写,不得使用铅笔及圆珠笔。支票正面应加盖出票单位银行预留印鉴,一般为财务专用章和法人章,财务专用章在前,法人章在后,印泥为红色,印章必须清晰,印章模糊者本张支票作废,需要换一张重新填写、重新盖章。转账支票背面本单位不盖章。

(1)签发日期应填写实际出票日期,支票正联出票日期必须使用中文大写,支票存根部分出票日期可用阿拉伯数字书写。在支票正联用中文大写填写出票日期时,为防止变造支票的出票日期,在填写月、日时应注意以下几点。

1)月为壹、贰和壹拾的,日为壹至玖和壹拾、贰拾、叁拾的,应在其前加"零"。

2)日为拾壹至拾玖的,应在其前加"壹"。

(2)收款单位名称应填写全称并与预留银行印鉴中的单位名称保持一致。如是本单位自行提取现金可填为"本单位"。

(3)大写金额应紧接"人民币"书写,不得留有空白,以防加填;大小写金额要对应,要按规定书写。

(4)阿拉伯小写金额数字前面,均应填写人民币符号"¥"。

(5)如实写明用途,存根联与支票正联填写的用途应一致。

(6)在签发人签章处按预留银行印鉴分别签章,签章不能缺漏。

(7)支票签发后,将支票沿存根联与正联之间骑缝线剪开,正联交给收款人办理转账,存根联留下作为记账依据。

3. 接收支票前的检查

收银员收到顾客的支票时,要审查支票内容有无涂改,是否在有效期内(支票提示付款期为十天),大小写数字是否相符,印鉴是否清晰。收到后应及时给门店相关人员送交银行,建立收受支票登记本,记清签发部门的电话号码及联系人、收款日期、金额,以便发生退票或其他问题时进行查找。对于已挂失支票不能接收,同时应追究其来源。在退款中,要坚持交现金退现金,交支票退支票,不得以支票换取现金。

4. 接收支票后的处理

接收支票后,门店相关人员填写银行进账单时,必须清楚地填写票据种类、票据张数、收款人名称、收款人开户银行及账号、付款人名称、付款人开户银行及账号、票据金额等栏目，并连同相关票据一并交给银行经办人员。对于二联式银行进账单，银行受理后应在第一联上加盖转讫章并退给持票人，持票人凭此记账。银行进账单是持票人或收款人将票据款项存入收款人所在银行账户的凭证，也是银行将票据款项记入收款人账户的凭证。银行进账单分为三联式银行进账单和二联式银行进账单。不同的持票人应按照规定使用不同的银行进账单。二联式银行进账单的第一联为给持票人的回单（即收账通知），第二联为银行的贷方凭证。

7.1.4 网上支付

网上支付是电子支付的一种形式，是通过第三方提供的与银行之间的支付接口进行的即时支付方式，可以直接把资金从用户的银行卡中转账到网站账户中，汇款可以实时到账，不需要人工确认，节省了交易的成本。网上支付方式分为网银支付（即网上银行支付）和第三方支付。

1. 网银支付

网银支付是银联最为成熟的在线支付功能之一。银行账户要申请网上银行业务，开通网银支付功能。采用网银支付时要知道收款方的银行账户信息且通过银行网银页面进行操作，具有稳定易用、安全可靠的优点，可以保证交易的实时性和记录的真实性。

2. 第三方支付

第三方支付是指具备一定实力和信誉保障的独立机构，通过与银联或网联对接而促成交易双方进行交易的网络支付模式。现在大部分商户最常用的第三方支付不外乎支付宝、微信等。采用支付宝、微信结算最大的好处就是便捷，商户提供支付宝、微信二维码就可以进行收付，消费者出门只需带一部有微信、支付宝 app 的手机就可以购物了。

7.1.5 增值税

增值税是对销售货物或提供加工、**修理修配**劳务及进口货物的单位和个人就其实现的增值额征收的一个税种。增值税由税务局负责征收。实行价外税，也就是由消费者负担。

1. 增值税纳税人划分

根据《营业税改征增值税试点实施办法》第三条规定，纳税人分为一般纳税人和小规模纳税人。应税行为的年应征增值税销售额（以下称应税销售额）超过财政部和国家税务总局规定标准的纳税人为一般纳税人，未超过规定标准的纳税人为小规模纳税人。年应税销售额超过规定标准的其他个人不属于一般纳税人。年应税销售额超过规定标准但不经常发生应税行为的单位和个体工商户可选择按照小规模纳税人纳税。

2. 应纳增值税额计算

增值税发票分为普通发票和专用发票。小规模纳税人按照简易办法征收增值税，不能使用增值税专用发票，只允许开具增值税普通发票，其进项税不允许抵扣。小规模纳税人销售货物或应税劳务的增值税征收率为3%。

小规模纳税人应纳增值税额的计算公式：

$$不含税销售额 = 含税销售额 / (1+征收率)$$

$$应纳税额 = 不含税销售额 \times 3\%$$

一般纳税人可以开具增值税专用发票和普通发票，进项税可以在销项税中抵扣。一般纳税人应纳增值税额的计算公式：

$$应纳税额 = 销项税额 - 进项税额$$

$$不含税销售额 = 含税销售额 / (1+税率)$$

$$销项税额 = 不含税销售额 \times 税率$$

进项税额是指纳税人购进货物或应税劳务所支付、承担的增值税税额。

知识链接

准予从销项税额中抵扣的进项税额凭证

（1）从销售方取得的增值税专用发票、机动车销售统一发票、收费公路通行费增值税电子普通发票。

（2）从海关取得的海关进口增值税专用缴款书。

（3）购进农产品收购发票或销售发票。

（4）桥、闸通行费以通行费发票为抵扣凭证，计算抵扣增值税。

$$桥、闸通行费可抵扣进项税额 = 桥、闸通行费发票上注明的金额 / (1+5\%) \times 5\%$$

（5）从境外单位或个人购进服务、无形资产、不动产，自税务机关或扣缴义务人取得的解缴税款的完税凭证。

（6）购进国内旅客运输服务，其进项税额允许从销项税额中抵扣，纳税人未取得增值税专用发票的，暂按照以下规定确定进项税额：

1）取得增值税电子普通发票的，为发票上注明的税额；

2）取得注明旅客身份信息的航空运输电子客票行程单的，按照下列公式计算进项税额：

$$航空旅客运输进项税额 = (票价 + 燃油附加费) / (1+9\%) \times 9\%$$

3）取得注明旅客身份信息的铁路车票的，按照下列公式计算进项税额：

$$铁路旅客运输进项税额 = 票面金额 / (1+9\%) \times 9\%$$

4）取得注明旅客身份信息的公路、水路等其他客票的，按照下列公式计算进项税额：

$$公路、水路等其他旅客运输进项税额 = 票面金额 / (1+3\%) \times 3\%$$

资料来源："增值税进项税额抵扣大全（2019年版）"，http://www.360doc.com/content/19/0715/20/42143073_849003613.shtml；"进项税额抵扣专题学习(2019年版)"，https://www.shui5.cn/article/08/127807.html。

【问题】什么是进项税额？进项税额有什么作用？

案例概览 7-2

关于一般纳税人与小规模纳税人的比较

天猫旗下的一家连锁超市8月份购进商品，取得的增值税专用发票中注明金额为80万元，增值税额为10.40万元，款项已付。销售商品所开出的发票中注明商品货款为113万元（含税）。

【问题】 该连锁超市若为小规模纳税人（适用1%征收率），8月份应交增值税为多少？若为一般纳税人（适用13%增值税税率），8月份应交增值税为多少？说明两者的区别。

引例 7-2 现金管理的"八不准"

《现金管理暂行条例实施细则》第十二条的规定，开户单位现金管理应遵守"七不准"。这七不准是：

(1) 不准用不符合财务制度的凭证顶替库存现金。
(2) 不准单位之间相互借用现金。
(3) 不准谎报用途套取现金。
(4) 不准利用银行账户代其他单位和个人存入或支取现金。
(5) 不准将单位收入的现金以个人名义存入储蓄。
(6) 不准保留账外公款（即小金库）。
(7) 禁止发行变相货币，不准以任何票券代替人民币在市场上流通。

资料来源：中国人民银行官网。

【问题】 由于开户银行距离远、交通不便，收银员李云把每天的现金收入存入自己的储蓄卡，月末一次性转入单位开户行，这种做法符合现金管理规定吗？

子项目 7.2 门店现金费用管理

一般门店传统上以收现金为主，目前虽加入信用卡及网络订货方式，但是仍然以现金形式收受的最多。现金的管理仍是门店管理的重心，加上门店每日大量的现金收入，常成为小偷觊觎的目标，所以现金的管理就成为店长的当务之急。

7.2.1 门店现金费用管理要求

(1) 财务部门要加强对门店现金及费用开支的管理，防止损失，杜绝浪费，良好运用，提高效益。

(2) 库存现金不得超过限额，不得以白条抵作现金。现金收支做到日清月结，确保库存现金的账面余款与实际库存额相符。

(3) 因公出差、经店长批准借支公款，应在回单位后及时交清，不得拖欠。非因公事并经店长批准，任何人不得借支公款。

(4) 严格现金收支管理，除一般零星日常支出外，其余支出都必须通过银行办理转账结算，不得直接兑付现金。

（5）正常的办公费用开支必须有正式发票，印章齐全，经手人、部门负责人签名，经店长批准后方可报销付款。

（6）严格资金使用审批手续。会计人员对一切审批手续不完备的资金使用事项，都有权且必须拒绝办理，否则按违章论处并对该资金的损失负连带赔偿责任。

7.2.2 门店现金费用管理内容

为了保障门店现金的安全，门店店长必须规范门店备用金、营业款及金库的管理。

1. 备用金管理

备用金是指为保证门店日常费用支付和特定工作需要而单独储备的现金，包括日常备用金、收银员备用金。

（1）日常备用金。门店备用金的借支由店长按照门店备用金的限额标准向财务部申请，填写"因公借款流程"，注明借款人的姓名、门店名称、用途、借款性质、金额，按"因公借款流程"环节审批。店长应建立日常备用金的账簿，根据每日现金收支实际发生额登记现金日记账，定期盘点。日常备用金主要用于门店的日常费用开支，不得挪用或以白条抵库。

（2）收银员备用金。门店收银员备用金由收银员向店长申请，收银员备用金由门店负责人根据实际情况确定，收银员填写借支单据，由店长从备用金中支付，借支单由店长视同现金保管。门店收银员备用金由收银员自行保管，营业结束要清点好，足额将收银备用金移交给下一班收银员或上交金库。领取备用金时要当面核对清楚，领用人签字确认，之后若出现备用金与账面数额不符的情况，应由领用人承担相应的责任。店长应保证每班次兑换充足的零钞，严禁将备用金用于其他用途。

2. 营业款管理

（1）营业期间现金管理。

1）收受现金。收银员收款时认真审核开出的单据，确认金额及数量正确，如有错误立即退还有关人员，交店长或其他指定人员确认误单后签字作废。收银员收到顾客现金时要看清面值，按规定放进钱箱；对大面额现钞（50元以上）要经验钞机验证或人工识别，以防假币。发现假钞后应立即退还，向客人解释并要求调换。所有营业款、备用金应全部放在收银机的钱箱内，不得放在其他地方。收银员应妥善保管钱币，钱币存放于收银箱内，有事临时离开前，必须锁好钱箱。当抽屉内的大钞累积至一定数额时（可依个别营业情况自行制定），应立即请相关主管收回至店内的金库存放，此作业可称为中间收款，避免收银台的现款累积过多，引起歹徒的觊觎。若真有歹徒强行抢劫时，也会因大钞部分已从收银台收走，而使公司损失降至最低。

门店并非只有收取现金的情况，也有可能发生现金支出的情形，例如顾客要求退货或退还现金之前，必须先检查退回的货品，如实填写退款单之后放入收银机内，再将现金取出。在退款中，要坚持交现金退现金，交支票退支票，不得以支票换取现金。

案例概览7-3

不小心收到的假币，谁能帮我用出去

一家金融公司招聘员工组织面试，面试官在口袋里拿出一张假币，然后对所有面试者说："这是我不小心收到的假币，谁能帮我用出去？"

第一位面试者回答："我可以去街边找一个卖菜的小商贩，然后神不知鬼不觉地把钱用出去。"

第二位面试者回答："我不想去伤害任何人，我只能拿回去给我爸，让他帮我换一张。"

第三位面试者直接过去拿起面试官的假币，撕后丢进了垃圾桶，然后对面试官说："既然知道被人骗的滋味不好受，那为什么还要把这种痛苦再转嫁给别人呢？"

第四位面试者回答："收到假币，不能用出去，应上缴公安机关或银行部门，避免假币流入市场，对社会造成不良影响。"

资料来源："面试官：有张100元的假钱，你怎么花掉？男子这样解决，被录取"，https://mbd.baidu.com/news-page/data/landingsuper？context=%7B%22nid%22%3A%22news_9252197610989157030%22%7D&n_type=-1&p_from=-1。

【问题】 如果你是面试官，会录用哪一位面试者？为什么？

知识链接

收到残币和假币怎么办

残币是指有残缺或污迹的纸币。依据中国人民银行颁布的《中国人民银行残缺污损人民币兑换办法》第四条的规定，残缺、污损人民币兑换分"全额""半额"两种情况。

（1）能辨别面额，票面剩余四分之三（含四分之三）以上，其图案、文字能按原样连接的残缺、污损人民币，金融机构应向持有人按原面额全额兑换。

（2）能辨别面额，票面剩余二分之一（含二分之一）至四分之三以下，其图案、文字能按原样连接的残缺、污损人民币，金融机构应向持有人按原面额的一半兑换。

纸币呈正十字形缺少四分之一的，按原面额的一半兑换。

假币是指伪造、变造的货币。收到假币，不应再使用，应上缴公安机关或银行部门；如果看到别人大量持有假币应劝其上缴，或向公安机关报告，以便警方尽早介入，避免假币流入市场，对社会造成不良影响。

资料来源：中国人民银行官网。

【问题】 收银员收到能辨别面额，但票面剩余五分之三的残币，该如何处理？

2）收受准现金。顾客除了可以用现金支付货款以外，还可以利用其他的方式，例如超市自行发售的礼品提货券、现金抵用券等，由于这些类似现金的支付工具（可称为准现金）具有和现金同样的效力，仍属于门店营业收入的一部分，因此其管理作业必须和现金一致，必须注意以下问题。

① 收银员在收取这些准现金时，必须先确认其是否有效，是否附有特定的戳印或钢印，以及是否有破损或涂改的情形。

② 收银员必须注意各种准现金的使用方式，例如是否可找零，是否可分次使用及是否需要开立发票等。

③ 收受准现金后，应小心保管，与现金一起交回清点。

④ 准现金收受处理完毕后，应立刻使其作废，例如签上收银员的姓名或盖上作废之类的戳印。

（2）营业款缴存。每天除了在收银员交班时做时段营业收入总结算，以计算收银员执行任务的正确性外，还必须选择一个固定时间做单日营业总结算，单日营业总结算的时间最好选择在下午 3 点之前，一来可以避开营业高峰，二来可以配合现有金融机构的营业时间，便于进行存款作业。例如，每日下午 2 点，从收银机结出单日营业总结算的账条，此账条代表昨日下午 2 点至今日下午 2 点的单日营业总金额，下午 2 点以后再重新累计营业收入至晚班营业结束，收银员将营业款及备用金清点后全部锁入各自的钱箱，夜间收银员钱箱集中存放于门店保险柜内。缴款单据上交财务部核对做账。

（3）营业长短款处理。每班次营业结束后，收银员交接班时，门店店长负责销售日结工作。门店销售查询权限由店长负责，店长不当班时必须指定一名专人负责管理，注意保密，店经理密码需要不定期更换，每个星期必须修改一次密码。门店其他人员不得查询当班销售收银金额。

门店店长在做销售日结时发现长短款现象，长款必须存入银行，短款由收银员补存到位，并要查明原因。

3. 金库管理

门店现金除了存放在卖场的收银机之外，还能固定放置在店长室的金库内，金库应设有金库现金收支本，对于取出或存入现金的各种行为必须予以翔实记录。任何消费性支出应附有单据或发票。发现金库有任何短缺时，应立刻请相关主管人员进行调查。

引例 7-3 门店成本控制要做到锱铢必较

刚走出校门的市场营销专业大学生小李开了一家中小型超市，开业两个月后，看到会计人员递交的成本费用开支表吓了一跳：收入只有 80 万元，除了商品成本以外的其他成本竟然高达 50 多万元，其中设备损耗近 3 万元、员工薪酬 15 万元、水电费 11 万元……当地属于二线城市，两个月成本这么高是不可想象的。可是设备损耗、水电费等是必要支出项目，到底浪费在哪里了呢？小李不知道导致成本过高的原因，说明对门店成本费用控制做得很不到位。如果小李一开始就关注成本控制，制定严格的管理制度，就不会出现这种情况。

门店成本的高低，是门店是否具有立足之本的关键。门店成本基本由以下项目组成：职工薪酬、房租、水电费、固定资产折旧费、商品成本、商品损耗、业务招待费、电话费、税金、办公费、其他费用，经营中一定要对成本按项目进行明细核算。成本有可控与不可控之分，要对可控成本进行有效的管理，定期分析发生的可控成本，出现超支和异常的数据要特别关注，要有应对措施。只有从可控成本入手进行成本控制，才是店长的成本控制之道。

资料来源：君淮. 小店越开越旺［M］. 哈尔滨：黑龙江教育出版社，2017.

【问题】 举例说明身边的门店中哪些成本是可控制的？哪些成本是不可控制的？

子项目7.3　门店成本费用控制管理

一家门店能在残酷的市场竞争中立于不败之地，最好的办法就是在提高收入的同时降低成本，也就是所谓的开源节流。按照成本费用可控性进行分类，把门店产生的费用分为可控费用与不可控费用。可控费用是门店可以直接施加影响、控制支出额度的费用。与此相反，不可控费用指门店无法直接施加影响、确定支出额度的费用，例如租赁费、折旧费等。对门店的可控费用应重点控制，责任到人。

7.3.1　门店成本控制的基本原则

1. 责权利相结合原则

成本控制必须严格按照经济责任制的要求，贯彻责权利相结合的原则，才能真正发挥效益；成本控制必须明确经济责任，并赋予责任者相应的实施成本控制的权利；成本控制必须明确责权利的关系，调动各责任者在成本控制中的积极性和主动性。

2. 例外管理的原则

成本控制要将注意力集中在超乎常情的情况上。因为实际发生的费用往往与预算有出入，如发生的差异不大，也就没有必要一一查明原因，而只需把注意力集中在非正常的例外事项上，并及时进行信息反馈。

3. 经济效益的原则

提高经济效益不单是依靠降低成本的绝对数，更重要的是实现相对的节约，取得最佳的经济效益，以较少的消耗取得更多的成果。

4. 全面介入的原则

全面介入原则是指成本控制的全部、全员、全过程的控制。全部控制是指不仅对变动费用要控制，对固定费用也要进行控制。全员控制是要发动广大职工树立成本意识，参与成本的控制，认识到成本控制的重要意义，才能付诸行动。全过程控制指对经营的整个过程进行控制，并将控制的成果在有关报表上加以反映，借以发现缺点和问题。

7.3.2　门店成本费用控制管理方法

各种费用控制是营运中的重点，特别是人力成本，另外其他费用控制有水、电、电话等，包装费用也是营运中必要的，但是如何有效调节，则是在管理上必须多加考虑的问题。

1. 人力成本控制管理

人力成本为门店费用的重点，往往占毛利额相当高的比例。人力成本是指为取得和开发人力资源而产生的费用支出，包括人力资源取得成本、开发成本、使用成本等。如何加强对人力资源成本的控制，成为门店财务管理的一个新课题。

（1）人力资源的取得成本控制。人力资源的取得成本相当昂贵，一旦员工被雇用，即使勉强合格也很难辞退。所以，门店首先可以采取转包、租赁员工，招聘应急工，内部提升和内部调用等多种应急方式。当采取以上方式也不能满足门店的需要时，门店应该采取向社会公开招聘的方式。

（2）人力资源的开发成本控制。加强员工培训，增强工作熟练程度，合理利用现有人力。门店首先需要做好调查，确定必须做好哪些培训，哪些员工需要培训，哪些工作需要培训，不同的人力开发有不同的成本。门店经营管理者必须结合财务状况做好权衡分析与决策。

（3）人力资源的使用成本控制。合理制定门店员工编制，合理排班，门店在高峰时段必须安排较多的人手，高峰时段过后相应减少人手。提高工作效率，减少重复性工作，在条件许可的前提下，直接与学校联系实习生，可补充短期合同工及实习生；通过灵活多样的促销方式，尽可能利用供应商的促销员补充门店员工编制，这需要采购部的极力配合。为适应员工分层级的实施，加强技能考核，通过薪资调整的方式促进流动。根据本门店的实际情况，合理配置人员，杜绝间接人员人浮于事，培养适应多岗合并的多面手。

总之，人是第一资源，门店要增加效益必须控制住人力成本。控制住人力成本，门店就成功了一半。

知识链接

人力成本≠工资和奖金≠工资总额≠使用成本

人力成本常常被认为是工资或工资福利等的支出，其实不然。

第一，人力成本不等于工资和奖金。人力成本是指企业在一定时期内，因获得职工提供服务而支付的所有直接费用与间接费用的总和。如果企业给员工支付 8 000 元的工资，那么人力成本绝不会是这直接的 8 000 元，还有其他的间接费用。

第二，人力成本不等于工资总额。有人说，既然工资不等于人力成本，那是不是工资总额就等于人力成本呢？当然不是。按照劳动部相关文件的规定，人力成本包括工资总额、社会保险费、职工福利费、职工教育经费、住房费用及其他人工成本。

第三，人力成本不等于使用成本。从人力资源的分类来看，人力成本可分为取得成本、使用成本、开发成本、离职成本，可见使用成本只是人力成本的一部分而已。

企业会计准则第 9 号——职工薪酬规定，职工薪酬包括短期薪酬、离职后福利、辞退福利和其他长期职工福利。

资料来源："人力成本这么算才正确"，http://www.360doc.com/content/19/0313/17/36988555_821241730.shtml。

【问题】 人力成本可分为取得成本、使用成本、开发成本、离职成本，请分析准则中的职工薪酬分别包含哪些人力成本？

2. 门店库存控制管理

门店库存管理向来是一个难题，需要不少的人力和物力，也是门店日常管理必须常抓不懈的一项工作。商品库存管理力求做到既不库存过多，积压过多的资金，也不因脱销而产生缺货成本。它是门店提高内部管理水平，提高资金使用效率和经营效益最重要的方面之一。要加强门店的商品库存管理，各门店制定安全的库存量和再次订购点时，需考虑商品的特价情况、销售的淡旺季、是否有调价等因素。另外，供应商对订单的履行也是关注的内容。制定合理的商品库存结构和库存数量，使库存的商品既能满足销售所需，又不至于积压过多资金，降低资金周转率。

知识链接

门店要实现进、销、存数据化管理

随着互联网的发展，传统的门店管理已无法满足门店运转的需求，实现门店进、销、存的数据化管理势在必行。数据化管理不仅能减轻员工的工作量，还能精准定位门店进、销、存货的数量。数据化管理必须建立进、销、存数据化系统，利用系统数据进行分析。

1. 建立门店进、销、存数据化系统

一般门店进、销、存数据化系统应该达成以下目标：

（1）随时随地录单，进、销、存数据能实时更新；
（2）综合查询功能，可以按期查看详细的商品进、销、存记录；
（3）员工权限分配，给不同级别的员工分配不同权限；
（4）能够自动结算应收、应付金额等；
（5）可以打印需要的数据；
（6）智能补货，保证库存充足；
（7）不同的门店之间可以共享数据化系统。

2. 利用进、销、存数据化系统的数据进行指标分析

（1）存货周转率。存货周转率是衡量和评价门店进、销等各环节管理状况的综合性指标，其计算公式如下。

$$成本为基础：存货周转率（次数）= 销售成本/平均存货余额$$

其中，

$$平均存货余额=（期初存货余额+期末存货余额）/2$$

$$收入为基础（主要用于获利能力分析）：存货周转率（次数）= 销售收入/平均存货余额$$

存货周转率（次数）越高，表明门店存货资产变现能力越强，存货及占用在存货上的资金周转速度越快。

（2）销售毛利率。销售毛利率是反映门店盈利能力的重要指标之一，其计算公式如下。

$$销售毛利率=销售毛利/销售收入×100\%$$

其中，

$$销售毛利=销售收入-销售成本$$
$$销售成本=期初库存商品成本+本期购进商品成本-期末库存商品成本$$

(3) 商品损耗率。商品损耗率是反映门店管理水平的重要指标之一。门店要定期对商品进行盘点，盘点的数据直接反映的是损耗，门店的盈利在盘点结束后才可以确定。出现损耗要查明原因，对商品损耗超过规定部分要明确责任。其计算公式如下。

$$商品损耗率=(实际盘点数-账面库存数)/账面库存数×100\%$$

(4) 某种（类）商品销售占比。某种（类）商品销售占比是指销售所有商品中某种（类）商品销售额的百分比（同一时期），通过计算可以反映门店整体销售情况，掌握主力商品变化，分析哪些是畅销品，哪些是滞销品，为优化商品结构、调整销售政策、进行补货和促销活动等提供参考依据。其计算公式如下。

$$某种（类）商品销售占比=某种（类）商品销售额/总销售额×100\%$$

资料来源：邱昌宝.门店精细化管理［M］.2版.北京：台海出版社，2019.

【问题】 举例说明利用进、销、存数据化系统的数据可以做哪些分析？

3. 门店水电费用、杂费等的控制

作为门店店长，在日常的门店管理中要加强对店员的培训和指导，从一张纸、一滴水、一度电、一个胶杯、一个通讯袋、一张通讯宣传单入手，强化节约意识，加强各项费用开支管理，为门店节约每一分钱，为门店增加每一分利润。

(1) 基本要求。员工下班后必须关闭各项电源，如照明、空调、电脑等；卖场员工下班前必须检查带电设备及演示商品是否已关闭电源。

(2) 照明。减少不该有的照明，进出仓库要随手关灯，仓库的灯控制在一般照明状态，取货时再随时开、关。

(3) 电脑设备。

1) 尽量避免开空台，对于不开的收银台应及时关闭收银台电源。

2) 下班后必须关闭电脑电源，长时间离开办公位应关闭电脑显示器。

3) 制定货梯相关管理规定，禁止空手乘货梯，由相关人员负责监督。

4) 在夏天，建议空调温度调到26℃。

(4) 用水。

1) 提示牌上注明"节约用水"，放在水龙头旁，以便提醒每位同事。

2) 下班后应关闭热水器电源。

3) 停用场外部分水龙头，杜绝长流水这一现象。

(5) 水电费属进项税额可予抵扣的项目，如为增值税一般纳税人，店长应安排相关人员每月及时到电力局、自来水公司开具税票，以免税额未抵而多交增值税。

(6) 办公用品集中采购等，以节约部分杂费。

知识链接

借助移动管理工具，有效降低门店成本

在移动互联网时代，通过信息技术手段提升经营管理的效率，有效控制和降低经营管理的

成本，实现精细化管理，已经成为一种势不可挡的时代潮流。移动管理工具可以帮助门店有效降低成本。

1. 省去了大量的印刷成本

采用移动管理工具把过去门店的日常运营管理产生的大量纸质文档加以电子化，并装进手机 app，使员工可随时在线查阅和学习，省去了大量的印刷成本。

2. 降低了沟通成本

过去门店与总部之间、分店与分店之间的沟通，一般都采用电话、传真、QQ、邮件等常规的沟通形式。如今大多数移动管理工具均设有沟通功能，可将多渠道的沟通整合起来，从而提高沟通效率，降低沟通成本。

3. 可以有效地降低培训成本

过去员工培训主要是集中填鸭式的线下培训，既没有针对性，也需要耗费很多人力、物力和财力。现在移动管理工具能以在线培训、在线监督的方式，让员工随时随地利用碎片化时间学习，跟踪员工的学习轨迹和周期，有效降低培训成本，提升培训效果。

4. 提高管理效率，向管理要效益

移动管理工具能够实现门店管理的模块化、流程化、标准化、工具化、信息化，从而提高了管理的效率，降低了管理的成本，使门店的管理更有条理，让店长和店员将更多的时间和精力放在其他更重要的事情上面。

资料来源："连锁门店如何降低成本"，https://www.hishop.com.cn/xls/show_102773.html。

【问题】 如何利用移动管理工具帮助门店有效降低成本？

4. 促销费用控制管理

促销费用是极为重要的可控费用，应重点关注。促销费用包括广告、赠品、礼金券及工具等相关费用，要精打细算，可以采用各种方法节约费用、降低成本，达到控制促销费用的目的。

（1）做好促销成本的预算工作，必须充分、合理地考虑促销的预期收益。预期收益不外乎是提高销量和提升品牌知名度，成本一定要与收益结合起来。

（2）想方设法降低促销的各项开支。对于促销活动的具体实施者来说，他们随时接触一线，对市场上的各种动态是最了解的；这给了他们发挥能力的余地。如销售人员可以到批发市场上一次性选购庞大的礼品，然后逐次使用，这样算下来，企业的促销开支又会降低一笔。同理，销售人员还可以在展板、POP、宣传资料等各个方面下功夫，为企业节省大量的促销开支，当然促销的成效丝毫不差。

（3）严格防止预算外的费用发生。无论营销管理者乐意与否，必须向促销活动的执行者，即一线营销人员灌输这样一种观点：严格防范、禁止预算外的费用发生，除非是不可抗因素，否则，造成的后果由营销人员全部承担。店长在组织、策划促销方案时，要有财务人员的参与，并及时向财务人员了解促销费用的开支进度，合理确定支出额度，避免费用超出限额。

（4）将促销活动的各项开支列出明细表，使促销活动的所有成本纳入门店的有效控制范围之内。店长应督促员工在促销活动结束后，及时将费用报销入账，以保证账面金额完整，计算促销活动的"投入产出比"，将预算投入与预期收益、活动当事人的业绩和收入联系起来，综合计算得失。

案例概览 7-4

促销成本的预算很重要

小刘负责中秋节某月饼品牌促销活动，虽然促销活动取得一定效果，但是他高兴不起来：因为促销费用比促销计划中预算申请的费用超支了很多，而且要求追加费用的申请被退回，无法向客户兑现当初自己已经承诺的费用。

这种情况在现实中较为常见，事前预算申请与实际操作出现较大的偏差，尽管也达成了目标，但超支的费用却无法兑现，导致今后市场开拓停滞，给企业带来损失，得不偿失。为了避免出现这种情况，市场负责人应该对促销方案做好充分的论证，充分考虑市场的变动因素，尽可能地与客户沟通好促销费用。

资料来源："节日促销：如何让费用从可能变可控"，http://www.boraid.cn/article/html/83/83020.asp。

【问题】 小刘烦恼的原因是什么？如何避免这种情况发生？

5. 避免不合理损耗

根据商品的特质来避免不合理的损耗，例如，食盐类产品怕潮湿，因此不要靠近地面或生鲜冷冻食品存放。商品快要接近保质期时，要果断降价促销，以避免更大的损失。商品在店面陈列过程中，由于陈列的方法不当也会引起商品的损耗，例如，堆头摆放不结实会引起倒塌并损坏商品，或者容易被过往顾客的推车碰撞而损坏等，因此，要科学合理地陈列商品。另外，有些商品可能会在运输过程中损坏，所以要严格按照程序来验收货物，不要让破损的货物进入卖场。

总之，店长应对本门店各项费用支出额度、费用率等情况有总体认识，并组织制定切实可行的费用控制办法，严格审批费用；同时，以身作则，为员工做出表率，确保费用控制指标的达成，并力争节约。

引例 7-4 你自己算一算

张女士选购了一套 1365 元的化妆品，到收银台支付 1400 元现金。收银员一边接听电话，一边从自己的钱包里取出 35 元现金找给张女士。张女士觉得有些不对，便随口说了一句："错了，应该找 45 元，少找了 10 元。"收银员一听，脸色顿时不好看了，顶了一句："谁错了？你自己算一算！"

资料来源：https://wenku.baidu.com/view/1763ae8c0b1c59eef9c7b438.html。

【问题】 请说明该收银员违反了哪些收银纪律。

子项目 7.4　门店收银作业流程

收银作业不只是单纯地为顾客提供结账的服务，收银员收取了顾客的钱款后，也并不代表整个超市销售就此结束，因为在整个收银作业的流程中，还包括对顾客的礼仪态度和资讯的提供，现金作业的管理，促销活动的推广，损耗的预防，以及门店安全管理的配合等各项前置和后续的管理作业。

作为一名合格的收银员，既要让客户满意，又要安全上岗，确保收银无差错，必须了解门店有关的各项规章制度，学习好收银的基本知识，了解收银操作的基本规范，熟练掌握各种收银设备的操作技能和简单故障的排除方法。

具体的收银作业可按日来安排作业流程，每日作业流程可分为营业前、营业中、营业后三个阶段。

7.4.1　营业前

每日营业前，收银员要进行很多准备工作，包括清洁并整理收银作业区、整理并补充必备物品、补充收银台附近货柜的商品、准备好零钱、检验收银机、检查服装仪容、牢记当日超市促销活动等。具体包括以下内容。

（1）清洁、整理收银台和收银作业区，包括收银台、收银机、收银台四周的地板、垃圾桶。

（2）准备好一定数量的备用金，包括各种面值的纸币与硬币。

（3）了解当班门店中商品价格有无要特别注意的变化，促销商品与赠品情况。

（4）检查服饰仪容，佩戴好工号牌。

（5）开机检查营业用的收银机，整理和补充好其他备用品，其中包括收银机的大类键、数字键是否正确，日期是否正确；机内的程序设定是否正确，各项统计数值是否归零。电脑进入收银操作主界面。选择"销售"菜单，按 Enter 键确认，进入销售状态。此时收银机完全准备好了，可以为顾客进行收银操作了。

7.4.2　营业中

营业中收银作业的内容有以下几点。

（1）主动招呼顾客。欢迎顾客光临并面带笑容，与顾客的目光接触。等待顾客将购物篮或购物车上的商品放置在收银台上，将收银机的顾客显示牌面向顾客。

（2）为顾客提供结账服务。

1）当顾客使用现金支付时。收银员在收银机中输入条形码和金额，结算商品总金额，并告知顾客总共多少元，收到顾客的现金后，辨别现金真伪，审核无误后唱收唱付，收顾客钱款时要唱票"收您多少钱"；找零时也要唱票"找您多少钱"。

2）当顾客使用支票支付时。收银员收到顾客交给的支票时，要审查支票内容有无涂改、是否在有效期内、大小写数字是否相符、印鉴是否清晰。收到支票后应及时交门店相关人员送交银行。建立收受支票登记本，记清签发部门的电话号码及联系人、收款日期、金额，以便发生退票或其他问题时进行查找。对于已挂失支票不能收，同时应追究其来源。

  3）当顾客使用银行卡支付时。收银员收到顾客交给的银行卡时，应注意银行签购单打出后必须核对金额和银行名称，确认无误后方可结算。如果收银机上刷卡结算不成功，应马上改用手工或其他方法进行结算。收银员收取信用卡时应审核以下内容：必须是本人使用，有效证件（身份证、护照、军官证等），核对左下角的拼音与证件姓名是否相符，有效期，卡背面签名。

  （3）为顾客提供商品入袋服务。为顾客选择尺寸合适的购物袋；不同性质的商品必须分开放入袋子，如将生鲜商品、冷冻商品和其他商品分开装入包装袋，大且重的商品应先放入袋中。

  如果由于人手不足，没有为顾客提供入袋服务，在顾客自行将商品放入购物袋时，收银员需要注意下列事项：将登录完的商品小心地从购物篮中拿出，以免商品损坏。提醒顾客带走所有包装好的购物袋，避免遗忘。将结账完毕的商品交给顾客时，应同时附上收银小票，并对顾客说声"麻烦您了""谢谢""欢迎再次光临"，面带笑容，目送顾客离开。

  （4）无顾客结账时要做的工作。等待顾客时，收银员可进行营业前的各项工作准备。

  （5）收银员离开收银台的作业管理。当收银员出于种种正常的原因必须离开收银台时，其作业程序控制如下。

  1）离开收银台时，要将"暂停收款"牌放在收银台上。

  2）关闭收银通道。

  3）将现金全部锁入收银机的抽屉中，锁好锁，钥匙随身带走。

  4）将离开收银台的原因和回来的时间告知临近的收银员。

  5）离开收银机前，如还有顾客等候结算，不可立即离开，应以礼貌的态度请后面的顾客到其他的收银台结账，并为等候的顾客结账后方可离开。

案例概览 7-5

收银工作发生错误该怎么办

  收银员在工作过程中由于主观和客观上的原因会产生一定的失误。比如重复扫描、条形码不清晰、顾客携带现金不足等现象，都会影响收银工作的顺利进行。当错误发生时，收银员如何应对才能妥善解决，以保证收银工作的有效进行，保证消费者最大程度上的满意是一个关键问题。

  不管发生错误的原因是什么，收银员都应该向消费者礼貌道歉。"对不起，给您添麻烦了""抱歉，耽误您时间了""请您多包涵"等礼貌用语可以化解消费者心中的不满情绪，然后着手解决问题。

  如果发生错误的原因是收银员多打价格，应该客气地询问顾客是否愿意再增加商品的购买量，如果顾客不愿意，就应将收银结算单作废重新登录。如果收银结算单据已经打出，应立即将打错的单据收回，重新打一张正确的结算单据给顾客。

如果发生错误的原因是消费者携带现金不足以支付已经扫描过的商品，应该以委婉的语气建议顾客办理相当于不足部分的商品退货，此时应该将已经打印好的结算单据收回，重新将打完减项后的结算单据交给顾客，此时切不可对顾客冷眼相待；如果顾客表示愿意回去拿现金补足，必须保留与不足部分等值的商品，完成结算后方可取走。

如果是因为商品条形码不清楚，无法扫描顾客已经选好的商品，而顾客又坚持要买该商品时，则应该及时请超市理货员或其他工作人员协助解决，并再次向顾客表示歉意。

资料来源："收银员常用操作技巧"，http://www.mianfeiwendang.com/doc/50369383e8570367e9ea29df。

【问题】 收银员在收银工作中发生由于自身原因造成的错误该怎么应对？

7.4.3 营业后

（1）收银员整理各种单据，清点现金、购物券，在其他人员的监督下将当日存款后营业款收回并存入保险柜中。

（2）收银员填写"收银日报表"。

（3）将笔、印章、印泥、复写纸、计算器、验钞机、发票等整理好，收拾干净。

（4）检查收银机是否清机。

（5）将收银机抽屉打开，勿留现金。防止万一有窃贼进入超市时，为了窃取现金等而损坏收银机抽屉，枉增公司的修理费用。

（6）关闭计算机。

门店管理工具箱

工具 7-1：增值税电子普通发票填制样式

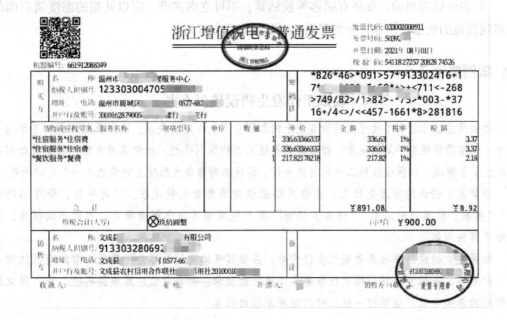

工具 7-2：常用的 Excel 小技巧

小技巧	操作方法
多个单元格批量输入相同内容	先选中输入内容的单元格（不连续的单元格也可以，选单元格时按住【Ctrl】键），然后在编辑栏中输入相应的内容，最后按下组合键【Ctrl+Enter】
查询数据是由哪个数据计算的	先选中要查询的数据，然后在公式栏下找到"追踪引用单元格"，单击，这时表格中就会标出蓝色的追踪箭头
快速浏览多个工作表	按组合键【Ctrl+Page Down/Page Up】
改变数字格式	按组合键【Ctrl+Shift+5】，把数字改成%格式 按组合键【Ctrl+Shift+4】，在数字前面加上￥
巧妙输入位数较多的数字	在输入数值的前面加上一个"'"（'必须是在英文状态下输入的）
保护工作簿	选择"审阅"选项卡，在"更改"选项组中单击"保护工作簿"按钮，输入密码，单击"确定"按钮，弹出"确认密码"对话框，再次输入刚才设置的密码，单击"确定"按钮
快速打开打印设置界面	按组合键【Ctrl+P】

工具 7-3：收银员日报表

年　月　日　　　　　　　　　　　　　　　　　　　　　　　　　　　单位：元

项　目	金　额	备　注
本日营业收入合计		
其中：现金		
刷卡		
微信		
支付宝		
其他（　）		
昨日备用金余额		
本日实际上缴现金		
其中：壹佰元券		
伍拾元券		
贰拾元券		
拾元券		
伍元券		
壹元券		
其他券		
本日备用金余额		
本日实际上缴结算单据（　）张		

收银员：

说明：此表一式两份，一份收银员留存，一份随现金移交出纳。

工具 7-4：收银员缴款单

年　　月　　日

收银员姓名				收银编号				收银机台号		
项目	单位	缴款明细								
现金	元	票面	壹佰元	伍拾元	贰拾元	拾元	伍元	壹元	伍角	壹角
		张数								
		金额								
购物券	元				共（　　）张					
备注										
合计（元）										

收银员：＿＿＿＿　　收银主管：＿＿＿＿　　现金总收：＿＿＿＿

工具 7-5：网银支付填制样式

项目小结

　　门店的财务管理涵盖了收受现金、票据、信用卡、开立发票、收银作业等，门店店长及员工必须了解和掌握一定的财务基础知识。为了保障门店现金的安全，门店店长必须规范门店备用金及营业款的管理。要想在残酷的市场竞争中立于不败之地，最好的办法就是在提高收入的同时降低成本，也就是所谓的开源节流。把门店产生的费用分为可控制的费用和不可控制的费用，对门店可控制的费用应重点控制。在整个收银作业的流程中，包括对顾客的礼仪态度和资讯的提供、现金作业的管理、促销活动的推广、损耗的预防，以及门店安全管理的配合等各项前置和后续的管理作业。作为一名合格的收银员，既要让客户满意，又要安全上岗，确保收银无差错。了解门店有关的各项规章制度，学习好收银的基本知识，了解收银操作的基本规范，熟练掌握各种收银设备的操作技能和简单故障的排除方法是十分必要的。具体的收银作业可按日来安排作业流程，每日作业流程可分为营业前、营业中、营业后三个阶段。

项目训练

【训一训】

实训内容	财务基础知识实训
实训目的	1. 掌握发票的填制　　2. 掌握支票的填制 3. 掌握进账单的填制　　4. 掌握现金缴款单的填制
实训组织	1. 教师介绍本次实训目的及需要提交的成果 2. 学生自己动手完成发票、支票、现金缴款单和进账单的填制
实训环境	会计实训室
实训成果	1. 填制的发票、支票、现金缴款单和进账单 2. 教师评比考核，计入实训成绩

【练一练】

一、名词解释

1. 权责发生制　　2. 可控费用　　3. 人力成本　　4. 备用金

二、不定项选择题

1. 门店成本控制的基本原则包括（　　）。
   A. 例外管理的原则　　　　　　　B. 经济效益的原则
   C. 全面介入的原则　　　　　　　D. 责权利相结合原则

2. 支票提示付款期为（　　）天。
   A. 10　　　　　B. 30　　　　　C. 60　　　　　D. 90

3. 小规模纳税人（　　）。
   A. 按照简易办法征收增值税　　　B. 增值税征收率为3%
   C. 能使用增值税专用发票　　　　D. 进项税不允许抵扣

4. 下列可以使用现金的是（　　）。
   A. 支付个人劳务报酬10 000元　　B. 张三预支差旅费5 000元
   C. 购买办公用品500元　　　　　D. 购进商品100 000元

5. 某小规模纳税企业增值税征收率为3%，本月购入材料一批，取得的专用发票中注明货款100万元，增值税17万元，款项以银行存款支付，材料已验收入库（该企业按实际成本计价核算）。本月销售产品一批，所开出的普通发票中注明的货款（含税）为206万元，增值税征收率为3%，款项已存入银行。该企业本月应交增值税为（　　）万元。
   A. -11　　　　B. 17　　　　　C. 6　　　　　D. 0

6. 普通发票有（　　）。
   A. 存根联　　　B. 发票联　　　C. 记账联　　　D. 抵扣联

三、判断题

1. 发票与收据的效力是一样的，是发生的成本、费用或收入的原始凭证。（　）
2. 增值税是价外税，也就是由消费者负担。（　）
3. 在退款中，要坚持交现金退现金，交支票退支票，不得以支票换取现金。（　）
4. 人力成本就是员工的工资。（　）
5. 门店商品库存越少越好。（　）
6. 收银员在营业时身上可带有少量现金。（　）

四、思考题

1. 收银员出于种种正常的原因必须离开收银台时应该怎么做？
2. 每日收银作业流程分为哪些阶段？
3. 营业长短款怎样处理？
4. 怎样控制促销费用？

五、案例分析

芝麻开门超市本月进、销、存系统数据显示：销售额80万元（其中生活类商品销售额60万元），月初库存商品成本20万元，本月购进商品成本60万元，月末库存商品成本25万元。

【问题】 对该超市以下指标进行计算，并做简要分析：

(1) 销售毛利率；
(2) 存货周转率；
(3) 生活类商品销售占比。

PROJECT 8 项目 8

门店安全管理

能力目标

通过完成本项目的教学,学生应具备以下基本能力:
1. 通过对门店安全消防管理的学习,能正确进行门店消防隐患的防范
2. 通过对门店作业设备管理的学习,能确保门店设备安全
3. 通过对门店紧急事件管理的学习,能正确进行门店紧急事件的处理

知识目标

1. 掌握门店安全消防管理
2. 掌握门店作业设备管理
3. 掌握门店紧急事件的处理

引例 8-1　时刻牢记门店的安全

2020 年 11 月 28 日凌晨,安徽芜湖,一沿街电器设备维修店发生火灾,造成 3 人死亡。

2020 年 10 月 10 日早上,上海市浦东新区,一门店发生火灾,造成 3 人死亡。

2020 年 8 月 10 日凌晨,湖北孝感,一临街门店发生火灾,造成 2 人死亡、2 人经抢救无效死亡。

2020 年 7 月 30 日凌晨,河南周口,一街道门店发生火灾,造成 5 人死亡。

2020 年 7 月 8 日,贵州贵阳,一汽配城内商铺起火,7 人不幸身亡。

2020 年 6 月 18 日早上,广西防城港,一居民自建房门店发生火灾,造成 6 人死亡。

2020 年 6 月 17 日,湖南双峰县,一临街物流中转门店发生火灾,致 7 人死亡。

2020 年 5 月 16 日凌晨,贵州黔南州,一小吃店发生火灾。消防员搜救出 1 男 4 女送往医院救治,遗憾的是 5 人经抢救无效全部死亡。

2020 年 3 月 8 日,贵州天柱县,一家经营家电的临街门店发生火灾,造成 9 人死亡。

2020 年 2 月 23 日,深圳市宝安区,一手工酸奶店发生火灾,过火面积约 5 米^2,事故

造成 4 人死亡。

据统计，2020 年全国共发生沿街店铺较大火灾 19 起，死亡人数 89 人，"小火亡人"教训惨痛。沿街店铺为什么特别容易起火？

沿街商业店铺一般都是个体经营，缺乏严格的消防安全管理，这是主要原因。

此外，沿街店铺往往面积有限，店内一般存有大量易燃物品，既不分类存放，又不注意保持适当间距并远离火源、电源，更有甚者，为了方便，将经营、仓库、住宿等"三合一""多合一"，一旦起火，会迅速蔓延。

资料来源："19 起事故，89 人死亡：为何沿街店铺容易起火，且死亡率高"，https://www.sohu.com/a/485617875_121106822。

【问题】 除了上面描述的问题，我们还应当注意门店的哪些安全问题？

子项目 8.1　安全消防管理

8.1.1　门店安全的概念

所谓门店安全，是指门店及其顾客、员工的人身和财物在门店所控制的范围内没有危险，也没有其他因素导致危险的发生，即门店及其顾客、员工的人身和财物在门店所控制的范围内不受侵害，门店内部的生活秩序、工作秩序、公共场所秩序等保持良好状态。门店安全不仅指门店及其人员的人身和财产不受侵害，而且指不存在其他因素导致这种侵害的发生。门店安全是一种既没有危险因素，也没有发生危险的状态。

门店日常安全管理的重点项目是消防、防抢、防偷、防骗及防意外事件发生等消防安全管理。

案例概览 8-1

致 7 人死亡，山东德州一蛋糕店火灾原因查明

春节假期期间，山东德州一蛋糕店起火。山东省消防总队通报，起火原因为酥油蜡烛引燃神龛及周围可燃物所致。经过德州市消防救援支队全力扑救，先后救出 8 名被困群众，其中 7 人经抢救无效死亡，1 人生还。

消防部门提醒，消防安全关系千家万户，要从每个人做起。要文明祭祀，动用明火要实施现场看护，火完全熄灭后再离开。要正确使用明火，做到"三清三关"（清走道、清阳台、清厨房，关门窗、关电源、关燃气），做到人走电断、火熄、气关。

资料来源："致 7 人死亡　山东德州一蛋糕店火灾原因查明"，https://baijiahao.baidu.com/s?id=16922351180619 51268&wfr=spider&for=pc。

【问题】 除了案例中提及的"三清三关"，我们还需要注意到其他哪些细节，防止火灾再次发生呢？

8.1.2 消防安全管理

火灾是威胁人类的重大灾害之一，往往给企业带来重大的经济损失和人员伤亡。对于从事商业活动的连锁企业来说，门店的消防安全管理是安全管理的重点。目前的门店多数属于封闭式建筑，并且多数集中在闹市区，场区和店内的顾客多、人员繁杂。另外，店内经营的商品中，如纺织品、塑料制品多属于易燃品。再者现在的门店装修大多使用的是诸如木材、油漆、橡塑之类的材料，电源、电线等多隐藏其中，所有这些都存在火灾隐患。因此，门店必须做好消防管理工作，做到健全制度、建立组织、常抓不懈、防患于未然。

门店要设立消防中心。为使消防中心在消防工作上有一定的权威，店长要亲自担任消防中心的负责人，根据门店规模配备一定数量的专职工作人员。在配备专职消防人员和组织的基础上，明确一定数量的兼职消防人员。

门店消防中心的主要任务有以下几点。

（1）负责对门店员工进行消防业务知识培训，开展防火宣传教育；制定相应的火灾灭火预案，同时不断配合进行防火演练。

（2）制定各种防火安全制度，督促各部门贯彻落实防火安全知识，负责调查违反消防规定的原因，提出处理的意见；负责购置和补充防灭火器材，对消防设备定期进行检测、保养和维修，及时排除消防设备故障。

（3）不断排查重点消防隐患，诸如隐蔽在工程内的电源、电路和电器是否匹配，是否有超功率、超负荷运转，是否有因接触不良而引起短路等情况，检查消防通道是否畅通，检查消火栓是否漏水、无水，检查工作人员在工作过程中容易导致火灾的环节等。

（4）负责对进店的外来施工人员进行安全监督及办理出入登记手续，保证店内改建施工期间的安全，防止外来施工人员或其他人员造成的不安全事故发生。

知识链接

手提式干粉灭火器的正确使用方法

石油化工生产既存在大量的易燃易爆物质，又遍布有为数不少能产生火源的机械设备和设施。企业的消防安全应立足于以防为主。下面我们就来学习手提式干粉灭火器的使用方法：

（1）拔掉保险销；

（2）一只手握住带喷嘴的橡胶管，另一只手抓起提把（下鸭嘴）；

（3）到达着火点；

（4）将喷射口对准火焰根部；

（5）压下压把（上鸭嘴）；

(6) 喷出干粉，摇动喷嘴。

扑救油面火灾应采取平射方式，由近及远进行。

8.1.3 门店消防治安管理

门店的消防治安管理工作主要是保证店内员工和顾客的生命财产安全及商品不受损害。

1. 员工与顾客的安全

门店地址多在闹市区和交通要道，人口流动性大。卖场内既有普通百姓，又有可能混杂着一些盗窃分子和其他不法分子，对店内员工和顾客构成潜在的威胁，给店内治安管理工作带来挑战。如何保证店内员工和顾客的人身与财产安全不受威胁，门店治安管理要做好以下工作。

第一，要建立一支训练有素、保障有力的治安保卫队伍，有效地针对治安问题展开工作，以避免在门店控制的区域内发生打架斗殴和人身伤害的事故。

第二，门店应与所在社区管理部门和社区公安机关保持良好的沟通与协作关系，争取得到他们的支持和帮助，必要时请他们出面解决治安问题，涉及法律纠纷和人身伤害要尽快报案，不要等事态扩大后再报案，以免给店内工作造成不良影响。

第三，教育员工不要和顾客发生冲突。特别是对一些不法分子的蓄意挑衅、滋事要小心应对，尽量不要与他们发生直接冲突，争取由店内保安和公安机关来处理。

2. 现金的安全

收银台现金流量比较大，且临近出口，有大量的现金进进出出，是犯罪分子极易盯上的目标，因此，要特别注意现金的安全管理，防止现金被抢劫。

3. 商品安全管理

商品安全管理主要是指商品的防盗工作。现代门店商品防盗一般采用电子防盗系统和保安人员相结合的办法来控制。

案例概览 8-2

炸鸡店操作不当引发火灾

油锅起火时千万不要用水扑救，因为冷水遇到高温油会使油火到处飞溅，造成火势蔓延甚至引发爆炸。江西上饶一对夫妻，在成都经营的一家炸鸡店突然发生爆炸。消防官兵迅速出动。由于火灾发生时现场人员疏散及时，未造成人员伤亡。扑救火灾前，应第一时间拉下总闸，导线绝缘层和电器外壳等材料着火时，用干粉灭火器扑救，也可以用湿棉被等覆盖燃烧物。未拉下总闸前，不可用水扑救。

资料来源："炸鸡店爆炸起火！江西一对夫妻重伤，丈夫写下这句话……"，http://jx.sina.com.cn/news/s/2020-05-27/detail-iircuyvi 5175689.shtml。

【问题】 门店的哪些不当操作也会引起火灾？

8.1.4 门店日常安全管理

门店安全管理所包含的内容相当广泛。就地点而言，除了卖场购物区域外，还包括购物区以外的公共场地及员工的工作场所；在对象上，除了人之外，还有财物的安全；在时间上，更是随时都可能发生；在事件上，除了突发的意外事件之外，还有日常的例行作业。因而，门店必须做经常性的安全作业管理，并制定突发事件处理制度。

8.1.5 发生消防安全事故的原因

相关统计资料显示，较多的门店发生的消防意外突发事件，往往并不是意外，而是由于门店人为的疏忽。概括起来，门店发生消防安全事故的主要原因如下。

1. 门店设备的老化

许多门店的设备老化，或是不做定期保养和检查。例如，门店的各项消防设施、工作器械（补货梯、卸货车、铲车）等。一旦使用老化设备，往往会导致安全事故。这样不仅可能危害到消费者的利益，门店内部员工的工作安全也无法得到保障，同时也损害了连锁企业自身的形象。

2. 员工基本常识的不足

门店员工对于安全方面的常识往往不足，有时甚至在观念上也有偏差。例如，在用电方面，出现超负荷用电或电源使用不当的情况；在工作方面，存在不良的作业习惯；在遇到意外伤害时，会出现不妥当的医疗护理和时效上的延误；在消防设施、设备和器材方面，员工不知如何操作和根本不重视消防设施的维护等，这些都是造成门店安全事故的主要原因。

3. 员工警觉性的缺乏

门店的许多意外事故演变成重大伤害，往往是由于门店员工缺乏高度的警觉性，从而导致出现一发不可收的局面。例如，对于小火苗的发生掉以轻心，进而演变成一场大火灾；使用各项器材设施，发现运转不良或出现故障时不引起注意；对于购物过程中顾客的异常行为或要求不予理会，而导致顾客受伤或使店内遭受财物损失；等等。因此，门店员工良好的警觉性是减少门店消防安全事故发生的有力保证。

知识链接

逃生自救方法

1. 被困火场如何逃生

当火灾不能控制时，你也不要怕，只要掌握了正确的逃生技巧，90%以上的火场被困人员可以安全逃生。

如果你被困火场，要冷静自救。穿过浓烟时，要尽量使身体贴近地面，用湿毛巾捂住口鼻防窒息。可把湿棉被、衣物裹在身上，将身体浸在水中（利用浴缸）防热。如果身上着火，千万不要奔跑，可就地打滚或用厚重的衣物压住火苗将火扑灭。如果出不去门，可撕开床单之类的物品接绳逃至下层阳台，再进入楼内逃生。逃生时，切不可乘坐电梯。

如果无法突围，不要躲避在床下和壁柜里，应设法进入浴室、卫生间等有水源的地方，关闭门窗，将衣物浸湿塞住门缝，并不断向门泼水降温，同时向外呼救。

最后教你一招，当你实在不能自救时，请努力滚到墙边，消防队员都是沿墙前进的，可以很快找到你，进行援救。

2. 哪些日常用品能在关键时刻助你一臂之力

家中备有四件东西，将它们放在随手可取之处，遇上危急关头，便可用得上，帮你一个大忙。这"四件宝"是：家用灭火器、（保险）绳、手电筒及简易防烟面具，用于应急所需。

任何大火，开始的时候都是小火，如果在家中备好灭火器，并能熟练地操作它，那么当星星之火燃起时，就可以将它及时扑灭。

如果你住在三楼以上，楼梯的通道被堵塞，或者木质楼梯被烧坏，在这样的情况下，如果家中有一条又长又粗的绳子，那么可将绳子拴在大橱柜或窗框上，沿着绳子攀缘而下，就能顺利逃生。

夜间失火，电路烧坏以后，屋内一片漆黑，特别是在睡梦中，还没有弄清楚是怎么回事，家中已是一片火海。这时，就需要一只手电筒照明，照出一条逃生之路。

火场的烟雾是有毒的，许多丧生者都是被烟熏窒息而死的，如果家中备有一只防烟面具，在危急关头套上防烟面具，就能抵制有毒烟雾的侵袭而死里逃生。

3. 高层发生火灾如何逃生

（1）事先了解和熟悉该建筑物的太平门与安全出口情况，做到心中有数，以防万一。

（2）火势初起时，切不可惊慌失措，可用灭火器或水在最初时间去扑灭，此时还应呼喊周围人员出来参与灭火和报警。如有两人以上在场，一人应尽快去打火警电话报警，另外的人员积极参与灭火。当周围人群较多时，应首先组织老人、儿童迅速撤离大楼，在行动中要做到随手关门，特别是防火门。假如有多人参与灭火，应进行分工，一部分人负责扑灭火，另一部分人负责撤离火焰周围的可燃物，防止火焰过快蔓延而变成大火。

（3）当起火点在其他房间内或楼层时，开门前应先用手触摸门锁。如果门锁温度很高或有烟雾从门缝中往里钻，则说明大火或浓烟已封锁房门出口，此时千万别贸然打开房门。如果门锁温度正常或门缝中没有烟雾钻进来，说明大火离自己尚有一段距离，此时可打开一道门缝观察外面通道的情况。开门时要用一只脚去抵住门的下框，防止热气浪将门冲开，助长火势蔓延。在确信大火并未对自己构成威胁的情况下，应尽快离开房间逃出火场。

（4）当大火和浓烟已封闭通道时，应关闭房内的所有门窗，防止空气对流，延迟火焰的蔓延速度；用布条堵塞门窗的缝隙，有条件时可用水浇在迎着火的门窗上，降低它的温度；在较高楼层上的呼救声，一般地面上的人是听不到的。这种情况下，一方面应利用手机、电话等通信工具向外报警，以求得援助；另一方面也可从阳台或临街的窗户向外发出呼救信号，如向楼下抛扔沙发垫、枕头和衣物等软体信号物，夜间则可打开手电筒、应急照明灯等方式发出求救信号，帮助营救人员找到确切目标。在得不到及时救援，又身居较高楼层的情况下切不可盲目跳楼，可将房间内的床单、被单、窗帘等织物撕成能负重的布条连成绳索，系在窗户或阳台的构件上下滑到下面没有起火的楼层时，就可以破窗而入；也可利用建筑物外墙上的落水管、避雷针等逐层下降至地面或没有起火的楼层后逃生。以上方法不适合年龄太小或太大、生病或行动不便的人。

（5）当离开房间后发现起火部位就在本楼层时，应尽快就近跑向已知的紧急疏散口，遇有防火门应及时关上；如果楼道已被烟气封锁或包围，应尽量降低身体尤其是头部的高度，也可利用湿毛巾或衣服等捂住口鼻。如果人员必须经过火焰区，逃生前最好将衣服用水浇湿、用湿毯子裹住全身或用湿衣服包住头部等裸露部位。当确信火灾不在自己所处的楼层时，仍应就近向紧急疏散口撤离。如果自己对疏散口一无所知，则应按以下方法逃生：如果着火点位于自己所处位置的上层，此时应向楼下逃去，直至到达安全地点。在高层建筑的火灾中，不到万不得已，不要向楼上跑，以防走上绝路，因为火主要是向上蔓延，且速度很快，烟气向上扩散的速度比水平流动的速度快好几倍；逃出火场后，切不可再顾及遗留在室内的物品而返回火场。

（6）外逃时千万不要乘坐电梯。因为火灾发生后电梯可能停电或失控。同时，由于"烟筒效应"，电梯间常常成为浓烟的流通道。正确的逃生途径是楼梯，这种安全通道都配有应急指示灯作标志，在火灾发生时，人们可以循着指示灯逃生。有些高层建筑还专门设有避难层，如果无法逃离大楼，可以暂时待在避难层等待援助。

（7）如果下层楼梯已冒出浓烟，不要强行下逃。因为火源可能就在下层，向上逃离反而更可靠。可以到阳台、天台，找安全的地方候机待救。

（8）切记高层建筑火灾中千万不可钻到床底下、衣橱内、阁楼上，这些都是火灾现场中最危险的地方，而且不易被消防人员发觉，难以获得及时的营救。

（9）若被困在室内，应迅速打开水龙头，将所有可盛水的容器装满水，并把毛巾、被单、毛毯打湿，以便随时使用。

引例8-2　门店如何有效地防损

对于门店经营来说，损耗是个一直存在的问题，也是基本无法杜绝的问题。尽管内盗只是其中的一种方式，但因为是内部员工的行为，会在员工群体中散布负能量，故其性质更显恶劣。改善门店的内盗，可以考虑从以下几方面着手。

1. 让员工明白公司惩处"内盗"的决心

作为门店管理者，首先要向员工表明自己对"内盗"的态度，让他们知道公司惩处"内盗"的决心，并积极采取各种打击盗窃的措施。比如，防损部不定期搞"易盗商品盘查"、对收银员进行临时钱箱平账、突击性地清理店内可能被用来藏匿内盗商品的死角等。总之，能够让那些潜在的"内盗员工"精神上处于紧张状态的事情都可以去做。等到门店整体内盗情况大有改观时，这种突击性检查可以适当减少，但决不能停止，要誓与盗窃行为斗争到底。

2. 将"盗窃"损失列入员工的奖惩方案中去

许多"内盗员工"会有这样的想法：门店天天都在销售，天天都在赚钱，那么自己"拿"一点也没多大关系。针对某些员工的这种侥幸想法，可以将"内外盗"一视同仁，将其给门店造成的损失，与部门员工的绩效挂钩，超出正常损耗标准的损失，本着经济损失经济补偿的原则，从该部门绩效和员工工资中按比例扣除。同时规定，不论"内盗"还是"外盗"，如果能及时发现并积极反馈，一经核实，酌情取消扣款，并视情况给予奖励（这个策略的关键是侧重奖励弱化处罚）。这样就把全体员工的利益捆绑在一起，防止产生"事不关己高高挂起"的态度，对那些有"内盗"倾向的员工，其他员工会高度警惕，有效发挥群众的力量。

3. 请"专业机关"协助门店管理"内盗"

盗窃是见不得光的，其本质上是违法行为，那就可以考虑请专业的安保司法力量介入。比如，可以请辖区派出所的民警来给员工上普法课，主题可以是如何发现和抓捕盗窃犯、关于盗窃的法律制裁等。课堂上可以讲解相关条款、播放相关录像、展示手铐和警棍等相关器材，课堂效果要做到形象生动。名义上是相关普法教育，实质上是威慑那些有盗窃倾向的员工，让他们知道门店重视盗窃管理，门店有专业机构的支持，针对盗窃有严格的法律制裁，从而使他们产生畏惧心理，停止盗窃行为，达到管理的目的。

4. 通过企业文化的营造，增强员工的归属感

门店"内盗"究其深层原因，很大程度上是因员工缺乏归属感造成的。由于感觉没有职业发展空间，自己的劳动得不到应有的回报，员工就会把公司给自己的利益单一化，将物质利益当作公司给自己的唯一回报。相关调查结果显示：大多数"内盗"的起因并不一定是钱，导致他们偷盗的原因主要是心理上的失衡，比如，厌烦、受挫、缺乏安全感、感觉不公平、没有个人发展空间等。所以，如果门店能够重视员工的思想引导教育，在福利制度、管理制度上更注重人性化，重视沟通与疏导，才能从源头上解决问题。

资料来源："如何降低门店内盗损失"，https://baijiahao.baidu.com/s? id=1641894737443143971&wfr=spider&for=pc。

【问题】 除上述四个方面外，我们还需要在哪些方面去防止门店的损失？

子项目 8.2 作业设备管理

8.2.1 门店陈设及员工作业安全管理

不安全的门店陈设与员工作业，容易使顾客或员工在卖场活动时发生意外，因此要经常检查是否存在不安全因素，一旦发现，要及时纠正。门店陈设及员工作业是否安全，主要涉及以下几个因素。

（1）商品陈列不安全。门店商品的陈列高度过高，或是货架摆放不整齐，都容易因人为碰撞而使商品倒塌或掉落，造成顾客或员工的意外伤害。

（2）门店装潢不安全。连锁企业经营者为了吸引消费者，往往在装潢上做了相当大的投资。但是在美观之余，还必须注意安全。例如，部分门店喜欢利用玻璃做装饰，但玻璃

制品易碎，除了容易引起伤害之外，还不容易清理干净。

（3）货架摆设不安全。货架质量不好，货架摆放的位置不当、不稳固或有突角产生，都可能使顾客在购物时发生意外事故。

（4）地面不安全。当地面湿滑或有水迹出现时，若未能立即处理，也会造成顾客或员工因在行走时滑倒而受伤。

（5）员工作业方式不当。员工作业方式不当可能会造成顾客或员工本身的伤害。例如，补货作业不当、大型推车使用不当、卸货作业不当都可能造成商品掉落，砸伤或压伤顾客和员工。

案例概览 8-3

老人逛超市欲逃单被员工发现，理论中突发疾病，事后家属索赔 20 万元

近日，在一家大型超市内，一位 64 岁老人来到蔬菜区，挑选了一些菜后到自助结账机上结了账准备离开。但是还没出超市，工作人员发现她有两样没有支付的菜，便上前询问是不是有菜没付钱，在超市工作人员的再三确认下她都不承认，于是被请到了超市办公室。办公室工作人员检查后发现确实有两样没付钱，就告诉她这个行为已经属于偷盗。从超市调取的视频中，可以看出交谈过程中没有发生任何肢体冲突，只是进行了简单的谈话教育。可是，在谈话过程中，老人的高血压犯了，开始神志不清起来。工作人员一看不对劲，赶紧帮老人拍后背并擦脸，店长也立刻报警将老人送医。老人送医后就一直昏迷不醒，花了 3 万多元的医药费后，医生说后续可能还需要 20 多万元。家属找到超市管理方，认为超市对此要负一定责任，要求超市赔偿老人 20 万元的医疗费。对此，超市也表示很无奈。

资料来源：https://baijiahao.baidu.com/s?id=1667054639025271277&wfr=spider&for=pc。

【问题】 你认为超市需不需要赔偿医药费？该如何防止此类事情发生？

8.2.2 门店作业设备管理的基本原则

1. 进行安全教育，树立安全意识

门店从店长到员工都要进行安全知识方面的教育，树立设备安全观念和安全意识。安全知识教育要具体到各类安全知识，如消防知识、食品安全知识。安全知识教育还要结合案例和图片展示进行，通过生动的案例和图片，使每名员工提高警惕。

2. 进行安全技术培训

门店应组织员工对安全问题和防范技术进行培训，如消防技术、逃生技术演习和演练，不同作业过程中容易出现的安全问题和防护操作技术。如果忽视对员工的技术培训，一味地追求销售任务的完成，这既是对员工不负责任的一种工作方式，也达不到企业预期的效果，所以，对员工进行技术和作业培训是企业安全管理的重要环节。

3. 健全安全制度，强化安全纪律

门店要建立健全各类安全制度，如消防制度、食品安全制度、员工劳动保护制度等。

要建立安全管理机构和配备相应的专职、兼职人员。在建立健全门店安全制度和机构人员后，关键的问题在于执行制度和落实制度，同时要强化安全纪律，对违反安全制度的人，要坚决按制度处理，杜绝事故隐患。

4. 要有合理的工程设计

门店通过合理的规划布局、合理的工程设计、合理的设备安装、合理的作业流程设计，可以避免和减少很多不安全的因素与隐患，因此，合理的规划设计对安全管理至关重要。例如，某城市大型地下购物商场选址就在这个城市的泄洪道旁。地下商场的外墙仅贴泄洪河道告示，开业没几年，就遭遇了一次大洪水，损失惨重。规划设计不合理，往往存在着巨大的灾难隐患。

5. 要有相应的安全保护措施

在一些较易出现危险的地方，对员工和顾客要有相应的保护措施，如场内安全警示、安全提示，员工作业必要的安全鞋、手套、眼镜等。对机器设备也要进行安全维护和安全防护等。

总之，安全管理的基本原则是，一要科学，二要有组织，三要严格管理，这样才能保证门店安全工作不出问题。

8.2.3 防水、防风、防破坏管理

要防止自然现象带来的损失，尤其是严重的自然灾害，比如暴雨洪水、热带风暴等。地处我国南方容易发生水灾、台风的地区的门店及一些开在地下的门店，更要随时注意预防。门店要分析自身面临的风险，制定洪水、台风专项应急预案并进行演练，做好人员组织和物质上的准备，以免遭受巨大的财物损失和人员伤亡。为防止水浸给门店商品带来损失，店内所有商品（包括后备仓库商品）均须垫高摆放，不得直接放在地上。要注意天气变化，当有大雨预告时，须做好商品的垫高、遮挡、转移摆放或装上防水闸等工作；下水道容易淤塞的门店，要经常检视沙井、排水泵的情况，一旦发现有淤塞先兆，应及时通知工程管理部门来安排人员进行清理，做好预防工作；当气象台发出台风预警信号时，须检视门店灯箱招牌是否稳固；风暴过后，要及时检查门店的各项设施是否受到损坏，如有问题，及时上报工程管理部门修复。

要防止人为破坏造成的损失，比如发现不明来历的可疑物品后及时上报，以做出适当处理；如有人企图勒索、骚扰营业或破坏门店设施应及时报警。

8.2.4 安全检查

为防患于未然，门店安全管理人员要定期进行安全检查，并逐项填写"安全检查表"（见表8-1），检查过程中发现属于"安全检查表"所列的安全隐患的，由门店店长跟踪整改。

表 8-1 安全检查表

店铺名称		检查日期：		年 月 日
\multicolumn{2}{c}{检查项目}		检查结果及整改情况	备 注
一、紧急出口	1. 所有紧急出口是否畅通			
	2. 紧急出口是否上锁，遇紧急状况可否立即打开			
	3. 紧急出口灯是否明亮			
	4. 警报器是否性能良好			
	5. 紧急照明灯插头是否插入电源，性能是否良好			
二、灭火器	6. 数量是否符合要求			
	7. 灭火器是否到位			
	8. 灭火器指示牌是否挂好			
	9. 外表是否干净			
	10. 灭火器性能是否良好			
	11. 灭火器有无过期			
三、消防栓	12. 是否容易接近			
	13. 是否被挡住			
	14. 水源开关是否良好			
	15. 是否可立即操作			
四、急救箱	16. 是否放置急救箱			
	17. 箱内的药物是否齐全			箱内必备药物：止血贴、纱布、胶布、剪刀、棉签、碘酒、红花油、风油精
五、电器设备检查	18. 机房是否通风良好，里面是否堆放杂物			
	19. 电器插座是否牢固，是否损坏			
	20. 电线是否依规定设置			
	21. 电器物品是否性能良好，是否正确操作			
	22. 冷冻库温度是否合适，有无杂乱现象			
六、消防安全主要注意事项	23. 有无组建"应变处理小组"，员工是否知道自己的任务			
	24. 是否张贴灭火器材位置图及防火疏散图			
	25. 员工是否知道如何正确使用灭火器材			
	26. 紧急报案电话是否附在电话机上			
	27. 是否定期举办防火演习			
七、一般安全	28. 电梯是否正常使用，是否定期保养			
	29. 新进员工是否实施安全教育			
	30. 铝梯及推车是否损坏			
	31. 商品堆放是否符合安全规定			
	32. 卷闸门操作是否正常			
	33. 员工有无安全意识			
	34. 下水道是否淤塞			
	35. 收货方法是否符合规定			

(续)

	检查项目	检查结果及整改情况	备 注
八、保安	36. 贵重商品管理是否符合规定		
	37. 拿出超市的纸箱、垃圾，管理人员是否检查		
	38. 货币现金管理是否符合要求		
	39. 安全设施是否良好		
	40. 各项记录本是否如实填写		
	41. 办公室及柜子是否依规定管理		
	42. 保险柜及收银机抽查是否有余款		
	43. 商品验收作业是否符合规定		
	44. 是否抽查员工储物柜及携带的手袋		
	45. 员工及顾客盗窃案是否妥善处理		
	46. 顾客滋扰案件是否妥善处理		
	47. 其他有关安全事项的处理是否完善		

引例 8-3　超市的突发事故

据英国《每日邮报》报道，巴西马拉尼昂州一家大型超市近日发生严重突发事故。

监控视频显示，超市后排的大型货架像多米诺骨牌一样连环倒塌。顾客和收银员见状四散奔逃。事发后现场一片狼藉、哭声不断，人们纷纷冲进超市寻找被困者。

据了解，这个灾难的发生可能是人为失误造成的。工作人员使用堆高机的时候操作不当，碰到了货架，导致货架坍塌，在造成经济损失的同时，还发生了人员伤亡。

资料来源："巴西一家大型超市发生坍塌！还不重视货架安全"，https://baijiahao.baidu.com/s?id=1680149518725527007&wfr=spider&for=pc。

【问题】　该如何处理紧急突发事件？

子项目 8.3　紧急事件管理

8.3.1　突发事件的处理

在门店营运过程中，即使做到了严密的防范，也会有一些意外的事件发生，这些意外事件造成的损失有大有小，造成的影响也不同。应对突发事件进行分类，有针对性地制订处理方案。突发事件可按严重程度和可能造成损失的大小分为一般突发事件和严重突发事件。

一般突发事件包括政府机关检查、骗取现金商品、轻微意外伤害、资讯外泄、顾客与门店发生纠纷、顾客之间发生纠纷等。

严重突发事件包括火灾、抢劫、停电、人身意外事故、台风、水灾、发现可疑爆炸物等。

8.3.2 各类突发事件处理原则

（1）预防为主，计划为先。做好日常的安全防卫工作，消灭隐患，减少紧急事件的发生。

（2）处理迅速、准确、有重点。发生紧急事件后，首先保持镇静，有序组织事件的处理，安排事情时要职责分明，岗位准确，反馈迅速，一切行动听指挥，随时调整策略以应付特殊情况的发生。

（3）以人为先，减少伤亡，减少损失。人的生命是最宝贵的，因此所有救援工作的首要任务是保全和抢救人的生命，其次才是减少财物的损失。

8.3.3 突发事件应急处理小组的建立

即使平时已有相当完善的防范措施，仍然会有一些无法控制的因素发生。因此，为了尽量避免和降低任何财物上的损失及人员的伤亡，连锁企业各门店的安全管理应做好事前防范，除做好安全设施和防范措施外，最重要的是要有突发事件应急处理的预案，并有人员组织保证。通常是在门店内成立突发事件应急处理小组，事先明确各类人员的任务分工及处理办法，一旦发生突发事件，能够迅速做出应变处理。应针对重点进行有效的处理，而不至于发生混乱，将损失降低到最低程度。突发事件应急处理小组中各类人员的分工安排情况如下。

（1）总指挥。总指挥一般由门店店长担任，负责指挥门店突发事件应急处理小组现场的救灾作业，掌握全店员工的动态，并随时将灾害的发展状况及应变处理作业向连锁企业总部主管部门报告。

（2）副总指挥。副总指挥由副店长或值班长担任，负责切断门店的所有电源，并协助总指挥执行各项任务。

（3）救灾组。救灾组主要负责各种救灾设施和器材的检查、维护与使用，水源的疏导，障碍物的拆除，以及灾害抢救等任务。各项救灾设施及器材应予以编号，并指定专人负责。

（4）人员疏散组。灾情一旦发生，应立即通过广播传达店内的危险状态，并迅速打开门店的各安全门和收银通道，协助顾客疏散到安全地带。同时要警戒灾区四周，防止不法分子乘机偷窃。

（5）财物抢救组。该组应立即关上收银机，将钱款、重要文件及财物等锁入门店的保险箱，或者带离现场另行保管。

（6）通信报案组。报案人员应指定专人，主要负责对外报案及内外通报联络等任务。

（7）医疗组。医疗组主要负责伤员的抢救及紧急医护等任务。

以上各小组应各设组长一名，负责各组人员的任务指派。店长则应将突发应急事件处理小组列成名册，并特别注明总指挥、通信报案人及重要工作的代理人姓名。同时将"防灾器材位置图"和"人员疏散图"张贴在店内指定位置。在事故发生时，每位人员都有自己的任务，迅速应变处理，进行有效的安全管理作业。

知识链接

货架安全注意事项

1. 高位货物摆放安全

（1）高位货物摆放的时候，货物高度不超过 90 厘米，重量不超过 500 千克，顶层货物不超过 200 千克。

（2）不使用不符合标准的木托板。

（3）禁止在二层以上的货架上堆放非整托、无整包装的零星散装货物。

2. 叉车使用安全

（1）叉车人员除了持证以外，还要经过仓库管理人员的考核才能上岗。

（2）叉车作业要小心，不要撞到货架的横梁、主梁，而且要做到轻拿轻放，速度不宜过快。

（3）叉车作业时，要注意前后左右的情况，不能因为一时的粗心大意而造成不好的结果。

3. 人员管理

（1）进入仓库的人员一定要戴好安全帽；未经允许的人员，一律不准进入仓库。

（2）货架上方有货物时，禁止人员进入货架底部。

（3）仓库人员一旦发现货架破损应立即向上级报告。

资料来源："巴西一家大型超市发生坍塌！还不重视货架安全", https://baijiahao.baidu.com/s?id=16801495187255527007&wfr=spider&for=pc。

【问题】 平常应如何注意货架安全？

8.3.4 一般突发事件的处理

1. 政府机关检查

政府机关检查指工商（物价）、税务、环保、卫生（防疫站）、消防、城管等部门的检查。门店经营过程中要严格按政府部门的各项规定办理，经常自查自纠，防止触犯法律法规。

如有人来检查，首先要请对方出示证件，如果对方开出处罚通知书，要立即通知总部，告知处罚内容，第一时间把处罚通知书送到相关部门；对口头的要求，要记住原话，并表示门店无权处理此事，会尽快通知上级领导给予答复，事后立即报相关部门处理。事后要针对检查问题，全面进行自我检查并马上整改。

2. 骗取现金商品

如今的社会，骗人的花样不断翻新，骗子的骗术可谓层出不穷，因此门店员工应随时提高警惕，防止歹徒的诈骗。常见的案例有要求兑换零钱、送货、以物抵物，或是声称存放在寄物柜内的贵重物品失窃等。

在日常营运过程中，门店要对员工进行防骗的教育训练，以熟练掌握防范技巧。店员应避免与顾客过于接近，以免发生被骗意外，收银员收到顾客所付钱财后，应在确定顾客给付金额符合后，才可将钱放入钱箱，收到顾客大面值钞票时，应注意钞票上有无特别记号及辨识其是否为假钞，注意顾客以"零钱掉落法"及"声东击西法"等骗取已打开的钱财放置处或保险箱中的现金。收款一定要按既定程序进行，且必须应收应付。不可出于人手不足、顾客拥挤等原因而自乱阵脚，疏忽了上述防范措施。如果发生了被骗事件，要做成示范个案，通报门店注意，避免再中圈套。

3. 轻微意外伤害

轻微意外伤害指因门店设施造成轻微的伤害，如割伤、砸伤、摔伤等。门店要经常检查有无造成伤害的装潢和商品陈列，比如是否有破碎的玻璃，商品陈列架、POP展示架是否有突出的尖锐物，过道上是否有任何障碍物；要加强员工安全作业的管理，比如员工登高、搬运重物等的规定；要设置急救药箱，备有棉签、碘酒、止血贴等。

若受伤害者是本店员工，视情况送医院治疗，并向企业总部有关主管部门汇报，严重者还应通知家人。若受伤害者是顾客，如果属轻微受伤，则先为顾客做简单处理，并由店长赠送小礼物致歉；如果需要送医院治疗，则要通报企业总部有关主管部门，由上级出面赠送礼物致歉，并负担医药费；严重者应立即通知其家人。以抢救、送医院治疗为第一要务，不要在现场争吵或追究责任和是非。事后再检讨事情发生的原因及实际处理的结果，并做成个案通报总部，将处理的程序与结果传达给门店所有员工。

4. 资讯外泄

容易发生资讯外泄的情况包括有人询问营业资料、假借国家机构名义调查情况、竞争对手调查商品价格。为防止重要信息外泄，要对员工进行保密教育，教育的内容包括哪些信息属于企业的秘密、遇到非法获取门店营业资讯的处理办法、企业的保密规定、违反规定的处罚等。

若发现有人试图获取门店的营业信息，可用以下办法进行处理：走上前去询问是否需要协助，阻止其行为；查验对方证件，请示连锁总部如何处理；没有连锁总部授权的，不得提供任何资料；过后要及时检讨资讯管理办法是否得当，处理技巧有无失当之处。

5. 顾客与门店发生纠纷

顾客与门店发生纠纷的情况主要有以下几个：商品出现问题，顾客提出索赔要求；价格错误，顾客与店员意见不一致；顾客遗失物品要求赔偿；顾客在现场受到伤害，要求赔偿；顾客被认为是盗窃嫌疑人，发泄不满。

遇到上述情况时，处理的原则是注意将谈判的技巧预先考虑周详，减少门店赔偿损失，处理的结果要尽量达到让顾客高高兴兴地回家。不要在刚开始时就由最高主管处理，应由中低级职员先行处理。

处理的主要程序：先了解顾客与门店发生纠纷的原因，然后将顾客带离现场，跟顾客热情地沟通；若无法沟通，再请上级处理。若金额不大（不超过100元），可以当场将事情解决；若金额数目较大，请上级处理。事后要安抚受委屈的员工，表扬其为了大局而克制自己的态度，并与员工探讨处理类似事件的技巧和应采取的态度，同时做成案例供员工学习提高。

6. 顾客之间发生纠纷

在门店购物过程中，顾客之间可能会发生纠纷，比如顾客之间因购物、排队等引起的吵架、打斗情况。顾客之间发生纠纷时，应先向双方道歉，把顾客分隔开，让顾客平心静气，再耐心倾听顾客的叙述，了解事件发生的原因，但不要轻易下结论。同时做适当的劝解，如顾客不听劝告，并控制不住场面，可打110报警。事后要检查门店的服务措施有无不当之处，如有，要及时改善。

案例概览 8-4

门店里危险的"多米诺骨牌"

案例一：蓬安德惠商贸（邻里超市）员工违规乘坐卸货升降平台，因将头部探出平台，致使头部被横梁挤压死亡。该员工安全意识淡薄，缺乏自我保护意识。该员工虽然经过安全培训教育，但为了走捷径，不走人行通道，忘记单位操作规程，私自乘坐与操作升降平台，最终造成事故发生。

案例二：福州台江区苍霞新城嘉华苑门口一家便利店外，一名男童在玩摇摇车时不幸触电身亡。经检查，摇摇车的一截电线有破损，正好被孩子碰上。被发现时，孩子已经触电昏迷，眼睛发青，大小便失禁，后将孩子送医抢救，经抢救无效身亡。

案例三：张女士和女儿彤彤在武宣县宏耀百汇超市购物买单时，女儿却突然倒地不动，不久后停止了呼吸。后经该县有关部门到场调查，发现连接超市收银台的电线有一处破损，导致收银台电缆盖带电，存在漏电情况。后经法医对死者体表尸检，发现死者有触电烧伤痕迹，初步判断死者为触电身亡。

资料来源："2018年零售行业十大典型安全事故案例盘点"，https://www.sohu.com/a/285046567_155762。

【问题】 超市为何频繁发生安全事故？应如何避免这些安全事故的发生？

8.3.5 严重突发事件的处理

1. 火灾

火灾的发生有轻有重，如果发生的是轻度火灾，发现人员应立即向店长报告，并利用就近的消防设施迅速扑灭火势。如果发生重大火灾，则必须按重大火灾处理程序进行。

（1）重大火灾的处理程序。第一步，立刻拨打119火警电话，并报告店长，除电灯外，关掉所有电器设备。第二步，通过店内广播告知全店员工，立即根据"突发事件应急处理小组"的编制执行任务。第三步，以疏散人员为第一事项，立即疏散门店内顾客并迅速离开现场。听从总指挥或消防人员的指挥，保持镇定，按平时消防演习的步骤抢救金钱、财物和重要资料等，并迅速将现金及贵重财物转移到安全位置。第四步，立即将受伤的顾客和员工送往医院。

（2）处理重大火灾时应注意的事项。① 人身安全为第一事项。不要因为收集现金或救火，而危及自身安全。② 避烟。如有浓烟出现时，应在地上爬行，迅速离开现场。③ 尽量避开电器设备，不要用手触摸。抢救的金钱、财物和重要资料要有专人负责看管，以防歹徒趁火打劫。④ 不要使用电梯，尽量由安全门或楼梯进行疏散。

（3）事后的检讨与改善。离开门店卖场后，应到附近指定地点集合，并迅速清点人数。店长应及时向上级主管报告，评估事件损失，配合公安、消防单位调查火灾发生的原因，并进行责任分析，总结应变处理过程的缺失，并提出整改措施。

2. 抢劫

由于门店的现金流非常大，来往人员也比较复杂，门店的收银台又临近出入口的位置，难免勾起不法之徒的歹心，发生抢劫事件。抢劫的对象除了门店本身外，还可能是卖场的顾客，这会对门店的形象和声誉造成极坏的影响。

为防止抢劫的发生，门店应注意避免以下6种情况出现：① 高价值商品陈列量不宜太多，烟酒、补品及小件高值的商品应陈列在上锁的柜子内；② 建立投库制度，规定收银机内的现金不得超过一定金额，超过则须投库；③ 收到大面额钞票则应立即投入保险柜内，保险柜的密码只有相关管理人员知道；④ 尽量保持店内的明亮度及店内外的整齐度；⑤ 大门、玻璃上不得张贴太多海报、POP；⑥ 不得堆置太高的物品，以免降低柜台区的能见度等。遇抢劫时应冷静、沉着处理，具体须注意以下几点。

（1）以确保顾客和店员的人身安全为主要原则，不做任意的惊叫及无谓的抵抗，双手动作应让歹徒看得清楚，以免歹徒误解而造成伤害。

（2）在不影响人身安全的情况下尽可能拖延时间，假装合作，尽可能使现金损失降至最低，也可谎称不知道保险柜密码。

（3）可趁歹徒不备时拨打110报警，迅速按下报警器。

（4）保持冷静，尽力记住歹徒的体貌特征。

如现场没有报警，歹徒离开后应立即报警，并尽快通知连锁企业总部的相关人员。注意保持犯罪现场的完整性，不要破坏歹徒双手触摸过的物品及现场的设备，待警方现场调查完毕，征得防损部门的同意，方能开始清理现场。清点财物损失情况时，还应到报案单位做笔录，取得报案证明，将事件发生经过及处理方法填写报告，并呈送上级相关主管单位。被抢的门店往往会再度成为歹徒的目标，故更需要检查事前防范的各项重点，改进原有的缺陷。

3. 停电

门店出现停电的情况有以下几种：① 供电公司有计划的线路检修；② 其他单位设备

出现故障而造成跳闸停电，致使同样使用该线路供电的门店停电；③ 一些施工单位的不当操作破坏了电力设施；④ 自然灾害（如水灾、台风）引起停电等。在门店营业时间突然停电给门店带来的不只是营业时间和营业额的损失，更可能给门店的财物安全带来威胁。因此，门店应该做好处理突然停电情况的准备工作，并在突然停电时冷静处理，保证门店商品和顾客的安全，同时妥善服务好正在购物的顾客。

门店应该掌握电力公司有计划的停电信息，并做好各项准备。① 门店内应备有紧急照明灯、手电筒等应急照明工具，有条件的店铺可装置自动发电机。② 遇突然停电时，应迅速查明停电原因，以便采取相应的对策。③ 若长时间停电，应启用自动发电机；若停电是在晚上且时间很长，可考虑停止营业。④ 停电时收银机无法打出发票，此时可利用空白纸张填上购买金额，并盖上发票章，请消费者下次来店时凭证兑换发票。⑤ 立即将门店的保险箱和收银机抽屉锁好并迅速将人员分配至收银台附近及卖场内，以保证现金及商品的安全。⑥ 以客气的语调安抚店内顾客，请顾客谅解因停电所带来的不便，并在店外张贴告示，解释店外顾客不能进店购物的原因。

事后应检查门店内外是否有异常的状况，清查门店内的财物和商品，待一切恢复正常后再开始营业，并填写"门店严重事故报告书"。

4. 人身意外事故

人身意外事故指顾客或员工在门店内发生的人身意外，包括因水灾、火灾、台风、停电等造成的意外事故伤害，员工因抬物、攀高、跌倒等造成的意外伤害，一氧化碳中毒、电击及个人健康问题导致的突发性晕厥、休克等事件。

当发生意外时，首先要在第一时间报告，顾客意外要报告给客服经理、安全主管；员工意外要报告给该部门管理人员、安全主管，并办理工伤处理程序中的相关手续。如果遇到顾客晕倒、突发疾病等，应立刻通知相关人员进行必要的紧急处理，尤其是老年人、残疾人、孕妇及儿童，并迅速拨打急救电话120，请派救护车，由店内人员送顾客到医院就医。如遇到意外伤害、重大伤害时，员工则应立即到医院就医，顾客应在客服经理的陪同下立即到医院就医，并将情况上报门店经理和连锁总部，以便更好地处理善后赔偿等事宜。若为严重伤害，应迅速拨打120急救电话或拨打110寻求警察帮助，不得随意搬动伤者。事后应以关心的态度了解顾客或员工的恢复情况。

5. 台风

门店的安全部门必须每日关注天气情况，注意台风的方向。这不仅是为了防范恶劣天气带来的灾害，更是提高顾客服务水平、关注销售情况的一种体现。一般的恶劣天气由气象部门的预警信号来体现，如遇台风来袭，并对门店所在区域造成威胁时，应立即做好各项防台风措施，比如检查各项设施是否完好，将商品离地堆高等。

如果碰到严重的水淹状况，应迅速将重要文件、账册、现钞、支票等设法转移到安全地带，再设法转移商品，并立即向上级报告，以便得到更有效的支援。事后应立即检查店内各项设施有无遭受损害的现象，检查仓库及店内陈列的商品有无遭受损失；请总部职能部门及保险公司对损失情况进行调查取证；将台风侵袭造成的损失结果填写完毕后，报总部相关部门。

6. 水灾

水灾也就是门店遭受水淹的情况，发生的原因可能是自然灾害，也可能是人为原因，比如施工中破坏自来水管等。为减少水灾带来的损失，门店要做好预防工作，具体应做到以下几点：① 经常检查水沟有无阻塞，排水系统是否畅通；② 合理控制库存，尤其是容易发生台风、暴风雨的季节；③ 处在低洼地带或泄洪区的门店，应在卖场内预留较高的空间；④ 小件商品尽量陈列在较高的位置；⑤ 保持应急灯处于正常使用状态。

遇到水灾时要先拔掉靠近地面的电源，以免漏电伤人，若进水很大，总电源也要关掉。贵重商品优先转移到店内较高位置并封好，以免丢失或渗水。重要的单据、报表、发票要收集起来，并装箱。待水退后，应请维修人员彻底检查开关、电线、机器设备等是否安全，待检查通过后才能开机运转。门店要协助职能部门、保险公司到现场对损失情况进行调查取证，检查商品受灾情况，清洗场地，整理商品并将其摆回原位，以便恢复营业，同时将损失情况报告总部相关部门。

7. 发现可疑爆炸物

如果店员在门店发现可疑爆炸物，应立即汇报给管理层，经门店经理或在场的最高负责人许可后，立即拨打电话报警。不可触碰可疑爆炸物，应划出警戒区域，不准任何人接近，及时疏散店内人员及顾客，立即停止营业。处理过程中要以安全为原则，不可冲动行事，以免使员工和顾客受到任何伤害。静待警方处理并直到危机解除后，再恢复营业。

知识链接

突发事件该如何处理

1. 如果发生顾客之间、员工和顾客之间争吵及打架该如何处理

答：首先，阻止双方并将其分开，及时将双方带进办公室进行调解处理，同时，疏散围观人群，平息事态发展，保证商场正常工作和良好秩序。

2. 如果商场内液压车、手推车、商品等造成顾客受伤要如何处理

答：事情发生后应立即赶到出事地点，安慰顾客，稳定顾客情绪，随即了解一下伤情，如确须进行治疗或有顾客大声喧哗时，就立即通知办公室，通知所属部门负责人到保安办公室，共同处理解决。

3. 如果卖场内突然停电要怎么处理

答：收银台前的防损人员加强保卫，防止顾客将未结账的商品带出，同时设法通知场内顾客，并稳定顾客情绪。领班应立即带领部分保安人员进场维护秩序，控制每个安全出口，防止顾客将未结账商品从通道带出，确保顾客与卖场内商品的安全，把损失减小至最低程度。

4. 如果商场内或仓库内的水管突然发生爆裂要怎么办

答：立即取上消防水带，赶到出事地点，用水带将水引到排水处，或者用塑料布将商品保护起来，并立即通知办公室。另外，立即通知工程部门将阀门关闭，进行检查维修。同时，维持好周围的秩序，确保顾客和商品的安全。

5. 如果遇到暴雨发生水溢、积水该如何处理

答：在雨季如有该现象发生，立即赶到现场，用沙袋将水溢处堵住，并立即通知办公室、养护科及清洁科进行排水工作，与此同时，需确保周围秩序及安全，并劝说顾客离开此地。

6. 如果发生撬窃事件要怎么办

答：到达现场的保安人员应首先保护好现场，并立即通知领班、主管到达现场，同时不准任何人进入出事地点，如发现可疑者，立即将可疑者留住并协助主管部门及时处理解决。

7. 如果发生收银机或公司内其他物品被顾客损坏要怎么处理

答：第一发现者立即通知领班、办公室，同时将顾客带入保安办公室，保护好受损坏的机器或商品等，并及时通知受损物品的所属部门负责人，且及时疏散围观人群，确保一切安全。

8. 如果突发火灾，该如何处理

答：当听到火警报告时，要以最快的速度赶到现场，利用身边最近的消防器材及时进行扑救，控制火势蔓延。另外，通知其他保安增援。要确保卖场内顾客和商品的安全，同时报告上级领导，根据火势状况参照应急方案处理。

9. 如果发生便衣人员抓错人的情况要怎么办

答：首先平息双方发生的争吵，并将双方带入保安办公室；其次维持好场内的秩序，疏散围观人群，如确有此事，便衣人员应按照公司的有关规定接受处理意见。

10. 如果发现顾客用假币结账要怎么办

答：首先阻止双方可能发生的争吵，并立即通知收银中心负责人，同时疏散围观人群，确保正常营业。

11. 如果发现顾客多购商品，但收银员少结账要怎么办

答：立即将顾客和该收银员及全部商品与收银条等带入保安室，同时通知收银中心负责人，并看管好该台收银机，不许任何人乱动该台收银机，维持好秩序，进行正常工作。

12. 如有保安人员与领班在工作中发生争吵等事件，领班应怎么办

答：作为领班首先应控制自己的情绪，不要在商场内争吵，更不准动手，应立即与对方一起进入办公室，在办公室解决此事。经了解，若确是领班错误，须及时向对方赔礼道歉，不准在事后有报复行为，一旦发现即按公司规定处理。

13. 如果发现保安人员在工作时违反公司规定的操作程序和存在违纪行为要怎么办

答：首先将该保安带入办公室，在情况属实之下，使其认识到自己的错误，并接受公司按有关规定做出的处理。

14. 如果发现本公司员工、厂方促销人员及保安人员有行窃行为时，如何处理

答：如果发现行窃者，应立即将该人员及被窃物品移交办公室，并协助办公室处理，同时确保商场的正常营业和秩序。

15. 如果发生争执时对方人数比你多要怎么处理

答：首先保持冷静，尽快把对方引进安全之处，保安人员之间需互相配合，并及时通知上级领导，控制好整个局面，发挥随机应变的能力，控制事态发展。

资料来源："超市如何处理突发事件"，https://www.bbaqw.com/cs/108009.html。

【问题】 遇到其他突发事件时该如何有效处理？

门店管理工具箱

工具8-1：门店一般事故记录表

```
档案编号：_____              收表日期：_____
门店名称：_____
事故分类（请在□中打"√"）：
骗取现金商品        □              员工纠纷            □
寻衅滋事            □              顾客之间的纠纷      □
警钟鸣响            □              轻微伤害            □
顾客损毁商品        □              偷  窃              □
顾客与门店的纠纷    □              漏  水              □
其他_____
事发时间：____年____月____日____时____分
事发地点：_____
在场人士：_____
事故原因及过程：_____
处理过程：_____
建议：_____
填报人姓名：_____
填报日期：____年____月____日
说明：如报警则必须及时上报。
（一式两份：门店自存一份，送上级营运部一份）
```

工具8-2：应变处理小组名单

门店名称：_____   编制日期：____年____月

序 号	姓 名	小组职务	替 补	职 责	备 注

审核：_____   制表：_____

工具 8-3：歹徒特征表

店名：_____ 地址：_____
填表人：_____ 住址：_____ 电话：_____

重要内容	1. 事发时间	年　月　日　时　分
	2. 歹徒人数	人（若超过两人，请分别填写资料）
	3. 性别	□男　　　　　□女
	4. 身高	□150cm 以下　□150~160cm　□160~170cm □170~180cm　□180~190cm　□190cm 以上
	5. 脸形	□圆形　□方形　□瘦长　□瓜子脸　□其他
	6. 口音	□普通话　□方言（　　　　）
	7. 身材	□瘦小　□矮胖　□中等　□瘦高　□高壮
	8. 抢劫工具	□刀　□枪　□棍　□其他
人	9. 年龄	□15~20 岁　□20~30 岁　□30~40 岁 □40~50 岁　□50~60 岁　□60 岁以上
	10. 发型	□男　□分头　□平头　□光头　□烫发　□戴帽　□其他 □女　□长发　□短发　□烫发　□戴帽　□其他
	11. 服装样式	□西装　□休闲装　□运动装　□套装 □洋装　□夹克　□背心　□牛仔装　□其他
	12. 服装颜色	上半身：　　色　　下半身：　　色
	13. 鞋子	□拖鞋　□皮鞋　□球鞋 鞋子颜色：　　色　　鞋子品牌：
	14. 面貌特征	□戴眼镜　□戴口罩　□有痣　□有疤 □镶牙　□蓄须　□其他
	15. 身体特征	
事	16. 交谈内容	
物	17. 抢劫装备	□手提袋　□麻袋　□其他
	18. 抢劫用车辆	□出租车　□摩托车　□自行车　□货车　□徒步　□其他
	19. 逃逸方向	
	20. 损失财物	钱：　　元　　首饰： 货品： 其他：

工具 8-4：门店严重事故报告书

```
档案编号：_____        收表日期：_____
门店名称：_____
事故类别（请在□中打"√"）：
    火灾      □        抢劫      □        台风        □
    停电      □        暴雨      □        电话恐吓    □
    严重意外伤害         □         其他 _____
事发时间：    年    月    日    时    分
在场人士：_____
发生经过及处理方法：_____
_____
_____

建议：_____

填报人姓名：_____              店长：_____

填报日期：    年    月    日
（本报告书一式两份：一份门店自存，一份送营运部）
```

工具 8-5：门店消防管理制度

以下几项制度，可以根据你的门店的具体情况，分别打印并张贴在相应的地方。

1. 超市消防安全制度

（1）门店实行逐级防火责任制，做到层层有专人负责。

（2）实行各部门岗位防火责任制，做到所有部门的消防工作，明确有人负责管理，各部门均要签订"防火责任书"。

（3）安全部设立防火档案、紧急灭火计划、消防培训、消防演习报告、各种消防宣传教育的资料备案，全面负责超市的消防预防、培训工作。各营运部门要具备完整的防火检查报告和电器设备使用报告等资料。

（4）超市内要张贴各种消防标志，设置消防门、消防通道和报警系统，组建义务消防队，配备完备的消防器材与设施，做到有能力迅速扑灭初期火灾和有效地进行人员与财产的疏散转移。

（5）设立和健全各项消防安全制度，包括门卫、巡逻、逐级防火检查，用火、用电和易燃与易爆物品安全管理，消防器材维护和保养，以及火灾事故报告、调查、处理等制度。

（6）对新老员工进行消防知识的普及，对消防器材使用的培训，特别是消防的重点部门，要进行专门的消防训练和考核，做到经常化、制度化。

（7）超市内所有区域，包括销售区域、仓库、办公区域、洗手间全部禁止吸烟和动用明火，存放大量物资的场地、仓库，要设置明显的禁止烟火标志。

（8）卖场内消防器材、消防栓必须在消防管理部门指定的明显位置放置。

（9）禁止私接电源插座，乱拉临时电线，私自拆修开关和更换灯管、灯泡、保险丝等，如有需要，必须由工程人员、电工进行操作，所有临时电线都必须在现场有明确记录，并在限期内改装。

（10）商场内所有开关必须统一管理，每日的照明开关、电梯，统一由安全员负责，其他电力系统的控制由工程部负责。如因工作需要而改由部门负责，则部门的管理人员和实际操作人员必须对开关的正确使用接受培训。

（11）营业及工作结束后，要进行电源关闭检查，保证各种电器不带电过夜，各种该关闭的开关处于关闭状态。

（12）各种电器设备、专用设备的运行和操作，必须按规定进行，实行持证上岗作业。

（13）柜台、陈列柜的射灯与广告灯，工作结束后必须关闭，以防温度过高引起火灾。

（14）货架商品存放要与照明灯、整流器、射灯、装饰灯、火警报警器、消防喷淋头、监视头保持一定间隔（消防规定垂直距离不小于50cm）。

（15）易燃品，如高度白酒、果酒、发胶等，只能适量存放，保证通风，若发现泄漏、挥发或溢出的现象要立即采取措施。

（16）超市内所有仓库的消防必须符合要求，包括照明、喷淋系统、消防器材、通风设备、通道等的设置。

2. 消防安全检查制度

（1）部门配置消防义务检查员，每天进行防火检查，发现问题后及时记录上报。

（2）消防义务检查员要认真负责，检查中不留死角，确保不留发生火情的隐患。

（3）部门经理或主管每月要进行一次消防自查，发现问题及时向安全部汇报（书面材料）。

（4）安全部每周定期对全商场进行消防检查，主要检查防火制度措施是否落实，防火主要器材是否全部符合要求，是否有重大火险隐患，是否有完整的安全防火检查记录等。

（5）安全部的消防安全检查报告，每月呈报门店经理和总部的相关部门。

（6）安全部要有专人负责政府消防安全检查部门对商场的安全检查的准备、问题的整改等事宜。

（7）对火险隐患做到及时发现，登记立案，抓紧整改；限期未整改者，进行相应处罚并上报门店经理；对出于客观原因不能及时整改的，应采取应急措施确保安全。

（8）检查消防重点区域和重点用电设备，执行定点、定人、定措施的制度，并根据需要设置自动报警系统等新技术来加强商场的预防及灭火功能。

（9）检查防火档案、灭火作战计划、季度消防演习报告等，负责消防的安全员对相关的程序是否了解，是否熟知在紧急情况下所应采取的切合实际的措施。

（10）检查消防工作定期总结、评比、奖惩情况，特别是对事故信息的分享、宣传教育培训工作是否定期、不间断地在进行。

3. 仓库消防安全制度

（1）仓库的主通道宽度不少于2米，通道保持畅通。

（2）库房中不能安装电器设备，所有线路和灯头都应安装在库房通道的上方，与商品保持一定距离。

（3）消防喷淋头距离商品必须大于 50 厘米。

（4）仓库中不能使用碘钨灯、日光灯、电熨斗、电炉、电烙铁等，使用的电灯泡不能超过 60 瓦。

（5）库房中所设置的临时电线的存在时间不能超过 2 个星期。

（6）库房中严禁使用明火，严禁吸烟。

（7）易燃易爆商品必须严格按规定存放，不能与其他商品混放。

（8）仓库必须配备消防器材，消防器材的位置附近不能存放商品与杂物。

4. 配电室消防安全制度

（1）配电室内不得会客、吸烟，不得动用明火，不得储存杂物和堆码商品，不得存放易燃易爆物品。

（2）各种电器、照明设备及线路的安装与使用，以及配电室的清洁维护要严格按照有关标准执行。

（3）当班上岗时必须穿绝缘鞋，带电作业时必须安排两名以上监护人，作业时挂牌操作，并有专人守卫电闸箱，高空工作时系好安全带。

（4）配电室要配备适量的消防器材和设施，所有人员必须经过训练，以提高抢险自救能力。

（5）每日需有电工昼夜值班，不得在当班时饮酒、睡觉或擅离职守，对设备运行要定时巡视。

（6）凡安装电气设备、线路，必须经工程主管同意后，由电工操作安装。

（7）工程部、配电室人员和安全部每月对所属地区进行电气安全检查，并且认真做好记录。

5. 值班室消防安全制度

（1）禁止将易燃、易爆物品带入值班室。

（2）值班室内禁止吸烟，并贴有禁止吸烟、110、119 等标志。

（3）值班室配有应急疏散指示图、内部消防安全指南、紧急电话、所在区域的派出所电话和地址等。

（4）人离开房间时，应将房内的电灯关掉。

（5）值班室内禁止使用电炉、电熨斗、电烙铁等电热工具，禁止使用射灯和动用明火。

6. 商场临时动火管理规定

为保证商场正常营业时间内的消防安全，确保商场的正常营业秩序，根据公司"消防管理制度"和有关消防法规，现对临时动火做如下规定。

（1）严禁在商场正常营业时，在没有征得防火督察组同意，无任何安全保护措施的情况下，进行电焊、氧焊、切割、打磨等动火作业。

（2）如非要在商场营业时进行动火作业，必须通知防火督察组人员，填写临时动火申请单，严格遵守动火前"七不""四要"的操作规程。

（3）动火前"七不"：

1) 防火设施不落实不动火；
2) 周边易燃品、杂物未清除不动火；
3) 凡盛装过油类等易燃物品的容器，未经洗刷干净、清除残余的油质不动火；
4) 凡储存有易燃、易爆物品的场所，未经排除不动火；
5) 在高空进行焊接、切割动火作业时，下面有可燃物品未清理或未采取防护的不动火；
6) 附近难以移动的易燃物品未采取安全防范措施不动火；
7) 未配置相应的灭火器材不动火。

（4）动火前"四要"：

1) 动火前要指定现场安全负责人；
2) 动火人员要严格执行安全操作规程；
3) 发生意外事故时，要及时扑救；
4) 现场安全负责人和动火人员必须随时注意动火情况，发现不安全苗头时，要立即停止动火。

（5）动火后，动火人员和现场安全负责人应彻底清理现场火种，清理完毕后才能离开现场。

以上规定希望各施工操作人员严格遵守，如违反其中任何一条，根据情节轻重，按公司"消防管理制度"进行处理。

项目小结

门店安全是指门店及其顾客、员工的人身和财物在门店所控制的范围内没有危险，也没有其他因素导致危险的发生，即门店及其顾客、员工的人身和财物在门店所控制的范围内不受侵害，门店内部的生活秩序、工作秩序、公共场所秩序等保持良好状态。门店安全不仅指门店及其人员的人身和财产不受侵害，而且指不存在其他因素导致这种侵害的发生。门店安全是一种既没有危险因素，也没有发生危险的一种状态。要掌握门店的安全消防管理、作业设备管理和紧急事件的处理方法。

项目训练

【训一训】

实训内容	门店突发事件的处理
实训目的	1. 掌握门店特殊情况的处理 2. 掌握门店紧急突发事件的预案

(续)

实训组织	1. 教师介绍本次实训的目的及需要提交的成果 2. 上网搜集相关案例作为参考 3. 到当地门店进行调研 4. 学生以小组为单位，讨论制订出方案
实训环境	1. 网络资源 2. 周围市场调研
实训成果	1. 写出分析报告 2. 做好PPT，各组在课堂上汇报 3. 教师评比考核，计入实训成绩

【练一练】

一、名词解释

1. 门店安全　2. 商品安全管理　3. 轻微意外伤害

二、不定项选择题

1. 我们在搬运较重的货物时应采取的正确姿势是（　　）。
   A. 一只手小心将货物提起来
   B. 将货物放到两脚中间，像举重运动员一样将货物搬起
   C. 腰部要挺直
   D. 直接把货扔下

2. 工作中发现货架不稳时，我们要立即（　　）。
   A. 自己躲开
   B. 叫周围人员不要靠近
   C. 用手撑住，同时叫同事帮忙
   D. 安排人员在附近维护，并立即通知部门主管

3. 如果铝梯的防滑角掉了一个，我们可以（　　）。
   A. 用布包扎一下再使用　　　　B. 用厚一点的硬纸皮垫着再使用
   C. 交工程维修人员修复后再使用　　D. 不管它

4. 对于不知道怎样操作的电器开关（　　）。
   A. 应该谨慎操作　　　　　　B. 问一下旁边同事再操作
   C. 不要操作　　　　　　　　D. 直接试试

5. 消防通道在营业期间不能（　　）。
   A. 上锁　　　　　　　　　　B. 关闭
   C. 堆放商品　　　　　　　　D. 站人

6. 向119报火警时要讲清楚（　　）。
   A. 起火单位名称、所在区域、道路、街道及门牌号

B. 建筑物特点、起火物质、火势大小
C. 报警人的姓名及所使用的电话号码
D. 报自己的名字

三、判断题

1. 员工有义务提醒顾客不要将购物车推上台阶式自动扶梯。（　　）
2. 装卸的员工必须有正确的劳动姿势，以避免造成自身的伤害。（　　）
3. 小李发现铝梯坏了，但现在是顾客购物高峰期且卖场中又找不到铝梯，眼看主管安排下来的任务完不成了，于是小李对其进行简单的修理，临时捆扎起来使用。他的操作方法是否正确？（　　）
4. 在遇到严重险情时，职工可以立即停止手里的工作。（　　）
5. 安全培训对管理人员比对员工更重要些。（　　）

四、思考题

1. 发生台风时，如何保护好自己？
2. 地震来临时，我们应该如何保护自己？
3. 当火灾发生，火势难控制时，应如何逃生？
4. 下班前我们要做好哪些安全工作？
5. 平时工作中应注意哪些消防问题？

五、案例分析

珠宝店各类案例分析

随着珠宝首饰消费高峰期的到来，珠宝店在安全防护措施方面也应该更加谨慎。现对以下案例进行分析并提出防范措施，以助于各珠宝店多加注意、小心防范。

案例一：一天中午，几个人进店直接走到黄金摆放展柜区，其中一个人说要买戒指，让营业员帮忙挑选戒指，另外几个人没有跟随，趁着黄金项链区珠宝展柜没有营业员的间隙，他们从衣兜里掏出作案工具，砸开展柜玻璃，抢走两盘黄金项链后逃走。

案例分析：此类事件一般发生在保安较少或没有保安的珠宝店，作案人员多在2人以上，作案时间基本都会选在人比较少的中午、晚上或换班的时候。作案方式除砸展柜以外，还有割开展示柜玻璃拼接的玻璃胶。

防范措施：在人员较少时来多名客户需保持高度警惕，以防范危险情况的发生。在抢劫发生后，营业员在保证自己人身安全的情况下第一时间启动紧急信号，让保安追回被抢货品，并将此事汇报给领导。

案例二：晚上商场打烊，收银员准备收盘入库，一人从卖场外进来，趁营业员在珠宝展柜内收货时拿起展柜上面收好的一盘钻石戒指就跑。

案例分析：此类事件多发生在早上或晚上，主要是营业员铺货、收货时段，趁营业员忙乱时实施抢劫。

防范措施：营业员在铺货或收货的时候，如果有非公司人员，不得将货品放在无人看管的珠宝展柜或其他无人看管的位置上。铺货或收货需要两个人配合工作，一人负责铺货或收货，另一人则负责把货物放到储物箱内。在抢劫发生后，营业员在保证自己人身安全的情况下第一时间启动紧急信号并告知领导此事。

案例三：顾客进店购买首饰，看了很多件货品，并要求同时看几件货品，营业员全部满足了该顾客的要求，但是该顾客没有购买就走了。走后营业员发现少了一条黄金项链。

案例分析：这名顾客利用营业员接待的热情，将注意力集中在人身上，而忽视了首饰，便趁机把首饰带走了。

防范措施：营业员在接待任何顾客时都要把注意力集中在货品上，防止货品被人调包或被趁机偷走。营业员在接待顾客时一次最多展示一件货品。在偷盗发生后，营业员应在第一时间启动紧急信号，让保安追回货品，并告知领导此事。

资料来源："年关将近，珠宝店铺销售安全方面的案例分析及应对措施"，https://new.qq.com/rain/a/20200106A0028600。

【问题】 珠宝店该如何做好有效的防范措施避免上述情况发生？

项目 9 PROJECT 9

连锁门店运营管理

能力目标

通过完成本项目的教学,学生应具备以下基本能力:
1. 通过对连锁门店的概念和类型的学习,正确理解连锁门店的类型及其区别
2. 通过对直营连锁门店运营管理的学习,正确进行直营连锁门店运营管理
3. 通过对特许连锁门店运营管理的学习,正确进行特许连锁门店运营管理
4. 通过对自由连锁门店运营管理的学习,正确进行自由连锁门店运营管理

知识目标

1. 掌握三种连锁门店的区别
2. 掌握直营连锁门店运营管理
3. 掌握特许连锁门店运营管理
4. 掌握自由连锁门店运营管理

引例 9-1 连锁经营成就 500 强之冠

沃尔玛——世界上最大的连锁超市、最大的商业零售企业、最大的私人雇主,在全球 20 多个国家和地区开设了 1 万多家门店,员工人数超 200 万,2020 年销售额达 5 239 亿美元。自 2002 年至今,除极个别年份位列《财富》世界 500 强第二名、第三名之外,沃尔玛近 20 年时间稳坐 500 强榜首位置。

特别值得一提的是,沃尔玛是最早关注信息技术的零售企业,并始终不遗余力地探索和践行,这也是沃尔玛作为一家传统零售企业能稳坐 500 强榜首的重要助推力。

资料来源:"零售之王'沃尔玛'——世界第一大零售商经营案例",http://www.emkt.com.cn/article/61/6183.html。

【问题】 沃尔玛如何在全球推行其标准化的运营模式?

子项目 9.1 连锁门店的概念和类型

连锁经营是当今世界的主流商业模式,也是现代企业新的利润增长点。我国自 20 世

纪 80 年代中后期引入现代连锁经营以来，其发展迅猛，特别在服务业、零售业和餐饮业等行业取得的巨大成功有目共睹。连锁经营成为企业推广品牌、占领市场、扩大规模最有利的武器之一。

9.1.1 连锁门店的概念和经营特点

连锁经营是一种商业组织形式和经营制度，是指经营同类商品或服务的若干个企业，以一定的形式组成一个联合体，在整体规划下进行专业化分工，并在分工基础上实施集中化管理和标准化运作，把独立的经营活动组合成整体的规模经营，从而实现规模效益。

任何一个企业的经营与管理活动都离不开一定的组织结构，连锁企业由于其特殊的经营特点，使其组织结构和具体职能与传统商业的组织形式有着明显的不同。不管哪种形式的连锁企业，其基本的组织结构一般由两个部分组成：总部和门店。连锁总部是连锁经营的指挥领导层和经营决策层；连锁门店是在连锁企业经营管理的基础上，按照总店（总部）的指示和服务规范要求，承担日常具体销售业务的店铺。

连锁门店的本质特征，集中表现在规模化的经营方式、网络化的组织形式和规范化的管理方式上。

1. 规模化的经营方式

连锁企业因为拥有大量的门店，具有大批量销售、大批量采购的价格优势，另外由于连锁门店数量多、分布广，深入各个消费腹地分销销售，迎合了消费的分散性和消费者就近购物的消费习惯，增强了消费者与连锁企业之间的感情联系，从而有效解决了传统经营中追求规模效益与消费分散性之间的矛盾。

（1）采购的规模优势。通过采购权的集中，使连锁门店在对外采购时采用集中采购方式，因而采购的数量较大，可以凭借较强的议价能力与供应商讨价还价，获得低价进货的优势；同时，由于集中采购，较之单位独立采购会减少采购人员、采购次数，因而降低了间接采购成本。

（2）物流的规模优势。在集中采购的基础上设置统一仓库，连锁企业要比单个店面独立存储更节省仓储面积，可以根据各店的销售情况，实现合理库存；通过总部集中配送可以选择最有利的运输路线，充分利用运输工具，及时运送，以免门店商品库存过多或出现缺货现象。

（3）促销的规模优势。由于连锁门店遍布一个区域或全国甚至全球，因此连锁企业总部可以利用电台、电视台、报社、网络媒体中心进行广告宣传，而促销的广告费用可以分摊给多家门店，因此平均促销成本并不高，而这对于单个门店而言是难以做到的。

（4）研发的规模优势。单个门店可以聘请专家对门店运营管理进行设计，也可以对自己的员工进行系统培训，然而费用很高。连锁企业由于研究、开发和培训的费用可以由多家门店承担，故可以开发计算机系统、商品陈列、照明、防盗等一系列技术，并建立自己的专职培训部门，而开发的成果可以在整个连锁体系内推广，因而享有研发的规模优势。

（5）规模扩大的学习优势。连锁企业可以把自己各个门店中最为成功的经验在整个连锁体系中推广，可以凭借丰富的开店经验，不断开新的门店，这要比一个第一次开店的人节省很多时间和精力。可通过复制成功的经验模式，实现连锁企业扩张。

案例概览 9-1

外婆家"减速练内功"

"一睁眼，都有新开的店，一闭眼，一家老店就倒下了"，这是很多投资人对于目前国内餐饮业激烈竞争现状的描述。餐饮业因为受众广、高频消费、进入门槛低，一直以来都被创业者认为是朝阳行业，国内餐饮业近几年也始终保持了整体较高的增速。越来越多的资本和高素质人才进入餐饮业，他们通过创新商业模式和营销手段，吸引了大批年轻食客，给传统餐饮企业带来了极大挑战。但其中也不乏"昙花一现"者，陷入"36个月生命周期"的魔咒中。

外婆家可以说是国内快时尚餐饮品牌的领导者，其高翻台率一直为国内餐饮人所乐道。从起步于1998年杭州西湖边的餐馆，到遍布大江南北的深受食客追捧的大型餐饮连锁品牌，外婆家的扩张不断壮大，特别是2010年进军上海后，短短五年多的时间里，就开店180家。当外界认为随着外婆家门店数越来越多，资金实力、品牌影响力越来越强，应该乘胜追击之时，外婆家却选择了刹车减速。原因何在？

20世纪末外婆家创立时，正值国内大众餐饮蓬勃发展之时，外婆家可以说是顺势而为，踩到了风口上。而20多年后的今天，国内零售市场，包括整个餐饮市场大环境均已发生深刻变化，并且仍然处于不断变化之中，特别是当下消费者的需求和理念与以往大有不同。外婆家清醒地感知环境变化，选择冷静下来，放缓脚步，练好内功。新颖的模式只是"漂亮的外表"，产品、服务、供应链、性价比才是生存的核心竞争力。避免过多开店也相应地保障了每家店的客流量始终处于超饱和状态。

资料来源："餐饮成长的速度赶不上开店关店的速度"，https://www.sohu.com/a/190262598_183167。

【问题】 连锁企业规模和效益之间的平衡受哪些条件限制？

2. 网络化的组织形式

连锁经营既是一种经营方式，又是一种组织形式。这种经营方式的种种"统一"，恰恰是组织化程度提高的结果。连锁公司是以公司总部、采购部门和配送中心为轴心，由成百上千个连锁门店组成的网状组织结构的公司，就像复杂的人体系统，只有各个板块各司其职，才能保证系统的正常运转（见图9-1）。

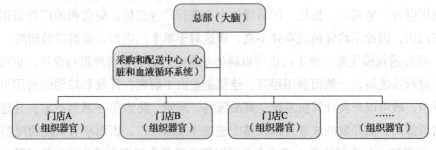

图 9-1　连锁公司的组织结构

知识链接

巡店：连锁门店管理法宝

巡店是连锁企业常用的门店监督管理办法。一个连锁企业总部管理人员如果一直待在办公室，不去门店现场，这种管理意识是很可怕的。一般来说，连锁企业总经理每周要有10%的时间下到各门店现场，总部各职能部门、总监级领导要有15%的时间下到门店现场，而营运部经理和督导人员则要将30%~50%的时间放在一线。

通过巡店，总部管理人员可以了解门店的全方面情况，比如店员工作技能和态度、卖场布局、商品陈列、促销执行等方面的标准化程度。巡店者通过对门店存在问题的发现、沟通、上报等措施，分析问题发生的原因，最终找到解决问题的办法，从而提高门店综合运营能力。

传统的连锁门店巡店步骤包括"经典七步法"。

步骤一：店外形象检查。

步骤二：促销员观察。

步骤三：店内布局巡视。

步骤四：促销活动执行情况跟进。

步骤五：现场辅导。

步骤六：与门店现场沟通。

步骤七：形成记录与报告。

随着大数据时代的到来，越来越多的巡店软件上市，连锁企业可以借助更先进的技术实时获得门店中人、货、场、钱等方面的信息，全程把控门店运营状况，缩短巡店周期，提高巡店效率。

资料来源："连锁企业高层巡店的作用"，http://www.yjbys.com/edu/gaocengyanxiu/106376.html。

【问题】巡店软件能否取代传统巡店方式？

3. 规范化的管理方式

规范化的管理方式集中体现在管理的"三化"原则（又称"3S"原则）上。

（1）简单化（simplification）。简单化并不"简单"，它意味着一个从繁到简的过程，彻底排除浪费部分、过分部分、不适部分，去掉不必要的环节，使各个环节包括财务、采购、物流、信息等系统工作尽量简化，提高工作效率。

（2）专业化（specialization）。连锁企业的专业化表现在总店（企业战略管理，经营技巧包括形象设计、内部布局、采购、经营方向、人员培训等）和分店（根据总部的总体部署和统一安排，进行销售和服务等直接面对消费者的经营活动）的专业分工上，也表现在各个部门、岗位、员工的专业分工上。

（3）标准化（standardization）。标准化在一定程度上是简单化与专业化的体现，因为连锁的最大特征之一就是具备可复制性，只有标准化的东西才有可能得到快速的复制和推广。连锁企业的标准化主要体现在三个方面：一是整体形象标准化；二是采购、销售和服务标准化；三是业务流程、制作工艺和工作行为标准化。

案例概览 9-2

百果园苦练标准化

2002 年从深圳起步到成为全球知名水果连锁品牌，百果园用了不到 20 年，历经 8 次融资，于 2023 年 1 月在香港交易所主板上市，成为"中国水果零售第一股"，在普遍资本寒冬论下体现出真正有实力的企业无畏寒冬。借助资本提供的充足弹药，百果园近年来快速扩张，不仅门店数量大增，还先后收购多家水果连锁品牌，截至 2022 年年底，百果园线下门店数已经突破 5 600 家。

标准化是连锁品牌扩张的前提，做连锁最难的就是打造一套可以快速复制的良性运营体系，一旦建立了这套体系，快速扩张就有了基础。而水果属于典型的非标商品，缺乏标准是水果连锁店快速复制发展的主要瓶颈。百果园是国内最早解决这一问题的水果店品牌，但也花费了数十年。

百果园在数十年的经营中聚焦水果品质，始终围绕"好吃战略"，摸索出全球第一个全品类水果果品标准体系来确保水果的品质。根据糖酸度、新鲜度、细嫩度、爽脆度、香味、安全六个指标，即"四度一味一安全"，将水果标准分为四级（招牌、A、B、C）、三等（大、中、小）共 12 个等级的果品标准。

资料来源：https://zhuanlan.zhihu.com/p/39569975。

【问题】 你认为哪些行业相对难以实现标准化？

9.1.2 连锁门店的类型

连锁门店由于连锁经营发展形式不同而不同。连锁经营经过 150 多年的发展，目前有直营连锁、特许连锁、自由连锁三种形式，这三种连锁形式具有不同的特征和优势，适用范围不同，内部管理也存在差异。

1. 直营连锁

直营连锁（regular chain，RC）又称为正规连锁，是指连锁门店均由企业总部全资或控股建设，并在总部直接领导下统一经营的连锁方式。直营连锁具有以下特征。

（1）资产一体化。所有连锁门店由同一家公司或同一种资本投资开设，所有权归属于统一主体，各门店经理或店长是雇员而不是所有者。

（2）财务统一核算。由于各门店由总部投资建设，在经营过程中产生的利润全部上交总公司，由总公司支配，故各家门店没有对利润的支配权，在财务上实行统一核算。

（3）经营管理权高度集中。各门店的经营管理由总部集中统一领导，进行标准化、规范化的经营管理。实行统一标志、统一商品或服务、统一采购、统一配送、统一营销、统一价格等，决策基本上由总公司做出，总部为每个连锁门店提供全方位服务，门店只负责销售。

（4）门店与总部是隶属关系。直营连锁体系中的所有门店不具备独立的法人资格，在法律上隶属于总部。

知识链接

A&P：连锁业的开山鼻祖

1859年，两名美国人——乔治·F. 吉尔曼和乔治·亨廷顿·哈特福特在纽约创办了世界上第一家连锁商店——"大美国茶叶公司"，10年后更名为"大西洋与太平洋茶叶公司"，简称"A&P"。当时，美国基本已经完成全国范围的铁路网建设，随后又建成全国范围的通信网络。新式快捷的交通工具和先进的通信工具的广泛运用，为连锁经营的发展创造了良好的外在环境和必要条件。他们可以与更远的供货商建立密切的业务联系，为了减少中间环节的层层加价，"A&P"直接从中国和日本进口茶叶，提供给消费者，以降低进货成本，获得竞争优势。同年，生意兴隆的"A&P"不得不在同一条街道上开出第二分号，到1865年年底，发展到25家，其经营范围也从红茶扩大到咖啡、面包、奶油等食品。到1880年，已建立起100家分店，而到1929年时，"A&P"更是发展到了空前的17 000家门店。而且这17 000家门店都是由"A&P"总公司投资兴建，并直接经营管理的，这种模式被称为"直营连锁"。即使到现在，"A&P"公司仍然是美国五大超市连锁商之一，全美零售商排名前15名，可见连锁经营是直营连锁的生命力。

【问题】 直营连锁模式对于门店扩张和管理有什么好处？

2. 特许连锁

特许连锁（franchise chain，FC）又称合同连锁、加盟连锁，是指具备独有商品、独特经营技术、特色服务方式或驰名商誉等优势的特许人，将自己独有的商品、技术、服务、商号等以订立合同的方式授予受许人在一定区域范围内经营，受许人支付一定的费用的商业形式。特许连锁具有以下特征。

（1）资产独立性。连锁门店与公司总部由不同的投资主体投资建设，总部由特许人投资，门店由受许人投资，而且不同的门店由不同的受许人投资兴建，所有权分散归属于不同主体，各门店经营者就是所有者。

（2）财务独立核算。虽然各门店由受许人投资建设，在经营过程中产生的利润留存门店，由受许人支配，在财务上实行各门店独立核算，但受许人需要支付的各项费用如加盟费、特许权使用费、保证金等要按时缴纳。

（3）经营权集中，管理权分散。各门店涉及商品或服务的经营管理仍由总部集中统一领导，进行标准化、规范化的经营管理，如公司标志、商品种类、商品定价、物流配送等决策仍由总公司做出；而涉及门店的人事管理、财务管理、行政管理等方面则由受许人自行管理。

（4）门店与总部是平等合作关系。特许连锁体系中门店由受许人自行投资，具备独立的法人资格，特许人与受许人通过加盟合同建立起契约关系，两者在法律上是平等合作的主体。

> 知识链接
>
> **特许连锁第一家**
>
> "A&P"公司通过直营连锁发展起来之后,很多企业深受启发,纷纷效仿。一些新兴的企业苦于没有强大的资金实力,无法投资开设这么多门店,但它们同样需要向消费者推广商品和品牌,扩大市场,于是有的企业另辟蹊径,一种新的营销方式诞生了。
>
> 1865年,美国胜家缝纫机公司的产品在当时属于新产品,市场上的消费者对新产品的性能及产品本身认识不足,推销困难,故胜家缝纫机公司决心进行大胆的尝试,首创"特许经营"分销网络,将缝纫机这种产品的经销权交给全美各地的经销商,结果收到的效果颇佳。美国胜家缝纫机公司从此雄霸美国市场,并被公认为连锁加盟界的鼻祖。美国胜家缝纫机公司这一历史性的举措创造了商界的神话,后来这种营销方式造就了麦当劳、肯德基、可口可乐等企业巨人。
>
> 【问题】 特许连锁模式对于门店扩张和管理有什么好处?

3. 自由连锁

自由连锁(voluntary chain,VC)又称自愿连锁,是由许多不同资本的零售企业,在保持各自独立的条件下自愿组成批发企业,以此为主导建立一个总部,组织在总部的指挥和管理下,实行共同经营、统一采购、统一营销策略,以达到共享规模效益的目的。自由连锁具有以下特征。

(1)资产独立性。自由连锁由众多分散的现存零售商加盟成为成员,这些零售商一般是小型的、独立的,商店资产归经营者所有,经营者就是所有者。

(2)财务独立核算。各门店在财务上是独立的,与总部没有所属关系,利润的支配权在各独立的零售店,甚至没有特许经营权的买卖关系,因此,每年只需以一定金额向总部上交管理费。

(3)经营权部分集中。各门店在经营上也是相互独立的,只是在部分活动上保持关联,如统一订货和送货,统一使用信息与广告宣传,在销售方面有很大的自主权,每个门店甚至可以使用各自的店名商标。共同进货是自由连锁的核心,通过共同进货,中小零售商也能和超市、百货商店一样,获得低廉的进货价格,这样才可以与大型零售商竞争。

(4)门店与总部是协商服务关系。总部与各加盟的成员企业是通过合同作为纽带联结在一起的,合同是各成员之间通过民主协商制定的,而不是特许连锁那样的定式合同。根据自由原则,自由连锁体系中的各门店可以自由加入连锁体系,也可自由退出。

> 知识链接
>
> **自由连锁:中小零售商的出路**
>
> 连锁经营从1859年起步后,先后出现了直营连锁和特许连锁,特别是直营连锁的发展

带动了一大批大型零售企业的崛起。它们凭借庞大的门店系统实现大规模采购，在与供应商的谈判中处于优势地位，获得了很强的议价能力，因此进货成本随着规模下降，竞争力不断提高。与此同时，当时商业社会上广泛存在的小型杂货店却被这些大型零售商的规模优势逼得无路可走。

为了生存和发展，1887 年，美国 130 多家独立的食品零售商自愿联合，共同投资开办了一家共同进货的食品批发公司，对参加者实行联购分销，成为世界上第一家自由连锁企业。可以说自由连锁是中小零售商对大型零售商的抗争，也可以说是对直营连锁的抗争。

【问题】 自由连锁出现的原因是什么？

引例 9-2　疫情下的顺丰

2020 年年初，一场突如其来的新冠疫情让整个社会按下了"暂停键"，而作为整个社会"血液循环系统"的物流行业，却必须启动"快捷键"——防疫物资急需运送、民生物资亟待发放，顺丰在这次大考中交出了满意的答卷，实现了经济效益和社会效益的双丰收。

1 月 23 日武汉"封城"之后，在航班审批、空管放行、机场保障等各方面给予的大力支持下，顺丰第一时间快速调配 2 架货机，于次日分别从杭州、深圳飞抵武汉，送去了"封城"后到达武汉的第一批共计 32 吨的防疫物资；1 月 24 日至 3 月底，顺丰航空在支援武汉的航线上执飞航班 260 架次，运送各类医疗及民生物资近 6 300 吨。

顺丰的快速反应不仅得益于空中力量，还依赖于强大的地面部队——快递员。有别于其他物流公司的加盟模式，顺丰的各个网点是直营体系，能够更有效地进行内部统一管理和政策实施，凭借高于行业的员工基础薪资待遇和特殊时期奖励机制，顺丰能够快速调动快递员资源，实现物资配送。而其他物流公司的快递点是加盟网点，在疫情和春节双重因素影响下，总公司很难指挥网点老板，网点老板很难指挥快递员。物流是一个系统，中间只要有一个网点断掉，整个链条都有可能瘫痪。

顺丰仅在 2020 年 2 月就完成了物流营业收入 86.4 亿元，同比增长 77.3%，而其他物流公司均明显下降。

资料来源："顺丰速运：打通疫情下的物流'任督二脉'"，https://baijiahao.baidu.com/s?id=1665110365786436729&wfr=spider&for=pc。

【问题】 直营模式的顺丰在疫情中表现出了哪些优势？

子项目 9.2　直营连锁门店运营管理

直营连锁门店是总部各项经营管理决策的执行单位。直营连锁门店由总公司投资，接受总公司直接领导，不折不扣、完整无误地把连锁公司总部的目标、计划和具体要求体现到日常的作业化管理中，实现人、财、物、产、供、销全方位一体化。

直营连锁门店是连锁企业的支柱利润来源，连锁企业应建立系统的门店运营管理体系，为门店的持续盈利奠定基础。连锁总部在对门店进行系统规划的基础上，集中于研究如何提高门店的销售能力和盈利能力，加强门店营销力，提升门店的服务水平。

9.2.1 直营连锁门店的营建

直营连锁门店是直营体系宣传品牌、占领市场的有力武器。直营连锁总部会根据发展需要，考虑自身财务实力，确定市场拓展战略，进行区域市场、商业区位和门店单元的选择。

1. 商圈分析及选址

门店地理位置直接关系到经营业绩，甚至可以说选址的适当等于成功了一半，而连锁门店选址更是企业规模扩张的基础，直接关系到连锁体系的生存和发展。连锁门店的空间布局犹如下围棋，先要有通盘布局的思路，方能落子。连锁企业在发展到一定阶段后，如果缺乏对整个市场空间布局的长远规划，把每一家分店的选址孤立考虑，那么后来的发展就很被动。因此，在网点开发时，连锁企业应具备长远的规划，从大局着想，形成一张由规模效益和竞争力构成的大"网"。

案例概览 9-3

"李先生"选址剑走偏锋

近几年，国内餐饮业兴起了一股"进 MALL"的潮流，因为综合体里环境好，客流量大。但也有些品牌另辟蹊径，独树一帜，剑走偏锋地瞄准了全国各地的高速服务区。

1987 年，"李先生"在北京东四开了第一家牛肉面馆，发展至今，"李先生"已在全国各地共开设 800 余家餐厅。而作为首家以规模化进入高速公路服务区的餐饮品牌，"李先生"在高速服务区已拥有 70 多家店面。

"李先生"为何情有独钟地选择高速服务区呢？

首先是流量。选址其实选择的就是高客流量，大牌餐饮企业在选址时，总偏爱于金圈、金铺，如肯德基，而当下的"进 MALL"热也无非是因为购物中心的人气旺。高速公路的服务区由于其功能特点，是各种车辆汇集、人员休憩之地，每日的客流量可想而知。

其次是匹配。餐饮可以说是高速服务区中休息的司乘人员的首要需求，而且这些人对于途中餐饮最看重的往往是卫生、快捷。有公司做过调查，由于舟车劳顿，高速公路上的司乘人员对汤类餐品的需求量很大，"李先生"主打牛肉面，在交通枢纽中有很强的竞争优势；餐厅在制定菜品的时候，根据刚需顾客群体的需求进行量身定制，提供标准化、品类少的面食商品，省去了满足大众化口味的菜品多样化成本，也节约了司乘人员的时间。

资料来源："餐厅瞄准商场，它却在交通枢纽开了近千家店"，http://www.linkshop.com/news/2016353287.shtml。

【问题】 "李先生"如何通过客流分析进行选址？

直营连锁门店的选址由总公司直接操刀，总部对所需开店的城市有一个整体的认识和把握，制定相应的选址标准，如该城市要开几家店，每家店的门面、大小如何，它们在分布上应该是怎样的，房租的价格水平大概在什么范围等。

连锁企业在实际的选址工作中，其选址团队可以只有一个人，也可以是一组人。如果条件允许的话，最好是组织成一个选址团队，这样的选址效率和效果都要好一些，可以避免很多问题，比如人员孤独、选址受个人主观意志影响过大、个人能力有限、过度劳累、责任压力大、财务腐败等。

知识链接

一步差三市

古语云：一步差三市，意思是说开店地址差一步，生意就有可能差三成。说明古人早就明白了门店选址的重要性。两家门店开在同样的地方比邻而居，但客流量方面却可能有天壤之别，一家熙熙攘攘，一家门可罗雀。这跟人流动线有关，因此在门店选址时要考虑具体区域形成人流动线的原因，比如客流行进方向、区域建筑特点、门店汇集情况等。

连锁企业总部开发部门选址员的工作就是要确定门店最佳落脚点。

1. 明确聚客点

选定商圈后，选址员要在该商圈测算人流，确定主要流动线，选择聚客点。因为在人流的主要流动线上，单位时间内经过的人流量最大；处于聚客点的位置，说明人群在这里停留时间长。这里要明确区域内人流的主要行进方向，在道路两侧的分布，然后确定聚客点。

2. 计算店前客流量

通行人流测量就是在调查时间段内对商业区域内分布的行人数量进行的调查，该数据主要通过现场实测获取。选址员需要在计划开店的地点掐表记录经过的人流，测算单位时间内有多少人经过该位置。

3. 避免客流陷阱

观察计划开店地点周边是否有其他影响客流因素，比如竞争对手的存在。人流是有一个主要动线的，如果你的竞争对手在你的上游位置，极有可能截流了你的目标受众。但也不是完全规避竞争，如果周边店铺与你毫无关联，有时候也并非好事，比如一家服装店开在一众餐饮店之间，恐怕也难以吸引有效客流。

总之，选址的原则就是：努力在最聚客的地方或其附近开店。

资料来源："悦选铺 选址的差异——'一步差三市'"，https://www.sohu.com/na/408398279_120654792。

【问题】 你认为还有哪些选址陷阱？

2. 门店设计方案

总部为门店提供形象识别（visual identity, VI）方案、形象设计等服务，力求做到"门店随时享用，总部及时更新"。总部需要制定门店形象标准和评分方法，并对门店的形象进行检查评分，加强门店店容店貌的管理。

门店根据总部制定的形象标准和评分方法，严格设计和装修店内、店外环境，进行统一的卖场布局、商品陈列、标签设置、仓库配备等项目，每个月接受总公司定期或不定期的检查和督导。根据评分标准,得分靠后的门店会在连锁系统内部进行公布,并要到总部重新接受培训。

案例概览9-4

永旺:健康指导货架

2021年5月,永旺佛山水城店开业,该卖场定位为健康卖场。如何通过设计健康氛围感让消费者"上头"?在卖场陈列方面,永旺从有机食品、减盐减糖的少添加食品和富含维生素、矿物质、高蛋白质的商品等三个方面重点陈列,这一模式在其全国所有门店中也将导入,全面普及"健康指导货架"。在促销方面,永旺通过持续性地开展"永旺健康生活节"主题活动,与消费者保持互动,为顾客提供更全面、更专业的健康生活提案。

改变购物环境,改变商品摆放的位置,能够改变信息传递方式,从而引导顾客的购买行为,这符合2017年诺贝尔经济学奖得主、著名经济学家理查德·H.塞勒(Richard H. Thaler)在《助推》(Nudge)一书中提出的解决方案,只需要轻轻"推"一下,就能让人们做出更好的选择。

<small>资料来源:"健康氛围感是如何让消费者'上头'的",https://zhuanlan.zhihu.com/p/380730091。</small>

【问题】 卖场设计应该如何体现定位?

9.2.2 直营连锁门店的员工管理

1. 员工招聘

建立直营连锁的基本意向确立之后,由总部对新建连锁店的各部门提出组织架构、岗位设定计划。

连锁分店的机构设置应视业态具体情况而定,经营规模较大的零售业态,如大型超市、百货商店,需设立的职能部门主要有采购部、营业部、保安部、技术部、人事部、财务部及管理部等;便利店、食杂店、专营店、美容店等小型连锁分店,一般不设立职能部门,只设店长、副店长、柜组长、理货员、营业员、收款员等岗位。

(1)门店中高级管理者人才储备。门店经理或店长等中高级管理人员对直营连锁体系拓展和营运至关重要,也是总部经营决策的有力传达者和执行者。因此,直营连锁体系人力资源管理最核心的工作应是为连锁系统发展储备管理人才。这个人才的储备应该以企业连锁发展的战略为指导,根据每个时期连锁发展的具体规划做出人才储备的计划。储备的人才从筹建工作一开始就应该参与,并且要成为直营店筹建中的主要力量。

(2)门店基层人员招聘。尽管有人才储备,但绝大部分基层人员仍需要门店进行招聘。门店招聘的人员主要是从事各个部门、各个岗位具体工作的人员。对于需要在连锁店当地招聘的人员,由门店负责人或人力资源部门通知总部人事部门或连锁总部驻当地总协调员制订"人员招聘计划"。计划需要确定招聘时间、招聘方式及费用预算,反馈至总部人力资源部审批。

2. 员工培训

连锁经营理念和企业文化的宣传,标准化管理和业务流程手册的推广,都要通过对员工的统一培训和不断教育来实现，培训是连锁企业统一化、标准化最有力的复制手段。连锁企业在生产、经营、管理、服务方面的标准必须通过培训有效地传递到门店每名员工的实践中。

（1）门店中高层管理者培训。对于直营店中高层管理人员的培训，应该先从"领导"一级做起，再由"领导"培训其下一级的"员工"。由于这些"领导"在连锁店筹建以前即由总部人力资源部做好了储备，所以培训与考核也应该在直营店筹建工作开始以前完成。培训分为理论与实践两部分，主要内容有：① 业务管理；② 财务管理；③ 行政人事管理；④ 卖场管理；⑤ 售后管理；⑥ 物流管理。根据以上几大块内容的培训，辅以公司企业文化的灌输及制度流程的培训，基本上可以适应直营店管理工作的需要。

（2）门店基层员工培训。对于连锁门店基层员工的培训，由人力资源部制订计划并组织实施，新员工的基础培训可安排 2~3 天，主要内容包括企业历史、组织结构、业务机构，公司的人事制度，所在部门的工作流程、作业规定、设备性能、安全操作。

门店培训需要制订培训计划，明确以下事项：培训项目、培训内容、培训对象、培训周期（时间范围）、时间地点选择、师资来源（可由总部培训中心安排）、培训预算、培训结果测试、模拟上岗时间及考察方式等，经审批后由人力资源部统一组织实施。

案例概览9-5

麦苗计划：校企合作新模式

为推进高等职业教育发展，推动校企合作，培养应用能力强的实用型人才，麦当劳与全国各大高职院校合作，推出"现代学徒制人才培养模式"——麦苗计划。麦苗计划是麦当劳为高职院校在校学生（不限年级）量身定制的 6~12 个月的全方位社会实践计划。通过灵活多样的岗位实践、专业权威的培训课程、丰富多彩的品牌体验等，实现学校与社会的"零距离"对接，达到以需促学、学以致用的目的，有效促进在校学生综合素养和社会实践能力的提高，为成就更好的职业未来奠定基础。

为贯彻执行"质量、服务、清洁和物超所值"（QSC&V）的核心价值，在人才培养方面，麦当劳一直致力于成为最佳的人才培养中心，为企业培训和发展一批具有极高忠诚度的优秀人才。麦当劳汉堡大学便是由麦当劳前董事长弗雷德·特纳（Fred Turner）在1961年创立的全球培训发展中心，旨在为员工提供系统的餐厅营运管理及领导力发展培训，确保麦当劳在运营管理、服务管理、产品质量及清洁度方面坚守统一标准。由于在人才培训和发展方面不懈的投入和努力，麦当劳获得了广泛的社会认可和数项殊荣。

资料来源："麦当劳与高职院校'麦苗计划'方案"，https://wenku.baidu.com/view/c471d35d5022aaea988f0f47.html?_wkts_=1677718414626&bdQuery=%E9%BA%A6%E5%BD%93%E5%8A%B3%E6%A0%A1%E4%BC%81%E5%90%88%E4%BD%9C%E8%AE%A1%E5%88%92。

【问题】 麦当劳是如何获得和发展优秀人才的？

9.2.3 直营连锁门店的财务管理

直营连锁门店的财务管理实行统一核算制。门店的所有账目必须并入总部或地区总部账目，同时门店应根据管理的需要设置必要的辅助账目，并定期与总部或地区总部对账。门店所有的资产、负债和损益，都归总部或地区总部统一核算。

1. 货币资金的管理

各门店经营和改造所需的资金，由总部或地区总部统一筹措、统一安排。各门店存入银行的款项，要及时通过银行结算划转到总部或地区总部指定的账户，由总部或地区总部统一计划调剂。总部和地区总部对门店可建立备用金制度，门店不得坐支销货款。

2. 成本费用的管理

门店的费用由总部或地区总部规定细目范围及开支标准，不允许分店随意扩大和超标。总部和地区总部管理人员的基本工资按职责确定，奖金额度根据盈利情况具体确定，并按规定报有关部门审核批准。各门店单独核算内部经营成果，对主要经济指标（包括销售收入、成本毛利率、费用水平、商品周转天数）实行量化管理，纳入考核体系。

3. 收入和利润的管理

门店每日销售款必须存入总部或地区总部指定的银行，并直接向总部或地区总部报送销售日报表、销售流水收款单等。门店无权决定折扣、折让，总部或地区总部对折扣、折让的商品品种、范围、时限和幅度要严格规定，统一筹划。折扣一般采取指定品种、规格、数量和分店进行不定期折扣的方式；折让一般采取批量折让、节日或节令折让等方式，在各门店同时进行。门店应根据库存商品的质量、时限等，及时向总部或地区总部提供实施商品折扣、折让的意见。

9.2.4 直营连锁门店业务经营

直营连锁体系中所有门店的经营决策由总公司统一做出，实行统一采购、统一配送、统一营销策略等，门店只负责销售。因此，直营连锁门店对于总部经营决策的推行力是最强的。

1. 统一采购

统一采购是指连锁企业总部设专门的采购机构和专职采购人员统一负责企业的所有商品采购工作，连锁企业所属各门店只负责销售的一种采购形式。

统一采购的优势有以下几点。

（1）统一采购所对应的大批量采购有利于降低价格。

（2）统一采购所对应的统一配送有利于降低连锁系统的整体物流成本。

（3）统一采购所对应的科学组织结构和规范业务流程有利于规范采购行为。

（4）统一采购所对应的购销分离制度有利于门店集中时间和精力做好销售工作。

统一采购的缺点有以下几点。

（1）由于购销分离制度难以明确界定公司整体销售业绩的职权范围，所以容易引发总部采购人员与门店销售人员之间的矛盾冲突。

（2）统一采购制度所对应的统一商品政策（统一商品结构、统一价格策略、统一商品陈列等）很难适应不同商圈类型店铺的消费需求差异。

案例概览 9-6

永辉超市：供应链实干家

超市引入中国之后，国人的消费习惯随之发生了很大变化，基本生活需求逐步从街边小店转移到商品种类齐全的超市。但有一件事很长时间内没有改变——新鲜的蔬菜、水果等食物的买卖还是主要发生在传统的农贸市场，这成为日后永辉超市崛起的机会。

永辉超市起步于2001年的福建，一家地方性的民营超市如何在一众洋超市和国有超市的夹缝中生存与发展，永辉超市意识到必须找到自己的差异化道路。经过一番市场调查，永辉超市发现大卖场中很少经营生鲜，决定以生鲜为突破口，避免与实力雄厚的"巨头"正面交锋。

在购物环境上，永辉超市率先把生鲜区扩大，以3 000多种农产品作为主营产品。在购物习惯和商品价格上，永辉超市获得相对于农贸市场的价格竞争优势，质量优和保鲜度高。前端优势得益于后方"产地直采+基地专供"的供应链体系。永辉超市坚持生鲜商品直营和直采，公司采购员深入田间、地头、渔船，从商品品质、食品安全、价格竞争力等多维度进行对标，寻找优质供应商。而从2012年开始，永辉超市更是开始自营或与农产品基地合作，实现上下游一体化，包括蔬菜基地、活鱼基地、豆制品、熟食加工厂、水果储存配送中心、冷冻品中转配送中心等，直采比例高达76%，充分体现了规模优势。

永辉超市正是凭借这"一招鲜，吃遍天"，从一家地方性的民营超市迅速成长为全国性连锁大品牌。2020年更是超越了华润万家、大润发、联华、沃尔玛等国内外诸多大型超市品牌，位列中国连锁百强第四名，成为国内超市第一品牌。

资料来源："舌尖上的供应链采购管理——永辉'产地直采+基地专供'模式解读"，https://www.163.com/dy/article/DPANTAKI0518RVN3.html。

【问题】 永辉超市是如何扭转消费者在生鲜商品上的购物习惯的？

商品由总公司进行统一采购，门店主要做好订货工作，保证门店正常的存货量，一旦商品实际存货量小于经济存货量，便向总部发出订单。订货是否科学合理会直接影响门店的经营绩效。要使进货作业不断完善和效率化，需与总部密切配合，并采取现代化的管理方式。门店进货管理包括订货、进货、验收、退换货、调拨等作业。

案例概览 9-7

大数据攻克补货难题

国内某知名咖啡连锁门店品牌由于缺乏对目标顾客特点和具体门店所处商圈的有效分析，

导致该品牌的门店经常出现畅销的商品缺货，而不好卖的商品滞销、库存积压的现象，造成品牌形象和库存成本的双重损失。

该咖啡品牌痛定思痛，开始寻求专业团队的帮助，着手构建更加合理的门店计划体系。专业团队从消费者、门店和商品三个维度进行刻画，通过大数据分析，获得每家门店需求预测结果，实时动态指导总部补货计划，并形成门店商品规划和备货计划。

门店基础数据是日销售记录，专业团队基于品牌提供的大类—中类—小类—商品四个产品层级、区域—城市—门店三个地区层级全年12个月的销售数据，去除订单执行过程中的不及时、不准确等问题，对异常值进行判断和处理，形成门店日销售数据，作为数据分析基础。

根据销售数据和会员数据，分析每家门店的顾客特点，包括年龄、性别、职业、消费记录等情况，形成每家门店和每类商品对应的目标消费群体，从而确定各门店的"好卖"商品，进行有针对性的供货。

除此之外，门店、商品还要进行特殊分析，如对于门店要考虑正常门店、新店、关店、装修门店等不同的状态，而对于商品要考虑静态属性（口味、包装、规格等）和动态属性（天气、新旧品替换等）。

通过大数据分析手段，掌握消费者、门店、商品的全面信息，结合天气、节假日等外部情况，选择合适的算法模型，能够做到单店、单品日销售量的精准预测，根据已有库存情况，实现系统自动合理补货和提供补货建议。

资料来源："新零售时代的咖啡连锁零售大数据之路"，https://baijiahao.baidu.com/s?id=1583027460819937243&wfr=spider&for=pc。

【问题】 传统门店补货技术的难点是什么？

2. 统一配送

连锁经营带来了规模经营，但规模经营不一定意味着规模经济。因此，总部必须对门店实施有效的物流与配送管理。连锁总部只有将企业的配送系统与网点销售网络紧密结合起来，才能使地域分布广阔、距离远近不一、需求特点各异、数量成百上千的连锁门店结合成一个动态的联合体。

大型的以经营商品而非服务为主的直营连锁企业，往往设有自己的配送中心。配送中心是连锁企业总部直接投资建设的一个下属机构，其职能是为各连锁分店采购、分拣和配送商品。

在发展初期，由于业务量少，资金实力较弱，或者专门经营服务项目的连锁企业不需要原材料或所需商品、原材料很少，故连锁企业总部不需要设置配送中心，但商品仍由总公司统一安排配送，或者统一交由第三方物流公司配送至门店，或者统一由供应商配送至门店。

案例概览9-8

前置仓成生鲜零售新模式

传统生鲜电商采用中央仓模式，通过在一级城市（如各省的省会城市）建立中央仓，使农产品由基地或批发市场直接进入中央仓,再由中央仓发送给顾客,等于用自建的中央仓来部分替代批发市场的功能。但这个模式的客户端有零散、距离长的特点,如果每个订单都从中央仓送到消费者家中,物流成本极其高昂,这个时候前置仓出现了。

前置仓是指根据社区布局,进行 5 千米内划圈,建立仓库,覆盖周围社区。中央仓根据数据分析和自身供应链资源,选择一定品类和一定数量的商品,配送至前置仓,在辐射范围内消费者下单后,将商品直接从前置仓快速配送到消费者手中。

前置仓是目前国内生鲜新零售采取的仓储模式,属于电商逻辑,解决即时消费需求,能够提供一小时到家服务。近几年买菜的人群发生了变化,"80 后""90 后""00 后"逐步从中国生鲜购买生力军转变成主力军。消费人群的变化也带来需求特点的变化,无论内容还是渠道。

作为前置仓探索性品牌,每日优鲜于 2014 年就开始了前置仓的试点,2019 年是前置仓之年,京东、美团、盒马、永辉等线上线下"大鳄"都涉足前置仓模式,而 2020 年的疫情更是促使前置仓到家服务模式的爆发。

资料来源:"前置仓模式是什么", https://www.zhihu.com/question/502833379/answer/2250920537。

【问题】 请分析前置仓的优缺点。

3. 统一营销策略

直营连锁门店负责商品销售的具体行为,但有关商品销售的策略仍由总公司做出,包括商品陈列原则、商品促销方案、商品定价机制等,甚至员工着装、统一用语、标准手势等方面全面实现规范化。

案例概览 9-9

屈臣氏的"卖场哲学"

屈臣氏是目前亚洲地区最具规模的个人护理用品连锁店,不仅聚集了众多优质品牌商品,还开发了 1 500 多种自有品牌商品,在全球 36 个国家及地区拥有超过 7 700 家门店。

屈臣氏最值得称道的是其创造了 15%的捕获率,即走过屈臣氏门店的每 100 位顾客中会有大概 15 人进入门店购买商品。屈臣氏较高的捕获率与其商品品类与价格定位有关,除此之外还受益于"有心机"的卖场布局。

屈臣氏把每家门店总体上划分为四大区域,即"想要的区域""冲动与推动区域""必要的区域"和"服务区域"。

屈臣氏门店往往采取开放式的出入口,即不设置大门和橱窗,将门店与前方设施贯通,使有限的门店空间最大化。最靠近出入口的地方一般布局为"想要的区域",这里陈列的是顾客最广泛、购买率最高的商品。屈臣氏的目标顾客是 18~35 岁的女性群体,她们对于个人护理用品会随着季节的变化而改变,比如夏天的防晒喷雾、冬天的润唇膏等都是这些目标受众人人必备的商品。因此屈臣氏把这些商品布局在"想要的区域",起到提高进店率的作用。

通过最想要的商品吸引顾客进店,一转身就是"冲动与推动区域"。这里布局内容是屈臣氏最擅长的、花样翻新的各类促销活动,比如"加一元得两件""全线八折""买一送一""加量不加价"等,提高进店顾客的购买热情。

而对于生活必需品，比如牙膏、牙刷、沐浴露、洗发水等商品，顾客只要需要就会购买，因此很多商家会把必需的商品放在显眼的位置。但屈臣氏认为此类商品较难产生冲动性购买，因此反其道而行之，将"必要的区域"设置在屈臣氏卖场的最里面，也取得了较好的效果。

收银台对于顾客来说是在本店购物行为的终点，走向收银台便意味着本次购物结束。大多数超市、便利店、专卖店习惯于把收银台设置在门店出入口处。但屈臣氏大部分门店会把收银台设置在卖场中部，甚至是卖场深处。这种做法的意图也非常明显，在于拉长顾客运动路线，延长顾客停留时间。即便只是在门口被"想要的区域"吸引进店，也要为这个商品穿过整个卖场去结算，而在这个过程中，这些顾客会经过琳琅满目的货架，导购人员还会十分贴心地递上购物篮，顾客很容易产生购买冲动。

资料来源："屈臣氏商品陈列小结"，https://wenku.baidu.com/view/4c91124bbd1e650e52ea551810a6f524ccbfcbcf.html?_wkts_=1677718195793&bdQuery=%E5%8C%96%E5%A6%86%E5%93%81%E5%BA%97-%E5%B1%88%E8%87%A3%E6%B0%8F%E5%95%86%E5%93%81%E9%99%88%E5%88%97%E6%8A%80%80%E5%B7%A7。

【问题】 为什么超市和便利店不把收银台设置在卖场深处？

引例9-3 名创优品的"复仇者联盟"

名创优品在2013年9月创立于广州，随后四年时间开店超3 000家，而这四年正是国内实体店受电商冲击最厉害的时候。在一阵一阵的关店大潮中，名创优品坚持线下发展，可以说成为实体店的"复仇者联盟"。截至2020年12月31日，名创优品全球门店数增至4 514家，中国市场门店数为2 768家，海外市场门店数为1 746家。但名创优品旗下的门店多为第三方门店，其在国内的直营店数量为5家，海外直营店数量为105家。

在面对"直营扩张"还是"加盟扩张"的选择时，名创优品选择了速度更快的加盟模式。

作为"十元店"连锁品牌的先导者，名创优品必须在国内市场迅速卡位，抢占窗口期。一种商业模式成功之后，必然会有众多模仿者跟上，名创优品如果不能在短时间内迅速布局，就会错过成为全国性企业的机会。比如便利店，每个区域都有雄踞一方的诸侯，却没有称霸全国的王者。基于便利店的前车之鉴，名创优品需要迅速复制，占据市场。

要更快速地形成规模，加盟是更好的选择。名创优品正是借助加盟商的资金、门店和经验，迅速占领国内一二三线城市最繁华地段。有人说名创优品是开在奢侈品的地段，卖着"十元店"的商品。

为解决加盟店标准化难以贯彻的问题，名创优品的加盟体系采用的是托管的模式。即门店外部环境，包含工商、税务、卫生、房租、装修、水电等，由加盟者负责，而门店内部环境，如人员管理、账目、销售、库存、采购、运货等，也就是营运体系，由名创优品总部管理。说得直白一点，名创优品的加盟商投完钱后，只要等着分成就可以。或者说，名创优品没有加盟者，名创优品只有投资人。

资料来源："关店潮下如何扩张？看看名创优品的'复仇者联盟'"，https://www.woshipm.com/it/1600503.html。

【问题】 请分析直营和加盟分别适用于什么样的企业。

子项目 9.3　特许连锁门店运营管理

特许连锁门店是指加盟商通过支付一定的加盟金、特许权使用费及其他费用，以特许加盟合同为纽带，获得总公司的商标、商号、产品、专利和专有技术、经营模式等有形、无形资产，投资建设并进行日常经营和承担风险的连锁门店。

特许连锁门店在业务领域从属于总公司的连锁体系，在商品或服务的经营方面要接受总公司的领导。但特许连锁门店在法律上与总公司是平等的法人主体，双方通过合同的方式进行业务合作，总公司通过加盟者的投资低成本地扩张，加盟者借助总公司的成功经验低风险地创业，从而实现双赢。

9.3.1　特许连锁门店营建

1. 门店选址

从某种角度讲，特许连锁体系的"产品"就是门店，因为从表面上来，特许连锁总部以特许加盟进行扩张的行为就是不停地复制门店。门店是整个特许经营体系的窗口，顾客与特许经营体系直接接触的不是总公司而是加盟者的门店，因此，门店的成败将直接决定体系的成败。

特许连锁门店的选址一般不是由总公司直接进行的，门店一般是加盟商拥有或自行租赁的，但是每个特许连锁总部对于门店的选址往往有严格的规定，加盟者必须严格按照总公司的规定选址，并经过总公司评审小组的现场考察和确认。

2. 形象设计

选定店址后，加盟者的任务就是按照总公司的统一形象要求进行装修。通常，总公司会提供一份设计好的装修图样或效果图及装修的其他注意事项文件，比如装修的材料要求、对装修商资格的要求、装修合同范本等。有的特许人还可能会为受许人推荐装修商并监督整个装修过程。装修完毕后的加盟门店需经过特许人的验收与认可，这是为了保证整个体系复制的统一性。

案例概览 9-10

小店跑出大连锁

一座城市的人情味和烟火气总是最先体现在大街小巷林林总总的餐饮小店里。而餐饮小店也是中国创业者最青睐的领域，根据中国连锁经营协会发布的"2021 中国餐饮加盟榜 TOP100"榜单显示，单店投资额在 20 万~50 万元的小型餐饮门店较 2020 年同比上涨 33.3%，较 2019 年上涨 68.4%，成为最吸引投资者的加盟单店初始投资区间。

小型门店租金负担、人力成本相对较低，与快餐门店、小吃门店、饮品门店等匹配度高，而这些业态往往价格亲民、产品和服务标准化程度高，有利于门店快速复制扩张。根据同时发布的《2021中国餐饮加盟行业白皮书》显示,连锁门店业态分布中,小吃、快餐门店数占比近50%,稳居门店数榜首;饮品门店数位居第二位,占比超过10%。

2020年7月,商务部等七部门联合印发《关于开展小店经济推进行动的通知》,进一步为餐饮小店的发展注入了政策动力。此外,新冠疫情也在很大程度上推动了中式餐饮在市场上的认可度和受欢迎程度。无论市场前景还是进入门槛,小型餐饮依然是初始创业者的首选。

资料来源:"'小店'跑出大连锁,中餐多品类爆发!2021中国餐饮加盟榜TOP100发布",https://wenhui.whb.cn/third/baidu/202105/12/404376.html。

【问题】 创业新手在选择加盟餐饮品牌时需要考虑哪些因素?

9.3.2 特许连锁门店员工管理

特许加盟店招聘的员工与门店签订劳动合同,产生劳动关系,与特许连锁总部之间不存在劳动关系,员工的招聘、培训、薪酬、绩效、考核等方面均由门店进行管理。

1. 员工招聘

在特许加盟门店装修的同时,加盟者则可以招聘未来门店的工作人员。当然,人员的招聘与培训还可以再提前或推后一段时间,这要视培训的时间、装修的时间、培训的内容难度等各方面具体因素来决定。如果出于对支付工资等因素的考虑而需要将时间安排得非常紧凑时,加盟者可以采用倒推时间法来计算人员招聘的时间,即加盟者从这些人员的上岗之日起向前倒推,通过顺序的时间安排,就能使人员在培训刚结束时正好可以上岗。

2. 员工培训

在特许经营中,门店加盟商一般不具备总公司及其所在行业的特殊技能或商业经验,但特许门店要想取得成功,又必须具备这些特殊的技能或商业经验,所以总公司对加盟商的培训就非常重要。通过对加盟商的培训,不但可以让加盟商了解总公司的业务开展程序、运作方法等专业知识和技能,更重要的是可以让加盟商理解总公司的经营理念和发展目标,加强总公司与加盟商之间的沟通,便于双方更好地合作。

知识链接

特许经营六大风险纠纷防范点

特许连锁之所以风靡全球,长盛不衰,成为发展势头最强的连锁经营方式,既有客观经济动力的支撑,也源于特许经营的特殊操作机理、特别的技术手段、明确的市场定位。特许连锁是一种简单易行、成功率极高的经营手段,是一种双赢的商业模式:对于总公司来说,特许经营具有低成本扩张的优势;对于加盟商来说,特许经营具有低风险创业的优势。但由于体系中存在双方甚至多方关系,涉及不同主体利益,需要依靠合同进行约束,因此特许连锁体系也难免存在法律风险。

根据中伦律师事务所、中国连锁经营协会联合发布的《2020年度中国商业特许经营合同纠纷裁判白皮书》,特许经营纠纷判决80%由受许人即加盟商提起,要求总公司即特许人返还或支付相关费用是最为普遍的诉讼目的。

特许经营权即经营资源是特许连锁合同的关键内容，无论特许人还是受许人，真实、完整的信息披露是双方合作的基石。实践中由于特许人未履行或未完全履行披露信息义务，导致加盟商要求合同解除的理由主要分为六类。

第一类：特许人不满足"两店一年"的资质且未向加盟商披露的。

第二类：特许人未向商务主管部门备案且未向加盟商披露的。

第三类：关于品牌实力、质量、毛利率等经营能力存在虚假陈述。

第四类：许可商标未注册、特许人不享有许可商标所有权或许可商标没有知名度。

第五类：特许人或加盟商未取得特定行业的资质许可。

第六类：未能披露《商业特许经营管理条例》第22条或《商业特许经营信息披露管理办法》第5条规定的信息。

资料来源："想要开展特许经营？《商业特许经营管理条例》你应了解"，http://www.golonghk.com/view.asp?lm=3&id=177。

【问题】 特许加盟双方应如何分别防范法律纠纷？

如果加盟店的人员特别多，给新开的加盟店的所有人员都做培训将是总部的一项非常艰巨的工作，总公司可以根据自己的实际情况，在加盟店的同种岗位中只培训部分人员，而不是全部岗位人员。如果某服务员岗位需要30名服务员，那么总公司只为门店培训10名，其他人员由加盟店自行组织培训。

加盟店可以根据自身的经营状况，建立符合门店实际情况的培训体系。

（1）确定加盟店培训负责人。

（2）配合总部进行培训需求调查，制订培训计划。

（3）协助培训项目的开发。

（4）组织参加区域安排的培训。

（5）培训后跟进。

案例概览9-11

绝味食品的"绝招"

截至2021年6月，绝味食品年销售规模达100亿元，拥有超过12 000家门店，其中99%的门店为加盟店，分属于超3 000个加盟商，分布于全国各地。绝味食品是如何管理数量如此之多的加盟商的呢？

绝味食品在2009年就成立了企业大学——绝味管理学院，成立的初衷就是要解决连锁体系发展过程中的人才培养问题，包括加盟商队伍的建设和发展问题。学院设计了"4+2"级的人才梯队培养模式，开设了EDP班级和鹰序列班级，前者关注专业能力培养，解决专业问题，后者关注通用领导力培养，解决管理能力问题。2013年，绝味食品和香港理工大学合作开办了行业第一期绝味EMBA加盟商研修班，邀请了行业导师、经济学者、教授对加盟商进行授课，让部分曾经知识水平不高的加盟商有在高等学府受教育的机会，不仅提升了加盟商的技能，也开阔了加盟商团队的视野和商业格局。事实证明，研修班效果显著，在学习结束后续发展中，不少拥有几家、十几家门店规模的加盟商成长为拥有几十家门店规模的加盟商。

在绝味食品的加盟体系中，加盟商之间不再是单打独斗的个体，2013 年，绝味食品还成立了绝味加盟商的自治组织——绝味加盟商管理委员会，2020 年成立了校友会和咨询会。绝味加盟商管理委员会在绝味加盟商眼里扮演着"父亲"的角色，负责生意的持续发展；而校友会则像"母亲"，负责情感联结，负责人才培养；咨询会则像"爷爷"，负责把控大方向。正是有了"三会"同时发力，才有了绝味食品这个有着超 3 000 个加盟商、超 12 000 家加盟店的大家族的和谐发展。

资料来源："拥有 3000+ 加盟商，这个品牌如何建立 9000+ 门店的庞大加盟体系"，https://www.sohu.com/a/271917821_115734。

【问题】 加盟体系该如何进行员工培训？

9.3.3 特许连锁门店财务管理

特许连锁门店是由加盟商投资建设的，加盟商拥有对门店利润的收益权，各加盟店的财务是独立核算的，但在加盟过程中需要向总部支付一定的特许经营费用。

加盟门店需要向总公司支付的特许经营费用包括三类：特许经营初始费、持续费及其他费用（见图 9-2）。

（1）特许经营初始费。特许经营初始费指的是受许人向特许人交纳的加盟金，即加盟费。这是特许人将特许经营权授予受许人时所收取的一次性费用。它体现的是特许人所拥有的品牌、专利、经营技术或诀窍、经营模式、商誉等无形资产的价值。

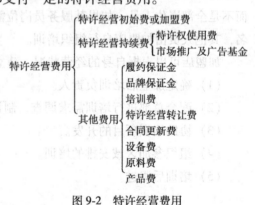

图 9-2 特许经营费用

（2）特许经营持续费。特许经营持续费指的是在特许经营合同的持续期间，受许人需要持续地向特许人缴纳的费用。它主要包括两类：特许权使用费和市场推广及广告基金。

（3）其他费用。特许经营费用除了以上两类最基本的费用外，还会有一些其他形式的费用，如履约保证金、品牌保证金、培训费、特许经营转让费、合同更新费、设备费、原料费、产品费等。但其他费用并不是每个特许人都要收取的，因特许人的不同而不同。

对于加盟门店来说，应该按时、按量支付合理的特许经营费用，减少特许经营关系双方的冲突与纠纷，保证自己的加盟创业成功进行，但同时拒绝总公司不合理的费用，保护自己的正当权益。在自己的加盟全过程中，合理、科学地规划，实施自己的资金战略。

9.3.4 特许连锁门店业务经营

特许连锁体系是一个管理权分散，但经营权仍集中在公司总部的连锁模式。特许连锁门店虽然由不同的加盟者投资建设，在所有权、人力资源管理、财务管理等方面享有自主权，但涉及该体系与商品或服务相关的业务经营仍然由总公司进行决策，实行统一采购、统一配送、统一营销、统一价格。

由于总公司与加盟门店归属不同的投资主体，虽然它们通过合同的方式进行业务合作，但终极利益不同，因此在经营过程中，很难避免一些加盟者出于自身利益的考虑而做出一些偏离总公司经营管理制度的行为，从而损害特许连锁体系的整体利益。

在一个完善的特许经营体系中，对加盟门店的有效管理是整个体系至关重要的环节，也是科学地对整个特许经营体系实施有效控制与支持的基础。为了加强对门店特别是加盟店经营方面的控制和管理，连锁企业中往往设置督导部门和人员。

案例概览 9-12

"走量式"加盟扩张

蜜雪冰城的官网用漫画形式讲述品牌创业史：1998年，蜜雪冰城创始人之一张红甫的哥哥张红超在河南郑州开了一家"寒流刨冰"冷饮店，除了卖冷饮还卖苹果和糖葫芦，甚至还经营过中西餐厅和家常菜馆。一直到2006年，张红超推出一元钱的新鲜冰激凌大受欢迎，至此，蜜雪冰城终于找到了自己的发展方向，物美价廉成为它给消费者最深刻的品牌印象。

2007年，蜜雪冰城在全国有26家门店，2008年达到180家，截至2020年年底，蜜雪冰城成了全国首家门店数量破万的茶饮品牌。

3元钱的冰激凌、4元钱的柠檬水、均价8元钱的奶茶，这么便宜的产品，真的能赚钱吗？零售业是规模出效益的行业，蜜雪冰城的经营之道同样也是"薄利多销"的体现。张红超的原则是一定要量大，把各种费用依靠门店数摊得很低，于是采用"走量式"的加盟方式，加盟费用低，能快速扩张门店规模。拥有上万家门店的规模，蜜雪冰城在与上游的奶、茶、果、咖啡、糖等供应商谈判时有更强的议价能力，能以低成本采购原材料。

而总公司真正的收入也不是依靠销售奶茶，而是店铺加盟费及其他。蜜雪冰城在省会城市、地级城市、县级城市的加盟费分别为11 000元/年、9 000元/年、7 000元/年，远低于同类奶茶店品牌。加上日常管理、门店设备、原材料、装修和房租等费用，有35万元就能开一家蜜雪冰城加盟店，对于加盟商而言，创业成本不到其他奶茶品牌的二分之一，因此能吸引更多的加盟商。此外，蜜雪冰城自建茶饮原料基地和物流体系，拥有集研发、生产、仓储、配送为一体的完整的供应链，只要加盟店数量不断扩张，蜜雪冰城就可以源源不断地向加盟店出售原材料，相比加盟费，这更是蜜雪冰城久盛不衰的秘诀。

资料来源："卖8元奶茶的蜜雪冰城怎么赚钱？依靠'走量式'加盟快速扩张"，https://baijiahao.baidu.com/s?id=1703141974057539919&wfr=spider&for=pc。

【问题】蜜雪冰城如何进行加盟商管理？

引例 9-4 "中国式"自由连锁发展之路

连锁经营作为一种商业模式自 20 世纪 80 年代后期进入中国之后，得到了迅猛发展，但其中自由连锁经营方式的发展远远落后于直营连锁和特许连锁。

随着国内市场的开放和竞争的加剧，本土中小零售企业受到内外资零售大型企业各方力量的挤压，在重压之下被迫抱团取暖。2002 年，河南洛阳大张、许昌胖东来、信阳西亚和南阳万德隆四家区域性企业在省会郑州成立了四方联采公司，是国内出现较早的自由连锁联盟组织；同样是 2002 年，北京大中、上海永乐、河南通利、青岛雅泰等发起组织了"中永通泰"自由连锁采购联盟，开家电领域之先河，而后加入该联盟的企业达到 20 多家。

与此同时，国内另一些中小零售企业加入了国际著名自由连锁组织，希望可以共享其规模采购带来的成本效益。2004 年，山东家家悦超市与欧洲最大的自由连锁企业 SPAR 正式合作，成为国内首家加入国际自由连锁组织的企业；同年，宁波三江超市加盟全球最大的自由连锁组织 IGA。

随后，全国各地也纷纷出现了超市领域、家电领域的一些地方性自由连锁组织，但相比于欧洲、美洲及亚洲等地区，自由连锁在国内的普及程度还非常低，而且已经成立的自由连锁组织很多实际运行效果不佳，极少出现成功案例。

资料来源：俞国方，高建丽. 自愿连锁：从"自由"联盟到"必然"联盟 [J/OL]. 生产力研究，2007（13）：120-121，144.

【问题】 自由连锁成功的难度在哪里？

子项目 9.4 自由连锁门店运营管理

自由连锁门店本身是已经存在的中小零售企业，由于缺乏规模优势，在与大型零售企业特别是大型连锁企业竞争过程中处于极其不利的地位，为了生存，众多现存的中小零售企业不得不联合起来，其联合的形式主要表现为商品采购上的联购分销和业务经营上的互利合作，组建或参加自由连锁系统，通过团结达到规模效益。

9.4.1 自由连锁门店营建

自由连锁体系的总公司不同于直营连锁的总公司和特许连锁的总公司，自由连锁体系的组建在流程方面与直营连锁和特许连锁存在着方向上的差异，直营连锁和特许连锁是先有总部，然后由总部去扩展直营店或招揽加盟店，但是自由连锁体系组建的条件之一就是有一定数量的现存可供连锁的商店，也就是说自由连锁是先有门店后有总部的。

自由连锁门店往往是现存的零售企业出于自身竞争态势的考虑而选择加入一个自由连锁体系。自由连锁门店营建的程序如下。

首先，选择适宜的连锁组织。在选择连锁组织时，要考虑这个组织的信誉、规模、种类及发展前景。

其次，分析现状。店主向自由连锁组织部门提出申请，自由连锁总部和店主将商店现状与连锁规则逐一进行比较，包括店铺的内外装潢、招牌、通道、店面、店内的色彩、照明设备与照明程度、陈列方法、货架、进出口通道、商品的结构与数量等。

最后，门店向自由连锁门店靠拢。经过分析比较后，对门店进行各方面的改善。

案例概览 9-13

日本自由连锁的繁荣

各国的连锁经营基本上都是从直营连锁起步的，唯独日本的连锁业是从自由连锁开始发展的。这主要是由于日本的中小企业发展有力，中小企业有联合对抗大型企业的意识，并且也得到了日本政府的支持。具体到超市零售行业，日本的食品超市区域特征明显，中小企业居多，即使规模最大的 Life 超市也只有不到 300 家门店。

一般来说，大型超市在资金、人才、信息等方面具有优势资源，又能享受规模化的成本效益、市场效益和品牌效益，那么众多的中小企业是如何与大型企业竞争的呢？

日本零售业在食品、药妆、服装、家具等领域都有自由连锁组织的存在，CGC Group 就是日本最大的超市自由连锁组织。CGC 是 Co-operative Grocer Chain 的缩写，翻译为"食品零售商的协同连锁"，是由零售企业主导成立的，通过集中开发自有品牌商品、自主建设物流中心、投资信息系统、支持运营系统等，让中小零售企业共享规模效益的平台。该组织成立于 1973 年 10 月，截至 2017 年 7 月 1 日，日本共有 215 家区域企业的 4 033 家门店加入该组织，销售额达 45 067 亿日元。

资料来源："超市自愿联盟模式案例分析：CGC Group"，https://www.jianshu.com/p/eac3c36f8d41。

【问题】 日本自由连锁组织普遍存在的原因是什么？

9.4.2 自由连锁门店员工管理

自由连锁门店与特许连锁门店一样，招聘的员工与门店签订劳动合同，产生劳动关系，与连锁总部之间不存在劳动关系，员工的招聘、培训、薪酬、绩效、考核等方面均由门店进行管理。

自由连锁总公司在零售技巧方面给各加盟门店提供学习和交流的平台。为了实现这一目标，自由连锁总部往往在员工培训和发展上做投资。例如，全球最大自由连锁组织 SPAR 已有若干家可以满足当地市场需求，旨在培养成为雇主挑选的合格员工、由成员国家经营的培训学院。SPAR 总部还通过各领域年会组织譬如门店发展研讨会的特别项目，通过工作小组发布关于技术革新的战略报告来支持运作。

9.4.3 自由连锁门店财务管理

自由连锁是各自独立存在的零售企业，各连锁门店在财务上相互独立，而且不同于特许连锁，自由连锁不存在特许权的转让，因此门店不需要缴纳加盟费等费用，但门店得到总公司的服务和支持，需要按规定支付给总部与生产经营有关的服务费，并列入管理费用。

> 📖 **知识链接**
>
> ### 此加盟非彼加盟
>
> 加入特许连锁组织和自由连锁组织都叫"加盟",但两者之间有很大差别。加盟特许连锁组织需要向总部缴纳加盟费、特许权使用费、保证金等费用,但加盟自由连锁组织一般不需要向总部缴纳以上费用,只需要缴纳管理费。因为在特许连锁中总公司和加盟商之间存在特许权的转让关系,总公司把自己拥有的包括商品、原材料、品牌、技术等有形和无形的资产打包成特许权,加盟商通过缴纳加盟费来获得自己在一定时间和空间使用特许权的权利,通过特许权使用费持续与总公司分享自己的收益。虽然在特许连锁中存在交易的关系,但自由连锁组织建立的初衷是中小零售商联合起来一起采购,总公司是作为共同采购的平台出现的,而并没有把特许权转让给门店,所以加盟商只需要缴纳一定的管理费,用于支持总公司为了实现采购目的所需要的各项运营、人工成本。
>
> 【问题】 自由连锁的管理费一般需要多少?

9.4.4 自由连锁门店业务经营

自由连锁门店基本上是由资本所有者自行管理的,而仅仅出于规模效益的考虑,将部分权力集中于连锁系统公司总部,如采购、配送、促销等方面,而且这些方面也只是部分集中,并非100%的统一采购、统一配送、统一促销。

共同采购是自由连锁的核心,这也是众多中小企业加入自由连锁系统的最大诱因。这种优势主要表现在:一是自由连锁总部集中几十个甚至几百个连锁加盟店的订单统一订货,通过大批量进货提高对上游供应商的议价能力,获取采购规模优势,使企业得到供应商的较大数量折扣,降低商品进货成本,从而为降低商品售价打下基础。二是自由连锁实行统一配送,节省了加盟店的库存费用,减少了占压资金情况,加快商品流通速度,提高资金的周转,从而降低了流通成本。因此,自由连锁实行联合采购,本质上实现了购买经济性,即采购成本会随着购买数量的增大而降低,使众多中小企业享受到与大企业同样的规模经济效益。

🔍 案例概览9-14

百万京东便利店计划

2017年4月,刘强东在个人社交平台上宣布了"百万京东便利店计划",即未来5年京东将在中国开设超过100万家京东便利店,其中一半在农村,五年后将实现中国版图上每个自然村都有一家京东便利店的目标。

消息一出,业界震动。因为全球连锁经营这种商业模式走过了160年的道路,目前门店数最多的的确是一个便利店品牌,即起源于美国,发展于日本的"7-11"便利店,经过70多年的发展,其门店数量是七万多家。而京东便利店"五年一百万"的目标是否过于宏伟和远大?

但一百万家的京东便利店并不是新开门店的概念,而是整合已开设在各级城市,特别是深入到县、镇、村的杂货铺,将其纳入京东的体系中来。京东不参与直接的经营管理,只是输出品牌和货源,因此,从本质上看,京东是要组建一个便利店的自由连锁组织。京东对收编的小店采用零加盟费、零管理费、零培训费,只收取保证金与装修费。对于大于100米^{2}的门店收取2万元保证金,对于60~100米^{2}的门店收取1万元保证金,对于小于60米^{2}的门店收取5 000元保证金。

收编后的门店采用"京东便利店"的统一形象标识,分为100%进货和部分进货两种方式,店主在京东掌柜宝平台下单,由京东物流负责配送到店,而100%从京东进货的将得到更多市场活动等方面的支持。

但这个改造项目在实际运作过程中,似乎并没有得到小店老板的欢迎,他们更关心的是加入京东对我有什么好处?

一部分小店老板对于保证金和装修费十分抵触,"搭上几个月的毛利,换一个京东的招牌",特别是农村市场主要为留守的中老年群体,他们对于京东的品牌并没有深刻的印象,这样的改头换面未必能拉拢消费者。

而一些已经加入计划的老板发现,从京东提供的掌柜宝B2B订货平台采购,并没有为自己带来太大的利润。比如,一瓶康师傅矿泉水从批发商处进货要6毛,而京东掌柜宝价格是8毛,这比传统渠道还贵,遭到大量店主吐槽。

资料来源:"京东要开百万便利店,这个计划还能持续多久",https://baijiahao.baidu.com/s?id=1617524626218408395&wfr=spider&for=pc。

【问题】 为什么说京东便利店属于自由连锁体系?

门店管理工具箱

工具9-1:连锁门店开发重点分析内容表

内容	项目	规范内容
市场环境调查分析	政策法令的相关分析	政府的相关政策法令,包括价格、财政、税收等对零售及其他服务业的影响
	经济情况的调查分析	国家的经济发展整体状况、居民收入状况、商品或服务供求状况等
	人口调查分析	人口状况、当前社会问题、社会发展态势等
	自然环境调查分析	气候、资源、交通等
	社会时尚调查分析	社会流行、社会时尚及其变化态势
	科技状况调查分析	新技术在行业的应用现状与态势
	竞争状况调查分析	竞争者数量、竞争者自身经营状况、竞争手段等
消费行为调查分析	消费者需求调查分析	需求类型、需求满足状况等
	消费者购买机调查分析	消费者购买动因、消费心理的详细了解
	消费者门店选择调查分析	选择购物地点的标准、习惯等

工具 9-2：加盟店问题分析表

时间： 年 月 日　　　　　　　　　　　　　　　　　　　　文件序号：

网点名称：			
商圈问题		服务问题	
技术问题		产品问题	
设备问题		管理问题	员工管理 财务管理 信息管理 客户管理
员工问题		经营问题	管理报表 经营项目 人员绩效 市场推广
加盟商问题	加盟商状态管理		
××连锁体系吸引力分析		卫生问题	

工具 9-3：商圈范围调查问卷设计表

姓名： 　性别： 　年龄： 　职业：				
问　　题	备选答案			
您可以接受的往返于超市的距离是多少	（　）500 米以内	（　）500~1 500 米		
	（　）1 500~2 000 米	（　）无所谓		
您可以接受的往返于超市的时间是多少	（　）15 分钟内	（　）15~30 分钟		
	（　）1 小时内	（　）无所谓		
您平均每周去超市几次	（　）1~2 次	（　）3~4 次		
	（　）5~6 次	（　）每天都去		
您去超市采购的主要商品类型是什么	（　）一般食品	（　）生鲜类食品		
	（　）日用品	（　）服装鞋帽		
	（　）家用电器	（　）其他		
附近的几家超市中，您经常去哪家购物	（　）超市 A	（　）超市 B		
	（　）超市 C	（　）超市 D		
您认为这家超市最吸引您的地方是什么	（　）价格低廉	（　）商品种类齐全		
	（　）服务态度好	（　）购物环境好		
	（　）促销活动多	（　）其他		
如果在附近新开一家超市，您最希望它具备什么特点	（　）价格低廉	（　）商品种类齐全		
	（　）服务态度好	（　）购物环境好		
	（　）促销活动多	（　）其他		

工具 9-4：神秘顾客检查评分表

分店名称			
检查时间	年　月　日　时	工牌号	
过程描述		建议或意见	
接待服务得分	业务技能得分	总　　分	

工具 9-5：连锁门店奖励制度差别列表

直营连锁体系	加盟连锁体系
1. 调升底薪 2. 人事升迁 3. 在职教育 4. 提高奖金 5. 提供各种名目的绩效奖励方法 6. 赴国外参加讲习 7. 出国旅游 8. 其他	1. 提供各种名目的奖金 2. 自动降低进货成本 3. 招待旅游 4. 广告支援 5. 店头装潢支援 6. 产品陈列奖金 7. 其他

项目小结

　　连锁经营是现代商业社会主流的商业模式和经营方式，已经渗透到社会生活的各个领域，推动了诸多企业走向成功，衍生出直营连锁、特许连锁和自由连锁三种形式。连锁门店的管理有别于单体店，最显著的特征集中表现在规模化的经营方式、网络化的组织形式和规范化的管理方式上。连锁门店的经营管理要遵循连锁总公司的标准化运作模式，但直营连锁、特许连锁和自由连锁在所有权和经营管理权的集中程度上还是有所差异的，由此带来直营连锁店、特许连锁店和自由连锁店在人、货、场、钱、信息等具体管理方面受总部决策的约束力不尽相同。本章分别介绍了直营连锁门店、特许连锁门店和自由连锁门店在门店营建、员工管理、财务管理、业务经营方面具体的商圈选址、门店设计、员工招聘、员工培训、资金成本、收入利润、采购配送、营运促销等操作。

项目训练

【训一训】

实训内容	假如你要通过加盟开始创业，根据本项目所学内容，你怎样进行加盟项目市场分析（市场现状、市场前景）、加盟体系分析（公司及品牌介绍、现有经营情况和加盟商情况、加盟程序、加盟费用、前期与后期的支持服务）、门店运作模拟分析（门店选址、人员配备、商品采购、形象设计、商品陈列、经营预测、顾客管理及收入、成本和利润预测），做一份可行性报告
实训目的	1. 掌握特许加盟的原理 2. 掌握项目选择的技巧 3. 掌握门店运营的方法
实训组织	1. 教师介绍本次实训的目的及需要提交的成果 2. 上网搜集相关资料作为参考 3. 通过网络及实地了解特许总公司的情况 4. 到当地商圈进行门店运营的调研 5. 学生以小组为单位，讨论制订出方案
实训环境	1. 网络资源 2. 市场调研
实训成果	1. 写出分析报告 2. 做好PPT，各组在课堂上汇报 3. 教师评比考核，计入实训成绩

【练一练】

一、名词解释

1. 直营连锁　　2. 特许连锁　　3. 自由连锁

二、不定项选择题

1. 下列（　　）不属于连锁企业规范化管理的"三化"原则。
   A. 网络化　　　B. 简单化　　　C. 专业化　　　D. 标准化
2. （　　）是中小零售商为对抗大型连锁店而自发形成的组织。
   A. 直营连锁　　B. 特许连锁　　C. 自由连锁　　D. 正规连锁
3. 以下对于直营连锁的特征描述有误的是（　　）。
   A. 资产一体化　　　　　　　　　B. 经营管理权高度集中
   C. 财务统一核算　　　　　　　　D. 总部和门店属于平等合作关系
4. 麦当劳于2003年在全球同步推出I'm lovin'it品牌更新计划，使用同一个主题、同一首歌曲推广其品牌，这体现了连锁企业促销的（　　）原则。
   A. 统一性　　　B. 目的性　　　C. 迎合消费心理　　　D. 全球性

5. 分店不具有企业法人资格的连锁经营形式是（　　）。
   A. 直营连锁　　　B. 特许连锁　　　C. 自由连锁　　　D. 以上都不对
6. 连锁企业基本的组织结构一般是由（　　）组成的。
   A. 总部　　　　　B. 供应商　　　　C. 采购部
   D. 配送中心　　　E. 门店
7. 直营连锁主要适用于（　　）。
   A. 制造业　　　　B. 百货商店　　　C. 餐饮业
   D. 超级市场　　　E. 便利店

三、判断题
1. 特许经营中加盟总部与加盟店的关系，实际上是一种雇佣关系。（　　）
2. 大多数情况下，加盟合约的基本条款是由加盟者制定的。（　　）
3. 连锁经营的显著特点之一就是分散管理制。（　　）
4. 门店就是不折不扣、完整地把连锁公司总部的目标、计划和具体要求体现到日常的管理中。（　　）
5. 连锁经营的采购以分散采购为主，统一采购为辅。（　　）

四、思考题
1. 简析连锁企业统一采购的主要优缺点。
2. 连锁门店的概念和经营特点是什么？
3. 特许加盟店是如何进行培训的？
4. 简述加盟者需要向总部交纳的费用。
5. 中小零售商如何加入自由连锁组织？

五、案例分析

单体店与连锁店

水果店：单体店变连锁店，利润翻番

袁华军和妻子在联丰开了一家水果店，尽管店面不大，但是经营起来却不轻松。"大家都觉得水果店是小本经营，其实成本特别高。"卖了两年多的水果，究竟能挣多少钱呢？袁华军算了一笔账："我租的这个店面大约有25平方米，每年的房租是15 000元，一个月平均1 200多元；一个月下来还要交200多元的水电费。"他说自己头一年一直在赔钱。

在距离该店不远处的一家"都市果园"情况就大不一样了。"都市果园"负责人陈女士告诉记者，目前他们在市区共有4家连锁店。"我们有稳定的货源供应，而最大优势还在于我们的品牌。"陈女士介绍说，由于有了统一的品牌，很多团体客户都会向他们批量订购水果，这个优势是那些单体水果店无法比拟的。

化妆品店：单体店难存活，连锁店成趋势

化妆品单体店虽然规模较小，但有自己的优点。比如，每个单体店基本都是由老板自己经营的，比较容易与顾客建立感情，培养固定、忠诚的客户群；另外单体店的商品结构可以自由调整，老板可以根据周边消费人群的需要自由选择货物，适时决定商品品种，满足消费者的需求。

虽然单体店具备不少优点，但单兵作战，立足竞争激烈的零售业，经营起来备感吃力。未来三五年，化妆品专营店必将进入新一轮的洗牌阶段，所谓"大鱼吃小鱼，小鱼吃虾米"，单体化妆品专营店为了不被强大的市场资本吞没，从长远来看连锁化或联合化将是提高生命力的最根本解决办法。以屈臣氏为代表的拥有现代化管理模式的现代专营店，其成功的经营局面预示着化妆品专营连锁化时代即将到来。

茶叶店：老商品，新道路

每到月底，孙伟就特别兴奋，这位位于北京市马连道茶叶一条街上的茶叶店老板已经连续度过5个这样的月底。他笑着对记者说："每到月底，是我们盘点结算的日子，一个月下来，是亏是盈心里总得有个底啊。"孙伟满脸笑容地告诉记者他这个月又赚大钱了，自从成了某著名品牌的加盟连锁店以后，他的笑容就没有消失过。

"经济效益的持续增长得益于经营理念的转变，先进的连锁经营方式使企业获得了长足发展。"北京张一元茶叶有限责任公司经理徐年子介绍道。14年前，张一元只是一个单体店的字号，14年后，张一元已是一个规模化经营的商业品牌，目前已拥有100多家连锁店，2家茶楼，26个生产基地，一座饮品生产厂，另外还有科研所、配送中心、销售中心、印刷厂等多家机构。

家电业：传统单体店，经营有一套

最近，一个省外商业考察团在考察了温州的家电零售市场之后，非常纳闷地提出，国内两大家电连锁巨头进驻温州多年，但传统的温州家电市场不但没有迅速消失，反而越发人气十足。在国内很多地方，当两大家电连锁巨头进驻后，当地家电市场的格局往往只剩两三家大卖场互分市场。

"平时我们商行以批发为主，但零售也不错，其中熟人介绍来的单子源源不断。"温州家电市场月波电器商行总经理林月波介绍了自己的生意经。一些人买过电器后，亲朋好友也会陆续来买。很多时候，他们主要是追求销量，而不是盈利多少。因为代理商提高销售量后，厂家会给他们发额外奖金。像他的店里，一般抽油烟机、燃气灶、消毒柜组成的厨卫套餐，3 000元就能买走，最豪华的配置最多也就5 000元。从这里购买的家电产品，像售后、送货上门等服务，跟大卖场有一样的水准。

【问题】
1. 连锁店是否会成为零售业的主要经营模式？
2. 零售业是否会逐渐进入连锁时代？单体店是否会被市场淘汰？
3. 试比较单体店与连锁店在经营中各自的优劣势。

参考文献

［1］君淮．小店越开越旺［M］．哈尔滨：黑龙江教育出版社，2017．

［2］邰昌宝．门店精细化管理［M］．2版．北京：台海出版社，2019．

［3］范征，喻文丹，喻合．连锁企业门店营运管理［M］．3版．北京：电子工业出版社，2017．

［4］张琼，吴哲．连锁企业门店营运实务［M］．北京：中国人民大学出版社，2018．

［5］蒋小龙，胡红玉，柯戈，等．连锁企业门店营运与管理［M］．北京：化学工业出版社，2016．

［6］陈声廉，李程，吴星．连锁门店运营管理［M］．北京：中国经济出版社，2014．

［7］贾卒．决胜电商：连锁店这样开才盈利［M］．北京：机械工业出版社，2020．

［8］哈蒙德．新零售的增长策略：第4版［M］．何瑞青，译．杭州：浙江教育出版社，2020．

［9］耿启俭，李亮德．连锁联盟：新零售时代实体店崛起之道［M］．北京：中国纺织出版社，2018．

［10］李松，李爽．加盟连锁招商模式顶级设计思维［M］．北京：中国财富出版社，2019．

［11］连锁问问．从1到1000：让连锁店突围［M］．广州：广东经济出版社，2018．

［12］翁怡诺．新零售的未来［M］．北京：北京联合出版公司，2018．

［13］绪方知行．铃木敏文的7-Eleven式经营：从日本走向世界的"顾客流"经营方式［M］．朱悦玮，译．北京：北京时代华文书局，2016．

［14］帅季华，蒋萌．零售新模式［M］．武汉：湖北科学技术出版社，2016．

［15］丁兆领．新实体店盈利密码：电商时代下的零售突围［M］．北京：经济管理出版社，2015．

［16］荆涛．连锁王国：系统解析连锁模式［M］．北京：中华工商联合出版社，2014．

［17］魏雪飞．连锁世界的力量：连锁时代教科书［M］．上海：上海财经大学出版社，2014．

［18］孙前进，隆意，尚珂，等．连锁企业门店管理［M］．2版．北京：中国发展出版社，2015．

［19］潘文富，黄静．从零开始做门店：门店运营的60个基础技术工具［M］．广州：广东经济出版社，2015．

［20］滕宝红．房地产中介门店管理与运营一本通［M］．北京：人民邮电出版社，2021．

［21］席国庆．智慧店铺：实体门店的未来［M］．北京：中国商业出版社，2018．

［22］柳叶雄．门店促销策略与实战技巧［M］．北京：中华工商联合出版社，2018．

［23］潘文富，黄静．门店如何卖高端产品［M］．广州：广东经济出版社，2019．

［24］时应峰，方芳，冯燕芳，等．连锁门店店长管理实务［M］．北京：中国人民大学出版社，2021．

［25］邰昌宝．门店人才复制系统［M］．北京：台海出版社，2020．

［26］陈杏头．门店运营与管理实务［M］．2版．北京：中国人民大学出版社，2018．

［27］杨刚，陈晓健，赵丽，等．连锁门店营运管理［M］．北京：清华大学出版社，2021．

［28］喻合，范征，孙莹．门店布局与商品陈列［M］．北京：电子工业出版社，2017．

［29］曾洁贤，高翠英．门店运营实务［M］．北京：电子工业出版社，2020．

［30］童丽，郑丽，袁欣．门店员工管理：知识与技能训练［M］．大连：东北财经大学出版社，2020．

［31］许可，王海舰．新零售时代智慧门店转型胜经［M］．北京：经济管理出版社，2019．

[32] 时应峰，马凤棋．连锁门店店长管理实务［M］．合肥：中国科学技术大学出版社，2014．
[33] 陆影，高皖秋，强敏．连锁门店营运与管理实务［M］．4版．大连：东北财经大学出版社，2018．
[34] 郑昕．连锁门店运营管理［M］．2版．北京：机械工业出版社，2017．
[35] 张琼．门店运营与管理［M］．2版．北京：中国人民大学出版社，2017．
[36] 王翎．门店运营与管理［M］．上海：华东师范大学出版社，2016．